타오르는 시간

여행자의 인문학

타오르는 시간

여행자의 인문학

초판 1쇄 발행 / 2022년 10월 17일

지은이 / 김종엽
펴낸이 / 강일우
책임편집 / 정편집실·김새롬
조판 / 박지현
펴낸곳 / (주)창비
등록 / 1986년 8월 5일 제85호
주소 / 10881 경기도 파주시 회동길 184
전화 / 031-955-3333
팩시밀리 / 영업 031-955-3399 편집 031-955-3400
홈페이지 / www.changbi.com
전자우편 / human@changbi.com

ⓒ 김종엽 2022
ISBN 978-89-364-8686-0 03300

타오르는 시간

시간

김종엽 지음

여행자의 인문학

삶과 여행의 동반자,

정민승에게

머리말

여행기는 무엇으로 사는가

1

2017년 연구년이었던 나는 아내와 함께 스페인과 모로코를 3개월 넘게 여행했다. 나는 그 여행에 대한 기록을 얇은 두께의 여행기로 정돈해 출간하기로 마음먹었다. 아내에게 헌정하는 책을 쓰고 싶었기 때문이다. 연구자가 되어 지난 30여 년 내내 이런저런 글을 써왔다. 어떤 글을 쓰고 있을 때, 짐작건대 나는 아내에게 건드리지 말아야 할 예민한 상태에 있는 사람이었을 것이다. 아내 역시 연구자이자 글을 쓰는 사람으로 살아왔지만, 글쓰기를 나처럼 내키지 않는 사역에 동원된 듯이 수행하지는 않는 듯했다. 그러니 아내는 글 쓰는 그런 내 모습이 잘 이해되지 않았을 것이고 불편했을 것이다. 그래서 폐를 끼쳐온 글쓰기를 나는 선물로 바꾸어 아내에게 보내고 싶었다.

아내와 함께했던 여행의 기록은 그러기에 아주 적합하게 다가왔다. 여행은 뚜렷한 시작과 끝을 지니고 있다. 그래서 여행은 삶의 연속성을 끊어내어 '한때'를 만들어낸다. 한때는 그 나름의 은유적 자질을 통해서 삶속에 다시 투사되어 생애를 회고할 시간적 마디를 제공한다. 학교 다닌 기간 전체가 학창시절이라는 한때가 되고, 결혼생활 또한 기쁨과 슬픔이 이리저리 밴 잔주름 많은 한때가 된다. 그러다가 결국은 삶 자체가 한번의 긴 여행 그리고 그 여행이 만들어낸 한때로 여겨지게 된다. 그러니 아내와 함께한 여행의 기록은 아내와 함께한 결혼생활을 은유할 수 있다. 이 한때로 저 한때에 말을 걸고, 저 한때로 이 한때를 위로하는 글쓰기를 위한 자리를 열어준다.

하지만 소박한 구상에서 출발한 책은 이런저런 생각에 비틀거리는 행로를 걷게 되었다. 그렇게 된 이유는 무엇보다 내가 사회학자이기 때문이다. 사회학은 언제나 어떤 사회적 행위를 행위자의 의도라는 측면에서 조명하는 데서 그치지 않고, 그것이 어떤 맥락 속에서 수행되고, 또 어떤 귀결을 만들어내는지도 사유하고자 한다. 이 경우 사회학은 여행기가 처한 맥락과 그것의 작용에 대해 생각해볼 것을 촉구한다. 그리고 거기서 더 나아가 여행기 자체가 그런 성찰을 내면화할 것을 촉구한다. 그러므로 나는 내 작업에 대한 일련의 무의식과 무지를 유지할 수 없었다. 작가들의 과장법을 빌리자면 "그리하여 나는 글쓰기의 낙원에서 추방되었다."

2

'낙원 상실'을 불러온 분별은 두가지로 요약된다. 하나는 오늘날 여행은 관광 안에서만 가능하다는 사실, 즉 관광이 여행의 근대적 조건이자 형식이라는 점이며, 다른 하나는 그런 세계에서 여행기가 기능하는 방식에 대한 것이었다. 생각해보면 오늘날 여행은 언제나 관광이라는 말과 짝지어져 있다. 많은 관광객이 자신은 관광객이 아니라 여행자라고 선언한다.[1] 관광은 미리 예증된 것을 보는 위험 없는 쾌락주의적 추구이자 돈 많은 유람객 떼거지의 행태를 함축한다. 그래서 관광객은 자신이 관광객으로 동일시되지 않기를 바라며, 자신이 도착한 곳에 먼저 와 있거나 곧바로 뒤쫓아오는 다른 관광객의 현존을 불편하게 느낀다.[2] 그리고 그런 태도에 논리적으로 함축된 자기부정, 그러니까 자신도 다른 관광객에게 불편한 관광객일 뿐이라는 사실을 의식의 지평에서 지우기 바쁘다. 그는 단체관광을 피하고, 관광 가이드북을 보지 않으려 하고, 명소를 배경으로 사진을 찍거나 관광엽서 사길 꺼린다. 관광과 여행은 그것의 어원적 의미와 무관하게 진정한 것과 그렇지 못한 것을 구별하기 위해서 동원되어왔고, 그로 인해 하나의 정립된 문화적 이분법이 되었다.

모든 관광객은 여행자를 꿈꾸지만, 진정한 것을 지향한다고 해도 이제 여행은, 이미 언급했듯이 오로지 관광을 통해서만 가능하다. 교통 및 통신 수단의 발달과 인구 증가 그리고 인간 활동 범위의 확장으로 지구에는 미

---

1 레비스트로스는 관광객은 물론 여행자도 혐오한다. 저명한 여행기 가운데 하나인 『슬픈 열대』의 첫 문장은 "나는 여행이란 것을 싫어하고, 또 탐험가들도 싫어한다"이다. 그러나 곧장 이어서 그는 "그러면서도 나는 나의 여행기를 쓸 준비를 하고 있다"고 적었다. 그는 자신의 작업에 내포된 아이러니를 잘 알고 있었다. C. 레비스트로스 『슬픈 열대』, 박옥줄 옮김, 한길사 1998, 105면 참조.

2 그러나 동시에 관광객은 다른 관광객의 현존을 안전의 지표로 여기기도 한다. 실제로 어떤 지역이 명소가 되어 관광화되면 (소매치기를 제외하곤) 범죄가 감소하는 경향이 있다. 관광객이 드나들게 되면 상권이 활성화되고, 그렇게 되면 상가 주인들의 상업적 이익을 위해 치안 확보에 노력을 기울이게 된다(부랑자나 우범자를 내쫓고, 경찰의 순찰 강화를 요청한다). 관광객의 시선 또한 치안의 효력이 있다. 지역민의 행동을 규율하고, 그것이 다시 지역민들 사이의 감시와 규율을 강화하기 때문이다. 이런 과정이 진행되면 해당 지역은 토착 빈민들에게 경제적·사회적으로 불편한 곳으로 변하고, 이들이 떠난 자리를 관광객이 메운다. 치안 강화가 순환적으로 일어나는 셈이다. 물론 토착민들은 관광객에 대해 양가적 감정을 갖는다. 그러므로 그것이 관광객의 어리숙함을 사취하거나 이방인에 대한 적개심으로 휩쓸려갈 가능성은 항존한다.

지와 미답의 영역이 남아 있지 않다. 1911년 로알 아문센(Roald Amundsen)의 남극점 도달이나 1953년 텐징 노르가이(Tenzing Norgay)와 에드먼드 힐러리 경(Sir Edmund Persival Hillary)의 에베레스트 등정은 그것을 상징적으로 보여준 사건이었다. 미지와 미답의 지역이 없을 뿐 아니라 지구 어디든 그곳에 가는 데 필요한 시간도 엄청나게 줄어들었다. 예컨대 1873년에 쓰인 쥘 베른(Jules Verne)의 『80일간의 세계 일주』에서 주인공 필리어스 포그는 요코하마에서 샌프란시스코로 가는 데 22일이 걸렸지만, 오늘날 우리는 12시간 정도가 필요할 뿐이다. 이제 지구는 그리 넓지 않고, 우리는 도착한 곳에서 무엇을 만날지 알고 있다. 환대산업이라고도 불리는 관광산업의 종사자들은 마치 '대리모'처럼 우리를 포근하게 감싸 안아주고, 지구문화를 형성하고 재생산하는 문화적 기호학이 마련한 명소들이 우리를 기다린다.

볼테르(Voltaire)는 『캉디드』(1759)에서 팡글로스 교수가 주장하는 예정조화의 세계를 잔혹하게 부인하는 18세기 당시의 지구화 상황을 펼쳐 보이며 세계를 주유하기보다는 "정원을 가꾸자"고 제안했다. 오늘날 우리는 볼테르의 제안을 거부하고 집을 떠난다. 어떤 의미에서 우리는 프리드리히 실러(Friedrich Schiller)가 『인간의 미적 교육에 관한 편지』(1795)에서 제안한바 자본주의적 산업화와 지구화로 인한 파편화와 소외를 극복하고 전체성을 회복하기 위해 '놀이'를 통한 탈출을 시도하는 셈이다. 그러나 그럴 수 있는 것은 세계가 이미 정원화된, 다시 말해 관광화된 '덕분'이다.

실러적 충동을 감싸 안은 볼테르적 정원! 관광화된 세계를 우리는 그렇게 묘사할 수 있다. 바퀴 달린 캐리어가 미끄러지듯이 구르는 매끈한 공항 로비를 거쳐 밤 비행기를 타면, 우리는 다음 날 오후에 루브르의 긴

매표소에 줄을 설 수 있다. 그리고 한시간쯤 루브르 여기저기를 돌아다니다가 군중이 운집한 방에 이르러 「모나리자」를 볼 수 있다. 「모나리자」를 덮고 있는 방탄유리 때문에 실제 시각적 체험은 인쇄가 잘된 미술 서적의 도판을 보는 것만도 못하다. 그래서 「모나리자」 앞에서 우리는 지난 수백년에 걸친 서구의 르네상스 숭배와 천재 숭배의 귀결로, 한때 루브르에서 도난되었다가 되돌아온 놀라운 사건 때문에[3] 불멸의 명성을 획득한 작품을 나 또한 바라보았다는 '체험'에 이를 뿐이다. 그렇기 때문에 '나의 거기 있음' 그리고 '나의 그것을 바라봄'이란, 명성의 기호학에 이끌린 행위이자 그것을 다시 한번 재생산하고 확장하는 요소일 뿐이다. 그러므로 '여행자'라는 자의식은 허위의식이 '되었다.' 우리는 관광객임을 자인해야 하며, 자신의 관광을 이해하기 위해서는 관광학 저널에 실린 논문에 붙은 다음과 같은 키워드들을 통해서 자신이 하는 중인 관광의 의미를 꼼꼼히 조명해보아야 한다.

모험, 답사, 순례, 성차(性差), 취향, 지리, 원시주의, 계급, 인종, 식민주의, 제국주의, 섹슈얼리티, 민속학, 도시, 이국적인 것, 숭고, 풍경, 응시(gaze), 다크 투어리즘, 에코 투어리즘, 오리엔탈리즘, 호기심, 관광정책, 지역 개발, 비행기, 공항, 자동차 여행, 모빌리티, 이주, 장소, 공

---

3 1911년 8월 21일 루브르에서 「모나리자」가 도난당했다. 이후 이 그림은 약 2년 동안 행방이 묘연했다. 어마어마한 수사 인력이 동원되었고 엄청난 현상금이 걸렸지만 찾지 못했다. 그러다가 2년 뒤 한 화상의 신고로 범인이 잡히고 그림이 루브르로 돌아왔다. 이 그림이 문화적 사건이 된 것은 도난당한 직후부터였다. 「모나리자」는 도난당하기 전에는 오늘날처럼 루브르 미술관을 대표하는 그림이 아니었다. 게다가 오늘날처럼 신비의 미소를 상징하는 여인도 아니었다. 「모나리자」 도난 사건의 전말을 중심으로 상실이 욕망의 대상을 구성하는 방식에 대해 논의한 저서로는 다리안 리더의 『모나리자 훔치기: 왜 예술은 우리를 눈멀게 하는가』(박소현 옮김, 새물결 2010)가 있다.

간, 비장소, 장소 상실, 자연, 풍경, 풍경화, 관광 사진, 건조 환경, 노마
디즘, 에어비앤비, 민박, 호텔, 테마파크, 권태, 느림, 속도와 가속화, 시
공간 압축, 유토피아, 경이감, 멜랑콜리, 향수, 여행기, 관광책자, 투어
리스트 인포메이션, 투어 패스, 관광기호학 (…)

그러나 「모나리자」를 세상에서 가장 유명하게 만들었고 그래서 지겹
기조차 하게 만든(오죽했으면 마르셀 뒤샹Marcel Duchamp은 모나리
자의 코밑에 수염을 그려 넣고, 'L.H.O.O.Q'라는 제목을 달았겠는가[4])
문화적 의미론의 자의성에도 불구하고, 우리는 그것이 '콘트라포스토'
(contraposto)나 '스푸마토'(sfumato) 기법 면에서 그리고 유화의 활용이
라는 면에서 미술사적 혁신의 순간을 표시하고 있는 그림임을 알며, 그
것을 느끼고 감상한다. 과도하게 두툼한 명성의 기호학 아래서도 「모나
리자」가 이룩한 성취와 고유한 아름다움에 이를 수 있다. 관광의 반짝이
는 포장지 속은 비어 있을 때가 많지만, 그 안에서 여행이라는 달콤한 사
탕이 툭 하고 떨어질 때가 있는 것이다.

이 점을 표현하기 위해서 나는 이 책을 통해서 독자에게는 성가시겠
지만 일관되게 '관광/여행'이라는 표기를 사용했다. 이때 관광과 여행
사이에 그어진 '/'는 페르디낭 드 소쉬르(Ferdinand de Saussure)의 기
호 표현법을 활용해 자신의 정신분석학적 통찰을 드러내고자 했던 자크
라캉(Jacques Lacan)으로부터 차용한 것이다. 기표(Signifier, Sr)와 기의
(Signified, Sd)의 관계에 대한 소쉬르의 표기(왼쪽)와 라캉의 표기(오른
쪽)는 각기 다음과 같다.

---

4 'L.H.O.O.Q'는 그 뜻은 정확히 알 수 없지만 프랑스어로 발음하면 'Elle a chaud au cul'를
소리 내어 읽은 것처럼 들리는데, 이 문장은 '그녀의 엉덩이는 뜨겁다'는 뜻이다.

$$\frac{Sr}{Sd} \qquad \frac{S}{s}$$

기표와 기의의 관계에 대한 소쉬르(왼쪽)와 라캉(오른쪽)의 표기

소쉬르는 '──'를 통해서 기표의 질서와 기의의 질서가 분리됨을 표현했다. 라캉은 거기서 한걸음 더 나아가 기표가 기의에 대해 우위에 있음을 대문자와 소문자의 관계로 표현했다. 그리고 '──'에 소쉬르보다 강한 의미를 부여한다. 소쉬르가 말했듯이, 의미는 기표와 기의 사이의 관계 수립을 통해서 이뤄진다. 그러므로 의미 형성의 순간은 기표와 기의를 가르는 횡단선을 가로질러 이뤄질 것이다('十'로 표기할 수 있을 것이다). 라캉은 횡단선 '──'이 의미 형성을 저지하는 '저항선,' 즉 무의식을 형성하는 억압의 힘으로 작동한다고 주장한다. 라캉에 따르면, 저항선이기도 한 횡단선을 가로질러 의미를 형성하는 일은 매우 드물고 힘겹게 일어나는 일이다.[5] 이 책을 통해서 '관광/여행'이라는 표기는 라캉의 $\frac{S}{s}$ 자리에 관광과 여행을 각기 대입한 것, 즉 $\frac{관광}{여행}$ 을 뜻하며, '관광이라는 형식 속에서 여전히 숨 쉬고 있는 의미를 향한 충동으로서의 여행'으로 읽혀야 한다.

3

여행기의 기능 방식과 관련해서도 관광/여행에서와 유사한 양가성을 마주하게 된다. 이 점을 살피기 위해 극히 대조적인 두개의 여행기를 짧

───────────────

5 자크 라캉 『에크리』, 홍준기 외 옮김, 새물결 2019, 615~16면 참조.

게 검토하고 싶다. 하나는 마르틴 하이데거(Martin Heidegger, 1889~1976)의 그리스 방문기인 『체류』(1989)이고, 다른 하나는 롤랑 바르트(Roland Barthes, 1915~80)의 일본 방문기인 『기호의 제국』(1970)이다.[6] 전자가 관광/여행을 하는 곳과 관광객 사이의 해석학적 연관이 과도할 정도로 농밀한 여행기라면, 일본 방문기인 후자는 관광/여행의 대상과 관광객/여행자가 아무런 해석학적 연관이 없는 상태에서 쓰인 여행기라고 할 수 있다.

하이데거는 그의 나이 73세이던 1962년에 그리스를 처음 방문했다. 그는 베네치아에서 출발하는 크루즈유람선 '유고슬라비아'를 타고 그리스로 갔다. 유람선 관광/여행의 방식은 대개 이렇다. 유람선이 밤을 이용해서 한 항구에서 다음 항구로 이동한다. 승객들은 아침에 일어나 새로 도착한 항구 일대를 낮 동안 관광/여행을 한 뒤 저녁에 다시 승선한다. 그러면 유람선은 다음 기항지로 출항한다. 베네치아를 출발해 아드리아해를 거쳐 이틀 뒤 케르키라에 도착함으로써 시작된 하이데거의 그리스 여행의 첫 방문지는 이타카였다. 둘째 날은 카타콜로-올림피아-크레타였고, 셋째 날은 로도스와 파트모스를 돌아보았다. 그리고 넷째 날에는 델로스-아테네와 파르테논 신전-수니온 곶의 포세이돈 신전-아테네 인근의 칼사리아니 사원에 갔고, 다섯째 날에 델포이를 방문하는 것으로 끝난다. 『체류』는 배를 타고 베네치아에서 그리스를 오가는 시간을 제외하면 고작 닷새의 일정을 기록한 책이다.

하이데거의 사상 전체에서 그리스가 가진 의미를 생각하면, 그가 73세

---

6 여기서 검토하는 두 책의 판본은 Martin Heidegger, *Sojourns: The Journey to Greece*, tr. J. P. Manoussakis, State University of New York Press 2005, 그리고 롤랑 바르트 『기호의 제국』, 김주환·한은경 옮김, 민음사 1997이다.

의 나이가 되어서야 비로소 그리스를 방문했다는 사실은 놀라운 데가 있다. 그는 근대적 삶의 역운(歷運)을 결정한 형이상학의 행로가 고대 그리스에서 시작되었다고 주장하지 않았던가? 그의 철학적 작업의 상당 부분은 고대 그리스 철학의 재해석에서 출발한 것이 아니었던가? 그런데도 그는 고대 그리스의 흔적이 무수히 남아 있는 그리스 방문을 주저했다. "수년 전 그리스로의 여행 제안과 선물은 기대감으로 심장이 쿵쿵 뛰게 했다. 하지만 그 제안엔 오랜 망설임이 뒤따랐다. 오늘의 그리스가 고대 그리스와 그것에 고유한 바가 환히 밝혀지는 것을 가로막아 실망에 빠질까 두려웠기 때문이다."[7] 대상과 '지나치게' 농밀한 해석학적 관련을 맺고 있는 것이 그 대상에 접근하는 것을 오랫동안 방해한 셈이다.

이에 비해 롤랑 바르트는 전혀 다른 방식의 기대/불안 속에서 일본 여행을 받아들였다. 롤랑 바르트는 1966년에서 1968년 사이에 도쿄의 프랑스 문화원장이던 모리스 팽게(Maurice Pinguet)의 초청으로 일본을 방문했다. 3년 동안 세번 방문해서 방문할 때마다 한달씩 체류했다는 것은 바르트가 일본에 상당한 호기심을 품었음을 시사한다. 그럼에도 불구하고 일본은 그에게 전통에 매개된 영향사(Wirkungsgeschite)가 없는 나라이다.[8] 그렇기 때문에 그는 마치 낯선 문명의 알 수 없는 문자가 새겨진 출토품을 마주한 고고학자처럼 일본을 경험한다. 그래서 그는 자신이 다루는 일본을 이렇게 규정했다. "이 세계 어딘가에 있는 (저 멀리)의 몇몇 특질(언어학적 용어다)만을 골라, 이런 특질들을 가지고 하나의 체계를 정성

---

7 Martin Heidegger, 앞의 책 4면.
8 철학적 해석학에서는 우리가 어떤 문화적 산물을 이해할 수 있는 것은 이미 문화적으로 전수된 전통에 의해 그 문화적 산물이 이해의 지평 안에 들어와 있기 때문이라고 본다. 이때 해석자에게 미치는 전통의 힘을 '영향'이라고 하며, 본질상 역사적으로 작동하는 영향의 작동 과정을 '영향사'라고 명명한다.

스레 만들어낼 수도 있다. 이제 나는 이 체계를 '일본'이라고 부르겠다."⁹

이런 차이로 인해 두 여행기는 전혀 다른 방식으로 서술된다. 그리스에서 찾아간 모든 장소와 전통에 매개된 해석학적 연관 속에 있는 하이데거의 경우, 관광/여행은 장소에서 그것에 깃든 (그것을 그에게 장소로 만든) 의미 속에 침잠하고 머무르는 행위로 규정된다. 가령 그는 델로스에서 이렇게 말한다.

> 델로스(Δῆλος), 현현한 것, 계시하고 가리지 않지만, 동시에 은폐하고 가리는 곳. 델로스는 아폴로와 아르테미스 탄생의 비밀을 은닉하고 있다. 위대하고 환한 응시를 지닌 자, 붉게 빛나는 자, 자신의 광채로 명하는 자, 아폴로 그리고 궁수이자 황야의 대피소에서 안식처를 구하는 자, 아르테미스, 그렇게 둘은 남매이다. 그들의 현존 방식에는 힘찬 근접과 먼 곳으로의 갑작스러운 사라짐이 함께한다.
>
> (…)
>
> 델로스(Δῆλος), 신성한 섬, 그리스의 땅과 해안선과 바다의 중심, 그것은 은폐하는 한에서 드러낸다. 이런 식으로 자신 안에 나타나는 바, 이것은 무엇인가? 델로스는 누구에게 고개 숙이는가? 그리스 시인과 사상가들이 그들에게 현존한 것을 멀리서 예감함으로써 경험하고 명명했던 바, 비은폐된 것(드러난 것)과 은폐된 것(숨겨진 것)의 상호의존성인 바, 알레테이아(αλήθεια)이다.¹⁰

쌍둥이였던 아폴로(해의 신, 빛과 드러남 그리고 비은폐의 신)와 아

---

9 롤랑 바르트, 앞의 책 9면.
10 Martin Heidegger, 앞의 책 31~32면.

르테미스(달의 신, 어두움과 은폐의 신)의 탄생지라는 신화를 간직한 델로스에서 하이데거는 진리란 (진술의) 올바름이 아니라 존재자의 본질이 은폐된 상태에서 벗어나는 것이라는 자기의 철학적 입장에 대한 확신을 얻는다.[11] "알레테이아 그리고 비은폐와 은폐 사이의 관계와 관련해 내 마음을 오랫동안 부여잡고 있던 생각은 델로스에서의 체류(Aufenthalten, sojourn) 덕분에 소망하던 확증을 찾았다. 상상적인 개념화에 지나지 않는 듯했던 것이 완성되고 충만한 현존을 얻었다."[12] 그가 73세가 되도록 그리스 방문을 미루게 했던 실망에 대한 우려가 불식되는 이 장면이 우리가 보기엔 폐쇄적인 의미의 회로 안에 갇혀 있는 듯이 보이지만, 하이데거에게는 떠나간 신들이 도래할 순간을 예시하는 듯이 여겨진다. 그래서 그는 "델로스에서의 경험을 통해서만, 그리스로의 여정은 체류, 즉 알레테이아에 의해 밝혀진 거주가 되었다. (⋯) 이런 선사(膳賜)된 체류 안에서 필멸의 존재들 자체가 비은폐된 것에 응답하는 바로 그런 자로 나타난다"[13]고 말한다.

그는 여기서 관광/여행은 이동이 아니라 '체류'가 되어야 함을 주장하고 있기도 하다. 이런 주장에는 음미할 만한 점이 있다. 관광/여행은 장소를 향한 이동을 수반하지만, 장소에 (육체의 현존에 기반하여) 감각적으로 그리고 (해석학적 연관 속에서) 의미론적으로 머무르는 것(체류하는

---

11 그리스어에서 진리는 '알레테이아'이다. 이 말은 '은폐된 것' 또는 '망각된 것'을 뜻하는 레테스(ληθές)에 부정어로 a가 붙은 형태이다. 그리스어 알레테이아는 우리말로 직역하면 '은폐되지 않은 것'에 해당한다. 하이데거는 알레테이아로서의 진리가 어떤 의미를 지녔고 어떻게 해서 진술의 '옳음'으로 전환되었는지 정확히 파악하는 것이 서구 형이상학의 행로를 이해하는 데 결정적으로 중요한 점이라고 주장한다. 하이데거가 자신의 진리관을 체계적으로 논술하고 있는 저서로는 『진리의 본질에 관하여』, 이기상 옮김, 까치 2004 참조.
12 Martin Heidegger, 앞의 책 34면.
13 같은 곳.

것)을 목표로 한다. 여기서 하이데거는 관광/여행의 본질이 오히려 이동이 아니라 머무름에 있음을 주장하는 셈이다. 그리고 거기서 더 나아가 머무름을 통해 거주와 이동의 이분법을 허물고자 한다고 할 수도 있다. 삶은 이동의 궤적을 그리지만, 우리는 매 순간에 머무를 수 있다. 어떤 정주도 영속적인 머무름일 수 없다. 우리는 이동만 하거나 정주만 하지도 않는다. 우리는 그때그때 머무른다. 아마도 이 머무름이 없다면, 의미의 도래도 없을 것이다. 의미는 다음에 오는 낱말에 의해서 규정되는 지연, 자크 데리다적인 의미에서 '차연'(差延, différance)을 겪지만, 삶의 한 지점, 언어의 한 지점에서 우리는 떠나간 신을 회상하고 도래할 신의 희미한 예시를 느끼며 체류할 수 있다.

하지만 이 과정은 은밀하게 배타적이다. 어딘가에 머무는 자는 이미 어떤 '집'에 거하는 자이다. 그것은 잘 알려진 사원의 탁 트인 모퉁이라도 그렇다. 그러니 그 모퉁이 옆을 드나드는 다른 관광객이나 그들을 함축하는 관광산업이 불편할 것이다. 그들은 평안히 집에서 쉬는 이를 방해하는 존재로 여겨진다. 아마도 이런 감정은 명소에서 어떤 정서적 침잠을 겪는 모든 이에게 보편적일 것이다. 그러나 하이데거의 경우 불편의 농도는 여느 사람과 달리 아주 짙다. 그는 누구보다 더 '제대로 머무는' 자이기에 그렇다(고 할 것이다). 그는 델포이 가는 길에 늘어선 현대식 호텔을 "자신의 사유의 조화로움을 깨는 불협화음"[14]으로 느끼고, 델포이 신전을 향해 연신 카메라 셔터를 누르는 관광객을 경멸하며, "그들은 그들의 기억을 기술적으로 생산된 그림 속으로 던진다. 그들은 그들이 무시하는 사유의 축제를 단서도 없이 포기한다"[15]고 말한다. 그는 대

---

14 같은 책 51면.
15 같은 책 54면.

엑세키아스의 '디오니소스를 테마로 한 컵', 기원전 545년~기원전 530년, 국립고대미술박물관 (Staatliche Antikensammlungen), 독일 뮌헨

상과 의미론적으로 내밀한 관계를 맺는 능력을 자신에게만 특권적으로 허용한다. 그는 『체류』의 말미에서 베네치아를 향해 돌아오는 자신의 유람선 유고슬라비아 주변을 헤엄치던 돌고래떼를 보며, 자신의 모습을 엑세키아스('Εξηκίας, Exekias)[16]의 컵(kylix)에 새겨진 인물과 동일시한다. 그 컵 안쪽에는 배 한척이 돌고래떼가 헤엄치는 바다를 항해하고, 그 배

---

16 엑세키아스는 기원전 6세기경 아테네에서 활동한 화병 화가이자 도공이다. 그는 주로 검은색에 불을 붙인 점토 슬립(slip)을 사용하여 장면을 그리는 기법으로 작업했다.

위에는 디오니소스가 앉아 있다. 그렇게 하이데거에게 그리스 관광/여행은 실망에 대한 우려에서 디오니소스와의 심원한 동일시와 체류의 경험으로 전환됨으로써 종결된다. 이 행복한 귀환은 그러나 자기 폐쇄적인 의미의 원환 속에서 이뤄진 것이며, 다른 관광객을 배제하는 방식으로 구성된 것이기도 하다.

　　장소에 머무르고 다음 장소에 또다시 머무르기에, 장소들을 잇는 여정으로 구성된 『체류』와 달리, 『기호의 제국』에서 우리는 어떤 여정도 알아볼 수 없다. 바르트는 한 장소에서 다른 한 장소로 이동하지 않는다. 바르트에게는 일본의 어느 곳도 고유한 장소성을 지니지 않는다. 그저 특질, 즉 변별적 자질을 지닌 기호일 뿐이다. 하이데거는 자신을 안온하게 감싸는 의미론적 유산이 실은 자신의 심리적 투사물이 아닐까 하는 불안을 느꼈지만, 바르트에게는 그런 불안이 없다. 그는 영향사 없는 대상에서 오히려 포근함을 느낀다. 영향사 부재 상황의 전형은 공부해본 적 없는 외국어에 둘러싸이는 것일 텐데, 그런 상황에 대해 바르트는 이렇게 말한다. "미지의 언어로 웅얼대는 소리는 아주 달콤한 보호망과도 같다. (…) 모국어를 말하는 경우 그 말하는 사람은 하나의 인격체로 구성되어, 그가 어느 지역 출신이며 어떤 신분인지, 그의 문화적 수준이나 지성, 또는 취미가 어느 정도인지가 상대방에게 금방 알려지게 된다. 그러므로 이국땅에서의 이러한 경험은 굉장한 휴식이 아닐 수 없다. 이곳에서 나는 우둔함이나 저속함, 허영, 세속성, 국적, 또는 규칙성에서 벗어난다. 나는 그 미지의 언어를 단지 목에서 울려나오는 소리로서만 경험한다."[17] 그는 낯선 이들 사이를 낯선 사람으로서 걸어가며(그러니 그에게는 다른

---

17 롤랑 바르트, 앞의 책 16면.

관광객이라는 존재가 눈에 띄거나 인식되지 않는다. 그는 이런저런 관광객 옆의 또 한 사람의 관광객으로서 평안하다), 음성이 소리가 되는 상황에서 소리 사이의 차이에만 주목하는 기호학적 모험을 수행할 뿐이다.

그래서 그에게 "동양은 몇몇 특질들을 제하고 그것들을 조작 — 창조적 상호작용 — 하여 서양의 특질과는 완전히 다른, 들어보지도 못한 상징체계의 개념을 '즐기게'(flatter) 해줄 뿐이다. 우리가 동양에 대해 [서양과] 다른 상징이나 또 다른 형이상학, 또 다른 지혜(비록 이것이 아주 바람직하게 보일지는 모르겠다)를 말할 수는 없다."[18] 따라서 그는 그저 일본의 어떤 장소, 그곳의 역사와 의미에 대해서 말하지 않고 국과 젓가락, 파친코와 분라쿠 또는 일본 정원과 하이쿠에 대해 말할 뿐이다(이 모든 것은 차이의 체계 속에 놓인 기호이다). 롤랑 바르트의 차이에 대한 민감성은 아주 예민한 것이어서 일본과 유사한 문화적 요소를 가진 우리에게도 놀라운 바가 있다. 가령 그는 젓가락을 두고 이렇게 말한다.

동양 요리와 젓가락의 조화가 단순히 기능적이거나 도구적이라고 할 수만은 없다. 음식물은 젓가락으로 집을 수 있도록 잘려질 뿐만 아니라, 젓가락도 음식물이 작게 잘려 있기 때문에 존재할 수 있다. 하나의 동일한 움직임 그리고 하나의 동일한 형태가 물질과 도구를 초월하여 '나누어짐'이라는 작용을 완성시킨다.

젓가락에는 음식을 접시에서 집어 입으로 가지고 가는 기능(사실 이는 손가락이나 포크로도 할 수 있는 기능이기 때문에 젓가락만의 고유한 기능은 아니다) 이외에도 그만의 독특한 기능이 있다. 무엇보다도

18 같은 책 10면. [ ] 안은 한국어 번역자의 보충.

그 모양만 봐도 충분히 알 수 있듯이, 젓가락에는 지시적(déictique)인 기능이 있다. 젓가락은 음식물을 가리키며 그 작은 조각을 지적한다. (…) 젓가락 두쪽을 한데 모으면 음식을 꼭 집어내는 또 다른 기능도 수행할 수 있게 된다(포크처럼 꾹 찌르는 것이 아니다). 여기서 꼭 집어낸다는 말이 지나치게 그 어감이 세고 공격적이긴 하다. (…) 왜냐하면 음식물은 이런 행위에 의해 들려 운반되는 데 반드시 필요한 만큼의 압력만을 경험하기 때문이다. (…) 여기서 사용되는 힘은 (…) 이제 더이상 욕구에 관련된 것이 아니다. 우리는 음식에 대한 온전한 태도를 지니게 된다. (…) 젓가락은 음식물에 절대로 폭력을 행사하지 않는다. 젓가락은 (채소의 경우) 찔러서 조금씩 해체하기도 하고 (장어 같은 생선의 경우) 찔러서 몇 조각으로 나누기도 한다. 이런 행위로 재료는 자연스럽게 원래부터 있던 균열을 되찾게 된다. (…)

젓가락의 마지막 기능이자 가장 매혹적인 역할이 있다. 젓가락은 음식을 이동시킨다. (…) 젓가락은 마치 주걱처럼 밥그릇에서 입으로 영양체의 흰 눈송이를 밀어넣는다. (…) 젓가락을 이용해서 먹는 음식물은 이제 폭력을 사용해서 섭취하는 약탈물이 아니다. (…) 음식은 조화로이 이동되는 물질이다. 젓가락은 이미 분리되어 있는 물질을 새 먹이로, 밥을 흐르는 우유로 변형시킨다. 어머니 같은 젓가락은 한입씩 떠먹는 몸짓을 지치지도 않고 수행해낸다. 그러나 창과 칼로 무장한 서양의 영양 섭취 행위에는 약탈의 몸짓이 여전히 남아 있다.[19]

젓가락의 평화로움을 포크와 나이프에 잠재된 폭력성과 대조하는 것

---

19 같은 책 24~27면. 강조는 원문 그대로.

은 상식적일 뿐 아니라 이런 식의 과도한 동양 이상화는 또다른 오리엔탈리즘의 혐의를 지닌다. 하지만 적어도 젓가락을 사용하는 문화에서 요리는 서양요리의 스테이크처럼 덩어리 형태로 주어지지 않는다는 것, 모든 것을 작게 나누는 요리법이 이미 젓가락에 조응하고 있다는 것, 큰 덩어리로 주어지는 몇 안되는 요리 가운데 하나인 생선 요리를 보더라도 젓가락이 생선 자체의 균열선을 따라 그것을 나누는 역할을 할 뿐이라는 것, 바르트는 이런 것들을 우리가 '새삼' 깨닫도록 잘 지적하고 있다(그에겐 '기호학적 젓가락'이라도 있는 듯이 말이다). 음식물을 집어 입으로 옮기는 모습에서 새끼 새에게 먹이를 주는 어미 새의 모습을 연상하는 부분도 바르트의 섬세한 감각을 느끼게 한다. 바르트에게 관광/여행이란 대상의 내적 의미에 도달하고 그것에 머무르는 것이 아니라 대상의 표면을 부드럽게 스치며 차이를 관조하고 음미하는 과정이다. 그래서 그는 하이데거처럼 대상과의 동일시를 통해 어떤 구원의 이미지를 그리는 장면으로 여행기를 맺지 않는다. 그저 관조와 음미의 과정이 댓돌에 떨어지던 빗물이 그치듯 그렇게 툭, 끝날 뿐이다.

4

아마도 모든 여행기는 『체류』와 『기호의 제국』 사이에 펼쳐진 공간 그 어딘가에 위치할 것이다. 우리가 관광/여행을 하는 곳은 나에게 개인적이든 사회적이든 어떤 깊은 의미를 지닌 곳이거나 아무런 의미도 없는 곳, 그러니까 그저 반짝이는 외관과 지각적 경이가 있는 곳, 장대하거나 미세한 차이가 전개되는 곳일 것이다. 예컨대 지금 여행기를 쓰려고 하

는 내 경우를 보자. 스페인을 방문하기로 했을 때, 나는 단 한 사람의 스페인인도 만나서 이야기를 나눠본 적이 없는 상태였다. 마드리드의 국제 공항이 바하라스라는 것도 비행기표 발권 이후에 알았다. 공항에서 마드리드 시내로 들어가기 위해 택시를 탔다. 택시 운전사는 작게 라디오를 틀고 있었는데, 스페인어라곤 '우노, 도스, 트레스' 또는 '올라' '그라시아스' 정도밖에 모르는 나로서는 전혀 알아들을 수 없었다. 하지만 뉘엿한 가을 햇볕의 따스함을 느끼며, 오후가 아름다운 나라에 왔음을 느꼈다. 다음 날 솔 광장(Puerta del Sol)의 보다폰(Vodaphone) 매장에서 유심칩을 사서 끼우고, 점심으로 타파스(Tapas)를 사 먹었다. 작은 바게트 조각 위에 온갖 맛난 것을 아기자기 얹은 다양한 타파스가 잔뜩 진열된 모습을 보며 작게 쥐어진 밥 위에 생선을 비롯하여 온갖 것을 올려 먹는 스시(すし), 또는 얇게 편 피 안에 온갖 재료를 넣고 접어 먹기 좋은 한입거리로 만들어내는 딤섬(點心)을 떠올렸다. 타파스와 스시와 딤섬은 단순한 주제(약간의 탄수화물과 채소 및 단백질 재료를 한입거리로 조합하기)의 무한한 변주라는 면에서 유사하다. 하지만 그것을 대하는 태도와 먹는 양식은 서로 다르다. 타파스와 스시는 기본적으로 찬 음식이고 핑거푸드이지만, 딤섬은 따뜻하고 젓가락이나 숟가락이 필요한 음식이다. 그러나 요리사와 손님 사이의 말 없는 대화, 심지어 대결의 분위기가 흐르는 스시와 달리 타파스와 딤섬은 정찬 사이의 가벼운 요깃거리라는 점에서 서로 유사하다. 딤섬, 즉 점심은 말 그대로 마음에 불을 댕기는 음식인데, 출출하고 기력이 약간 떨어질 때 활력을 얻기 위해 먹는 타파스도 꼭 그렇다(타파스는 스페인의 딤섬이다). 딤섬은 부드럽고 쫀득한 피로 식재료를 감싸고 있는데, 그 피가 반투명이라 속 재료의 색채가 은은하게 비쳐 나온다. 이에 비해 타파스와 스시는 식사의 기본인 탄수화물(밥

과 빵)을 밑에 감추고 토핑된 것의 화려함을 빛낸다. 카냐 잔에 따른 맥주(una caña)와 함께 타파스를 먹으며 이런 생각을 하는 나는 바르트만한 감수성은 못 되어도 바르트와 유사한 시선으로 스페인을 완상하는 셈일 것이다.

동시에 나는 스페인에 대해 이런저런 것을 알고 있다. 아마도 인류의 절반 이상이 알 만한 유명한 이들, 예컨대 세르반테스, 벨라스케스, 고야, 피카소, 그리고 달리를 알고 있었고, 그들의 작품에 대해 내 나름의 취향과 관심을 품고 있었다. 그외에 프란시스코 타레가(Francisco Tárrega)의 「알함브라 궁전의 추억」이나 호아킨 로드리고(Joaquín Rodrigo)의 「아란후에스 협주곡」 같은 것이 내 귀에 남아 있는 스페인이다. 스페인의 역사는 나에게 몇몇 세계사적 장면들의 스크랩북 형태로 존재한다. 이슬람 세력에 저항하는 국토회복운동이었던 레콩키스타(Reconquista)를 완성한 카스티야의 이사벨 1세와 콜럼버스의 대항해, 스페인 무적함대의 칼레해전에서의 패배, 나폴레옹의 스페인 침공과 게릴라전, 미서(美西)전쟁, 인민전선과 스페인 내전, 독재자 프랑코의 죽음과 스페인 민주화, 그리고 바르셀로나올림픽(그리고 황영조) 등이 그 스크랩북의 페이지들이다. 그런 지식과 기억 가운데 깊은 정서적 공속감을 자아내는 것이 있다. 내 경우, 그것은 스페인 내전에 참전한 국제 의용군의 유적 같은 것이다. 나와는 먼 나라의 이야기였지만, 그것이 어느 정도는 친숙하게 느껴질 정도로 이런저런 문화적 유산, 예컨대 「어느 병사의 죽음」(1936) 같은 로버트 카파(Robert Capa)의 사진, 조지 오웰(George Orwell)의 『카탈로니아 찬가』(1938), 어니스트 헤밍웨이(Ernest Hemingway)의 『누구를 위해 종을 울리나』(1943)와 게리 쿠퍼(Gary Cooper) 및 잉그리드 버그먼(Ingrid Bergman)이 주연한 그것의 영화판, 켄 로치(Ken Loach) 감독의

「랜드 앤드 프리덤」(1995)을 접해왔기 때문이다.

그런 것들에 대한 기억 중에는 파리에서의 개인적 경험도 있다. 파리에 갔을 때 페르라셰즈 묘지(Cimetière du Père-Lachaise)를 방문했다. 1870년 파리코뮌을 기념하는 '연맹의 벽'을 보고 싶었기 때문이다. 이 연맹의 벽만큼이나 인상적이었던 것은 카를 맑스(Karl Marx) 후손의 묘, 프랑스 공산당 서기장들의 묘, 그리고 스페인 내전에 참여한 프랑스 출신 국제 의용군의 묘가 연맹의 벽을 경배하듯이 에워싸고 있던 모습이다. 파리코뮌 참여자도, 스페인 내전의 국제 의용군도, 우리의 광주민주화운동에서 도청을 지킨 열사도 모두 패배의 길을 묵묵히 걸어갔던 이들이다. 그리고 그 패배를 통해서 오히려 세계사의 행로를 새롭게 열어주었다. 이들 사이의 말 없는 유대를 혼자서 감지하고 있는 나는 하이데거가 그리스의 여기저기에 대해 그랬듯이 스페인 내전의 흔적이 남아 있는 만사나레스 강가와 바르셀로나 시청 주변 여기저기에 이미 도달해 있고, 또 거기에 이르러 '체류'할 것이다.

이렇듯 우리가 만나는 여행기란 대부분 바르트적인 것과 하이데거적인 것이 얼룩덜룩 섞인 형태이다. 여행기의 형태 그리고 그것이 생산할 의미의 구조는 이미 주어져 있는 셈이다. 그리고 하이데거적이든 바르트적이든 여행기는 장소에 켜켜이 쌓인 의미의 층을 더하며 후속 관광/여행을 자극하고 확대 재생산하는 기능을 하도록 예정되어 있다. 우리는 관광/여행을 떠나기 전에 관광 책자를 읽고, 관광/여행에서 돌아와서는 여행기를 쓴다(관광에 대해서는 책자冊子, 영어로 하면 brochure, pamphlet 또는 booklet이 있을 뿐이지만, 여행의 기록은 책冊이 된다. 책이라는 말에 여전히 남아 있는 문화적 존경이 여행기에는 투사되고 있는 셈이다). 그런데 그렇게 쓰인 여행기는 그의 뒤를 잇는 관광객/여행자에게는 또 하나의 관광 책자일 뿐이다.

그래서 여행 작가(관광 '작가'는 없다)는 잘 알려진 관광지를 피해서 어떤 진정성을 경험한 장소를 여행기에 기록하지만, 그런 행위야말로 그 장소를 평범한 관광지로 전락하게 만드는 역설적 결과에 직면하게 마련이다. 또한 여행기는 장소와 그것이 열어주는 풍경을 미학화하고 밀도 있는 의미를 제공하는 관광객/여행자의 문화적 능력을 과시하는 현학적 작업에 그칠 수도 있다.

하지만 그 모든 것에도 불구하고 그것을 쓰는 이에게 여행기는 관광을 여행으로 전환하는 내적 과정이다. 여행기는 여행자 역할과 관광객 역할 사이에서 생기는 심리적 갈등을 다룰 수 있게 해주며, 관광/여행 대상과 자신 사이의 내밀한 대화를 표현할 수 있게 하며, 그럼으로써 대상뿐 아니라 자아를 표현할 수 있게 해준다. 요컨대 여행기는 관광 대상에 대한 지각적 '체험'에 붙박인 자아를 소통 가능한 여행 '경험'의 지평으로 이끌어갈 여지를 품고 있다.

5

여행기의 양가성에도 불구하고 나는 그 긍정적 기능의 가능성을 믿기로 했다. 그리고 내 여행기가 실제로 그렇게 할 수 있을지 알 수 없지만, 나는 '관광'으로부터 '여행'을 구제할 가능성 그리고 여행기를 통해 '체험'으로부터 '경험'을 구제할 가능성을 따라가기로 했다. 하지만 그럴 때도 독자가 나의 여행기를 일정한 경계심을 지니고 읽기를 바랐기에 나는 내 여행기를 떠받치는 관광화된 세계의 이해를 위해 여행서사의 본질적 특성(서론), 관광/여행의 개념사(1장), 관광/여행의 동기(2장과 3장), 그것의 인간학적이고 사회문화적 조건, 특히 근대적 모빌리티 상황(4장 ~7장)을 논하는 1부를 스페인과 모로코에서의 장소 경험을 다룬 부분(2부) 앞에 두기로 마음먹었다. 그리고 각 장들을 한국에서 스페인으로 이동하는 과정이라는 맥락 속에서 배열했다.

그렇게 계획을 수정함에 따라 집필 시간이 많이 늘어났다(1권 분량의 기획이 2권 분량이 되었다). 아내와의 결혼 30주년을 기념하기 위해 작업하기 시작한 책이 정작 본격적인 여행기로 들어가지도 못한 채, 관광/여행의 이해를 위한 논의에 할애된 1부에서 한참 동안 허우적거렸다. 생각해보니 고작 100여 일의 관광/여행을 다룰 책의 1부(1부는 여행기라는 면에서는 한국에서 스페인으로 가서 맞은 첫날에서 끝난다)를 쓰는 데 몇년을 보낸 셈이다.

내 원고의 마감을 기다리는 데 지친 출판사는 1부와 2부를 분리해서 2권의 책으로 내자고 제안했다. 1부가 2부를 조명하는 구실을 하는 터라 둘을 한권의 책에 수록하기를 원했던 나로서는 반갑지 않은 제안이었지만, 원고 마감과 관련해 너무 많은 허언을 출판사에 해온 터라 그 제안을 수용하지 않을 수 없었다. 해서 1부를 담은 책을 먼저 세상에 내보내기로 했다. 가능한 한 빨리 2부가 완성되어 온전한 모습의 책으로 만나길 고대한다.

앞에 적었듯이 이 책은 한 사람을 마음에 두고 썼지만, 모두에게 읽힐 수 있는 책으로 출간된다. 그리한 이유는 모두에게 말하는 방식으로 한 사람에게 말할 수도 있다고 생각했기 때문인데, 그것이 옳았는지 판단하는 일은 '모두'와 '한 사람'의 몫일 것이다.

책의 기획 단계에서 출간 의지를 보여주어 작업에 나설 수 있게 해준 창비의 황혜숙 이사와 집필 단계에서 인내심을 가지고 작업을 독려해준이지영 본부장, 그리고 편집 실무 작업을 해준 김새롬 씨에게 감사드린다. 코로나19 대유행으로 인해 해외 관광/여행이 정지한 시기에도 여행기를 출간할 만하다고 판단해준 강일우 사장께도 감사 인사를 전한다.

2022년 10월

김종엽 삼가 씀

차례

일러두기

1. 외국 인명과 지명은 국립국어원 표기를 따르는 것을 원칙으로 했다. 단, 관용적으로 굳어진 일부 인명은 널리 알려진 대로 표기했다.
2. 논문, 에세이, 시, 미술작품, 영화, 노래는 「 」로, 서적은 『 』로, 오페라는 《 》로 표시했다.

서론을 대신하여

뱃사공 신드바드와
짐꾼 신드바드

1

동화는 종종 삶에 어떤 원형적 이미지를 제공한다. 나에게는 「뱃사공 신드바드와 짐꾼 신드바드」가 그런 이야기이다. 그것은 적어도 내게는 여행의 수수께끼 같은 면모와 비의를 품은 이야기이다. 그러니 여행에 관한 책을 쓴다면, 이 '동화'로부터 이야기를 시작하는 것이 적어도 나에게는 심리적으로 필연적이다.

내가 어린 시절 읽은 『천일야화』의 판본은 계몽사에서 발간한 50권짜리 세계소년소녀문학전집에 들어 있던 『아라비안나이트』였다. 「알리바바와 40인의 도적」도 그렇지만 「뱃사공 신드바드와 짐꾼 신드바드」도 내 기억 속에 남아 있는 것은 계몽사판 『아라비안나이트』의 것이다. 물론 성인이 된 후, 완역 출간된 『천일야화』를 들춰보았다. 1994년 범우사에서 펴낸 리처드 F. 버턴판(『아라비안 나이트』 전 10권)을 읽었고, 한참 뒤 2010년 열린책들에서 펴낸 앙투안 갈랑판(『천일야화』 전 6권)도 보았다. 읽을 때마다 그 많고 다양한 천일야화 속 이야기 가운데 어느새 다시 찾아 읽고 있는 것은 늘 「뱃사공 신드바드와 짐꾼 신드바드」였다. 버턴판과 갈랑판 사이에 큰 차이가 없다. 차이가 있다면, 그저 갈랑판에서는 뱃사공 신드바드의 이야기를 듣는 짐꾼이 그와 동명이인이 아니라 '힌드바드'로 되어 있다는 것 정도인데, '힌드바드'라는 이름도 신드바드의 도플갱어적인 이미지를 가지고 있기는 마찬가지이다.

어린 시절 읽었을 때, 뱃사공 신드바드의 모험 이야기의 테마들은 엄청나게 신기했다. 하지만 그중 일부는 신드바드 이야기에만 등장하는 것도 아니고, 신드바드 이야기가 그런 테마를 가장 잘 풀어낸 사례도 아니다. 예컨대 섬인 줄 알고 상륙했던 거대한 물고기 내지 고래(기독교 전통에서라면 리바이어던이라고 할 것이다) 이야기는 성경의 「요나서」에서도 만나게 된다. 그리고 요나 이야기(그리고 나중에 카를로 콜로디가 쓴 『피노키오』의 경우도 어느 정도는 그러한데)가 신드바드보다 한층 깊은 신화적 의미를 품고 있다. 거대한 물고기의 배 속에까지 들어갔다가 나오는 경험이 죽음과 부활의 드라마를 함축하며, 소돔과 고모라를 멸망시키는 「창세기」의 신과 달리 「요나서」의 신은 피조물의 세계를 염려하고 보존하고 구원하려는 열렬한 의지를 드러내기 때문이다. 이에 비해 신드바드의 모험에서 거대한 물고기 이야기는 단순한 경이담에 머무른다.

동굴에 사는 거인 그리고 그 거인의 눈을 찌르고 도망치는 이야기는 『오디세이아』의 키클롭스 쪽이 한층 짜임새 있고 의미심장하다. 예컨대 거인이 오디세우스에게 이름을 묻자, 오디세우스는 '아무도 아니'(nobody, κανείς)라고 답한다. 오디세우스가 키클롭스의 눈을 찌르고 탈출할 때, 키클롭스는 비명을 질러 동료들을 부른다. 키클롭스의 비명 소리에 달려온 동료 거인들에게 키클롭스는 누가 그의 눈을 찌르고 죽이려 했는지, 이렇게 말할 수밖에 없었다. "오오, 친구들이여! 힘이 아니라 꾀로써 나를 죽이려는 자는 '아무도 아니'요."[1] 키클롭스를 돕기 위해서

온 다른 외눈 거인들은 복수할 대상이 없다는 이야기만을 듣게 된 셈이다. 오디세우스는 말과 사물 사이에 존재하는 간극, 지칭과 의미 사이의 틈을 이렇게 '교활하게' 활용함으로써 명명의 주술적 힘을 교란하고 무력화했다.

거대한 물고기 이야기든 동굴의 거인 이야기든 모두 지중해 지역에서 수천년 동안 내려온, 그 지역 공동의 신화를 다룬 것이며, 그런 이야기들 가운데 신드바드의 모험이 일급의 위치를 점한다고 할 수는 없다. 그래도 신드바드 이야기에서 높게 사주고 싶은 것(실은 나의 상상력을 넓게 자극했던 것)은 거대한 새 '루프'(또는 '로크') 이야기이다. 물론 '앨버트로스'나 (기독교 전통에서라면) '지즈'에서 보듯이, 거대한 새 또한 『천일야화』만의 독창적 모티프는 아니다. 헤로도토스의 『역사』에도 거대한 새 이야기는 나온다. 하지만 신드바드 이야기에서처럼 새가 두드러진 역할을 하는 경우는 별로 없다. 신드바드는 새의 다리에 몸을 묶고 높은 산중 계곡에서 탈출한다. 그 탈출의 순간에 다이아몬드를 챙기는 유쾌한 면모도 보인다. 무엇보다 새를 활용해 인간의 여행과 모험을 땅과 바다와 하늘로 고르게 펼쳐낸다는 점에서 신드바드 이야기는 짜임새 있다.

생각해보면 인간은 육로와 수로로 여행했다. 육로로 여행한다는 것은 길을 내야 한다는 것을 의미하고, 길은 땅의 주름을 따라야 한다. 올라가고 내려가고 옆으로 돌며 가는 구불구불하고 먼 행로, 마찰을 이겨내야 하는 힘든 과정이 육로 여행이었다. 19세기에 도입된 기차에 사람들이 경악했던 것은 기차가 땅의 주름을 따르기는커녕, 그것을 무시하고, 깎아내고, 구멍 내고, 직선으로 달린다는 것이었다. 기차 이전 인류에게 길

---

1 호메로스 『오뒷세이아』, 천병희 옮김, 숲 2015, 207면.

이란 땅의 생김새를 다듬는 작업의 소산이었다. 그리고 그것은 엄청나게 힘겨운 일이었다. 포장도로가 아닌 한, 도로의 존속은 지속적 통행에 의존했다. 다니지 않으면 길은 곧 수풀에 의해 잠식되어 사라져버렸다.

여행과 운송을 생각하면 전통사회에서는 확실히 수로가 유리했다. 수로는 일종의 자연적 도로와 같았다. 물 위를 미끄러지는 배는 육로가 가지는 마찰과 지형의 부담에서 벗어나기 때문이다. 그러나 범선이 생기기 전까지는 역풍을 감당할 수 없었고, 엔진이 없던 시절에는 무풍지대에 들어서면 노 젓는 수고를 피할 수 없었다. 그리고 바람과 물결이 언제나 배를 삼킬 수도 있었다.

아마도 도보 여행자나 노잡이는 가끔 고개를 들어 하늘을 보았을 것이다. 그리고 날갯짓조차 없이 기류를 타고 비상하는 새들을 보며, 부러웠을 것이다. 그래서 어깨에 날개가 돋친 인간 모습의 존재를 천사로 부르며 숭배했고. 다이달로스에서 레오나르도 다빈치에 이르기까지 날틀을 만들고 싶어 했다. 보행자의 지친 다리와 노잡이의 부르튼 손에서 비롯한 소망이 이루어진 것은 20세기에 이르러서이다. 20세기는 자동차의 시대이지만, 그 못지않게 비행기의 시대였다. 여전히 배를 타고 가는 여행이 있고 자동차 여행도 있지만 우리에게 관광/여행이란 비행기를 타는 경험과 더 쉽게 동일시된다(삼면이 바다이고 북쪽으로는 휴전선이 있는 우리는 더욱 그렇다). 물론 우리는 신드바드처럼 커다란 새의 다리에 몸을 묶지는 않는다. 대신 커다란 물고기의 배 속에 들어간 요나처럼 비행기의 배 속으로 들어간다. 그리고 비행을 마치면 그 비행기는 나를 조용히 토해낸다. 하지만 비행기가 보잉 747이나 에어버스 A380처럼 되기 전, 조종사(와 조수 정도)가 탔던 쌍엽기 시절, 인간은 새의 다리에 몸이 묶인 듯이 비행했다. 모두 신드바드와 비슷했다.

2

확실히 신드바드의 모험이 나에게 오랫동안 매혹적이었던 이유는 이야기 소재가 신기하고 놀라워서는 아니었다. 그보다는 이 이야기가 어떤 '어둠의 심장'을 품고 있기 때문인 것 같다. 하지만 그 어둠의 심장에 대해 다루기 전에 다른 매혹적 요소, 어쩌면 그 어둠의 심장과 내밀한 연관이 있을 수 있는 두 요소에 대해 살펴봐야 할 것 같다. 하나는 신드바드의 모험의 화자와 관련된 것이고, 다른 하나는 화자가 청자와 맺는 관계와 관련된다.

『천일야화』 전체의 화자는 셰에라자드이며,『천일야화』의 개별 에피소드의 화자도 셰에라자드이다. 예컨대『천일야화』 가운데 알라딘 이야기나 알리바바 이야기를 전해주는 화자는 셰에라자드이다. 하지만 신드바드의 모험의 경우에는 뱃사공 신드바드가 화자로 등장한다. 왜 그런 것일까? 신중하게 의도된 것이든 아니든 뱃사공 신드바드가 화자로 등장한다는 사실은『천일야화』가 이야기의 본질에 대해 전제하고 있는 바를 엿볼 수 있게 해준다.

『천일야화』는 이야기들의 모음이지만, 이야기의 본질에 대해 매우 분명한 자의식을 가지고 있다. 잘 알려져 있듯이,『천일야화』는 여자를 불신하여 하룻밤 동침 후에 죽여버리는 페르시아의 왕 샤리아르와 결혼한 셰에라자드가 천일 동안 풀어놓은 이야기이다. 왕이 셰에라자드를 죽이지 않은 이유는 그녀가 해주는 이야기를 더 듣고 싶어서였다. 그러니 천일 밤 동안 이어진 이야기란 죽음을 유예하는 이야기의 힘을 증언한다. 이야기란 죽음을 밀쳐내는 장치이다. 모든 이야기는 결국 종결을 향해 나아가지만, 바로 그 나아감은 그로 인해 펼쳐진 모든 것을 모아들이는 과정을 요구한다. 그러므로 종결을 향해 나아감의 이면은 종결의 지연이며, 그런 의미에서 이야기는 삶을 닮았다. 삶이란 계속해서 이어지는 것, 다음 순간에도 죽지 않고 존속하기 위해 자신을 앞으로 내던져 나아감이 아니라면 달리 무엇이겠는가? 이야기 또한 그러하다. 죽음을 뒤로 밀어내며 앞으로 나아가는 것이 삶인 것처럼, 이야기도 종결, 죽음을 저 멀리 뒤로 밀쳐내며 앞으로 나아간다.

그런데 『천일야화』 속에 들어 있는 신드바드의 모험은 이야기의 또 다른 원천에 대해서 말해주는 것 같다. 뱃사공 신드바드는 사람들을 불러 모아 잔치를 베푼다. 그렇게 하는 이유는 자신의 삶을 다른 사람들에게 이야기하기 위해서이다. 여기서 드러나는 것은 자신의 삶이 이야기 되기를 바라는 간절함이다. 삶은 이야기가 되기를 원하는가? 그런 것 같다. 우리는 삶이 이야기 속에서 반복되기를 바란다. 그리고 거기서 더 나아가 이야기에 내장된 구조화의 힘을 빌려 삶에 경계와 윤곽을 부여하고 배경과 초점을 분리해내며, 그럼으로써 마냥 순간들을 이어붙이고 있는 삶을 장과 절로 나누고 매듭지어 총괄할 수 있게 된다. 그렇게 이야기가 되려는 삶이 바로 '나'의 삶이라면, 그것은 우리를 들뜨게 할 것이다.

그런데 자신의 삶을 이야기한다는 것은 그것이 들려지기를 원하는 것이기도 하다. 그리고 들려지기 위해서는 청자의 흥미를 불러일으킬 수 있어야 한다. 그래서 이야기에는 구성과 제시 방식이 매우 중요하다. 하지만 재현 기법이 뛰어나다고 해도, 그것이 소재의 빈곤함을 얼마나 메꿀 수 있겠는가? 내 삶은 나에게는 너무 생생하고 놀라운 경이로움이겠지만, 다른 사람에게는 따분한 것이거나 지나가버린 일일 뿐이다. 하지만 (나에겐 전율이 넘치지만 타자에겐) '시시한' 삶, (나에겐 기연으로 가득

하지만 타자에겐) '너절한' 생애를 우리는 이야기하고 싶다. 그 이야기 속에서만 우리는 자기 삶의 주인공으로 등장할 수 있기 때문이다.

삶의 주체인 것과 삶의 주인공인 것은 다르다. 주인공으로서의 삶은 조명된 삶이고 이야기되고 노래로 불린 삶이며, 당연하게도 누군가 바라보고 그 노래와 이야기를 듣고 있는 삶이다. 삶의 주체는 이야기의 화자와 청자를 통해서만 삶의 주인공이 된다. 주인공이 될 수 있다면, 뱃사공 신드바드가 그랬듯이 청자에게 잔치를 베풀고 돈마저 주지 못할 이유가 있을까? 뱃사공 신드바드는 하나의 모험 이야기가 끝날 때마다 사람들이 이어질 다음 이야기를 들으러 오지 않을까 불안해하며 이렇게 말한다. "내일도 여러분들에게 왕림의 수고를 끼쳐 네번째 항해 기담을 들려드리겠습니다. 이제 것보다 몇배 재미난 이야기입니다." 그리고 짐꾼 신드바드에게는 금화 100디나르를 준다.

뱃사공 신드바드의 대척점에 오디세우스가 있다. 그는 요정 칼립소의 집에서 오랜 시간을 머문 다음 고향을 향해 다시 뗏목을 띄웠다. 하지만 다시 한번 포세이돈의 방해로 난파한다. 난파한 오디세우스는 이리저리 표류하다가 파이아케스족의 나라로 흘러들어가게 된다. 파이아케스족은 그를 환대해주었고 그를 위한 연회를 베풀어주었다. 그리고 그 연회에서 음유시인 데모도코스는 트로이의 멸망 과정에 대한 노래를 부른다. 이 노래의 주인공 가운데 한 사람은 당연하게도 오디세우스이다. 그의 삶은 이미 서사시의 반열에 올랐고, 그는 자신의 삶이 노래로 불리는 것을 듣는 위치에 서게 된다. 살면서 이런 행운을 얻는 사람은 드물다. 아주 드물다. 그리고 그런 오디세우스조차 그의 삶 전부가 서사시에 등재된 것은 아니다. 그래서 그마저 파이아케스 사람들은 모르는 자신의 모험, 가령 키클롭스의 동굴에서 탈출한 일, 저승에 다녀온 일, 키르케의 마법을 피한 일 그리고 세이렌의 노래를 뚫고 항해했던 일 등에 대해 스스로 나서서 이야기해야 했다.

그런데 자신의 삶을 이야기하는 것이 기지를 발휘했던 순간이나 황홀한 행복의 시간 또는 위험을 극복하고 영광에 이른 상황을 선회하는 것만은 아니다. 때로 우리는 어떤 고통, 심연으로 빨려들어가는 좌절, 자기혐오로 이끄는 슬픔, 그러니까 결코 말하고 싶지 않지만, 이야기하지 않을 수 없는 충동과 연결된 것들을 가지고 있다. 어둠 속에서 조용히 박동하는 심장의 이야기, '어둠의 심장'은 안온하고 어루만지는 것 같은 시선이 없다면 결코 꺼내어 밝혀질 수 없다.

3

뱃사공 신드바드는 자신이 겪은 일곱번의 항해를 이야기하는데, 그 한가운데 있는 네번째 항해에서 겪은 모험은 돌풍으로 인해 배가 난파하면서 시작된다. 부서진 배의 판자 조각에 올라타고 어느 바닷가로 표류해간 신드바드와 그 일행은 벌거숭이 야만인들에게 붙들려 그들의 왕에게 끌려간다. 이어지는 이야기는 대체로『오디세우스』에 등장하는 로터스섬 이야기와 유사하다. 붙잡혀 있는 그들에게 왕은 음식을 주는데, 속이 메스꺼워서 아무것도 먹지 못한 신드바드와 달리 일행들은 한번 음식을 먹기 시작하더니 멈추지 못하고 무엇에 홀린 듯이 폭식한다. 그러자 야만인들은 그들에게 야자유 같은 것을 더 먹이고 몸에도 바른다. 그들은 야자유 탓인지 사고력을 잃고 더욱 폭식에 빠진다. 야만인들은 지나가는 이들을 붙잡아 이렇게 먹인 다음 죽여서 튀겨 먹는 식인종들이었으며,

신드바드만이 음식을 먹지 않은 덕에 그곳을 탈출한다.

네번째 항해에서 진정으로 무서운 일은 이런 식인종으로부터 탈출해서 신드바드가 들어선 나라에서 일어난다. 여러모로 번화하고 인구도 많고 상업이 발전한 그 이름 없는 나라에서 신드바드는 왕의 환대를 받는다. 그리고 그는 그 나라 사람들이 안장 없이 말을 타는 것을 보고는 안장을 만드는데, 안장을 올린 말을 타본 왕은 감탄하며 신드바드에게 후한 상을 내린다. 그는 고관대작들에게 안장을 만들어주어 그들의 총애를 받는 것은 물론이고 큰돈까지 번다. 그리고 왕의 중매로 신분이 높고 아름다운 여자와 결혼까지 하게 된다. 그는 더할 나위 없이 행복한 나날을 보낸다.

그러던 중에 상처한 이웃집 남자를 문상 가서 위로의 말을 전하던 중, 슬픔을 지나 두려움에 떨고 있는 이웃 남자로부터 남편이 죽으면 아내를, 아내가 죽으면 남편을 함께 매장하는 것이 그 나라의 풍습이라는 것을 듣게 된다. 이웃 남자가 아내의 관을 묻은 동굴에 함께 생매장되는 것을 본 신드바드는 마음 한구석에 깊은 두려움을 품게 된다. 그리고 두려움이 전조였던 듯이, 얼마 지나지 않아서 신드바드의 아내가 시름시름 앓더니 죽게 된다. 그리고 이웃 남자가 그랬듯이, 사람들은 신드바드 또한 관례대로 맹물 한그릇과 일곱개의 빵조각을 주고는 아내가 매장된 동굴에 함께 묻는다.

신드바드의 동굴 무덤 속 경험은 끔찍했다. "동굴 안에는 시체가 꽉 차 있고, 속이 뒤집힐 것 같은 악취가 물씬물씬 코를 찌르고, 사방의 공기는 죽어가는 사람들의 신음으로 무겁게 가라앉아 있었습니다. (…) 세상에 나온 후 이날 이때까지 그토록 무참한 밤을 보낸 적은 한번도 없었습니다만 이윽고 기운을 차려 천천히 일어나서 동굴 안을 조사해본 것입니다. 그러자 양쪽에도 얼마든지 동굴이 있어 어디까지나 끝도 없이 뻗어 있었습니다. 그 바닥에는 먼 옛날에 내던져진 시체니, 썩어버린 뼈가 사방에 흩어져 있었습니다."[2]

이런 상태 속에서 신드바드는 얼마 안 되는 음식을 아껴 먹으며 버티고 있었다. 그러던 어느날 입구를 막고 있던 바위가 열리더니, 일군의 사람들이 남자 시체와 비탄에 젖어 있는 여자를 빵과 물을 주어서 동굴로 떨어뜨렸다. "보아하니 그 여자는 여간 미인이 아니었습니다. 그러나 그녀는 나를 몰라보았습니다. 이윽고 지상의 무리는 입구를 막고 가버렸습니다. 이거 잘됐다고 생각한 나는 시체의 다리뼈 하나를 집어 들고 여자 옆으로 다가가 느닷없이 머리를 죽어라고 힘껏 내리쳤습니다. 여자는 앗! 하고 외마디소리를 지르고서 기절하여 쓰러지고 말았습니다. 나는 두번 세번 여자를 때려 완전히 죽은 것을 확인한 다음에 빵과 물을 뺏었습니다. (…) 나는 이렇듯 오랫동안 목숨을 이어가며, 동굴 속에 던져지는 산 사람을 차례차례로 죽여가지고는 먹을 것과 물을 빼앗곤 했습니다."[3] 신드바드는 그렇게 살인으로 얻은 빵과 물로 연명하다가 동굴에 스며든 야수가 도망쳐 사라진 길을 찾아내어 동굴로부터 탈출한다.

어린 시절 읽은 판본이 지금 인용한 리처드 버턴판처럼 끔찍했는지는 기억이 희미하다. 그러나 나에게는 네번째 항해 이야기가 트라우마로 남았던 것은 분명하다. 켜켜이 쌓인 시쳇더미, 훅 끼쳐오는 시체들의 썩은 냄새, 거기에 자기와 같은 모양으로 내던져진 다른 인간을 죽여서 연명한다는 것, 이 모든 것은 지옥도에 다름 아니다. 어둠이 길게 이어지는 동굴 환경이 시간의 흐름을 잊게 했는지, 신드바드는 그 동굴 속에서 얼마

---

2 리처드 F. 버턴 『아라비안 나이트 6』, 김병철 옮김, 범우사 1993, 157~58면.
3 같은 책 158~59면.

『신드바드의 모험』 네번째 모험 이야기의 삽화(귀스타브 도레)

나 살았는지 몇명이나 죽였는지조차 제대로 이야기하지 못한다.

신드바드의 네번째 항해 이야기는 내가 처음 접한 연쇄살인이었고, 자신이 살기 위해서 전혀 거리낌 없이 타인을 살해하는 이야기였으며, 칠일 밤에 걸쳐 베풀어진 연회의 나날 속에서 온갖 신기한 모험 이야기가 절정에 이를 만한 네번째 밤 아주 늦은 시간에 슬쩍 끼워 넣어진 살인의 고백이었다. 어렸을 적이나 지금이나 신드바드의 이야기는 바로 이 공포스러운 경험, 자신의 트라우마를 누군가에게 고백하기 위해서 신중하게 고안되고 시작된 일로 보인다. 일단 이 이야기를 읽고 나면, 하늘을 나는 새의 이야기도, 거대한 물고기 이야기도, 외눈박이 식인괴물이나 뒤이어질 코끼리 무덤의 상아 이야기도 모두 이 어둠의 심장을 가리기 위한 장식들, 또는 그 어둠의 심장으로 타자를 끌어들이는 미끼에 불과해 보일 지경이다.

신드바드는 자신의 일곱번의 항해 이야기를 매번 같은 포맷으로 이야 기한다. 모든 이야기가 권태로운 삶에서 피어난 모험에 대한 열망에서 시작해서, 항구를 떠나자마자 곤경에 처하는 항해, 낯선 땅에서의 모험 과 치부, 그리고 귀환을 반복한다. 그런 다음, 내일은 더 재미있는 이야기 가 이어질 것이니 부디 다시 와서 이야기를 들어달라는 당부, 그리고 짐 꾼 신드바드에게 100디나르를 선물로 주는 것으로 종결된다. 그런데 이 런 공통 포맷도 시체로 가득 찬 동굴과 그 속에서 되풀이했던 충격적인 살인의 고백을 완화하는 형식적 장치의 하나로 보인다.

사실 이야기는 충격에 대한 방어이기도 하다. 이야기는 자체 속으로 삶의 에너지를 흐르게 하고 재분배하는 장치이기도 하기 때문이다. 이미 오래전에 아리스토텔레스가 이야기했듯이, 이야기란 그럴듯함, 개연성 을 그 속성으로 삼는다. 아리스토텔레스는 바로 이런 개연성 때문에 특 수성에 얽매인 역사보다 이야기 또는 서사시 같은 것이 더 우월하다고 말했다. 그런데 어떤 것의 개연성이란 그것이 일어날 수 있고 일어날 만 한 것으로 우리에게 다가온다는 것을 뜻한다. 어떤 사건 또는 트라우마 가 이야기 속에 편입된다는 것은 고립에서 벗어난다는 것, 아니 고립과 울혈을 떨친다는 것이다. 이야기는 단어들의 징검다리이다. 한 단어로부 터 다른 한 단어로의 건너뜀이다. 그 건너뜀을 통해 우리는 삶의 어떤 여 울, 언젠가 미끄러져 허우적거렸던 힘겹고 때로는 비참했던 어떤 여울을 건널 수 있다는 것을 뜻한다.

그러므로 개연성으로의 이행이란 이중의 운동을 함축한다. 이야기하 는 이유는 체험의 고유성과 예외성이 진 무게를 덜기 위해서, 즉 트라우마로부터 놓여나기 위해서이지만, 그것은 동시에 그 고유성과 예외성의 상실이 아니라 그것을 인정받는 과정이기도 하다. 그러므로 개연성이란 우리의 고유성과 예외성이 증발된 보편성과 도무지 소통의 경로로 들어서지 못하고 유폐된 개별성이라는 심연 사이에 걸린 외줄과 같다. 오직 이야기의 내재적 인과율을 따라 이 외줄을 걸어나갈 때만, 상처와 흉터 많은 삶을 청자에게 실어나를 수 있으며, 그때 청자는 그것을 있을 수 없는 일이 아니라 있을 수 있는 일로 수용한다. 살인조차도 그 죄에 수반되어 마땅한 형벌과 별개로, 있을 수 있는 일로 받아들여진다. 햇살 아래로 들어오게 되는 것이다. 그렇게 상처와 흉터는 어루만지는 눈길과 손길에 의해서 구원에 다가간다.

4

「뱃사공 신드바드와 짐꾼 신드바드」를 경유해서 이야기의 여러 기능에 대해서 살펴보았다. 이야기는 죽음을 지연하고, 삶의 주체를 사건의 주인공으로 전환하고, 트라우마를 해소하는 장치이다. 하지만 「뱃사공 신드바드와 짐꾼 신드바드」와 관련해서는 여전히 논의해볼 점이 남아 있다. 애초에 「뱃사공 신드바드와 짐꾼 신드바드」의 이야기가 시작되는 장면으로 돌아가보자. 이 이야기는 짐꾼 신드바드와 뱃사공 신드바드의 만남으로부터 시작된다. 짐꾼 신드바드는 길을 지나다가 넉넉한 부와 명예를 누리는 뱃사공 신드바드의 저택 앞에서 세계의 불의에 대해 한탄하며 다음과 같이 읊조린다. "아, 이 세상에 태어난 자는 모두/원인을 따지고 보면 정액의/자못 조그만 한방울./근본도 원인도 같은 것,/그러나 그와 나의 거리는/(식)초와 귀한 술(와인)의 향기만큼/큼을 어찌하리!"⁴ 이 읊조림으로 인해 우리는 이 이야기를 읽는 내내 자신이 뱃사공 신드바드 같은 사람인지, 혹은 그런 삶을 열망하는 짐꾼 신드바드 같은 사람인지, 공포와 전율을 마다하지 않은 삶을 원하는지, 안온하고 청빈하게 자기 자신에 머무르는 삶을 원하는지 의문을 품게 된다(나는 처음 이 이야기를 읽은 어린 시절은 물론이고 지금도 여전히 뱃사공 신드바드와 짐꾼 신드바드 사이에서 정체성의 혼란을 겪고 있다).

아무튼 짐꾼 신드바드가 부르는 노래를 들은 뱃사공 신드바드가 짐꾼 신드바드를 자신의 저택 안으로 불러들이고, 일곱번에 걸쳐 자신의 모험 이야기를 들려줌으로써 둘의 관계가 이어져나가게 된다. 물론 뱃사공 신드바드의 모험 이야기의 청자가 짐꾼 신드바드만은 아니다. 그러니 애초에 예정된 뱃사공 신드바드의 모험 이야기에 짐꾼 신드바드도 초대된 것인지, 아니면 단순한 잔치였던 모임에 짐꾼 신드바드가 초대됨으로써 뱃사공 신드바드가 모험 이야기를 풀어내게 된 것인지는 확언할 수 없다(「뱃사공 신드바드와 짐꾼 신드바드」에는 이 점이 애매하게 서술되어 있다). 하지만 분명한 것은 설령 짐꾼 신드바드와 무관하게 모험 이야기가 예정된 잔치였다고 해도 짐꾼 신드바드가 그 자리에 앉아 있는 한, 이야기의 의도, 구성, 강조점 등에서 변화가 일어났을 것이라는 점이다. 그리고 그런 변화를 일으킨 힘은 짐꾼 신드바드가 읊조린 세계의 불의에 대한 한탄일 것이다. 요컨대 「뱃사공 신드바드와 짐꾼 신드바드」는 같은 이름을 가진 두 남자의 운명을 가른 것이 무엇인지를 해명하는 이야기이며, 왜 뱃사공 신드바드에게만 엄청난 부와 사치와 안락이라는 행운이

---

4 같은 책, 105면. 괄호 안은 인용자의 보충.

주어졌는지 변론하는 이야기이다. 그런 점에서 「뱃사공 신드바드와 짐꾼 신드바드」는 화자/청자의 사회적 관계를 정당화하는 이데올로기로서의 이야기, 일종의 '행운의 신정론'(神正論, theodicy)이기도 하다.

신정론의 구도는 뱃사공과 짐꾼, 바다와 육지라는 유서 깊은 대립에 기초한다. 바다는 거센 풍랑이 치는 세계이고, 거대한 리바이어던과 로크, 외눈박이 거인과 (신드바드의 다섯번째 모험에 등장하는) '바다의 노인' 같은 악귀가 출현하는 곳이다. 그에 비해 대지는 인간을 안온하게 감싸는 공간으로 나타난다. 확실히 지난 500여년간의 자본주의의 팽창사는 거듭해서 바다로 나선 이들이 승승장구해온 역사이다. 베네치아로부터 네덜란드와 영국으로 이어지는 역사는 바다의 괴수 리바이어던이 육지의 괴수 베헤모스를 제압해온 역사이며[5] 선원이 짐꾼을 비웃고 짓밟아온 역사이다. 그 과정에서 승리자, 부와 권력을 손아귀에 넣은 자들은 자신들의 운명이 안온한 대지를 떨치고 표류해가기를 두려워하지 않고 감행하는 삶, 다시 말해 여행하는 삶에 있다고 주장해왔다. 확실히 뱃사공 신드바드의 이야기에 짐꾼 신드바드를 비롯한 청자들은 모두 매번 "경탄한다." 경탄이 터져나오는 바로 그때가 이데올로기가 관철되고 승인되는 순간이다.

그러나 만일 그렇기만 하다면, 뱃사공 신드바드의 이야기는 '원형 부

---

5 해양제국(리바이어던) 네덜란드 연합주가 대륙적 국가(베헤모스) 스페인에게 승리함으로써('30년전쟁') 자본주의 패권국가로 올라섰으며, 네덜란드를 잇는 헤게모니 국가 영국 또한 대륙적 국가 프랑스를 이겼으며('나폴레옹전쟁'), 대륙 국가 중국에게 승리했다('아편전쟁'). 영국을 이어 헤게모니 국가가 된 미국은 물론 대륙 국가이다. 하지만 나토(NATO)를 통해 대서양을 그리고 한국에서 일본, 필리핀을 거쳐 오스트레일리아로 이어지는 미군 기지를 통해 태평양을 자신의 지중해로 장악한 해양제국이기도 하다(그런 의미에서 미국은 역사상 최초로 리바이어던이자 베헤모스인 국가라고 할 수 있다).

윌리엄 블레이크 「베헤모스와 리바이어던」 1825

르주아'의 자기 정당화적인 모험담에 그쳤을 것이다. 하지만 이미 지적
했듯이, 네번째 모험담에서 뱃사공 신드바드는 자신의 부가 살인과 절도
의 소산, 즉 여러 사람을 죽이고 훔친 것임을 고백했다(그는 트라우마로
부터 구제될 수 있지만, 범죄를 정당화할 수는 없다). 그러므로 뱃사공 신
드바드의 이야기는 실패한 행운의 신정론이며, 애초의 의도와 달리 세계
의 불의를 정당화하는 이야기가 아니라 불의를 폭로하는 이야기인 셈이
다(이것은 대항해 시대를 거쳐 팽창한 자본주의의 역사에도 마찬가지로
적용될 것이다).

　왜 그렇게 되는 것일까? 아마도 뱃사공 신드바드의 이야기를 전하는
화자가 셰에라자드이기 때문일 것이다. 뱃사공 신드바드라는 화자의 역
할을 담당하는 것은『천일야화』의 화자 셰헤라자드이다. 그런데 그녀 자
신이 처한 상황 자체가 몹시 불의한 상황이다. 셰에라자드는 절대권력자

인 군주가 겪었던 트라우마(여자로부터 배신당한 경험)로부터 연원하는 무자비하고 자의적인 폭력에 노출되어 있기 때문이다. 그러므로 셰에라자드는 뱃사공 신드바드가 정당화하고자 하는 불의를 정당화해줄 수 없었을 것이다. 「뱃사공 신드바드와 짐꾼 신드바드」는 세상의 불의를 정당화하려는 뱃사공 신드바드의 은밀한 욕망을 일그러뜨리려는 셰에라자드 자신의 욕망이 스민 드라마이기도 하며, 뱃사공 신드바드가 그렇게 되듯이 이 이야기의 청자인 샤리아르 왕 또한 윤리적 마비 상태로부터 풀려나오기를 바라는 소망을 담고 있기도 하다. 이 소망은 「뱃사공 신드바드와 짐꾼 신드바드」의 마지막 장면에서 최종적인 형태로 표현된다. 뱃사공 신드바드와 짐꾼 신드바드는 우정과 사랑 속에서 기쁨을 함께 누리며 여생을 보낸다. 둘은 화해된 삶, 부가 공동의 향유 대상이 되는 삶을 얻은 것이다. 그렇게 세계의 불의 자체가 치유되는 것, 그것이야말로 「뱃사공 신드바드와 짐꾼 신드바드」의 신정론이며, 셰에라자드가 샤리아르와 더불어 이루고자 한 것이다.

여행 이야기라는 양탄자 밑에는 이토록 여러겹의 욕망이 쓸려들어가 있다. 그것이 양탄자를 들어올리는 마법의 원동력이다. 그러나 일단 날아오른 양탄자는 이야기의 법칙을 따라 하늘 높이 치솟을 것이다.

1.

관광객,
'휴일의 군주'
'여행' 그리고 '관광'이라는
말에 대하여

여행인가 관광인가

한동안 못 봤던 직장 동료에게 어떻게 지냈냐고 물었더니 '여행' 다녀왔다고 한다. 어디를 어떻게 다녀왔냐고 물으니, 단체 '관광'으로 또는 패키지 '투어'로 하노이와 다낭 그리고 앙코르와트를 다녀왔다고 한다. 여행을 갔었다고도 하고 관광을 다녀왔다고도 한다. 어느 쪽일까? 사람들은 관광보다 여행을 더 그럴듯한 것으로 여기는 듯하다. 알랭 드 보통은 『여행의 기술』을, 김영하는 『여행의 이유』를 썼다. 그런데 만일 책 제목이 『관광의 기술』이나 『관광의 이유』였다면, 베스트셀러가 되지는 못하지 않았을까? 그렇다면 관광과 여행은 과연 그렇게 구별되는 걸까? 무엇을 여행이라고 말해야 하고 어떤 것을 관광이라고 불러야 할까?

한갓지게 어딘가로 떠나가는 것을 가리키는 말은 여러가지이다. 휴가(休暇), 여가(餘暇), 여행(旅行), 관광(觀光), 소풍(逍風), 소요(逍遙), 주유(周遊), 유람(游覽), 유랑(流浪) 등이 있다. 모두가 떠남을 특정한 방식으로 의미화하는 말들이다. 물론 맨 앞의 두 단어는 떠남이 아니라 떠날 수 있는 조건을 말할 뿐이다. 그리고 그 가운데도 여가는 일과 일 사이의 자투리 시간을 말하니, 그것이 허락하는 떠남이란 소풍처럼 짧은 기간의 떠남에 한정되기 마련이다. 아무래도 휴가, 즉 일을 그치고 얻은 어느 정도 긴 겨를이 있어야 우리는 떠날 수 있지만, 얼마나 휴가를 확보할 수 있을지는 아주 가변적이다. 아예 매인 일을 한동안 놓아버린다면 몇년의 휴가도 불가능한 것은 아니니까.

시간 차원에서 떠날 수 있는 조건을 마련하면, 마음가짐에 따라 또는 행로의 어떤 면에 초점을 두느냐에 따라, 떠남에 여러 이름이 붙는다. 그렇다 해도 이제 전통시대 사대부가 거닐고 군주가 돌아다니는 일을 지칭하던 소요나 주유 같은 말을 쓰는 일은 별로 없다. 지금 널리 쓰이는 말은 여행과 관광이다.

번역의 면에서 보면, 대략 트래블(travel)은 여행으로, 투어(tour)는 관광으로 번역된다. 두 영어 단어에 두 한자어를 대응시켰으니, 개념 사이에 차이가 존재함을 확인해주기는 한다. 트래블은 노동이라는 뜻의 프랑스어 'travail'에서 왔다. 수고로움이 깃든 말이다. 이런 트래블에 짝맞춰진 말인 여행의 여(旅)는 어떤 의미를 품고 있는 걸까? 여의 뜻이 직관적으로 명료하지는 않은데, 아마도 쓰임새가 너른 편이라서 그런 듯하다. 여는 중국에서 군대의 단위로 쓰여왔다. 우리말에서도 여단(旅團)이라는 말이 쓰이는데, 대개 연대(聯隊)보다는 크고 사단(師團)보다는 작은 부대를 지칭한다. 아마도 이동하는 부대의 형상을 여라는 글자로부터 얻은 듯하다. 실제로 갑골문이나 금석문을 보면 수레 같은 것을 타고 이동하는 두 사람을 상형한 것처럼 보인다.

여(旅): 산 위에 붙은 불

여에 어떤 의미가 깃들었는지 좀더 명료하게 보여주는 것은 『주역』의 여괘(旅卦)이다. 여괘를 통해 여의 의미를 살피기 위해서는 괘를 읽는 법을 조금 익혀야 한다. 『주역』은 괘(卦), 그러니까 음효(--)와 양효(━)를 쌓아올려 형상화된 모습으로 세계를 표기하고(기호학), 그것에 점사(占辭)를 붙여 해석한다(해석학). 효를 2개 쌓으면 4개의 상, 즉 사상(四象)이 되고, 3개 쌓으면 8개의 괘, 즉 팔괘(八卦)가 된다(이중 4개가 태극기에 들어 있다). 팔괘는 소성괘(小成卦)라고도 불리는데 소성괘를 둘씩 쌓으면 64개의 괘가 만들어지며, 그것을 대성괘(大成卦)라고 한다. 각 괘에는 말이 붙어 있다. 점을 쳐서 나온 괘를 해석한 말을 기록한 것인데, 그것을 괘사(卦辭)라고 한다.

대성괘 중 하나인 여괘의 구조를 보자. 위(바깥)에 위치한 소성괘, 즉 외괘(外卦)는 이괘(☲)로, 불을 나타내며 아래(안쪽)에 위치한 소성괘, 즉

사상과 팔괘의 구조

8	7	6	5	4	3	2	1	숫자
☷	☶	☵	☴	☳	☲	☱	☰	부호
곤(땅)	간(산)	감(물)	손(바람)	진(우레)	리(불)	태(연못)	건(하늘)	팔괘
태음		소양		소음		태양		사상
음				양				양의
☯								태극

외괘	상효		
	5효		
	4효		
내괘	3효		
	2효		
	초효		

1-1. 산 위에 불이 붙은 형상인 여괘

내괘(內卦)는 간괘(☶)로 산을 나타낸다. 괘의 형태를 해석한 문헌인 「상전(象傳)」에 따르면, 여괘는 산 위에 불이 붙은 형상이다. 그래서 '화산려(火山旅)'라고 부른다. 송대(宋代) 유학자 정이천(程伊川)은 이렇게 말한다. "산은 멈추어 자리를 바꾸지 않고 불은 활활 타오르면서 머물지 않아서, 서로 어긋나 떠나가서 처하지 않는 모습이므로 여이다."[1] 움직이지 않고 견고하게 버티고 선 세계 위로 바람 부는 방향을 따라 이리저리 떠돌며 옮겨붙는 불의 가벼운 모습을 묘사하고 있다. 사람의 떠돌아다님이 이와 같다고 여긴 것이다.

여행은 조금 형통하다

여의 괘사(卦辭)는 "여소형, 여정길(旅小亨, 旅貞吉)"이다. "여는 조금 형통하니, 나그네가 바르게 하면 길하다" 정도로 옮길 수 있다. 여는 궁색하

---

1 정이천 주해 『주역』, 심의용 옮김, 글항아리, 2015, 1105면.

지 않지만 그렇다고 형통하지도 않다, 그저 약간 형통할 뿐이다, 그래서 바르게 행동해야 길함을 얻을 수 있다는 것이다. 조금 형통하다는 것은 이런저런 일들이 그저 어느 정도까지만 뜻대로 된다는 것인데, 왜 여는 조금 형통한가?

그 이유를 이해하기 위해서는 다소 까다롭더라도, 괘 읽는 방식을 좀 더 배울 필요가 있다.『주역』에서는 괘를 살필 때, 정(正)과 중(中)을 따진다. 정(正), 그러니까 각 괘의 올바름이란, 효가 효 자리에 할당된 음양과 일치하는 것을 뜻한다. 아래로부터 첫째, 셋째, 그리고 다섯째는 양효(陽 爻)의 자리이고, 둘째, 넷째 그리고 여섯째는 음효(陰爻)의 자리로 본다. 양효의 자리에 양효가 오고, 음효의 자리에 음효가 오는 것을 정이라고 한다. 우리가 이미 살펴본 여괘의 경우, 음의 자리에 음효가 온 4효와 6효 는 정하다. 그리고 양의 자리에 양효가 온 초효와 5효가 정하다.

이에 비해 중(中)은 내괘(여괘의 경우 아래 있는 산괘)와 외괘(여괘의 경우 위에 있는 화괘) 각각에서 가운데 자리, 그러니까 전체 배열에서는 2효와 5효의 자리이다.『주역』에서는 중의 자리가 상황을 주도하고 실천 하는 힘을 품고 있다고 본다. 오늘날의 사회과학적 개념으로 한다면, 중 은 행위자(actor)의 자리라고 할 수 있다. 그러니 하나의 대성괘에는 두 개의 중이 있는 셈인데, 이때 전체 괘에 걸쳐 중심 행위자의 자리를 차지 하는 것, 전통적인 사고에서 보면 '군주의 자리'를 차지하는 것은 외괘의 중이다. 이에 비해 내괘의 중은 그런 정도의 주도력을 갖지 못한다. 내괘 의 중은 내괘 안에서만 중심이다. 그런 의미에서 내괘의 중은 힘을 비축 하며 성장하고 있는 잠재적 행위자(potential actor)인 데 반해, 외괘의 중 은 현행적 행위자(actual actor)라 하겠다.

막대기(효)의 위치를 두고 행위자라니……『주역』을 처음 접하는 이에게는 음양을 뜻하는 두 종류의 막대기를 쌓은 형상을 두고 이런 식의 해석을 시도하는 것이 낯설고 뜨악할 수도 있겠다. 하지만 간단한 기호를 만들고, 기호를 하나씩 하나씩 부가하면서 기호들이 모여 이루는 전체 형상, 각각의 기호의 위치, 그리고 그들 사이의 상호관계를 사회구조(상하관계), 시간적 질서(초효로부터 상효로까지 전개되는), 그리고 사회적 삶의 여러 양상과 연결하는 상상력의 놀이가 『주역』이다.

중과 정의 경우, 각기 음양을 뜻하는 효(막대기) 여섯개를 쌓아놓고 그것에 옳음과 그름 및 중심과 주변을 따지는 사회적 사유를 투영한 다음, 기호의 규칙적 작동을 근거로 해서 얻어진 옳음과 가운데의 의미를 다시 사회적 삶의 양상을 해석하는 데 사용하는 것이다.

괘를 읽는 데 있어 정과 중을 두고 아시아적 사유는 이렇게 말한다. "정은 반드시 중을 이루지는 못하지만, 중은 정하지 않음이 없다(中則無不正也, 正未必中)."[2] 정도(正道)와 중도(中道)가 일치한다면, 즉 중정(中正)이라면 더할 나위가 없지만, 둘이 어긋난다면 중도를 따라야 한다는 것이다. 올바름보다 상황의 합당함과 때의 마땅함을 잃지 않는 것이 더 중요하기 때문이다.

그런 사유를 괘의 기호학에 투입해보자. 전체의 중인 5효는 본래 양의 자리인데, 그 자리에 올바르게도 양효가 왔다면, 그것을 두고 중정이라고 하고 강중(强中)이라고도 한다. 그런 경우 5효는 전체 상황을 강력하게 주도하며 자신의 힘을 떨칠 수 있다. 하지만 여괘의 경우 5효의 자리를 차지한 것은 음효이다. 이런 경우 5효는 강중하지 않고 유중(柔中)하다고 한다. 이 유순한 행위자는 당연히 강성한 힘을 떨칠 수는 없지만 그 자

---

2 『이정집(二程集)』「이정수언(二程粹言)」, 심의용 「범례」(정이천 주해, 같은 책) 42면에서 재인용.

체로 옳지 않은 것은 아니다("중은 정하지 않음이 없다"). 다만 유(柔)함, 즉 부드러움에 걸맞게 덕을 실천하는 것이 중요하다. 유중은 유약(柔弱)으로 떨어지지 않고 유손(柔巽)과 유화(柔和), 즉 유연하면서도 겸손하고 또 온화함을 이뤄야 한다. 그래서 「단전(彖傳)」은 "여의 때와 의가 크도다(彖曰, 旅之時義大矣哉)"라고 말한다. 생각해보면 떠돌아다니는 자는 그를 둘러싼 환경의 힘이 자신보다 강한 상태에 있다. 이방의 세계는 내 앞에 산과 같이 견고하고 나는 바람만 불어도 어딘가로 휩쓸려가는 존재이다. 관광객/여행자는 그 땅의 주인이 아닌 만큼 유손하고 유화롭게 처신해야 하며, 그럴 때만 좋을(吉) 수 있는 것이다. 요약하자면 이렇다. 여행은 뜻대로 되기도 하고 그렇지 않기도 하다. 조금 형통한 것이다. 그 조금의 형통함을 제대로 형통하게 만들기 위해서는 바르게 행동해야 하는데, 여기서 바름은 옳음을 주장하는 것이 아니라 유손하게, 즉 부드럽고 겸손하게 행동해야 함이다. 그런 덕목을 갖추지 못한다면, 여행은 작은 형통함마저 잃고 위태롭게 된다. 그러니 어느 정도는 자신을 낮추어야 하는 여행은 고단한 일이기도 하다(여에 대한 동아시아적 자의식에도 서양어 트래블과 마찬가지로 고단함이 함축되어 있는 셈이다).

관(觀): 땅 위로 두루 부는 바람

이런 의미론적 유산에 비춰보면, 트래블과 여행은 어지간히 어우러지는 면이 있는 듯하다. 그렇다면 투어와 관광은 어떨까? 투어는 원을 그리는 도구를 의미하는 라틴어 토르누스(tornus)에서 비롯된 말이다. 돌아옴이 함축되어 있지 않은 트래블과 달리 투어는 회귀를, 출발한 지점으

외괘	상효	자기성찰
	5효	군주의 봄
	4효	빈객의 봄
내괘	3효	백성의 봄
	2효	여성의 봄
	초효	아이의 봄

1-2. 땅 위로 바람이 두루 부는 형상인 관괘

로 돌아옴을 뜻하니, 관광보다는 주유로 번역하는 것이 더 나을 것이다. 그렇지만 역어로 주유가 선택되지 않고, 관광이 선택되었다. 여기저기 찾아보았지만, 누가 언제부터 투어의 역어로 관광을 사용했는지는 분명치 않다. 짐작건대 동아시아 번역사의 많은 일이 그렇듯이 메이지유신 전후 일본이나 신해혁명 전후 중국에서 그렇게 번역되지 않았을까 싶다.

투어의 역어인 관광은 『주역』의 관괘(觀卦)의 효사에서 따온 말이다. 관괘를 보자. 외괘는 땅을 뜻하는 곤괘(☷)이고 내괘는 풍괘(☴)로 바람을 나타낸다. 즉 관괘는 풍지관(風地觀)이다. 괘의 형상을 보면 아래 음효(⚋) 4개가 있고, 그 위로 양효(⚊) 2개가 걸쳐 있다. 형상적으로 보면 마치 2개의 기둥 위에 누각이 세워진 듯이 보인다. 다섯째 효가 중정의 모습을 가지고 밝게 빛나고 있다. 음효들이 불쑥불쑥 성장하고 있지만, 위의 두 양효가 흔들림 없이 제자리를 지키고 있고, 그래서 음효들이 양효를 우러르고 있는 모습이다.

괘사는 "관, 관이불천, 유부옹약(觀, 盥而不薦, 有孚顒若)"이다. 관(盥)은 제사 지내기 전에 손을 씻는다는 뜻이다. 천(薦)이란 제사에서 날고기를 올리고 익은 고기를 올리는 절차를 말한다. 그러니 '관이불천'이란 제사

를 위해 손을 씻었으나 아직 절차에 마음을 뺏기지 않은 상태, 제사 첫 시
작의 마음가짐을 유지한 상태를 뜻한다. '유부옹약'은 이렇게 경건하면
믿음을 얻고(有孚) 존경을 받는다(顒若)는 것이다. 이런 괘사에는 관(觀,
본다)의 세 방향이 함축되어 있거니와, 『주역』의 「단전(彖傳)」은 이렇게
풀고 있다.

(1) 관천(觀天)

행위자(전통시대에는 군주를 뜻한다)에 해당하는 5효가 정성 들여(盥
而不薦) 하늘을 우러러본다(觀天). 그렇게 하늘의 신묘한 도를 보면, 사계
절이 어긋나지 않는다(觀天之神道而四時不忒).

(2) 관천하(觀天下) 또는 관민(觀民)

그렇게 크게 바라보는 자로서 위에 있어, 하늘의 뜻에 순응하고 겸손
하게 중정한 덕을 행하여, 그것을 천하에 보여준다(大觀在上, 順而巽中正,
而觀天下). 우주적 질서에 부합하게 행동하고 겸손하게 덕을 베푸는 것이
천하에 드러나 보이는 것이다. 여기서 관천하는 천하에 보여짐이란 뜻이
지만, 천하를 살펴봄이라는 뜻도 가진다. 후자라면 백성을 바라봄, 즉 관
민(觀民)이라고 바꿔 말해도 될 것이다.

(3) 하관(下觀)

이제 괘사의 뒷부분의 뜻도 명료해진다. 즉 유부옹약(有孚顒若)은 아래
에서 우러러보아(下觀) 감화가 일어남을 뜻하게 된다(下觀而化也). 여기
서 봄은 아래에 있는 백성들이 바라본다는 뜻이다.

이와 같이 관천, 관천하, 하관이 일어나는 과정을 「상전」은 요약해서
이렇게 말한다. "바람이 땅 위를 이리저리 다니는 형상이 관이다. 선왕이

이를 본받아 지방을 순행하여 백성을 살펴보고 가르침을 베푼다(象曰, 風行地上, 觀. 先王以省方觀民, 設敎)." 백성을 뜻하는 땅 위로 바람이 두루 불어 모든 것에 영향을 미치는 과정이 바로 봄(觀), 하늘을 보고(觀天) 하늘 아래 사람들의 살아가는 모습을 보고(觀天下) 아래가 위를 보며(下觀) 풍습을 형성하는 과정이다. 풍습은 이렇게 통치자가 하늘을 보고 또 통치자와 백성이 서로 보는 것을 통해서 이루어진다. 바라봄의 오고감이 바람 부는 것처럼 일어난다. 관괘는 이렇게 봉건적 통치가 순조롭게 이뤄지는 과정을 묘사한다.

관광은 봄이다

그렇다면 '관광'은 관괘 어디에 위치하는 것일까? 4효에 붙은 말, 즉 효사에서이다. 앞서 여괘에서는 괘사만 대략 짚어보았을 뿐 효사를 살펴지는 않았다. 하지만 관광은 효사에 등장하는 말이니 괘사보다 좀더 들어가봐야 한다. 관괘의 효사들을 초효부터 배열해서 적어보면 다음과 같다.

상효(6효): 그 삶을 보니, 군자는 허물이 없다(觀其生, 君子无咎).

5효: 나의 행한 바를 보니, 군자는 허물이 없다(觀我生, 君子无咎).

4효: 나라의 빛나는 것을 보니, 왕의 손님 됨이 이로울 것이다(觀國之光, 利用賓于王).

3효: 나의 행한 바를 보아, 나아가고 물러난다(觀我生, 進退).

2효: 문틈으로 엿보는 것이니, 여자의 올바름이 이롭다(闚觀, 利女貞).

초효: 어린아이의 봄이니, 소인에게는 허물이 없고 군자는 부끄러울 것

이다(童觀, 小人无咎, 君子吝).

이런 효사를 어떻게 해석해야 할까? 이런 효사의 배경이 되는 전근대 사회의 틀로 보면, 전체 관괘의 효사는 각각의 위치에서 군주의 자리인 5효를 바라보는 양상과 규범을 다룬다. 이에 비해 5효는 다른 효가 아니라 바로 자신(의 행위)을 본다(觀我生).

그렇다면 여러 효가 어떻게 5효를 바라보는가? 맨 아래에 위치한 초효는 사회적으로 지위가 낮은 자의 위치에서 5효를 본다. 그러니 동관(童觀), 즉 아이의 봄이다. 안목이 좁고 어리석다. 그러나 소인은 본시 그런 자이니, 그렇게 보는 것에 허물이 없다. 그러나 군자라면 그렇게 보아서는 안 된다. 군자가 그렇게 본다면, 부끄러운 일이다. 그보다 한 단계 높은 사회적 위치를 점한 자, 즉 2효라면 규관(闚觀), 문틈으로 엿본다. 틈으로 본다면, 틈에 의해서 조망이 제약된다. 전체를 살펴볼 수 없다. 그렇게 보는 것은 아녀자의 봄이라 봤다. 자신의 집(규방)을 벗어나지 않고, 그 안에서 바깥을 틈으로 보는 것이기 때문이다. 그런데 아녀자라면 그렇게 보는 것이 바르고 그래서 이롭다고 한다. 역시 『주역』이 형성된 시대의 봉건적 세계관이 묻어난다. 3효는 내괘의 맨 윗자리이니 백성 가운데 으뜸을 뜻한다. 그러니 위를 또렷이 바라볼 수 있다. 그러나 위를 바라보며 나아갈지는 자신의 행한 바를 보고(觀我生) 정해야 한다.

마침내 4효에 이르렀다. 넷째 효는 으뜸인 다섯째 효 가까이에서 유순하게 봉사하며, 관국지광(觀國之光), 즉 그 나라의 빛남을 본다. 관광이란 바로 이 관국지광을 줄인 말이다. 나라의 빛남이란 5효가 이룬 통치의 보람 있고 빛나는 성취이다. 이렇게 군주 가까이에서 그를 보필할 수 있으니 왕의 손님 됨이 이롭다는 것이다. 『사기 열전』은 중국 고대에 군주들이 주변에 많게는 수천의 빈객들을 모아들였고, 그들이 군주의 어려움을 해결해준 이야기가 많이 나온다.

왕의 손님이 뜻하는 바는 계명구도(鷄鳴狗盜) 같은 유명한 이야기를 떠올리면 쉽게 이해되는 부분이다.[3] 그래서 「상전」은 "관국지광은 빈객을 잘 대접함이다(象曰, 觀國之光, 尚賓也)"라고 말하는데, 「상전」이 그리 말하는 이유는 5효(행위자)의 관점에서 4효를 어떻게 해석해야 하는지를 전하려 하기 때문으로 보인다. 춘추전국시대에 군주의 성공은 인재를 불러 모으는 힘에 달려 있었으니, 「상전」의 권고가 무엇을 지향하는지는 분명하다. 그런데 수나라를 거쳐 당나라에 이르면 과거제가 인재를 모으는 방법으로 정착된다. 그러면서 관광은 과거를 보러 가는 행위를 뜻하기도 하고, 과거로 인재를 모으는 것을 뜻하게도 된다.

5효는 다시 한번 자신의 행한 바(觀我生)를 본다. 이 자리는 이미 소인의 자리가 아니다. 군자로서 봐야 한다. 그렇게 군자답게 본다면, 허물이 없다. 「상전」은 그 의미를 한결 심화한다. 나의 행한 바를 본다는 것은 백성을 보는 것이다(觀我生, 觀民也). 군주가 행한 바는 백성을 통해서 나타난다. 관련해서 왕필(王弼)의 해석이 명료하다. "존위에 거하여 관(觀)의 주효(主爻)가 되어 큰 교화를 널리 베풀고 사방에 빛나게 하니, (5효는) 관의 극치가 되는 자이다. 위에서 아래를 교화함이 바람에 풀이 눕는 것

---

3 사마천의 『사기』 맹상군전에 나오는 이야기이다. 제나라 왕족이었던 맹상군은 주변에 갖가지 재주 있는 식객이 많았는데, 그 가운데는 '닭 울음소리를 흉내내고 개처럼 좀도둑질하는' 재주를 가진 자들도 있었다. 맹상군은 이들도 나름의 쓸모가 있다며 가리지 않고 품었다. 맹상군이 진나라에 재상으로 초빙되어 갔다가 이런저런 곤경에 처해 진의 궁정을 탈출해야 했다. 이때 닭 울음소리를 잘 흉내내는 식객과 좀도둑질 잘하는 식객에게서 큰 도움을 얻어 무사히 탈출했다. 이때부터 계명구도는 보잘것없는 재주라도 그 나름의 쓰임새가 있다는 뜻으로 쓰인다.

과 같으므로 백성의 풍속을 보아 자기의 도를 살핀다. 백성이 죄가 있음은 나 한 사람에게 달렸으니 군자의 풍(風)이 드러나야 구오(九五, 5효가 양효일 때 그것을 지칭하는 말이다)에게 허물이 없다. 왕은 교화의 주인으로 스스로를 보려거든 백성을 보면 된다."[4]

상효의 효사는 "그 삶을 본다"는 뜻의 관기생(觀其生)인바, 자신이 행한 바를 본다는 관아생과 관기생의 차이에 대해 이런저런 해석들이 있어 왔다. 왕필은 "관아생은 스스로 자신의 도를 보는 것이고, 관기생은 백성에 보여지는 것"[5]이라고 푼다. 주희(朱熹)는 "아(我)는 피아(彼我)를 대대(待對)로 말한 것이니, 그(彼)가 나를 보는 것이다. 관기생은 내가 나를 보는 것"[6]이라고 말한다. 즉 관아생은 그가 나를 보는 것이고, 관기생은 내가 나를 보는 것이라는 해석이다. 둘 다 그렇게 만족스러운 해석으로 느껴지진 않는다.

내가 보기엔 주역의 괘에서 6효는 행위자인 5효의 자리에서 물러난 존재의 위치라는 점을 염두에 두고 해석하는 것이 좋을 듯하다. 그렇게 보면 6효의 자리에서 그 생을 본다는 것(곧 관기생)은 자신의 과거 행위의 소산이나 귀결을 보거나 현재의 행위자인 5효의 행위를 관조함을 뜻한다고 보아야 한다. 이 관조는 자기를 돌아보는 것이니 주희의 해석과 일치하지만, 주희는 그렇게 해석하기 위해서 관아생을 타자가 나를 봄으로 해석하는데, 그렇게 보기보다는 관기생을 자기성찰로 해석해보는 것이

4 왕필『주역 왕필주』, 임채우 옮김, 길 2006, 174면. 괄호 안은 인용자의 보충. 관련해서 김수영의 시「풀」을 새롭게 해석해볼 여지가 있으리라는 생각도 든다. 김수영의「풀」은 관괘에 나타난 바람과 풀의 관계를 새롭게 조명함으로써 군주와 민중의 관계에 대한 동아시아의 전통적 사고를 전복하고자 한 것으로 볼 여지가 있기 때문이다.

5 같은 책 175면.

6 주자『주역본의』, 백은기 역주, 여강 1999, 213면 각주 126.

적절하지 않은가 싶다. 항용 자기성찰에는 어떤 아쉬움이 남게 마련이다. 그래서인지 「상전」에 일러 "관기생은 뜻이 편안하지 않다(象曰, 觀其生, 志未平也)"라고 했다.

관괘가 형성된 전근대적 맥락 속에서 그 의미를 대략 훑어보았으니 우리의 관심사로 돌아와보자. 관괘를 살펴본 덕분에 관괘의 넷째 효사 관국지광으로부터 투어에 대응하는 관광이라는 말을 끌어온 이유를 어느 정도 짐작할 수 있다. 다른 나라의 대표적인 문물을 구경하는 것이 투어이므로 그것에 해당하는 동아시아 전통 속의 말이 관광이라고 생각한 것이다. 오늘날 투어의 의미는 19세기 중반 이후 형성된 '대중 관광'(mass tour)에 닿아 있으니, 그런 투어를 관국지광과 연결하는 것이 아주 어색한 것은 아니지만, 투어에 너무 큰 의미를 부여한다는 인상이다. 하지만 서구 역사에서는 대중 투어에서 더 거슬러 올라가면 그랜드 투어(grand tour)라는 관행을 만날 수 있다. 이 그랜드 투어를 염두에 둔다면, 투어를 관국지광으로 해석하는 것이 그럴듯해 보인다. 그랜드 투어는 17세기 이래로 영국 상류층이 유럽대륙으로 건너가 프랑스, 이탈리아 등의 문화유산을 접하고 그 지역 상류층과 교류하며 교양을 쌓는 2~3년의 여정을 지칭하는 말이었다. 그런 그랜드 투어를 사실 춘추전국시대 재사들이 군주나 제후에게 다가가는 과정을 함축하고 있는 관국지광과 연결하는 것은 적절하다고 할 수 있다. 상류층의 문물 체험과 교양 형성 그리고 인적 네트워크 형성은 관국지광의 의미론과 잘 접맥되기 때문이다. 투어를 관광과 짝지은 번역의 역사가 그렇게 어설픈 것은 아닌 셈이다.

관광객, 휴일의 군주

『주역』의 괘를 해석하는 것은 이미 언급했듯이 고대에 고착되어 경전으로 편입된 점치는 말인 괘사와 효사 그리고 단사를 디딤돌 삼아 괘가 열어주는 형상적·수비학적(상수역학)·기호학적·결의론적·해석학적(의리역학) 상상력 속으로 현재의 삶을 투사해보는 것이다. 물론 『주역』에 대한 해석은 어떤 규범과 규칙에 따라 엄격히 이루어지기보다 자의성이 커 보일 수 있고 그래서 당혹스러울 수 있지만, 상상력을 자극하는 흥미로운 것으로 받아들일 수도 있다. 그러므로 관괘에 대해서도 그저 관광이라는 단어의 어원학적 풀이에 그치지 말고 그런 상상력을 이어가볼 수 있을 것이다. 아마도 그럴 때 『주역』을 현재에 대해 열린 텍스트로 구성해갈 수 있을 것이다.

여행이든 관광이든 그것의 중심에 있는 것은 '본다는 행위'이다. 이때 본다는 것은 그저 눈을 뜨고 있으니 보인다는 것이 아니다. 본다는 것(觀)은 지향성을 가진 행위를 말하며, 눈에 깃든 마음이 공간을 가로질러 길을 낸바, 눈길을 뜻한다고 하겠다. 그것은 욕망에 매개된 바라봄이고, 보고자 한 것을 보는 봄이며, 설령 그냥 보였다고 해도 그 이미지가 의미망 속으로 짜여 들어감을 가리킨다.

앞서의 해석을 다시 정리해보면 그런 봄의 가장 원초적 양태를 『주역』은 어린아이처럼 봄이라고 말한다. 순진하게 바라보는 것이다. 아마도 아이처럼 봄이란 단순한 호기심을 따라 보는 것을 말할 것이다. 아이의 눈은 나비의 날갯짓을 좇아간다. 엄마를 두고 멀리멀리 걸어간다. 그러다가 길을 잃는다. 아마도 그렇게 봄이 행복한 봄일 것이다. 의미의 무게 없이 보는 것이다. 의미가 봄을 이끌지 않고 보는 것 안에서 의미가 피어날 것이다. 아니, 어쩌면 피어나지 못할지도 모른다. 아이는 펼쳐진 바닷가를 걸으며 눈앞의 조개껍데기 몇개에 마음을 뺏긴 탓에 바다의 웅혼함을 보지 못한다. 그리고 애지중지하던 조개껍데기마저 금세 잊기도 한다. 아이처럼 봄이 그러하니,『주역』이 말했듯이 아이 '처럼' 보는 것은 아이(小人) '의' 봄일 때 허물이 없다.

그러나 순수의 시대는 금세 끝난다. 다음으로 우리는 규방의 아녀자들이 그러했듯 문틈으로 보게 된다(闚觀). 아마도 여기서 문틈이란 두가지를 뜻할 것이다. 그것은 한편으로 우리가 그냥 보지 않고 어떤 문 또는 틀을 통해서 본다는 것을 뜻할 것이다. 우리의 봄이 어떤 주어진 의미의 그물을 통해 미리 규정되는 것이다. 그런데 다른 한편 그 문은 삐죽 열린 틈새이기도 하다. 우리는 그 틈으로 몰래 훔쳐본다. 이 관음증적인 시선을 주도하는 것은 욕망이다. 우리는 이렇게 의미와 욕망의 하중 아래서 무엇인가를 본다.『주역』이 경계하듯이 그 의미와 욕망이 바른(貞) 것이라면 이로움이 있을 것이다. 하지만 문(틀)과 틈은 스스로 자아낸 것이 아니라 나에게 주어지는 것이어서 옳고 그름을 가려내기 쉽지 않다. 문틈으로 보는 자는 아직 문과 틈에 대해 성찰하지 못하는 셈이다.

봄의 다음 단계는 관아생(觀我生), 그러니까 나의 삶, 내가 행하는 바, 나 자신을 봄이다. 내가 보고 있음을 보며, 내가 문으로 보고 틈으로 본다는 것을 보는 것이다. 그리고 그렇게 본 것을 따라 살고 있음도 봐야 한다. 이렇게 봄을 보는 자기성찰이 있어야 대상에 가까이 다가가서 볼 만큼의 역능을 자신이 갖추었는지 살필 수 있고 그래야 진퇴를 정할 수 있다.

나아갈 수 있다면, 마침내 우리는 가까이 자세히 보러 나선다. 4효는 빛나는 5효에 다가선다. 그리고 빛을 본다. 그 나라의 빛을 본다(觀國之

光). 문명을 본다. 여행이든 관광이든 거기서 우리가 하는 일은 빛을, 빛나는 것을, 찬연한 것을 보는 것이다. 추한 것이나 악한 것을 보지 않는다. 뻔하고 평범한 것도 보지 않는다. 경배할 만한 것, 경탄스러운 것, 숭고한 것, 아름다운 것, 정교한 것, 비범한 것을 본다. 그런 것을 멀리서 보지 않는다. 다가가서 본다. 가까이에서 눈으로 어루만지듯 본다. 노트르담대성당 안으로 들어가 스테인드글라스를 올려다보고, 만리장성을 걸어본다. 그렇다. 올려다보고, 들여다보고, 들어가보고, 디뎌보고, 만져본다. 몸을 대상 앞에 바짝 가까이 세우면, 이제 눈이 아니라 몸으로 보게 되는 것이다. 관광이란 이렇듯 둔중한 몸을 이끌고 멀리까지 다가가 몸으로 그 빛을 봄이다. 아니, 그 빛 안으로 들어가 봄이다.

지금까지 우리는 전근대 세계에서 신분적·성적 위계를 따라 위치 지어진 봄의 양태를 근대 세계의 문법에 맞추어 보는 능력의 성장 과정으로 해석했다. 그렇다면 전통사회에서 군주의 자리에 있는 5효 그리고 그 군주 위에 자리 잡고 있어서 물러남의 도리를 알아야 하는 6효는 어떻게 보아야 할까? 근대 세계, 더 나아가 민주적 세계의 논리를 따르자면, 이미 지적했듯이 군주의 자리는 행위자의 자리로 이해되어야 할 것이다. 그리고 근대 세계에서 행위자란 행동을 자임한 자이다. 그러므로 관광객의 '봄'을 관아생으로 조명하려면, 우리는 관광객을 다섯째 효의 자리에 놓을 수 있어야 한다. 그렇다면 어떤 의미에서 오늘날의 관광객은 관국지광을 하는 4효를 넘어선 행위자의 자리를 차지할 수 있는 것일까?

현대 세계에서 관광객은 전통사회의 빈객이 아니다. 그는 휴일의(적어도 휴가기간 동안의) 유한계급이다. 그는 구매자이다. 그리고 자본주의 세계란 구매자, 즉 화폐 소유자 우위의 세상이다. 그리고 화폐는 상품 세계의 군주이다. 그러니 관광객은 빈객이 아니라 어떤 의미에서 5효의 자리를 차지할 수 있는 '휴일의 군주'이다. 그래서 그는 그 나라에 도착해서 그 나라의 빛나는 모습을 보고 감탄하고 그 나라를 스치는 듯 떠나게 되지 않는다. 그러려고 해도 그렇게 되지 않는다. 그 나라의 사람들은 그로 인해 바뀐다. 우리의 명동 거리에서는 중국인이 한국어를 하지 않고 상인들이 중국어를 한다. 관광객은 바람처럼 와서 거리를 스쳐 지나간다. 그렇게 관광객이 바람이라면 상인은 풀이고, "바람보다 빨리 풀이 눕는다"(김수영 「풀」). 비단 상인만 풀이겠는가? 지방자치단체는 '투어리스트 인포메이션 센터'를 운영해야 하고, 대중교통 패키지 티켓(버스와 전철을 주어진 기간에 무제한 사용할 수 있는 '원데이 패스' '3일 패스' 등)을 개발해야 하고, 가능하면 교통과 박물관 또는 미술관을 패키지로 묶어내야 한다. 식당과 공연 기획에도 새로운 방향이 설정된다. 처음엔 관광객이 보고 싶은 것을 알아내려 하지만, 그런 것을 아예 만들어내기도 한다.

그러니 오늘날 관광객은 관아생을 해야 한다. 그러지 않으면, 그는 자신이 보고 싶었던 것을 보여주는 타자를 보게 된다. 피지(Fiji)에서 원주민 춤을 관람하고 나온 미국인이 맥도널드 햄버거 가게에서 아까 민속춤을 추던 댄서가 햄버거와 콜라를 먹는 것을 보는 것과 같은 상황을 생각해보라. 그의 민속춤은 나를 위한 민속춤이고 나 때문에 공연되고 또 나 덕분에 존속하는 것이다. 관아생은 관민이 되는 것이다. 관광객은 세계를 바라보려고, 사물을 비추는 빛을 본다고 생각할 때, 사실은 자신을 비춘 사물을 볼 수도 있다. 그는 이제 견고한 세계 위를 옮겨붙어 다니는 불(火山旅)이 아니라, 그 세계를 태워버리는 자일 수 있는 것이다. 그러니 그는 자신이 행하는 바와 그 행위의 귀결을 보고 생각해야 하며, 자신의 행함에 늘 삼감이 있어야 한다.

끝으로 관기생에 대해 다시 생각해보자. 관광객이 행위자의 자리에서 물러나는 때, 여섯번째 효의 자리에 이르는 때가 있다. 돌아갈 때, 그리고 돌아왔을 때이다. 그때 우리는 자신의 봄과 보았음의 의미 전체를 바라보아야 한다. 10여년 전 알래스카에 간 적이 있다. 커다란 배를 타고 거대한 빙하를 바라보았다. 그리고 내가 푸른 빙하를 보고 있는 그 순간에 한 귀퉁이가 무너져내렸다. 꿍음을 내면서 무너져내린 빙하의 모습을 보며, 나는 숨 막힐 듯한 느낌을 받았다. 처연한 아름다움, 무너져내리는 것의 애잔함도 느꼈다. 그러나 그렇게 내 동공을 채운 빙하 그리고 갈라져 쪼개지며 수직으로 무너졌던 빙하의 모서리와 내 고막을 울리던 그 무너지는 소리, 그 모든 것의 뭉클함은 사실은 내가 거기에 갔기 때문에, 엄청난 엔진을 돌려야 하는 거대한 배를 타고 갔기 때문에, 그 배가 쏟아내는 뜨거운 배기가스 때문에 일어나는 일이기도 했다. 나는 그저 그 슬프고 장엄한 장면을 바라보고, 그 표면을 타고 쏟아지는 빛을 보고 공기를 울리는 소리를 들을 뿐이지만, 바로 그런 일, 빙하가 부서지는 일이 일어나게 한 원인의 일부인 것이다. 그러니 어찌 그 뜻이 평안하겠는가(志未平). 하지만 어린아이의 봄(童觀)으로부터 시작된, 살펴보고 헤아려보고 뜯어보고 그리하여 스스로를 돌아보는 관기생에까지 이르는 오르막길을 다 걸어감이 마땅하다는 것도 분명한 듯싶다.

2.

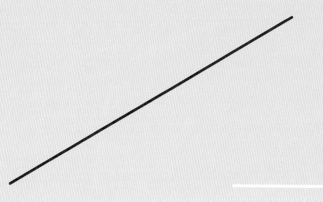

여기가 아니라면

권태에 대하여

권태라는 경험

관광/여행은 '이곳'을 떠남이고 '그곳'을 향해 감이다. 이 둘은 서로를 전제할 수도 있지만, 서로 독립적이기도 하다. 그곳을 열망하기에 이곳을 떠날 수도 있지만, "이곳이 아니라면 어디라도" 좋기에 집을 나설 수도 있다. 이 둘을 사회과학에서는 '밀어내는 요인'(push factor)과 '끌어당기는 요인'(pull factor)이라는 켤레 개념으로 환언(換言)한다. 그러므로 관광/여행의 이유에 대해 이렇게 질문할 수 있다. "무엇이 '이곳'을 떠나게 밀어내는 요인인가? 그리고 무엇이 다른 곳이 아닌 '그곳'으로 끌어당기는 요인인가?" 두번째 질문은 다음 장으로 미루고, 우선 첫번째 질문에 집중해보자. 왜 우리는 이곳에서 벗어나고 싶은 것일까?

그 이유는 아마도 이곳에서의 삶이 괴롭거나 지겹기 때문일 것이다. 그러니 떠날 이유는 고통과 권태라는 양극 사이에 펼쳐져 있다고 할 수 있다. 떠날 이유가 괴로움에 기울어 있다면, 그는 떠나되 돌아오지 않을 것이다. 그리고 지루함 쪽이라면, 떠나되 돌아올 것이다. 전자가 '이주'와 관련된다면, 후자는 관광/여행을 불러들인다. 지금 여기에서의 삶이 흥미, 기쁨, 호기심, 흥분을 자아내지 못하고, 아무런 비밀 없이 권태롭게 펼쳐져 있을 때, 우리는 '떠남'에 대한 충동을 느낀다. 그러므로 관광/여행의 일반적 이유는 권태라는 경험, 그리고 관광/여행이 근대적인 현상인 한에서 권태의 근대적 조건과 관련된다고 하겠다.

권태에 관한 철학적 혹은 심리학적 논의는 일별조차 어려울 만큼 켜켜이 쌓여 있다. 그것을 다루기 위해서는 어떤 선택이 불가피한데, 여기서는 마르틴 하이데거의 논의에서 '출발'할 것이다. 그러는 이유는 그의 분석이 권태에 관해 가장 널리 알려진 논의 가운데 하나인데다 매우 정교하기 때문이지만, 이유가 거기에 그치는 것은 아니다. 이미 지적했듯이, 관광/여행은 이 '곳'을 떠나는 행위이며, 그 '곳'으로 가는 행위이다. 그런 한에서 '곳,' 달리 말하면 '장소'와 관련된 현상이다. 그런데 하이데거의 중심 개념들은 장소와의 내밀한 연관을 함축하고 있다. 예컨대 그의 현존재 개념을 보자. 현존재로 옮겨지는 'Dasein'은 우리말로 '여기있음'쯤 될 것이다. 하이데거에게서 현존재인바, 인간이란 '여기' 또는 '거기' 있는 존재, 즉 장소에 있는 존재, 더 정확히는 장소와 내밀한 연속성을 가진 존재로 간주된다.[1]

---

1 독일어 da는 공간뿐 아니라 시간도 함축하며 우리말로는 문맥에 따라 '저기'와 '여기' 그리고 '그때'와 '지금'으로 모두 옮겨질 수 있다. 대명사와 마찬가지로 문맥적이지만(언어학에서 '연동자shifter'라 불리는 범주에 속한다), 그보다 훨씬 광범위하고 모호하게 쓰인다. 따라서 Dasein은 '여기 있음' '저기 있음' '그때 있음' '지금 있음' 등으로 옮길 수 있다. 또한 Dasein은 '그런 있음' 또는 그렇게 있음뿐 아니라 그렇게 있는 '이'를 뜻하기도 하므로 '여기 있는 이'나 '그때 있는 이'로도 옮길 수 있다. 이런 모호성을 생각하면 '현존재'라는 한자어가 역어로 적합하기도 하다. 여기서는 Dasein을 현존재 또는 '여기있음'으로 옮길 것이다('여기 있음'으로 띄어 쓰지 않은 것은 하이데거가 Da-sein과 Dasein을 구별해서 쓰기 때문이다. Dasein은 장소와 존재 사이에 거리 없는 상태를 함축한다). 현존재 대신 '저기있음'이란 역어는 가끔 쓰이지만 '여기있음'으로 번역하는 경우는 없는 듯하다. 현존재를 묘사하고 분석하는 관찰자 관점에서는 '저기있음'이 적합한 번역어이겠다('거기-있음'으로 번역한

장소와의 내밀한 연관에 대한 강조는 하이데거의 또다른 중심 개념이자 우리가 다룰 권태 개념을 하위범주로 포함하는 '기분'(Stimmung)에서도 나타난다. 독일어 'Stimmung'은 우리말 '기분'으로 옮길 수도 있고, '분위기'로 옮길 수도 있는 복합적 느낌의 말이다. 이에 비해 우리말에서 기분은 주체에 속한 것으로, 분위기는 상황 또는 상호주관성에 속한 것으로 나뉜다. 물론 이런 구별에도 불구하고 둘은 상호 이행한다. 우리는 어떤 분위기 속에서 그 분위기에 어울리려 한다. 우리는 도처에서 분위기를 감지하며, 분위기와 자신을 조율한다. 그렇지만 이 과정이 일방적인 것은 아니다. 어떤 이의 어떤 기분은 나의 기분을 바꾸며 그와 내가 속한 장소의 분위기를 바꾼다. 다시 말해 타자의 기분은 나에게 분위기이고, 나의 기분은 타자에게 분위기로 다가온다. 기분과 분위기는 간극을 드러낼 수도 있고, 어느 한쪽이 급변하기도 한다. 예컨대 시쳇말 '갑분싸'(갑자기 분위기가 '싸'해지는 상황) 같은 말은 그런 점을 지적해준다. 분위기와 기분이 조응한다면, 그것은 우리가 매 순간 시도하는 조정 작업이 대체로 성공했기 때문이다.[2] 그러니 이렇게도 말할 수 있다. 우리말은 기분과 분위기를 구별함으로써 양자 사이의 미묘한 관계를 감지할 수 있게 해준다. 이에 비해 독일어는 기분과 분위기가 주체 또는 상황 어디에 귀속된다고 확언할 수 없는 성질의 것임을 드러낸다고 말이다.[3]

사례도 있다. 예컨대 마르틴 하이데거 『진리의 본질에 관하여』(까치 2004)의 옮긴이 이기상이 그렇게 번역했다). 하지만 현존재를 현존재의 관점에서 묘사하고 서술한다면, '여기있음'이 더 어울리는 역어라 판단된다.

2 기분의 중요성을 보여주는 예로 오늘날 대표적인 정신질환의 하나로 꼽히는 우울증(depression)을 들 수 있다. 정신의학 진단 매뉴얼이 그렇게 정의하듯이, 우울증은 우울한 '기분'이 지속되는 상태이다. 우울증은 주체를 엄습하여 사로잡고 있는 우울이라는 기분의 현존 그리고 그 기분이 주변 '분위기'와 조율되지 않거나 조율을 거부하는 상태가 계속되는 것을 지칭한다.

그런데 우리가 다루고자 하는 권태 또는 지루함은 하이데거에게 그저 이런저런 기분 가운데 하나가 아니라 현존재의 심층을 건드리는 '근본기분'(Grundstimmung)이다. 하이데거가 보기에 권태는 시대의 병리를 집약하고 있는 말이었다. 그러나 하이데거를 휩쌌던 전간기(戰間期)의 사회문화적 상황과 그의 작업 사이의 관계에 대한 검토는 잠시 뒤로 미루고, 우선 그의 권태 논의부터 살펴보자.

하이데거: 권태의 세 단계

하이데거는 권태에 세 종류(인 동시에 단계)가 있다고 말한다. 첫번째 권태는 "어떤 것 때문에 지루해함"(das Gelangweiltwerden von etwas)이다. 그것의 전형은 연착된 기차를 기다릴 때 느끼는 지루함이다. 이 경우 지루함에는 분명한 원인이 있다. 우리는 연착된 기차 '때문에' 지루하다. 가령 승강장에 서 있는데 모종의 이유로 기차가 20분가량 연착된다는 역내 방송을 들었다고 해보자. 우리는 그 장소를 벗어나 다른 무엇인가를 도모하기는 어려운 어정쩡한 시간에 "붙잡혀" 있게 된다. 아마도 우리는

---

3 이 점을 하이데거도 다음과 같이 지적한다. "즉 기분은 다른 사람의 그 어떤 알 길 없는 마음속 내부에 있지도 않을 뿐만 아니라 우리의 마음속에 있지도 않기에, 우리는 차라리 다음과 같이 말해야 한다. 이러한 기분은 이제 모든 것을 덮고 있는 것이지, 결코 어떤 내면성 '내부에' 있다가 그저 눈빛 속에서나 나타나는 것이 아니다. 그러나 그런 까닭에 기분은 또한 마찬가지로 외부에 있지도 않다. 그렇다면 기분은 어디에 그리고 어떻게 있는가? 이러한 기분, 즉 슬픔이란, 그것에 관해서 우리가 '그것은 어디에 그리고 어떻게 있는가'라고 물어도 되는 그런 어떤 것인가? 기분이란, 마음속에서 체험으로서 발견되는 그런 존재자가 아니라, 오히려 '우리의 서로 함께-거기에 있음'의 '어떻게(방식)'인 것이다."(마르틴 하이데거 『형이상학의 근본개념들: 세계-유한성-고독』, 이기상·강태성 옮김, 까치 2001, 117면, 강조는 원문 그대로)

그 20여분 동안 기차를 기다리며 하릴없이 서서 자꾸 시계를 보게 될 것이다. 제법 시간이 흘렀으리라 생각하고 시계를 보지만 채 5분이 지나지 않았을 공산이 크다. 시간은 머무적거리며 앞으로 나아가지 않는다. 이런 상황에서 우리는 이른바 '시간 죽이기'를 한다. 시간을 채근하여 그것을 빨리 가게 하려고 하는 것이다. 하지만 그런 시도 속에서도 우리는 머무적거리는 시간에서 벗어나지 못한다.

이런 유의 권태가 발생하는 이유는 어떤 사물이란 제 나름의 시간을 함축하고 있기 때문이다. 기차는 정해진 기차역에 공표된 시간에 맞춰 거기 있을 때만 기능적 의미를 지닌다. 그러므로 사물과 우리의 만남이란 특정한 시간에서의 만남이기도 하다. 권태는 이런 사물-시간과 나(우리)-시간의 어긋남 속에서 경험되는 것이다. 이로 인한 지루함 속에서 우리는 한편으로는 상황에 "붙잡혀 있고" 다른 한편으로는 "공허 속에 버려져" 있다. 하이데거는 이 "붙잡혀 있음"과 "공허 속에 내버려져 있음"이라는 두 계기를 좀더 분명하게 분석하기 위해서는 두번째 권태, 즉 "어떤 것 곁에서 지루해함"(das Sichlangweilen bei etwas)에 대해 살펴보아야 한다고 말한다.

"어떤 것 곁에서 지루함"의 표준적인 예로 하이데거가 드는 것은 "저녁 초대" 같은 것이다. 저녁 초대에 응한 우리는 이미 어떤 시간을 그것에 할애하고 허용한 셈이다. 그래서 저녁식사를 하며 나누는 대화 속에서 지루해하고 있다면, 우리는 그것에 붙잡혀 있는 동시에 공허 속에 버려져 있는 것이다. 그런데 이 경우 첫번째 형태의 지루함에서처럼 시간을 죽임으로써 머무적거리는 시간을 재촉할 수 없다. 저녁 초대를 수락할 때 우리는 이미 그 시간은 써버리고 잃어버려도 좋은 시간으로 할애했기 때문이다. 저녁식사 시간 자체가 이미 일종의 시간 죽이기이므로,

거기서 권태가 피어오른다고 해서 시간 죽이기를 할 수 있는 게 아니다. 우리는 공허 속에 버려져 있다기보다 공허 속에 우리 자신을 내맡긴 셈이다.

어떤 것 곁에서 지루한 우리는 첫번째 형태의 권태에 처했을 때보다 더 불만족스럽다. 왜냐하면 첫번째 형태의 권태가 이를테면 밖으로부터 오고 있다면, 두번째 형태의 경우에는 "현존재 자체에서부터 피어오르고" 있기 때문이고, 첫번째 형태에 처했을 때 우리는 시간을 허송하지 않으려 하지만, 두번째 형태 속에서는 시간을 써버리고 있고 그럼으로써 우리 자신을 잃고 있기 때문이다. 전자가 "권태의 우연성을 향해서 밖으로 버둥대고 있는 격"이라면, 후자는 "권태의 고유한 무게 안으로 끌어당겨지고 있는 격이다."[4] 그런 의미에서 두번째 권태는 첫번째 권태보다 '더' 깊어진 권태라고 할 수 있다.

그런데 하이데거는 이런 두번째 권태보다 더 깊은 권태가 있다고 말한다. 그것이 하이데거가 그냥 "깊은 권태"(die tiefe Langeweile)라고도 부르는 세번째 권태, "아무튼 그냥 지루해"(es ist einem langweilig)이다. 인도유럽어의 고유한 비인칭주어(영어의 경우 it에 해당하는 독일어)인 es로 시작하는 이 표현을 직역하면, '그것이 지루하게 하고 있다'쯤 될 것이다. 하이데거는 뭐라고 규정할 수 없는 es를 "존재자 전체"로 해석한다.[5] 따라서 아무튼 그냥 지루하다는 것은 어떤 식사 모임 같은 '특정한 상황 곁에서' 지루해함이 아니라 나라는 존재를 둘러싼 '존재자 전체 곁에서' 지루한 것이다. 눈앞의 어느 것이라 짚어 말할 수 없지만 나를 둘러

---

4 같은 책 225면.
5 아마도 프로이트라면, es를 무의식적 진실 또는 충동을 뜻하는 das Es(Id)로 보고, 앞의 문장을 "권태는 무의식으로부터 닥쳐온다"고 말할 것이다.

싼 모든 것이 무의미하고 나를 공허함 속으로 내몰아도 옴짝달싹 못하고 붙잡혀 있는 상태, 그리하여 "시간의 흐름에서부터 끄집어 들어 올리워져 있는 느낌,"[6] 그것이 깊은 권태이다.

깊은 권태 속에 놓인 삶은 끔찍하다. 하지만 하이데거는 그런 궁지와 고통으로부터 반전을 끌어낸다. 하이데거에 따르면, 깊은 권태는 우리를 둘러싼 상황과 사물들 또는 나에 대한 이런저런 관습적 규정 모두가 우리를 '거부'(Versagen)하는 것이지만, 모든 거부는 동시에 "어떤 '말함'(Sagen), 다시 말해 '개방함'(Offenbarmachen, 드러내 보임)이기 때문이다."[7] 그러므로 우리가 깊은 권태에서 빠져나오지 못하고 있다면, 우리를 둘러싼 존재자 전체가 우리를 거부하기 때문만은 아니다. 존재자 전체가 우리를 거부하면서 그 거부함을 통해서 말하고 있는 바를 우리가 들으려 하지 않기 때문이다. 우리가 들으려 하지 않고 그래서 이해하지 못하고 있는 것은 (그것이 전체에 걸친 공허감의 이유인바) "인간에게는 현존재가 그 자체로서 요구되고 있다는 것, 즉 인간에게는—여기에 존재해야 함이—과제로 주어져 있다"[8]는 것이다. 이렇게 깊은 권태, 전면적이고 전체적인 권태는 오히려 우리에게 진정성(Eigentlichkeit)[9]을 향한 결단을 요구하는 계기로 닥쳐온다. 하이데거가 즐겨 인용했던 시인 횔덜린의 말처럼 "위험이

6 같은 책 242면.
7 같은 책 240면.
8 같은 책 279면(강조는 원문 그대로). 역자가 "거기에 존재해야 함"으로 옮긴 "da zu sein"을 인용자가 "여기에 존재해야 함"으로 수정했으며, 그 이유에 대해서는 같은 책 279면을 참조하라.
9 하이데거 저서의 역자들은 '본래성' 또는 '고유성'이라는 번역을 더 선호한다. 독일어에도 흔히 '진정성'으로 번역되는 Authentizität가 따로 있기는 하지만, 이 단어는 독일어 편에서는 그리스어에서 유래한 프랑스어 어원의 외래어였고, 그 의미 또한 Eigentlcihkeit와 다름이 없다. 그러므로 여기서는 Eigentlcihkeit를 우리말에서 더 친숙하고 널리 쓰이는 말인 '진정성'으로 옮겼다.

있는 곳에는 구원도 자란다."

아마도 하이데거는 동의할 수 없겠지만, 관광/여행은 권태로부터 벗어나 진정성으로 이행하는 계기 가운데 하나일 수 있을 것이다. 왜냐하면 권태, 즉 '이곳'에서의 지루함과 그 지루함에 붙잡혀 있는 나의 공허함은 바로 그 '이곳'과의 불화를 극복하려는 시도를 유발하기 때문이며, 그런 시도의 전형은 '이곳'과의 새로운 관계 맺음을 위해 '이곳'을 떠나는 것이기 때문이다.

하지만 이렇게 하이데거의 권태 분석만으로 관광/여행에 대한 충동의 두 측면 가운데 하나인 '밀어내는 요인'에 대해 충분한 해명이 이뤄졌다고 말하기는 어렵다. 하이데거의 권태 분석은 정밀하지만, 두가지 약점이 있다. 우선 그는 권태의 발생 맥락을 충분히 밝히지 못하고 있다. 하이데거는 어떤 사회문화적 변동, 특히 어떤 시간 경험의 어떤 변화가 권태를 야기하고 그것을 일반화하는지 명료하게 다루지 못하고 있다. 그가 높은 명성을 누린 핵심적 이유가 그의 작업이 강단 철학의 좁은 마당에 머물지 않고 당대에 대한 문화비평적 개입이기도 했기 때문이었음을 생각하면 이는 사소한 약점이 아니다.[10]

다음으로 그가 말하듯이 우리가 처한 상황이 존재자 일반이 우리를 거부하는 사태일 뿐인지도 의문이다. 오히려 우리는 존재자 일반이 우리를 유혹하는, 그래서 과도한 자극과 정보에 시달리고 있는 것은 아닌지, 그리고 그것에 대처하면서 우리는 하이데거의 분석과 전혀 다르게 권태를 겪고 있는 것은 아닌지 묻게 된다.

---

10 이와 관련해서 권태 자체가 인간사의 보편적 경험이 아님을 염두에 둘 필요가 있다. 영어에서 동사 'to bore'는 18세기 후반부터 사용되었고, 명사 'boredom'은 19세기 중반부터 사용되었다.

앞의 문제부터 다뤄보자. 하이데거는 권태를 불러일으키는 표준적 상황으로 기차의 연착 그리고 그럴 때 부질없이 들여다보는 회중시계를 예로 든다. 쉽게 공감할 수 있는 평범한 예이지만, 그런 예의 선택이 우연적인 것은 아니다. 오히려 그가 든 예는 오늘날 한 철학자가 사람들의 소통 방식 변화를 해명하기 위해서 직접적인 전화 통화보다 문자전송(texting)이 더 선호되는 이유를 검토하는 것과 마찬가지로 당대의 '새로운' 현상과 경험을 반영한 것이라 할 수 있다. 다시 말해 지금 시점에서 범박한 예가 당시에는 사회문화적 변동에 대한 민감성에 근거한 예일 수 있다는 것이다.

세계 표준시의 수립

주지하다시피 유럽의 19세기는 기차의 시대였다.[11] 조지 스티븐슨(Georg Stephenson)이 '로코모션'(Locomotion)을 최초로 운행한 것이 1825년인데, 1870년대가 되면 이미 철도망이 유럽과 북미 대륙을 거미줄처럼 덮었고, 1916년에는 거의 1만 킬로미터에 이르는 시베리아횡단철도가 개통되었다(1899년에는 조선에서도 경인선 철도가, 1905년에는 경부선이 개통되었다). 철도의 팽창과 더불어 일어난 일 가운데 하나는 국제적 표준시 또는 세계시간 제정이었다. 물론 표준시가 필요한 영역은 기차만이 아니었다. 교통과 통신의 발달로 인해 점점 더 시공간이 압축되자 군사적인 이유라든가 보험 계약이나 법률의 발효 시점에 대한 논란 등 표준시가

---

11 볼프강 쉬벨부쉬 『철도 여행의 역사: 철도는 시간과 공간을 어떻게 변화시켰는가』, 박진희 옮김, 궁리 1999 참조.

필요한 이유는 자꾸만 생겨났다. 그 가운데서 표준시 필요성을 가장 강력하게 느끼고 그것의 표준시 제정에 선도적으로 나선 것은 철도 회사들이었다. "1870년경 워싱턴에서 샌프란시스코까지 여행하는 사람이 통과하는 중소도시의 지역시간에 매번 시계를 새로 맞춘다면, 그는 200번도 넘게 맞추어야 했을 것이다. (…) 그럼에도 불구하고 1870년 미국에서만 약 80가지의 상이한 철도 시간이 여전히 존재"[12]했기 때문이다. 이런 혼란은 1884년 워싱턴에 25개 국가가 모여 본초자오선 회의를 열고 그리니치를 자오선 제로(0)로 확정하고 전지구를 한시간 간격을 둔 24개 대역으로 구획함으로써 정리되었다. 관련해서 잊지 말아야 할 것은 이 과정이 기술 발전에 따라 부수적으로 일어난 것이 아니라 기술의 자본주의적 운용에서 비롯된 (철도 회사들의) 요구에 따라 이뤄진 것이라는 점이다.

아무튼 세계 표준시의 제도화는 사회적 동시성(synchronicity)이 '보편적으로' 확보되었음을 뜻한다. 이때 보편성은 두가지 측면에서 이해되어야 한다. 하나는 그것이 이룩한 성취의 측면이다. 사실 모든 사회적 삶은 일정 수준의 사회적 동시성 확보를 요구하며, 그렇기 때문에 인류사의 시초부터 그것을 향한 작업이 있어왔다. 그러나 전통사회에서 시간은 생활 영역에 따라 다르게 체계화되었다. 가족의 시간, 농업의 시간, 종교의 시간, 상거래의 시간 그리고 정치의 시간은 서로 다른 리듬을 따라 흐르며 교착되었다. 아주 일찌감치 고대에는 달력이 그리고 중세에는 기계시계가 발명되었지만, 다양한 사회 영역을 가로지르며 사람들의 일상생활을 보편적으로 통합하는 시간 단위는 세계 표준시에 이르러 확립되었다. 그리고 그 덕분에 이전에는 가능하지 않았던 복잡한 행위조정이 가

---

12 스티븐 컨 『시간과 공간의 문화사 1880~1918』, 박성관 옮김, 휴머니스트 2004, 43면.

능해졌다. 기차는 대륙을 횡단하면서도 지역적 시간과 조율된 운행을 할 수 있게 되고, 번잡한 국제공항에서도 비행기는 순서대로 이착륙할 수 있으며, 아폴로 11호는 달에 착륙할 수 있고, 서울에서 남미나 유럽에서 열린 월드컵 중계를 볼 수 있게 되었다.

그러나 보편성이 대개 그렇듯이 세계 표준시의 보편성 또한 단순한 사회적 합의의 산물이 아니라 헤게모니적인 것이며, 그런 만큼 억압적이기도 하다. 이 점을 살펴보기 위해서는 사회적 동시성이라는 '성취'가 이뤄지는 원초적 형태를 검토할 필요가 있다. 예컨대 손목시계를 차지 않고 집을 나왔고 휴대전화 배터리가 방전된 두 사람이 '1시간 뒤 ○○ 커피숍에서 만나자'는 약속을 성공적으로 이행할 수 있을까? 아마도 두 사람이 커피숍에 도착하는 시간은 많게는 10여분, 적게는 5~6분 정도 어긋날 것이다. 하지만 두 사람 중 한 사람이 우연히 시청하게 된 스포츠 중계방송 때문에 20~30분 늦게 도착할 수도 있을 것이다. 아마도 그는 상대에게 "그렇게 시간이 많이 지난 줄 몰랐어"라며 미안해할 것이다. 이런 예가 말해주는 것은 시간의 경과에 대한 우리의 내적 측정, 즉 주관적 시간은 본질적으로 상이하다는 것이다. 그럼에도 불구하고 우리는 동시성 조율에 성공하는데, 그것은 어린 시절부터의 훈련 덕분이다. 뭔가를 해달라고 보채는 어린아이에게 부모가 "잠깐 기다려, 곧 해줄게"라고 말하면, 아이는 '잠깐'이 얼마만큼의 시간 경과인지 내면적으로 측정해야 한다. 아마도 자신이 했던 경험의 어느 정도의 양이 '잠깐'에 해당하는지 견주어볼 것이다. 아이들이 보채는 이유는 욕구의 긴급성 때문만이 아니라, '잠깐'에 해당한다고 생각되는 경험의 양이 부모보다 훨씬 적기 때문이기도 하다. 아이와 부모는 서로의 주관적 시간을 조율해야 하며, 그 결과 일정한 동시성을 형성한다. 이런 작업은 성인이 되어서도 그치지 않는다. 우리는 매일 타인과 시간 경험을 조율하고 수행하며 산다. 가령 회의가 마무리되려고 할 때 손을 들어 발언권을 신청한 사람에게 사회자가 회의를 마칠 때가 다 되었으니 '짧게' 발언해달라고 부탁한 경우를 생각해보자. 만일 다수의 청중이 그의 발언이 장황하다고 느낀다면, 그는 상호주관적 조율에 실패한 셈이며, 그의 실패는 청중의 반응(따분해하는 표정, 불만을 표하며 두런거림, 스마트폰을 꺼내서 들여다보거나 슬금슬금 토론장을 빠져나가는 모습 등)을 통해 그에게 전달될 것이고, 그는 자신의 실수를 깨닫게 될 것이다.

시간 엄수 예찬

세계 표준시가 수립됨에 따라 생활세계 안에서 일상적 상호작용을 경유해서 수행되던 시간 경험의 조율이 행위자의 의식적 무대에서 퇴장한다. 동시성 형성이라는 과제가 정성스레 시간을 조율하던 상호주관적 과정에서 벗어나 강제력을 지닌 '체계 시간'(systemic time)으로 이양되는 것이다.[13] 그렇게 되면 상호주관적 시간에 특징적인 '교섭' 대신 일방적인 '적응'이 강제되는데, 체계 시간의 효율성과 적응 강제 사이에는 상호 강화 관계가 수립된다. 즉, 사람들이 체계 시간에 적응하는 그만큼, 그것의 동시성 형성 능력이 향상되고, 동시성에 기초한 행위조정이 효율화된다. 이때 효율화는 한편으로는 경도가 달라지는 먼 지역과의 시차를 극

13 사회를 문화적 가치와 정체성을 형성하는 '생활세계'와 기능적으로 필수적인 과제를 해결하는 '체계'로 이중화해서 보는 시각은 위르겐 하버마스로부터 빌린 것이다. 그의 『의사소통행위이론』(전 2권), 장춘익 옮김, 나남출판 2006 참고.

복하는 지리적 '확장'으로, 다른 한편으로는 분 단위 또는 초 단위로 이뤄지는 행위조정의 '심화'로 나타난다. 이런 심화는 일상 문화 수준에 "시간 엄수에 대한 예찬이 사회 전체를 뒤덮"는 것으로 나타나며,[14] 그에 따른 전형적 적응 행위가 19세기 말 회중시계, 즉 개개인이 휴대하는 시계의 보급이다.

독일의 역사가 카를 람프레히트(Karl Lamprecht)는 19세기의 마지막 10년 동안 국내 생산 및 수입에 의해 회중시계의 수가 급격히 증가했다고 지적했다(당시 독일 인구는 약 5,200만명이었는데 수입된 시계만 1,200만개였다고 그는 추산했다). 동시에 사람들은 짧은 시간 간격에 전에 없이 관심을 보이기 시작했다. "5분 인터뷰, 1분짜리 전화 통화, 5초 안에 자전거 타이어 교환" 하는 식으로.[15]

2007년 아이폰 출시와 더불어 시작된 스마트폰 소비 증가만큼이나 급격했던 19세기 말 회중시계 소비 증가는 동시성이 상호주관적 시간을 경유하지 않고 주관적 시간과 체계 시간 사이의 직접적 조율에 기초하게 됨을 상징한다. 물론 그렇다고 해서 상호주관적 시간의 몫이 완전히 사라지는 것은 아니다. 체계 시간에 맞춰나가기 위해서도 상호주관성에 기초한 일차적 사회화 경험이 필요하다. 하지만 상호주관적 시간에 의한 매개가 생략되면, 사적 시간을 객관화하는 인격적·심리적 과정이 허약해진다. 상호주관적 시간은 주관적 시간이 다른 주관적 시간과 만나 협상하면서 서서히 객관적 시간으로 전환할 수 있게 해주지만, 체계 시간은

---

14 존 어리 『모빌리티』, 강현수·이희상 옮김, 아카넷 2014, 185면.
15 스티븐 컨, 앞의 책 279면.

행위조정의 객관적 성과를 얻어낼 뿐, 주관적 시간과의 거리를 선명하게 유지하며 그것에 내면적으로 관여하려 하지 않기 때문이다. 물론 이런 과정은 상호주관적 시간에서 풀려난 주관적 시간이 더 또렷해지고 더 자유롭게 표류하며 자신의 깊이와 넓이를 확보해가는 길 또한 열어준다. 강제적 동시성과 사적 시간 체험이 동시에 발전하게 되는 것이다.

기차의 시간, 인간의 시간

이런 변화는 당대의 예술과 문학을 통해서 포착되고 표현되었다. 마르셀 프루스트(Marcel Proust)의 『잃어버린 시간을 찾아서』(1913~27)나 제임스 조이스(James Joyce)의 『율리시스』(1922) 같은 20세기 초의 위대한 문학작품들은 체계 시간의 발전으로 인해 역설적으로 더 넓게 펼쳐진 주관적 시간에 관한 엄청난 탐구라고 할 수 있으며, 같은 시기 앙리 베르그송(Henri Bergson)과 하이데거가 시간에 대해 본격적인 철학적 논의를 시도했던 것은 우연이 아니다.[16] 같은 방향의 시도가 회화에도 나타

---

16 하이데거와 관련해서 그 역시 우리가 제기한 주관적 시간과 상호주관적 시간 그리고 체계 시간의 상호연관성을 그 나름의 개념과 어법을 통해 규명하고자 했음을 지적해두고자 한다. 가령 그는 상호주관적 시간을 염두에 두고 다음과 같이 말한다.

"가장 가까운" 서로 함께 있음에서 여러 사람이 "함께" "지금"이라고 말할 수 있는데, 이때 이들 각자는 얘기된 "지금"을 각기 다르게 시점화한다. 즉 이런 또는 저런 일이 일어나는 지금이라고 말이다. 밖으로 말해진 "지금"은 각자에 의해서 서로 함께-세계-안에-있음의 공공성 안에서 말해진다. 그러므로 그때마다의 현존재의 해석된, 밖으로 말해진 시간은 그 자체로서 그의 탈자적인 세계-내-존재에 근거해서 각기 그때마다 이미 공공화된 것이다. 이제 일상적인 배려가 자신을 배려되고 있는 "세계"에서부터 이해하는 한, 배려는 그것이 자신에게 주는 그 "시간"을 자기의 시간으로 알고 있지 않고, 배려는 사람들이 계산하는 "주어져 있는" 시간을 배려하면서 사용하는 것이다. (마르틴 하이데거 『존재와 시

2-1. 조르조 데 키리코「시간의 수수께끼」, 1911, 페기 구겐하임 컬렉션, 이탈리아 베네치아

난다. 특히 입체파나 초현실주의적인 여러 작품을 꼽을 수 있을 텐데, 아마 가장 유명한 예는 회중시계가 흘러내리는 모습을 그린 살바도르 달리(Salvador Dali)의「기억의 지속」(1931)일 것이다. 하지만 체계 시간과 주관적 시간의 대립 관계를 선명하게 포착한 예로 삼기에는 조르조 데 키리코(Giorgio de Chirico)의「시간의 수수께끼」(1911)가 더 적합해 보인다.

간』, 이기상 옮김, 까치 1998, 535면, 강조는 원문 그대로)

인용된 문장에 이어지는『존재와 시간』제80절 이하는 그가 배려와 공공성 개념을 통해 상호주관적 시간을 체계 시간의 해명으로까지 '연속적으로' 끌고 가고자 했던 힘겹고 복잡하지만 결국은 실패한 논증이라고 할 수 있다(『존재와 시간』은 이 작업을 끝내지 못한 채 분명한 결론 없는 미완의 저작으로 끝난다).

오후의 햇살이 내리쬐는 탓인지 「시간의 수수께끼」의 화면은 다소 나른하고 권태로워 보인다. 하지만 가운데 낮게 놓인 분수 가장자리를 밝고 가파르게 스쳐가는 햇살과 대조되는 깊은 그늘로 인해 묘한 불안감과 부동성에 사로잡힌 듯도 하다. 뒤로 하늘이 보이는 창이 있는 2층과 아치형 기둥으로 이뤄진 1층 회랑으로 이뤄진 누르스름한 건물은 별다른 특색을 지니고 있지 않아서 그 기능을 짐작하기 어렵다. 건물에 초점을 부여하는 것은 오후 2시 55분을 가리키며 벽 한가운데 높이 걸린 시계이다. 이 시계는 행위자들의 관여 없이 무심하게 시간을 제시하고 부과하는 체계 시간을 상징하는 듯이 보인다(그러나 3시 '5분 전'이라는 시간이 3시 정각에 모종의 일정이 있을 것 같은 예감 그리고 그로 인한 긴장감을 불러일으킨다). 오후의 햇살 속에 왜소하게 그려진 세 인물은 아무런 교류가 없다. 그들은 중앙에 있는 시계를 매개로 허술하게 묶여 있다. 아래 왼쪽 흰옷을 입은 인물은 한 손으로 머리 뒤를 움켜쥔 채 시계를 우두커니 바라보고 있다. 벽에 걸린 시계를 보며 뭔가 시간을 지키지 못해 낭패한 듯이, 체계 시간과 주관적 시간의 어긋남에 당혹한 듯이 말이다.

키리코의 또다른 그림 「몽파르나스역(출발의 멜랑콜리)」도 체계 시간과 주관적 시간의 분열, 그리고 전자의 억압성을 잘 드러낸다. 여기서도 높이 걸린 벽시계는 무심하게 1시 25분을 가리키고 있다. 멀리서 기차는 1시 30분 출발인 양 연기를 뿜으며 서 있다. 하지만 건조해 보이는 회화공간을 극도로 일그러뜨리는 오른쪽 구석의 원근법으로 인해 몹시 왜소해진 두 인물이 역시 원근법의 왜곡으로 너무 가파르고 멀어진 기차에 제시간에 도달할 수 있을 듯이 보이지 않는다. 체계(기차의) 시간과 주관적(인간의) 시간은 이렇게 왜곡된 원근법 속에서 어렵게 이어지고 있는 듯이 보인다. 둘 사이의 연결이 허약한 그만큼 주관성의 힘이 자의적으

2-2. 조르조 데 키리코 「몽파르나스역(출발의 멜랑콜리)」, 1914, 모던아트 뮤지엄(MoMA), 미국 뉴욕

로 화면에 개입해 들어오고 있다. 화면 왼편의 깃발은 오른쪽으로 휘날리지만 기차 연기는 바람 한점 없는 날인 양 곧게 올라가고 있고, 왜소한 두 인물 아래에는 마치 무의식의 침범처럼 느껴지는 설익은 바나나 덩이가 생뚱맞게 놓여 있다.

키리코의 회화 속에 관철되는 사회문화적 변동, 즉 19세기 말~20세기 초에 일어난 체계 시간에 의한 동시성 확보 현상을 염두에 두면, 앞서 보았던 하이데거의 권태 분석이 놓인 자리 또한 좀더 분명해진다. 그가 기차 연착을 표준적 예로 들어 설명한 "어떤 것 때문에 지루해함"이란 체계 시간의 억압적 부과에서 연원하는 것이라 할 수 있다. 근대적 교통 및 통신 수단 그리고 사회조직은 체계 시간을 부과하고, 연착을 비롯해 자신이 저지르는 오류로 인한 모든 심리적 비용을 주체에게 (자신이 지각했을 때의) 초조함이나 (기차가 연착할 때의) 지루함 같은 시간 경험을 통해 치르게 한다.[17]

같은 선상에서 하이데거가 저녁식사 초대를 전형적 예로 들며 설명한 "어떤 것 곁에서 지루해함"은 체계 시간의 대두와 더불어 상호주관적 시간 조율이 퇴조하면서 생긴 효과로 볼 수 있다. 앞서 지적했듯이, 상호주관적 시간의 퇴조란 곧 주관적 시간이 더욱 주관적으로 표류해갈 여지를 주며, 자신의 주관적 시간 경험을 '구체적 타자'와 교류하며 조율할 능력의 퇴화를 부른다. 그 경우 자신과 타자의 시간 경험이 서로 어긋날 가능성도 커진다. 즉, 타자와 같은 공간에 현존할 때도 타자와 다르게 시간을 느낄 가능성이 구조적으로 증대한다. 그러므로 타자와 내가 어느 만큼의 객관적 시간을 할애한다고 해도, 그 객관적 시간에 어느 만큼의 경험이 적재 가능한지에 대해 조율된 상태에 들어가기 어렵다. 저녁 모임에서 만난 타자가 자신에 몰입한 채 길게 말을 이어갔다고 해보자. 그는 저녁

---

17 모든 교통수단이 그런 것은 아니다. 자신이 운전하는 교통수단, 즉 자동차, 오토바이, 자전거 등은 체계 시간에서 벗어난 개인적 자유를 허용한다. 그것이 이런 개인적 교통수단이 선호되는 중요한 이유이다. 통신 수단의 경우, 동시성을 조율하거나 부과하기보다 아예 만들어낸다고 말하는 것이 더 나을 것이다. 전신이나 전화는 멀리 떨어진 사람들을 순식간에 동시적 상호작용 속에 집어넣는다. 이 경우에도 물론 어떤 심리적 비용이 요구된다. 예컨대 전화 통화를 하는 두 사람의 상황을 비교해보자. 전화는 거는 사람 편에서는 동시성을 창출하여 새로운 상호작용을 이룰 기회이지만, 받는 사람 편에서 걸려온 전화는 일상의 흐름을 깨는 갑작스러운 개입이고, 전화가 오리라 기대하는 상황이라면 초조한 기다림을 불러일으킬 수 있다. 전화 거는 사람과 받는 사람의 비대칭성은 수신을 거절할 자유를 제공하는 '발신자 표시'를 통해 완화되기는 한다. 하지만 그 정도로는 동시성의 억압적 면모가 없어지지 않는다. 그로 인해 오늘날에는 동시성 부담에서 벗어나게 해주는 문자전송(texting)이 더 선호된다. 하지만 이 경우에도 답장을 보낼 때까지 어느 정도 시간이 경과하는지가 그 자체로 하나의 메시지가 된다. 문자전송은 동시성 압박에서 벗어나게 해주지만, 그 즉시 비동시성의 조율이라는 새로운 과제를 안기는 셈이다.

모임 시간이 끝난 뒤, 그 시간이 금세 지나갔다고 회상할 것이다. 하지만 그가 그랬던 만큼 나는 더 심하게 지루함을 느낄 수 있다. "어떤 것 곁에서 지루해함"이란 하이데거가 설정하듯이 일정한 시간이 할당된 상황에서 그 시간 내내 느낀 지루함이라기보다 어떤 시간이 할당된 상황에 처한 이들의 주관적 시간이 — 조율 필요성이 줄어듦에 따라 조율 능력도 약화되어 — 서로 조율되지 않고 제 길을 가는 모습이라고 하는 게 더 적절할 것이다.

하이데거의 "'아무튼 지루해'로서의 깊은 권태"는 "어떤 것 곁에서 지루해함"이 일반화되고 전면화된 상황을 가리킨다. 시간이 할당된 특정 상황에서 지루해함이 아니라 삶 자체에 지루해진 상태, 삶이 "전체에 걸친 공허에 버려져" 있지만, 그것을 벗어나지 못하고 "붙잡혀" 있는 상태, 그리하여 "인간이 결국은 자기 자신에게 지루해져"[18]버린 상태이다. 그것은 결국 상호주관적 시간이 퇴조한 뒤, 체계 시간이 사람들에게 자신의 시간을 부과하고 강제하는 상황이 남긴 잔여적 경험이다. 협동의 산물이고 작품인 상호주관적 시간에는 거기에 참여한 주관적 시간의 손길이 남아 있다. 하지만 체계 시간 편에서는 주관적 시간 경험이란 전적으로 외적인 사건이다. 그래서 키리코의 그림이 보여주듯이 체계 시간은 주체에게 단조로운 벽과 같은 것으로 다가온다. 주체는 그 벽이 만들어내는 행로를 따르려 하지만 크고 작은 충돌을 경험한다(늦거나 빠르고, 지루해하거나 허둥거리게 된다). 이렇게 세계의 운행이 자신의 관여 없이 익명적 체계의 힘으로 굴러가는 상황을 하이데거는 존재자 전체의 거부로서의 깊은 권태로 파악한다. 분명 하이데거의 말대로 권태가 체계

---

18 마르틴 하이데거 『형이상학의 근본개념들』 273면.

또는 세계를 '전체로서' 경험하게 해주며, 그것에 대한 성찰을 촉진하기는 한다. 하지만, 앞에서 하이데거 논의의 두번째 약점으로 언급했듯이, 체계와 체계 시간의 작동이 그가 생각하듯이 강제력 또는 주관적 시간의 개입에 대한 '거부'를 통해서만 이루어지는지는 의문이다. 하이데거를 따라 다소 성급하게 진정성을 향한 결단으로 치닫기 전에 이 점에 대해 살펴볼 필요가 있다.

벤야민: 경험의 빈곤화

하이데거가 말하는 권태는 무의미한 기다림이나 따분한 모임처럼 주체의 흥미를 유발할 자극과 정보량이 적은 상태를 지칭한다. 그런 상황에서 우리가 권태를 느끼는 것은 분명하며, 그런 상황이 우리 일상에 꽤 있는 것도 사실이다. 때로 그런 권태가 매우 깊어져 우리를 둘러싼 모든 존재자가 우리를 거부하는 듯이 여겨지고, 우리 편에서도 존재자 일반에 대한 흥미를 잃는 때가 있다. 그렇지만 우리는 오히려 반대 상황, 즉 자극과 정보가 홍수처럼 밀려드는 상태에 놓일 때가 있으며, 그런 경우가 하이데거가 말하는 지루한 상황보다 더 일반적이라 해도 과언이 아니다. 우리 주변에는 볼거리가 넘치고, 우리의 주의력을 낚아채려는 자극들이 넘친다. 존재자 전체가 우리를 유혹하고 있어서 심심하거나 따분하기가 도무지 어려운 상황에 놓여 있는 것이다.

그러나 우리가 경험하고 있는 자극과 유혹이 넘실대는 상황이 우리와 하이데거 사이의 역사적 거리를 드러내고 있는 것은 아니다. 하이데거보다 앞선 세대인 게오르크 짐멜(Georg Simmel, 1858~1918)은 「대도시와 정신생활」(1900)이라는 에세이에서 근대 "대도시에 사는 개인들에게 전형적인 심리적인 기반은 **신경과민**인데, 이는 외적·내적 자극들이 급속도로 그리고 끊임없이 바뀌는 데서 기인한다"[19]라고 지적한다. 이어서 그는 다음과 같이 말한다.

마치 무절제한 향락 생활이 신경을 더이상 어떠한 반응도 보이지 않을 때까지 극도로 자극하면서 결국 우리를 둔감하게(blasé) 만드는 것과 마찬가지로, 대수롭지 않은 인상들도 그 변화가 급격하고 대립적인 경우 신경에 무리할 정도의 반응을 요구하게 된다. 즉 신경은 마지막 남은 힘을 다 써버리는 바람에 환경이 바뀌지 않는 한 더이상 새로운 힘을 축적할 시간이 없을 정도로 이리저리 혹사당한다. 이렇게 되면 새로운 자극에 대해 거기에 합당한 에너지를 가지고 반응하는 능력이 없어지게 되는데, 이러한 무능력이 한적하고 변화가 없는 환경에서 자란 사람들보다 대도시에서 자란 사람들에게 뚜렷이 나타나는 바로 그 둔감한 태도(blasé attitude)이다.[20]

짐멜은 자극의 강도와 다양성이 커질 경우, 우리는 그것에 일일이 대응하려는 노력을 포기하고 오히려 둔감해지려고 한다는 것을 지적하고 있다. 하이데거는 이런 양상을 제대로 고찰하고 있지 않다. 대도시를 채우는 빌딩, 현란한 전광판, 쇼윈도, 복잡한 교통체계 그리고 통신체계가 제공하는 엄청난 양의 자극과 유혹, 혹은 물신화된 상품과 광고의 환등

---

19 게오르크 짐멜 「대도시와 정신생활」, 『짐멜의 모더니티 읽기』, 김덕영·윤미애 옮김, 새물결 2005, 36면. 강조는 원문 그대로.
20 같은 글 41면. 번역문은 인용자가 일부 수정.

상(phantasmagoria)으로 가득 찬 자본주의적 근대를 염두에 둔다면, 이런 현상과 권태 사이의 연관을 다루지 않을 수 없다.

이 점과 관련해서 발터 벤야민(Walter Benjamin, 1892~1940)의 논의를 검토할 필요가 있다. 하이데거와 동시대인으로서 벤야민 또한 권태라는 기분에 대해 깊은 관심을 기울였지만, 그는 하이데거와는 달리 짐멜의 노선을 따라 자본주의적 근대의 일상을 채우는 과도한 자극과 유혹을 자신의 권태 분석의 중심에 두었기 때문이다. 예컨대 벤야민은 「보들레르의 몇가지 모티프에 관하여」라는 글에서 『악의 꽃』에 스며 있는 19세기 중엽 파리를 다음과 같이 묘사한다.

대도시의 교통 속을 뚫고 지나가는 것은 개개인에게 일련의 충격과 충돌을 의미하게 되었다. 위험한 교차로에 서 있는 사람의 몸속을 건전지에서 흘러나오는 에너지 충격처럼 빠른 속도로 신경의 자극들이 관통하고 지나간다. 보들레르는 전기 에너지의 저장소에 들어가듯 군중 속으로 잠겨 들어가는 남자에 대해 이야기하고 있다. 곧바로 뒤이어 그는 이 남자를, 충격의 경험(die Erfahrung des Chocks)을 에둘러 표현하여, "의식을 구비한 만화경"(Kaleidoskop)이라고 명명한다.[21]

인용문에서 보듯이 짐멜이 계속되는 자극의 변화와 쇄도로 규정한 것을 벤야민은 '충격'(Chock)으로, 그리고 그때 주체가 겪은 것을 충격 '체험'(Erlebnis)으로 개념화한다.[22] 벤야민이 자극의 쇄도를 충격으로 규정한

---

21 발터 벤야민 『보들레르의 작품에 나타난 제2제정기의 파리/보들레르의 몇가지 모티프에 관하여 외』, 김영옥·황현산 옮김, 길 2010, 215~16면. 번역문은 인용자가 일부 수정.
22 이 인용문에서 벤야민은 충격 '체험'이라고 하지 않고 '충격의 경험'이라고 말하고 있지

것에는 프로이트의 영향이 컸다. 그는 지그문트 프로이트(Sigmund Freud)의 『쾌락원리를 넘어서』(1920)를 산만하게 인용하며 프루스트의 기억이론과 프로이트의 의식이론을 결합하고자 했다. 그 시도는 약간 어정쩡한 상태에 머무르지만,[23] 그가 프로이트에서 얻은 통찰이 무엇인지는 분명하다. 프로이트에 의하면, 유기체가 자신의 동일성을 유지하기 위해서는 외부로부터 들어오는 불필요한 자극들을 방어하는 것과 필요한 일부만을 선별하여 수용하는 것이 매우 중요하다(프로이트에 의하면 —— 그리고 대체로 납득할 만하게도 —— 피부의 일차적 기능은 외부로부터 오는 자극에 대한 방어이다. 그리고 피부 가운데 외부 자극을 수용하기 위해 발달한 부분이 지각기관이다). 그런 유기체의 방어기제를 해체하며 내부로 침투하는 자극이 바로 충격이다. 그것을 지칭하는 일반화된 —— 프로이트도 이런 일반화에 크게 기여했다 —— 용어는 '트라우마(외상)'이다. 트라우마는 주체가 반복해서 그 사건으로 되돌아가게 하거나(악몽이 전형적이다), 그 사건을 연상시키는 사태나 사물 또는 기호를 기피하게 하는 방식으로 주체를 속박한다. 즉, 트라우마는 프로이트가 '반복강박'(Wiederholungszwang)으로 개념화했고 오늘날에는 '외상후 스트레스 장애'(PTSD, Post-Traumatic Stress Disorder)로 명명되는 병적 상태를 유발한다.

프로이트 혹은 현대 정신의학의 개념에 대응하는 사태를 지칭하기 위해 벤야민은 충격 체험이라는 표현을 사용한 셈인데, 그 개념 채택 밑에는 벤야민 특유의(벤야민만의 구별은 아니지만, 그가 특히 강조했던) '체험'(Erlebnis)과 '경험'(Erfahrung)의 구별이 놓여 있다.[24] 벤야민은

만, 곧 논의하겠듯이, 벤야민의 이론적 입장에서 일관성 있는 개념은 충격 '체험'이다.
23 같은 책 187~90면.
24 독일어의 'Erlebnis'와 'Erfahrung'은 각각 우리말 '체험'과 '경험'에 대응시킬 수 있다. 이

어떤 사건이 주체가 겪어온 삶의 여정이나 다른 기억과는 연결되지 않고 의식적 작업이 고립된 인상에 과도하게 결부된 상태, 그렇기 때문에 다른 사람과 공통의 연관성을 찾고 소통하기 어려운 상태를 '체험'이라 부른다. 그리고 이에 대비되게 이런저런 과거의 일들에 삼투되어 '종합적 기억'(Gedächtnis)의 형성에 참여하고, 타인이나 사물과의 소통 속으로 흘러 들어갈 수 있는 상태를 '경험'으로 규정한다.

벤야민이 보기에 충격은 경험이 아니라 체험을 야기한다. 충격은 그것을 방어하는 의식 작용을 활성화해 주체를 파편적인 인상에 속박하고, 그럼으로써 경험으로의 이행을 가로막기 때문이다. 다시 말해 "충격의 요소가 개별적 인상들에서 차지하는 비중이 크면 클수록, 의식이 자극의 방어를 위해 부단히 긴장하면 할수록, 그리하여 의식이 성공을 크게 거두면 거둘수록, 그 인상들은 그만큼 더 적게 경험 속으로 들어가게 된다. 오히려 그러한 인상들은 그럴수록 체험의 개념을 더 충족시키게 된다."[25]

벤야민의 충격 체험은 따지고 보면 외상후 스트레스 장애와 같은 종류의 사태를 겨냥한다. 그렇지만 후자와 다른 별도의 표현을 채택하는 것은 그 나름의 유용성이 있다. 후자가 일상적으로 겪는 일이 아니라 병리적 상황(즉, 주체가 일상적 삶의 영위에서 어려움을 겪는 상태)을 지칭하는 데 한정되기 때문이다. 아마도 그것을 평범한 일상적 사태를 지칭하는 데도 쓰기 위해 의미를 확대하면 의료적 개입이 필요한 사태를 지칭

점에서 experience라는 단어밖에 없어서 Erlebnis를 'lived experience'로 옮기곤 하는 영어보다 우리말이 더 편리하고 적합하다. 경험 개념에 대한 벤야민의 논의로는 「경험과 빈곤」(『역사의 개념에 대하여/폭력비판을 위하여/초현실주의 외』, 최성만 옮김, 길 2008, 169~80면)을 참조하라.

25 발터 벤야민 『보들레르의 작품에 나타난 제2제정기의 파리/보들레르의 몇가지 모티프에 관하여 외』 192면.

하는 또다른 용어가 재차 개발될 것이다. 그러므로 임상적 분위기를 풍기지 않는 충격 체험이라는 말은 외상후 스트레스 장애를 야기하는 병리적 상황이 근대적 일상 경험을 묽은 농도로(또는 저강도로) 관통하고 있음을 지적해주는 이점이 있다. 충격 체험은 근대적 일상이 파편적인 인상들의 끊임없는 교체로 이뤄지고 있으며, 체험에 붙박인 우리가 경험의 빈곤 상태에 놓여 있음을 밝혀준다. 같은 선상에서 보들레르(Charles P. Baudelaire)가 말한 "의식을 구비한 만화경"의 의미도 분명해진다. 거울로 된 통에 형형색색의 유리구슬이나 색종이를 오려 넣은 만화경은 흔들어줄 때마다 새로운 무늬를 보여준다. 대도시의 군중 가운데 한 사람의 의식은 길모퉁이를 한번 돌 때마다 만화경의 무늬처럼 바뀐다. 그러나 다채로운 만화경의 무늬들 사이에는 아무런 연관이 없다. 각각의 무늬는 매번 상응하는 체험을 낳지만, 경험을 산출하지는 못한다.

발터 벤야민은 이런 상황에 놓인 보들레르를 향해 다음과 같은 질문을 던진다. "충격 체험이 규범이 되어버린 경험 속에서 어떻게 서정시가 자리잡을 수 있는가?" 『악의 꽃』은 그런 질문에 대한 응답, "의식을 구비한 만화경"에 머무르지 않으려고 보들레르가 시도했던 작업의 결과물이다. 『악의 꽃』 속 「태양」의 첫 연에서 그는 시작(詩作)을 다음과 같이 묘사한다.

겉창들이, 비밀스런 음란함을 가리고,
누옥(陋屋)마다 걸려 있는, 낡은 성밖 길 따라,
거리와 들판에, 지붕과 밀밭에.
잔인한 태양이 맹렬히 화살을 쏘아댈 때,
나는 홀로 환상의 칼싸움을 연습하러 간다,
거리 구석구석에서마다 각운(脚韻)의 우연을 냄새 맡으며,

포석에 걸리듯 낱말에 비틀거리며,

때로는 오랫동안 꿈꾸던 시구와 맞닥뜨리며.[26]

보들레르는 검투사가 되어 대도시의 충격 체험과 맹렬한 전투를 벌이고자 했다. 그가 얻은 "오랫동안 꿈꾸던 시구"는 대도시로부터 엄습해오는 파편적인 충격 체험들 사이의 간극, "그의 눈앞을 맴도는 공백"[27]을 메우고 그로부터 경험을 형성하려던 시도의 결과물이었다. 그러나 모든 사람이 보들레르와 같은 검술을 실천하며 경험의 빈곤화에 저항하며 싸울 수 있는 것은 아니다. 벤야민은 좀더 '범속한'(profane) 길을 모색해야 했다.

휴일, 타오르는 시간

벤야민은 더 '범속한 트임'(porfane illumination, 세속적 조명)의 가능성을 '대중' 예술인 영화에서 찾았다. 그는 대도시의 충격 체험을 형식적으로 모방한 영화를 두고 이렇게 말한다.

영화가 펼쳐지는 영사막과 그림이 놓여 있는 캔버스를 한번 비교해보자. 캔버스는 보는 사람을 관조의 세계로 초대한다. 그는 그 앞에서 자신을 연상의 흐름에 내맡길 수가 있다. 그러나 영사막 앞에서

---

26 같은 책 194면에서 재인용(다른 번역으로는 샤를 피에르 보들레르 『악의 꽃』, 윤영애 옮김, 문학과지성사 2003, 213면 참조).
27 같은 책 191면.

는 그렇게 할 수 없다. 영화의 장면은 눈에 들어오자마자 곧 다른 장면으로 바뀌어버린다. 그것은 고정될 수 없는 것이다. (…) 뒤아멜은 이러한 사정에 대해 다음과 같이 언급하였다. "나는 이미 내가 생각하고자 하는 바를 더이상 생각할 수 없다. 움직이는 영상들이 내 사고의 자리에 대신 들어앉게 된 것이다." 실제로 이러한 동영상들을 바라보는 사람은 끊임없는 변화로 인하여 연상의 흐름이 곧 중단되어버린다. 영화의 충격 효과는 바로 이러한 데에 그 근거를 두며, 또 이러한 충격 효과는 다른 충격 효과가 모두 그러한 것처럼 고도의 정신집중 (Geistesgegenwart)으로만 받아낼 수 있다.[28]

벤야민은 영화가 근대적 생활양식이 강요하는 충격 체험을 예술이 충격 효과로 모방하고 있음을 강조하고 난 다음, 곧장 그것이 주는 훈련 효과를 다음과 같이 지적한다.

정신이 산만한 사람도 익숙해질 수 있다. 아니 어떤 과제를 정신분산(Ableukung) 속에서 해결할 수 있다는 것 자체가 그러한 과제를 해결하는 일이 이미 하나의 습관이 되었음을 입증해준다. 예술이 제공하게 될 정신분산을 통해 지각이 당면한 새로운 과제들이 어디까지 해결될 수 있는지가 은밀히 컨트롤된다. 또 개인들은 그러한 과제를 회피하려는 성향을 갖고 있기 때문에, 예술은 대중을 동원할 수 있는 바로 그곳에서 예술의 가장 어렵고 가장 중요한 과제를 공략할 것이다. 예술은 오늘날 이러한 과제를 영화에서 수행하고 있다. 예술의 전 영역에서

---

28 발터 벤야민 『기술복제시대의 예술작품/사진의 작은 역사 외』, 최성만 옮김, 길 2007, 142~43면. 번역문은 인용자가 일부 수정.

점점 더 두드러지게 나타나고 있고 또 지각구조의 변화를 가리키는 징후라고 할 수 있는, 정신분산 속의 수용은 영화에서 그 고유한 연습 수단을 갖고 있다. 영화는 그것의 충격 효과라는 측면에서 이러한 수용방식에 잘 부응하고 있다.[29]

이런 벤야민의 논의와 관련해 두가지 언급할 점이 있다. 하나는 그가 "정신분산 속의 수용"이 어떻게 이뤄지는지에 대해 분명하게 말하고 있지 않다는 점이다. 근대적 충격 체험이 가진 정신분산 극복을 위한 지각 방식을 예술을 통해 훈련할 수 있다는 벤야민의 주장이 타당하기 위해서는 현실의 충격 체험과 달리 예술의 충격 효과가 의미 생성에 이르게 하는 메커니즘이 무엇인지 제시할 필요가 있다. 이와 관련해서 벤야민은 시각적 수용과 다른 촉각적 수용 및 그것을 통한 연습을 강조하는데, 그보다는 벤야민 시대에 이미 세르게이 예이젠시테인(Sergei M. Eizenshtein)이나 지가 베르토프(Dziga Vertov) 같은 영화감독들의 몽타주 기법을 통해서 실천적으로 그리고 레프 쿨레쇼프(Lev V. Kuleshov)에 의해 이론적으로 입증되었던 '쿨레쇼프 효과' — 이제는 다소 평범하게 '편집 효과'라는 말이 더 널리 쓰인다 — 가 더 설득력을 가진 듯하다.[30]

쿨레쇼프의 실험은 다음과 같다. 관객들을 셋으로 나눈 다음 이반 모스주킨이라는 무성영화 시대 배우의 무표정한 얼굴 장면 다음에 수프 한 그릇, 관 속의 죽은 수녀, 그리고 소파 위의 여자 같은 장면을 각기 제시

---

29 같은 책 146면, 강조는 원문 그대로.
30 그렇다고 해서 벤야민이 쿨레쇼프 효과에 대해 몰랐다고 하기는 어렵다. 벤야민의 「러시아 영화 예술의 상황에 대하여」(같은 책 225~33면)는 그가 소련에서 1920년대 생산된 새로운 영화들에 대해 아주 잘 알고 있었으며, 「기술복제시대의 예술작품」에서 주장했던 영화의 혁명적 가능성은 당대 소련 영화로부터 영감을 얻었음을 시사한다.

했다. 그러자 모스주킨의 표정은 동일한 것이었지만, 관객들은 각각 배고 픔, 슬픔, 성적 욕망을 그의 표정에서 읽어냈다. 쿨레쇼프가 정확히 해석했듯이, 장면의 의미는 후속 장면에 의해 규정되며, 개별 장면들이 아무런 논리적·서사적 연관이 없어도 한 장면에 이어 다음 장면이 도래할 때, 관객들은 "그의 눈앞을 맴도는 공백"을 보들레르처럼 메꾸며 의미를 생성해낸 것이다.[31]

다른 하나는 벤야민이 영화에서 기대했던 혁명적 효과(파시즘적인 정치의 예술화가 아니라 예술의 정치화)가 주의분산 상태의 수용을 연습하는 중에 생성되었는가 하는 것이다. 그것에 쉽게 긍정적으로 답하기는 어렵다. 영화의 충격 효과와 편집 효과는 그동안 비단 영화에 한정되지 않고 광고의 기법으로도 활용되고 있으며, 그 결과 편집 효과는 의미를 지향하는 관객의 지각 활동을 편집자가 자기 의도 속으로 끌어들이는 장치로 사용되어왔다. 더 나아가 오늘날 유튜브나 틱톡에서 보듯이 짧게 편집된 이미지들의 쇄도는 더 격심해져서 그것에 대해 인지적 장악력을 견지하는 것은 점점 더 어려워지고 있다. 물론 벤야민이 전망한 "주의분산 상태의 수용의 연습"이 자본주의적 논리 속에 완전히 재포섭되었다고 할 수는 없다. 예술적 노력 덕분에 — 그리고 아마도 미약하긴 해도 사회과학적 계몽에 힘입어 — 재현된 세계의 충격 효과와 편집 효과에 대한 학습과 훈련은 계속되고 있다. 하지만 다시 한번 지적하거니와, 그런 훈련된 능력에 대응하는 자본주의적 자극 생산의 정교화도 동시에 일어나

---

31 물론 현실의 충격 체험과 대결하는 보들레르의 작업보다는 쉽다. 예술은 현실보다는 구조화된 방식으로 충격을 제공하며 의미 생성의 문턱까지 관객을 이끌어가기 때문이다. 그런 의미에서 (영화 같은) 예술은 벤야민이 지적하듯이 현실의 충격 체험과 대결할 수 있도록 관객을 훈련하는 "연습 수단"이다.

고 있다. 자극 폭주와 그것에 대응하는 주체의 능력은 서로 꼬리를 물며 상승하고 강화되는 경향이 있는 듯하다.

우리 시대를 대변하는 질병이 이 점을 방증해준다. 짐멜의 시대(19세기 말~20세기 초)에 사회적 관심을 끌었던 새로운 질병은 '신경쇠약'[32] (neurasthenia)이었다. 짐멜이 지적하듯이 그 시대 사람들은 자본주의 발전과 대도시 형성이 야기한 자극의 쇄도를 감당하느라 엄청난 신경의 피로를 느꼈고 지쳐버렸다. 이에 비해 신경쇠약을 계승해 20세기 말에 유행하게 된 사회적 질병은 '주의력 결핍 과잉행동장애'(ADHD, Attention-Deficit Hyperactivity Disorder)이다. 이 병은 자극 폭주에 대응한 주체의 과잉적응으로 인한 과활동성과 그것의 댓가로 발생한 주의력 소진을 지칭한다. 이런 과잉 행동과 주의력 결핍은 청소년기에 주로 발생하고, 성인이 되면 저절로 치료되는 경우가 많지만, 성인이 되어도 과활동성이 내면적인 초조함이나 안절부절로 변형되어 만성적인 '애더럴'(Adderall) 소비자가 되는 경우도 적지 않다. 여하튼 ADHD는 매우 흔한 질병이 되었는데, 이런 사실은 PTSD(외상후 스트레스 장애)가 묽은 농도로 일상화된 것이 근대적 삶의 현실이듯이, ADHD 또한 옅은 형태로 거의 모든 사회 성원이 겪고 있는 증상임을 말해준다.

오늘날 대중의 스마트폰 사용 양태는 그 점을 잘 보여준다. 우스갯소리를 하자면, 전철에서 우리가 보게 되는 사람은 둘로 나뉜다. 앉아서 스마트폰을 보거나 듣는 사람과 서서 스마트폰을 보거나 듣는 사람으로. 왜 이렇게 사람들은 스마트폰 사용에 몰입하는 것일까? 한편으로 스마

---

32 19세기 말에 미국 의사 조지 비어드(George M. Beard)가 도시화로 인한 스트레스와 경쟁적인 비즈니스 환경으로 인해 중추신경계가 지나치게 지쳐버려서 겪게 되는 피로, 불안, 두통, 신경통과 우울증 증상을 보이는 병에 붙인 병명이다.

트폰은 우리를 대도시의 과도하지만 쓸모없는 자극들에서 벗어나게 해준다. 가령 장애인 이동권 보장을 위한 시위 때문에 전철이 연착된다면, 하이데거는 연착으로 인해 더디게 흘러가는 시간을 재촉하기 위해 에드문트 후설의 저서를 가방에서 꺼내 읽으려다가 책이 너무 두껍고 무거워 들고 나오지 않은 사실을 깨닫고 당황할지 모르겠다. 우리는 그럴 일이 없다. 스마트폰을 꺼내면 된다. 페이스북이나 인스타그램을 열어보거나 뉴스를 찾아 읽거나 좋아하는 유튜브 채널을 보거나 이메일을 열어보거나 즐겨보던 웹툰을 볼 것이다. 게임을 할 수도 있고, 증권 앱을 열어 주식 거래를 하거나 은행 앱으로 송금을 할 수도 있고, 내일 아침에 먹을 샐러드를 새벽 배송으로 주문할 수도 있고, 해외에 사는 친척과 카톡을 주고받을 수도 있다. 전철에 탄 시간은 물론이고 통근 시간 전체가 지루해서 집을 나서는 순간부터 스마트폰을 계속 사용할 수도 있다. 그런 점을 생각하면 스마트폰과 더불어 이어폰이 필수품이 되다시피 한 것은 자연스러운 일이다('노이즈 캔슬링' 이어폰이라면 더 적합할 것이다). 이어폰이라는 매개가 있으면, 스마트폰은 불필요한 자극 쇄도를 방어하고 무의미한 시간을 제거하면서 자신의 육체적 현존 위치에 구애되지 않고 의식의 삶을 이어갈 수 있기 때문이다(예컨대 크로아티아에 놀러 가서 스플리트에서 두브로브니크로 가는 버스에 몸을 싣고 눈은 버스 창으로 보이는 아드리아해를 무심하게 향하면서도 귀는 한국의 정치 팟캐스트에 열어둘 수 있다). 그런 의미에서 스마트폰-이어폰 사용자는 자신을 "공허하고 붙잡힌" 시간에서 끄집어낸다.

그러나 그 과정은 불완전하고 불안정하다. 스마트폰의 특정한 앱을 사용해서 일관성 있는 의식적 삶을 살아가려는 시도를 방해하며 끊임없이 간섭하고 끼어드는 또다른 앱들이 스마트폰 안에 우글거리고 있기 때문이다. 스마트폰에 연결된 블루투스 이어폰을 끼고 길을 걷는 이를 방해하는 것은 교차로에서 보행신호를 무시하고 우회전하는 차량의 경적만은 아니다. 이런저런 앱들의 '푸시 알림'(push notification)도 그와 똑같이 주의력의 지속을 방해한다. 카톡이 메시지 도착을 알리고, 페이스북에 포스팅한 글에 댓글이 달렸다는 소식도 전해진다. 답장이 지연되는 것 자체가 상대에게는 메시지이므로(나에게 메시지를 보낸 사람이 과활동성이 심해서 안절부절못하면, 늦은 답장은 관계를 위태롭게 할 것이다), 일단 전달된 메시지를 확인하긴 해야 한다. 그런 의미에서 각종 앱이 우글거리는 우리의 스마트폰 자체가 금요일 밤 강남역 사거리와 다를 바 없다. 물론 우리는 강남역 사거리에서도 다른 사람과 몸을 부대끼면서도 목적지를 잘 찾아가듯이 스마트폰도 그럭저럭 잘 다룬다. 푸시 알림을 끄고 페이스북 광고를 숨기기로 설정하는 식으로 통제권을 확보하고자 한다. 하지만 그런 능력이 신장되는 그만큼 추천 알고리듬 또한 발전하고, 그래서 과활동성과 주의력 결핍 상태로부터 뜻대로 벗어나기는 어렵다.

　요점은 이런 과정 전반이 어느날 갑자기 따분하고 지루하게 다가올 수 있고, 실제로 그렇게 다가온다는 것이다. 끊임없이 새로움으로 우리를 유혹한 것들이 사실은 천편일률적이라는 '깨달음'의 순간은 닥쳐온다(다만 우리가 그런 순간을 사소한 것으로 취급하며 그때그때 도외시할 뿐인데, 이것이 바로 하이데거가 비판하는 비본래적uneigentlich 상태이다). 맑스가 비판했던 생산과정의 단조로움과 그로 인한 소외(반복적으로 작동하는 기계의 흐름에 맡겨진 노동과정이나 단조로운 사무 작업의 반복성)를 은폐하는 소비의 찬란함도 실은 몇가지 동일한 요소들이 만들어내는 만화경적 다채로움, 그러니까 동일한 요소들의 영원한 회귀방식에 불과하며, 그래서 생산과정 못지않게 권태로운 것임을 알게 된다. 유행의 반복도 그렇고 점점 더 '시리즈'(series)가 되어가는 영화나 드라마도 그렇다.

가령 넷플릭스를 통해서 보았던 연쇄살인범을 주제로 한 스릴러 드라마를 떠올려보라. 몇편의 드라마, 그 드라마들의 몇몇 시즌을 보게 되면, 우리는 숱한 드라마가 몇가지 주제의 조합과 변주에 불과함을 알게 된다. 시신이 발견된다. 자신도 심각한 심리적 문제를 안고 있는 형사가 사건을 맡게 된다(형사 또는 탐정, 또는 우연히 그런 기능을 떠맡은 주인공은 사실 범인과 심리적 쌍생아이다). 우리의 관심과 주의를 붙잡아두기 위해서는 서스펜스가 필요하다. 그것을 위해서는 계속해서 누군가 죽어야 한다. 피해자 선별은 살인범에게는 심리적 필연성이 있지만, 관객의 관점에서는 자의적이다. 이와 관련해 둘 사이의 간극이 크면 클수록 공포는 커진다. 그러므로 연쇄살인범은 사이코패스여야 한다. 그래야 고전적 탐정소설에서처럼 살인 동기에 대한 합리적 추론을 가능하게 할 정교한 서사를 구성할 부담에서 벗어나는 동시에 현재 자본주의의 냉담하고 잔인한 운행을 우주적 무의미의 심연으로 상징하기 좋다(이 무의미가 야기하는 불안이 대중적 드라마 소비에 너무 부담스러우면, 연쇄살인범에게 어린 시절 학대당한 경험이 있었음을 드러내면 된다. 그러면 우리는 마치 합리적 설명이 이뤄진 듯한 인상을 갖게 된다). 반복해서 이런 드라마를 본 결과는 아무런 드라마도 기억나지 않아서 한참 뒤에 이미 본 드라마인 것도 잊고 그것을 다시 보게 되는 것이다(그리고 3화나 4화쯤에 이르러서야 비로소 이미 본 드라마임이 기억난다). 교차 편집을 통해 서스펜스를 불러일으키는 살인 장면이나 추격 장면에서 강도 높은 긴장감을 체험하지만, 벤야민이 우려했던 경험의 빈곤을 심화한다.

자각으로서의 권태와 영원회귀

화려한 변주 밑에 동일한 주제가 반복되고 있음이 지각되고, 체험의 강렬함이 경험의 빈곤을 댓가로 한다는 것이 희미하게라도 '자각'되면, 권태가 밀려든다. 권태와 자각이 연계되어 있다는 것은, 하이데거가 주장하듯이 존재자 일반의 거부로부터 야기되는 공허에서 권태가 출현하는 것이 아니라 존재자 일반의 유혹과 쇄도 속에서 경험이 수축되지만 그 유혹의 내용이 단조로운 반복을 함축하고 있음을 깨달을 때 나타나는 것임을 말해준다. 하이데거적 권태, 즉 존재자 일반이 우리에게서 냉담하게 물러나 있는 상태는, 그런 자각 뒤에 닥치게 되는 이차적 지각이라 할 수 있다.

벤야민은 자각으로서의 권태의 철학적 표현을 프리드리히 니체 (Friedrich W. Nietzsche, 1844~1900)의 '영원회귀'(Ewige Wiederkunft) 사상에서 발견했다. 그는 『아케이드 프로젝트』에서 "영원회귀라는 이념 속에서 19세기의 역사주의는 전복되었다"[33]고 말하는데, 그것은 19세기는 물론이고 20세기에도 영향력을 유지하고 있는 지배적 시간관[34]과 그것에

---

33 발터 벤야민 『아케이드 프로젝트 1: 파리의 원풍경』, 조형준 옮김, 새물결 2008, 298면. 이 책에서 채택한 '영겁회귀'라는 역어는 모두 '영원회귀'로 바꾸어 인용했다.
34 벤야민은 자본주의 체제를 전복하고자 했던 '제2, 제3 인터내셔널' 같은 좌파 조직도 이런 지배적 시간관에 침윤되어 있다고 강하게 비판했다. 벤야민은 그렇게 만든 메커니즘이 "승리자에 대한 감정이입"이라며, 다음과 같이 지적한다. "그때그때 지배하는 자들은 일찍이 역사에서 승리했던 모든 자들의 상속자들이다. 승리자에게 감정이입 하는 것은 그때그때 지배자들에게 도움을 줄 뿐이다"(발터 벤야민 『역사의 개념에 대하여/폭력비판을 위하여/초현실주의 외』 371면). 아마 오늘날 '능력주의'(mertiocracy)가 지배적 관념이 된 이유도 승리자에 대한 감정이입 때문일 것이다.

정면으로 맞서는 니체의 시간관을 대질시키고자 했기 때문이다.

자본주의 발전 속에서 역사는 끊임없는 생산성 향상 또는 진보로 표상된다(이 과정은 일상생활에서는 점점 강력해지는 자극의 쇄도로 인한 충격 체험으로 다가온다). 그러나 (기술적 생산성 향상으로 가장 잘 표상되는) 지속적인 진보는 변화인 듯하지만, 그것의 변화율이 일정하다는 의미에서(즉, 늘 똑같은 변화가 일어난다는 의미에서) 균질적이며, 그렇기 때문에 '진정한' 변화는 없는 공허한 것이다. "역사에서의 인류의 진보라는 생각은 역사가 균질하고 공허한 시간을 관통하여 진행해나간다는 생각과 분리될 수 없다."[35]

니체는 진보로 참칭된 역사가 실은 아무런 변화 없이 동일한 것을 반복할 뿐임을 그것에 정면에 대립하는 영원회귀라는 개념으로 강렬하게 비판했다. 영원회귀 사상을 요약하고 있는 것으로 유명한 『즐거운 학문』의 단장 341을 보자.

최대의 중량. ——어느날 낮, 혹은 어느날 밤에 악령이 너의 가장 깊은 고독 속으로 살며시 찾아들어 이렇게 말한다면 그대는 어떻게 하겠는가: '네가 지금 살고 있고, 살아왔던 이 삶을 너는 다시 한번 살아야만 하고, 또 무수히 반복해서 살아왔던 이 삶을 너는 다시 한번 살아야만 하고, 또 무수히 반복해서 살아야만 할 것이다; 거기에 새로운 것이란 없으며, 모든 고통, 모든 쾌락, 모든 사상과 탄식, 네 삶에서 이루 말할 수 없이 크고 작은 모든 것들이 네게 다시 찾아올 것이다. 모든 것이 같은 차례와 순서로 ——나무들 사이의 이 거미와 달빛, 그리고 이 순간

---

35 같은 책 344면.

과 바로 나 자신도. 현존재의 영원한 모래시계가 거듭해서 뒤집혀 세워지고——티끌 중의 티끌인 너도 모래시계와 더불어 그렇게 될 것이다!'——그대는 땅에 몸을 내던지며, 그렇게 말하는 악령에게 이를 갈며 저주를 퍼붓지 않겠는가? 아니면 그대는 악령에게 이렇게 대답하는 엄청난 순간을 경험한 적이 있는가? (…) '너는 이 삶을 다시 한번, 그리고 무수히 반복해서 다시 살기를 원하는가?'라는 질문은 모든 경우에 최대의 중량으로 그대의 행위 위에 얹힐 것이다! 이 최종적이고 영원한 확인과 봉인 외에는 더이상 아무것도 요구하지 않기 위해서는, 어떻게 그대 자신과 그대의 삶을 만들어나가야만 하는가?[36]

니체는 동일한 것의 권태로운 반복이 그것을 견디려는 한에서 숨막히는 "최대의 중량"에 이름을 보여준다. 물론 그의 언어는 강렬한 만큼이나 형이상학의 고원(高原)에 있으므로, 그의 말을 평범한 저지대로 끌어오기 위해 (아마 철학자들은 화를 내겠지만) 앞서 언급한 넷플릭스의 스릴러 연작을 다시 떠올려보자. 연쇄살인범을 다룬 다양한 드라마를 여러 시즌에 걸쳐 보는 우리(적어도 나)는 이미 니체의 악령이 말하는 바와 다르지 않은 상태에 있다. 드라마들이 동일성의 반복일뿐더러 그것을 매번 감자 스낵이나 우적거리며 보는 나도 동일한 삶을 반복하고 있기 때문이다. 이런 일이 드라마 소비에 한정되는 건 아니다. 우리의 삶은 대개 직업적 활동과 소비생활로 분화되고, 전자는 규율과 반복 그리고 후자는 향유와 변화에 할당된다. 그리고 우리는 그래도 후자만은 향유의 행복 그리고 변화의 자유에 열려 있다고 생각한다. 하지만 향유의 내용이 무엇

---

36 프리드리히 니체 『즐거운 학문/메시나에서의 전원시/유고(1881년 봄~82년 여름)』, 안성찬·홍사현 옮김, 책세상 2005, 314~15면.

인지는 체제가 정하며, 변화는 업그레이드로 축소된다. 그저 업그레이드와 비용 사이의 관계(가성비)를 따질 때만 우리는 자신이 주체로서 개입한다고 생각한다. 그 결과 생산과 소비 모두에 걸쳐 우리의 삶 전반은 모래시계처럼 흘러간다. 모래가 다 떨어지면 모래시계는 뒤집히고, 그러면 다시 모래가 똑같이 권태롭게 떨어진다.

영원회귀는 이렇게 반복적 삶과 권태의 연관을 여지없이 드러내지만, 벤야민은 니체의 영원회귀 사상이 지닌 비판적이고 폭로적 가치에도 불구하고 "진보에 대한 믿음, 무한한 완성 가능성에 대한 믿음, ─도덕의 영원한 과제 ─ 이것들과 영원회귀 개념은 상보적"이라고 주장한다. 그는 역사주의도 아니고 영원회귀도 아닌 역사적 시간에 대한 변증법적 개념이 필요하다고 보았다. 그래서 이렇게 주장한다.

이것들(진보로서의 역사와 영원회귀로서의 역사)은 해결 불가능한 이율배반으로, 역사적 시간에 대한 변증법적 개념은 바로 이 개념에서 출발해 전개되어야 한다. 이 개념(변증법적 시간 개념)에 비해 영원회귀라는 개념은 '천박한 합리주의'에 불과한 것처럼 보인다. 진보에 대한 믿음도 바로 이러한 것이라고 비판받은 것도 같은 이유에서이다. 진보에 대한 믿음도 영원회귀라는 개념 못지않게 신화적인 사고방식에 속하기 때문이다.[37]

---

37 발터 벤야민 『아케이드 프로젝트 1: 파리의 원풍경』 305면, 괄호 안은 인용자의 보충. 아마도 니체의 영원회귀 사상에 대한 벤야민의 평가에 대해서 니체 자신이나 그에 대한 방대한 저술을 쓴 하이데거는 펄쩍 뛸 것이다. 필자도 벤야민의 영원회귀 사상에 대한 평가는 지나친 바가 있다고 생각한다. 여기서 상세히 다룰 수는 없지만, 니체의 『차라투스트라는 이렇게 말했다』 제3부의 「환영과 수수께끼」는 벤야민과 다른 견지에서, 벤야민이 구상한 변증법적 시간 개념과 니체의 영원회귀 사상 사이의 친연성을 찾아볼 여지를 열어준다.

벤야민은 자신이 구상한 변증법적 시간 개념을 충분히 해명할 만큼 살지 못했다. 하지만 그가 염두에 둔 것이 진보의 균질하고 공허한 시간도 아니고 동일성의 반복(영원회귀)도 아닌, 진정한 변화("진정한 예외상태")임은 분명하다. 그래서 그는 반복해서 "역사의 연속체를 폭파한다는 의식"을 강조하고, "역사는 구성의 대상이며, 이때 구성의 장소는 균질하고 공허한 시간이 아니라 지금 시간(Jetztzeit, now-time)으로 충만된 시간"이고, "미래 속의 매초는 메시아가 들어올 수 있는 작은 문"이라 말했다.[38] 그리고 이렇게도 말했다.

마르크스는 혁명이 세계사의 기관차라고 말했다. 그러나 어쩌면 사정은 그와는 아주 다를지 모른다. 아마 혁명은 이 기차를 타고 여행하는 사람들이 잡아당기는 비상 브레이크일 것이다.[39]

변화를 위해서는 시간의 브레이크를 잡아당겨야 한다. 그렇게 이뤄지는 시간의 정지란 시간에 도입된 리듬과 그것을 강제하는 규율의 정지를 의미한다. 가령 촛불집회의 어떤 순간을 기억해보라. 대중이 종로와 광화문의 대로에 무리 지어 나서면, 수많은 차량과 보행자의 행동을 규율하는 힘을 과시하던 교통 신호등은 무의미하게 명멸한다. 눈만 껌뻑거리고 있는 신호등은 자신이 규율할 수 있는 것의 범위를 넘어선 사태 앞에서 눈만 껌뻑거리고 있는 체제의 무력함을 표상한다.

---

38 발터 벤야민 『역사의 개념에 대하여/폭력비판을 위하여/초현실주의 외』 346면, 345면, 350면.
39 같은 책 356면.

이렇게 우리를 규율하는 삶의 리듬에 비상 브레이크를 걸었던 것에 관한 기억을 되살리는 것이 '공휴일'의 기능이다. 아마도 집합적 인류가 이룩한 정지와 그것의 기념 옆에는 무수한 개인적 정지와 그것의 기념, 즉 '휴일'이 흩어져 있을 것이다. 쇄도하는 자극 속에서 최대 중량의 권태를 느낀 이들은 이미 발견과 자각으로 들어선 것이며, 그런 한에서 텅 빈 진보도 동일자의 반복도 아닌 시공간 그리고 실존의 상태를 꿈꾸고 그것을 시도한 데 이끌린다. 권태라는 근본기분이 지금 여기와의 내적 거리를 심화하고 관광/여행을 향한 열망을 불붙이는 것이다. 관광/여행은 반복이 지배하는 삶의 전체 맥락을 파괴하고 새로운 시공간의 틈새를 열어주기 때문이다. 관광/여행은 시간의 흐름에 브레이크를 걸고 그 이전과 이후에서 잘라낸 우리가 자신에게 선물한 시간이다. 모든 선물이 그렇듯이 선물은 그것을 받은 이에게는 목적 없이 공짜로 주어지는 것이며 그렇기에 축복이고 은혜이다. 삶에서 좋은 것, 이 햇빛, 이 나무의 잎새들, 그것을 부드럽게 흔드는 바람이 공짜였듯이, 아니 삶 자체가 그러했듯이 말이다.

그런 의미에서 ── 공간적 은유를 도입하자면 ── 관광/여행은 삶 가운데 있는 섬과 같다. 대륙의 한 부분과 달리 섬은 뚜렷한 경계, 윤곽 그리고 구성을 지닌다. 가령 경주를 다녀온 사람은 경주의 지리적 윤곽을 통일성 있게 그려내기 어렵다. 그러나 제주도를 다녀온 사람은 제주도 전체와 자신이 다녀온 곳을 통합적인 마음의 지도로 그려낼 수 있다. 관광/여행은 마치 섬을 다녀온 것처럼 하나의 여정을 공간에 펼쳐내고 그것에 대한 정신적 지도를 그릴 수 있게 해준다. 그런 관광/여행의 자체 완결성을 경유할 때, 우리는 자신의 삶에 대한 주권적 능력이 다시 생기가 도는 것을 느끼게 된다.

관광/여행은 삶의 전반적이고 일상적인 맥락 외부에서 진행되지만, 결국은 그 맥락 한복판으로 귀환하며 그것을 새롭게 조명하고 구조화할 계기를 제공한다. 윌리엄 워즈워스(William Wordsworth)의 말을 빌리자면, "우리의 삶 속에는 '시점'(時點, spots of time)들이 있다."[40] 관광/여행이 자아내는 시점들은 개인적이라 벤야민이 꿈꾸었던 집합적 인류에 의한 혁명 또는 '진정한 예외상태'에 미치지 못할 것이다. 더구나 자본주의적 근대는 관광/여행 또한 자신의 논리 안으로 휘감아들인다.[41] 그러나 벤야민이 영화에서 기대했던 "정신분산 속의 수용"을 연습할 기회가 작품성 높은 영화를 통해 보존되어왔듯이, 관광/여행도 경험의 빈곤을 극복하고, 경험을 구제할 기회를 여전히 간직하고 있다. 무엇보다 관광/여행 속에서 우리는 시간을 죽이는 권태로운 일상에서 벗어나 시간을 활활 불사를 수 있다. 그리하여 시간은 일렁이는 불꽃으로 황홀하게 피어오를 것이다. 관광/여행은 그렇게 '타오르는 시간'이다.

---

40 윌리엄 워즈워스 『서곡』, 김숭희 옮김, 문학과지성사 2009, 351면(12권, 208)
41 대니얼 부어스틴(Daniel J. Boorstin, 1914~2004)은 그래서 관광을 전형적인 '가짜 사건'(psuedo event)이라고 규정했다. 그의 『이미지와 환상』, 정태철 옮김, 사계절 2004, 제3장 참조.

3.

'그곳'을 향하여

장소의 의미론

공간과 장소

관광/여행은 어떤 장소, '이곳'이 아닌 '그곳'에 대한 열망에서 비롯한다. 그러므로 관광/여행에 대한 이해는 '장소,' 그리고 그것과 켤레로 쓰이는 '공간' 같은 지리학적 근본 범주와 연결된다. 하지만 여기서 공간과 장소 범주를 에워싼 지리학자들의 논문을 모두 뒤적일 생각은 없다. 장소나 공간처럼 일반적이고 중요한 범주일수록 명료한 정의에 도달하기 어렵다. 논란을 끝낼 개념적 명료화가 가능하리라는 전제 아래 숱한 논쟁이 벌어지지만, 대개 전쟁은 종식되지 않고 숱한 전투의 잔해만 남는다. 사실, 학문의 역사란 이 전투의 흔적, 전쟁에서의 승리를 위해 바쳐진(그러나 결코 승리에 이르지 못하는) 열정이 남긴 잔해가 제공하는 역설적 풍요일 때가 많다. 그러므로 지금 우리로서는 공간과 장소 개념의 사용법 정도만 익히면 충분할 것이다.[1]

공간은 우리말로 '터'에 해당한다. 그것은 비어 있으며, 아직 의미로

---

1 이-푸 투안의 『공간과 장소』(구동회·심승희 옮김, 대윤 2007)와 에드워드 렐프의 『장소와 장소상실』(김덕현 외 옮김, 논형 2005)이 참조할 만하다.

충전된 건조물이나 풍경이 들어서지 않았지만 그럴 여지를 품고 있는 지리적 지점이다. 이에 비해 장소는 '곳,' 다시 말해 우리 마음속에 어떤 위치와 위상을 지닌 '어디'를 뜻한다. 기호작용(signification)이 거듭되어 의미가 충전되고 집적된 지리적 지점이다. 이때 의미는 사회적이거나 역사적일 수도 있고 지극히 개인적일 수도 있다. 국립묘지의 무명용사 추모비가 국민국가의 구성원에게 '장소'이듯이, 사랑을 고백했던 공원 벤치는 두 연인에게 '장소'일 것이다. 또한 의미는 현실을 통해서 구성된 것일 수도 있고, 허구적으로 구성될 것일 수도 있다. 게티즈버그나 우금치는 각각 남북전쟁과 동학농민혁명의 전환점이 된 실제 전투 장소이지만, '베이커가 221B'나 '무진'은 문학작품(코넌 도일의 '셜록 홈즈 시리즈'와 김승옥의 「무진기행」) 속에서 구성된 허구적 장소다.

그렇다면 공간과 장소는 어떤 관계에 놓여 있을까? 이미 존재하는 공간에 장소가 만들어지는 것일까? 아니면 장소를 해체함으로써 공간이 창출되는 것일까? 두 질문 가운데 어느 하나에만 긍정적으로 답하기 어렵다. 장소와 공간이 상호순환적인 관계에 놓여 있기 때문이다. 의미는 형성되고 축적되기도 하지만 해체되어 바스러질 수도 있으므로, 공간이 장소가 되고 장소가 공간이 될 수 있다. 그런 점을 염두에 두면, 앞의 질문은 순환적인 과정을 한쪽 면에서만 관찰한 태도에서 비롯한다.

그러나 그런 일면적 관찰 태도 자체가 세계관의 변화와 더불어 형성되는 것임을 염두에 둘 필요가 있다. 이 점에 대해 살펴보기 위해 어떤 원초적 인물(어떤 고대인)을 가정해보자. 그가 자기 앞에 펼쳐진 어떤 숲이 충분한 짐승과 열매가 있는 살 만한 데라고 판단했다 해보자. 그는 그 숲을 제 삶의 터전으로 삼고자 할 것이다. 그는 숲을 가로질러 흐르는 시내 가까운 어딘가에 집을 지을 것이다. 그렇게 해서 세워진 집은 그에게 장

소이다.[2] 그러므로 그는 주어진 공간에 장소를 건립한 것이라 할 수 있다. 하지만 숲이 집을 짓기 위해 안성맞춤의 터를 미리 마련해두고 있는 경우는 거의 없다. 집을 짓고자 하는 이는 숲 한구석을 '집터,' 집이 자리 잡을 수 있는 '공간'으로 만드는 작업을 해야 한다. 나무를 베어내고 거친 돌이나 바위를 걸러내고 기울어져 있는 땅을 평탄하게 만들어야 한다. 더 나아가 신화적 세계관 속에 있는 고대인은 그가 터 잡은 데가 자신이 도래하기 이전에 이미 어떤 숲의 정령들이 점유한 곳이라 생각했을 것이다(미야자키 하야오宮崎駿 감독의 「모노노케 히메ものの け姫」(1997)에 등장하는 숲을 떠올려도 좋을 것이다). 그는 숲에 우글거릴 정도로 풍성하게 거주하고 있는 정령들에게 숲 일부를 자신에게 허용할 것을 간구하는 제의를 치를 것이다.

이런 고대인의 행위가 말해주는 것은, 새로운 것을 향해 열린 잠재태로서의 공간은 장소가 품고 있던 의미를 해체하는 작업을 통해 창출된다는 것이다. 신화적 세계관, 그러니까 자신의 생활세계를 구성하는 의미의 격자를 자신을 둘러싼 세계 전체로 투사하고, 노모스(사회의 규범적 질서)와 코스모스(우주적이고 자연적인 질서)를 솔기 없이 연결하는 고대적 세계관 안에서는 삼라만상이 모두 의미로 충전된 장소들이고 그래서 세계는 장소로 빽빽하다.[3] 공간은 장소의 전환과 변형을 위해 일시적으

---

2 집은 장소 중의 장소, 장소의 원형이다. 그래서 모든 장소는 집과 같은 속성을 지닌다. 집이 장소이듯이, 집의 마당도 장소이며, 울타리도 장소이다. 그리고 울타리 앞의 길도 장소이다. 장소는 의미가 구현된 곳이자, 의미가 내적 구조를 가지고 펼쳐지는 장이다. 장소는 펼쳐지다가 어느 지점에서 잘린 듯이 끝나는 성질의 것이 아니라, 가장자리로 갈수록 서서히 옅어지다가 어느덧 장소이기를 그치는 식으로 존재한다. 그렇게 가장자리까지 펼쳐진 장소를 '고향'이라 부를 수 있을 것이다. 그리고 고향 외곽에서 또다른 장소가 서서히 출현한다.
3 노모스와 코스모스의 관계에 대한 고대적 사유에 대해서는 피터 버거(Peter Berger)의 다음과 같은 언급을 참조하라. "사회적으로 정립된 노모스가 당연시되는 속성을 얻게 되면, 이

로 생성되었다가 곧장 또다른, 또 하나의 장소가 되어 사라진다.

하지만 신화적 세계관이 해체되면, 즉 존재의 거대한 연쇄가 깨어져서 '이곳에서' 구성된 생활세계적 도식을 '저곳에' 투사하는 일이 타당성을 상실하게 되면, 세계는 공간으로 나타난다. 인간이 건립한 장소들 바깥은 짐승과 괴물과 정령이 제집을 짓고 사는 그들의 영토로 여겨지지 않고, 인간이 제 뜻대로 장소를 건립하길 '기다리며' 무의미하게 비어 있는 공간으로 나타난다. 마치 텅 빈 바다 위에 섬들이 흩어져 있듯이, 공간 속에 장소들이 드문드문 자리 잡고 있는 것이 세계의 양상으로 여겨진다.

왜 아파트를 허물어달라 하는가

세계관의 변동과 더불어 공간과 장소의 관계는 이렇게 달리 조명된다. 자신을 위한 장소를 건립하기 위해 도끼로 나무를 몇그루 찍어내는 고대 인이라면, 그 작업이 이미 누군가(또는 무엇인가)에게 장소였던 자리를 비워 공간으로 만드는 작업, 그 누군가에게는 폭력적 개입일 수 있는 작업으로 생각할 것이다. 그래서 '마법의 정원' 속에 사는 고대인은 자신이 저지를 폭력과 상처를 달래기 위해 장소를 위무하는 제의를 치렀다. 하지만 기계톱으로 나무들을 뭉텅뭉텅 잘라내며 숲을 아예 밀어내고 지워버리는 근대인은 자신의 작업을 처음부터 그냥 주어진 무주(無主)의 공

제 이 노모스의 의미가 우주에 고유한 것으로 생각되는 근본적인 의미와 병합된다. 즉, 노모스가 코스모스와 동연장(co-extension)을 갖게 된다. 고대 세계에서는 노모스가 소우주의 반영으로 나타나고, 인간의 세계는 우주 자체에 고유한 의미를 표현하고 있는 것으로 생각되었다"(피터 버거 『종교와 사회』, 이양구 옮김, 종로서적 1981, 35면).

간을 장소로 전환하는 일로 간주한다.

보기에 따라서는 이런 차이가 큰 의미를 갖지 않는다고 여길 수도 있다. 세계상(Weltbild)의 차이에도 불구하고, 근대인 또한 장소를 만들어내고 거기에 거처한다. 그런 의미에서 장소 구성은 인간의 변함없는 작업인 듯이 보인다. 하지만 근대인의 작업은 고대인의 경우와 달리 고유한 역설을 품고 있다.

자본주의적 근대화 과정은 무주(無主)의 공간을 끊임없이 인간의 장소로 만들어나가는 듯이 보인다. 그러나 그때 무주의 공간이란 자기에 앞서 그곳을 장소 삼았던 모든 존재를 부인하는 태도의 결과일 뿐이다. 그런 근대적 태도는 바로 그런 점 때문에 인간이 건립한 장소 또한 스스로 존중하지 않는다(그럴 이유가 없다). 자본주의적 근대화는 기존의 장소를 기념하고 보살피는 일에 관심을 두지 않는다. 이윤을 얻을 기회는 오직 '새로운 장소'를 만드는 과정, 공간이 장소로 이행하는 순간, 즉 공간이 특수하게 가공되어 거기서 장소 욕구를 충족하는 누군가에게 팔리는 순간에만 존재하기 때문이다. 자본주의 경제에서는 구매력, 즉 잠재력으로서의 화폐가 모든 상품에 대해 우위를 누리듯이(우리는 쇼핑몰에서 이 점을 매번 경험한다. 어떤 상품을 살지 말지 망설이고 있을 때, 즉 화폐 소유자일 때, 나는 판매자에게 가장 큰 존중을 받는다. 하지만 구매 결정을 취소하려고 할 때는, 즉 상품 소유자에서 화폐 소유자로 되돌아가고 싶을 때는 판매자에게 애타는 어조로 말을 걸어야 한다), 근대 사회에서는 새로운 장소의 현현을 약속하는 공간, 즉 잠재태로서의 공간이 현존하는 장소 모두에 대해 우위에 선다. 그러므로 현존하는 장소는 그것을 끊임없이 잠재태인 공간으로 되돌려놓으려는 경제적 의지의 대상이 된다. 모든 장소는 의미와 돌봄과 경배와 사랑의 대상이 아니라 어떤 불편이나 장애로 간주되며, 그것이 받아 마땅한 존중을 상실한다.

우리는 이런 일을 일상적으로 경험한다. 가령 재건축을 추진하고 있는 어떤 아파트 단지를 생각해보라. 재건축이란 단어는 말 그대로 '다시 지음'을 공언하지만, 현재 그곳에 사는 이의 관점에서 보면, 재건축은 장소 중의 장소인 집을 파괴하려는 기획이다. 가꾸고 돌보면 여전히 쓸 만한 집들이 그것을 부수려는 맹렬한 의지에 휩싸인다. 이런 아파트의 경우, 소유자들이 떠났거나 들어와 산 적도 없는 경우가 대부분이며, 재건축 작업이 임박할수록 거기에 사는 이들은 소유자보다 경제력이 모자란 임대인들로 채워진다.

임대인은 거기 사는 한, 집을 돌보고 가꾼다. 벽지를 새로 바르고, 동파한 배관을 교체하며, 창틀의 모기장에 난 구멍을 메운다. 빌린 집이라고 하더라도 여하튼 그에게 그곳은 현재 자신의 삶이 일궈지는, 의미로 충전된 장소이기 때문이다. 하지만 그는 임대인인 한에서 낡은 집을 보수하고 꾸미고 편리하게 유지하는 비용을 주인과 협상해야 한다. 집이 빨리 낡고 어서 망가지기를 애타게 기다리는 주인은 비용 부담을 거절할 때가 많다. 임대인은 아주 필수적인 수리 이상은 하지 않고 버티게 되며, 점차 집에 대한 애정을 잃고 옮겨갈 곳을 찾아 기웃거린다.

재건축 조합은 지방정부에 아파트를 허물 수 있게 해달라고 끈기 있게 요구한다. 지방정부는 아파트에 대한 안전진단을 실시한다. 멀쩡한 아파트를 진단한 결과가 '위험하니 허물고 새로 지어야 한다'로 나올 리 만무하다. 하지만 진단은 여러해에 걸쳐 계속해서 반복된다. 그리고 마침내 안전에 문제가 있다는 판정이 나오면, 아파트 주인들은 '축하' 플래카드를 요란하게 내건다. 제집이 위험하다는 공적 판정에 집주인들이 환호작약하는 셈이다.

이런 역설적인 모습은 기이하긴 하지만, 우리는 모두 이미 그 문법에 익숙해져 덤덤하게 그 과정을 받아들인다. 그것이 공간과 장소에 대한 근대적 태도의 귀결이다. 자본주의적 축적 과정을 맑스는 화폐-상품-더 많은 화폐(M-C-M′)라는 도식으로 간결하게 정리한 바 있다. 앞서 지적했듯이, 같은 논리가 공간과 장소 사이에도 작용한다. 장소는 폐기되어 더 많은 공간(이 더 많은 공간을 만들어내는 전형적 방법의 하나가 '수직증축'이고, 그것이 도심 공간이 마천루가 되어가는 이유이다)으로 전환되어야 한다.

그곳을 향한 열정

장소는 새로운 이윤 기회의 관점에서 방해 요소일 뿐이므로, 자본주의적 경제 논리가 일상에 깊숙이 파고들수록 장소와 인간 사이의 내밀한 관계는 허약해지고, 장소는 존중받지 못한다. 이런 과정이 야기하는 귀결은 매우 넓고 깊지만, 우리의 관심사와 관련해서 주목할 만한 것은 장소 상실의 경험이 '이곳'과 '그곳'의 분열을 낳는다는 것이다. 장소는 어떤 주체가 처해 있는 '이곳'이지만, 주체가 이곳과의 내적 거리를 느낄수록, 이곳과의 고유한 관계를 잃을수록, 이곳 아닌 어떤 곳을 그리게 된다. 이 때 그 어떤 곳은 '그곳'으로 격상되며, '이곳'에서 상실한 것을 여전히 간직한 곳으로 기대된다.

이런 근대적인 이곳과 저곳의 분리는 종교적인 차안(此岸)과 피안(彼岸)의 분리와는 사뭇 다르다. 오래전 루트비히 포이어바흐(Ludwig Feuerbach, 1804~72)가 지적했듯이, 종교적 그곳은 이곳의 부정성이 전도되고 극복된 '세계'이다. 그곳은 이곳의 가난과 불행과 불의가 해소된 복락과 정의의 세계이지 장소로서 자신을 드러내는 어떤 지리적 지점이 아니다. 요컨대 '천국'은 저기 어딘가에 있는 곳이 아니라 이곳에 도래해야 할 무엇이다("아버지의 나라가 하늘에서처럼 땅에서도 이루어지게 하소서").

물론 종교적 중심, 신성과의 유대를 상징하는 '지상의 배꼽'이 존재하며, 그런 성지(聖地)를 향해 순례가 존재한다. 이 순례가 의무인 종교도 있으며, 의무가 아닐 때도 신앙은 그것에 지리적으로 투사한 순례 열망을 형성한다. 그리고 행태의 유사성 때문에 관광/여행을 순례의 세속화된 형태라고 보는 이들이 있으며, 관광/여행에 어느 정도 그런 면이 있는 것도 사실이다. 그러나 지상의 전도된 형태로 천상을 표상하는 종교적 분리와 달리 근대적 분리는 이곳과의 내적 거리감, 이곳의 낯섦, 이곳의 뻔함과 무의미, 고향에서 느끼는 고향 상실의 감각과 관련된다. 그러므로 이곳의 상실에 대한 대구(對句)로 세워진 그곳(저곳)은 여전히 의미를 잃지 않은 곳, 의미가 짙게 서린 곳, 그리하여 주체에게 진정성으로 가는 틈새를 열어주리라 기대되는 곳이다. 그래서 우리는 이곳의 의미와 이곳에 처한 주체를 갱신해줄 '청춘의 샘'이라도 되는 양 멀리 있는 그곳으로 자신을 데려간다. 관광/여행으로 우리를 이끄는 '그곳을 향한 열정'은 실은 '귀향'을 위한 것, 이곳과의 화해를 위한 것, 이곳에 은닉된 비밀에 접근하기 위한 우회로 같은 것이다.

예컨대 프리드리히 횔덜린(Friedrich Hölderlin, 1770~1843)의 비가(悲歌) 「귀향: 친지에게」를 보자.[4] 횔덜린은 1801년 1월 초 생계를 위해 고향

4 횔덜린의 생애와 작품 전반에 대한 안내서로는 장영태 『횔덜린: 생애와 문학·사상』, 문학과지성사 1987을 참조, 「귀향」에 대한 논의로는 마르틴 하이데거의 『횔덜린 시의 해명』(신상희 옮김, 아카넷 2009)과 박준규의 「횔덜린의 비가 '귀향Heimkunft' 연구」(『독일언어문학』

을 떠나 스위스의 투르가우주(州) 하우프트빌의 곤첸바흐가(家)에서 3개월간 가정교사로 일했다. 직책 수행이 여의치 않아 4월 초에는 알프스산맥과 보덴호(湖)를 거쳐 슈바벤 지역의 고향으로 돌아왔는데, 「귀향」은 이런 전기적인 사실을 배경으로 쓰였다. 하지만 「귀향」은 여정에 대해 자세히 언급하고 있진 않다. 오히려 고양된 알프스 체험과 돌아온 고향에 대한 정감을 직접적으로 연결한다. "저기 알프스 산중은 아직도 밝은 밤, 구름이/즐거움을 지으며 그 안에서 입 벌리고 있는 계곡을 뒤덮는다"로 시작하는 알프스의 "밝은 밤"에 대한 장중한 묘사는 둘째 연에서 아침을 맞은 알프스에 대한 묘사로 이어진다. "그 사이에 저 위 은빛 산정들은 고요하게 빛나고/벌써 아침 햇살로 반짝이는 산정의 눈은 장미꽃으로 가득하네." 알프스의 만년설 위로 쏟아져내려 그것을 장밋빛으로 물들이고 있는 아침 햇살, 이 신적인 빛이 도시와 집을 품고 보호한다. "숨 쉬는 뭇 생명들도 알고 있어, 조심스레 보살피는 신은 도시마다 가옥마다 진정한 축복을 증여한다."

횔덜린은 셋째 연에서 알프스를 내려와 보덴호에 이른다. 배로 호수를 건넌 뒤 고향 입구의 둑길을 걸으며 그는 이렇게 말한다. "여기 호숫가는 온화하고 다정스럽게 열려 있는 계곡들은/오솔길로 아름답게 밝혀져, 푸르르고 나를 향해 그윽히 빛나네." 길을 걷던 그는 그 동네 사람들과 지나치며 가벼운 인사를 나눈다. "모든 것이 다정한 듯, 서둘러 스쳐 지나가는 인사도/친구처럼 보이고, 모든 표정들이 친지인 듯 보이는구나." 시인은 여기서 연을 바꾸어 시 전체의 의미를 응집하고 있는 말을 한다.

제3권, 1995, 196~219면) 참조. 여기 인용되는 「비가」는 다소 딱딱하다는 인상을 주는 『횔덜린 시 전집 2』(장영태 옮김, 책세상 2017, 143~49면)의 번역을 따르지 않고 박준규와 신상희의 번역을 인용자가 필요에 따라 임의로 골라 조합했다.

"정녕 그렇다! 이곳이 출생지, 고향 땅이다/그대가 찾는 것, 그것은 가까이 있고 이미 그대와 만나고 있다." 이어지는 행에서 횔덜린은 슈바벤의 포구 린다우(Lindau)를 두고 떠남과 돌아옴이 교차하는 "지복한"(glückselig) 곳이라 칭한 다음, 그 자리에서 여행과 귀향을 다음과 같이 대조한다.

여기는 손님을 환대하는 고향 땅의 포구 가운데 하나,
많은 것을 약속하는 먼 곳으로 나아감은 매혹적인,
거기엔 기적이 있고, 신적인 야수, 라인강이
높은 데서 평원으로 떨어져내려 대담한 물길을 내고,
환호하는 계곡이 암석에서 솟구쳐 나와,
코모호(湖)를 향해 방랑하고자 저 안 밝은 산악을 뚫고
혹은 일광이 거닐 듯이 저 아래 탁 트인 호수를 뚫고 나아가네;
하지만 축복받은 포문(浦門)이여! 나에게 더 매혹적인 것은
꽃피어 있는 길들이 나에게 익숙한 고향으로 돌아가는 일,
그곳 땅과 네카어강의 아름다운 계곡을, 그리고
숲과 거룩한 나무들의 푸르름을 찾아보는 일. 거기에는
떡갈나무가 고요한 자작나무, 너도밤나무들과 함께 즐겨
어울리고 산 가운데 어느 한 곳이 나를 다정하게 사로잡으리.[5]

횔덜린은 포구를 떠나는 것의 유혹적인 힘과 돌아오는 것의 기쁨 모두를 언급하지만, 후자가 더 매혹적이라고 선언한다. 이 선언 밑에는 횔덜린의 깨달음, 즉 "그대가 찾는 것, 그것은 가까이 있고 이미 그대와 만나

---

5 박준규, 앞의 글 209면.

고 있다"가 있음이 분명하다. 하지만 그런 깨달음의 도래를 위해서는 멀리 있는 '그곳'에 다녀와야 했다는 점을 우리는 기억해야 한다. 여행 없이는 귀향이 있을 수 없기 때문이다. 이 점을 하이데거도 은연중에 지적한다. 그는 횔덜린이 말하는 '이미 가까이 있음'과 관련해 이렇게 말한다. "우리는 흔히 두 지점 사이의 간격이 가능한 한 좁혀 있는 것을 가까움이라고 이해한다. 이제 이와는 반대로 가까움의 본질은, 가까움이 가까이 있는 것을 멀리서-붙들어둠(fern-halt)으로써 가까이 있는 것을 가깝게 하는 데에서 현상한다."[6] 가까이 있는 것을 가깝게 하기 위해서는 가까운 것을 멀리서 붙들어둘 거리가 요청된다. 고향의 비밀은 이곳에 머무르는 자에게 열리는 것이 아니라 그곳으로부터 이곳으로 돌아오는 자에게 열린다. 이때, '그곳'은 가야 할 곳이자, 돌아옴이 시작되는 곳이면서 동시에 돌아옴을 가능하게 해주는 어떤 지점이다. 횔덜린은 또다른 시에서 이 점에 대해 노래하고 있다.

신은 가까이 있어
껴안기 어렵다네.
그러나 위험이 있는 곳에는
구원도 자란다네.
어둠 속에 독수리들은 살고 있고,
알프스의 아들들은 두려움도 없이
심연 위에 가볍게 지어진
난간 다리를 건너간다네.

---

6 마르틴 하이데거, 앞의 책 45면.

그 주위엔

시간의 정상(頂上)들이 쌓여만 가고,

가장 사랑하는 이들은 가까이 살건만,

가장 멀리 떨어진 산들 위에 지쳐 있으니,

그러나 티 없이 맑은 물을 다오.

오, 우리에게 날개를 다오, 가장 충실한 마음으로

그곳으로 건너가고 다시 돌아오도록.[7]

음침한 산, 찬란한 산

횔덜린의 「귀향」은 제목 자체가 시사하듯이 관광/여행을 그것을 끝내
고 돌아오는 자의 관점에서 서술한다. 그러나 이곳을 떠남으로써 세계를
경험하고 그 경험을 통해 이곳과 새롭게 만나는 자아의 변증법적 상승을
염두에 두거나 그렇게 될 것을 목표로 해서 '이곳'을 떠나는 이는 없다.[8]
그는 무엇보다 이곳과의 참을 수 없는 불화, 거리감, 또는 소외와 권태 때
문에 이곳을 떠날 뿐이다. 하지만 이곳이 아닌 곳은 너무 많다(거의 세상
전부이다). 당연히 이곳이 아닌 곳으로 관광/여행을 하려는 이는 아무 곳

7 횔덜린의 송가 「파트모스」 첫째 연이며, 하이데거의 『횔덜린 시의 해명』 40면에서 인용했
다. 강조는 인용자가 했으며, Gipfel은 산꼭대기를 염두에 둔 말이라 "시간의 정점"을 "시간
의 정상"으로 바꾸었다.
8 그런 목표는 내적 불가능성을 가지고 있다. 유사한 사례로, A라는 사람이 독실한 기독교
신자가 된 뒤부터 겸손하고 경건하고 근면해졌고, 그 덕분에 직업적으로 큰 성공을 거두고
부유해진 것을 본 B라는 사람은 성공과 부를 얻기 위해 독실한 기독교 신자가 되리라 결심
한 경우를 들 수 있을 것이다. 신앙의 '부산물'로 부와 성공에 이를 수는 있지만, 신앙의 부
산물을 얻기 위해 신앙에 이를 수는 없다.

도 갈 수 없다. 관광/여행을 위해서는 그곳이 필요하다. 많은 경우 우리는 관광/여행을 조건 짓는 두 동기, 즉 이곳과의 내적 분리와 그곳을 향한 열망이 너무 밀접하게 연결되어 둘을 분명하게 구분하지 못할 때가 많다. '이곳이 아닌 곳'이라는 내적 동기와 '그곳에 이끌림'을 동일시하는 것이다. 하지만 둘은 다른 것이다. 그곳은 단지 이곳이 아닌 곳 이상의 계기를 그 안에 품고 있다. 그러므로 왜 우리는 다름 아닌 그곳을 열망하는지 질문해야 하며, 횔덜린에게도 그래야 한다. 왜 그에게 '그곳'은 임의의 어디가 아니라 "멀리 떨어진 산들," 알프스인가? 왜 다른 곳이 아니라 알프스가 '그곳'의 자리를 점하는가?

아마도 횔덜린은 알프스가 어떤 전환적 경험을 제공할 수 있으리라는 예감, 희미할지언정 떠오를 수밖에 없는 예감을 품었을 것이다. 그리고 그 예감에 이끌려 알프스를 방문한 횔덜린은 기대에 부응한 경험을 했다고 할 수 있다.[9] 그러므로 횔덜린의 '그곳'이 왜 다름 아니라 알프스였느냐는 질문은 알프스에 대한 '기대'를 형성한 역사적이고 문화적인 조건에 관해 묻는 것이라 할 수 있다.

청년 횔덜린을 알프스로 이끈 기대감은 일반화하면 '산' 또는 '고산'에 대한 감수성과 관련된 문제라 할 수 있다.[10] 왜 산에 오르느냐는 질문

9 횔덜린의 작품 해석에서는 고대 그리스가 매우 중요한 역할을 하며, 그 점을 다룬 논문은 매우 많다. 하지만 횔덜린은 평생 그리스에 가보지도 못했다. 그의 시에서 자주 주제화되는 장엄하고 신적인 것을 그가 직접 체험했다면 그것은 알프스였다고 할 수 있다. 다시 말해 그리스는 그에게 상상의 지리이지만, 알프스는 실제의 지리였다고 할 수 있다. 실제로 알프스 방문 이후 「귀향」 이외에도 그의 시에는 알프스가 자주 등장했다. 예컨대 「도나우의 원천에서」, 「편력」 「라인강」 「게르마니아」 등이 그렇다. 그러나 알프스 체험과 횔덜린의 작품 간의 관계를 정면에서 다룬 연구는 별로 없는 듯하다.
10 스위스 말 '알프스'는 어원적으로 만년설에 덮인 높은 산이라는 뜻이므로, 그것은 백두산 (白頭山)이나 몽블랑(Mont blanc)과도 같은 뜻이며, 보통명사가 고유명사가 된 경우라 할 수 있다. 그래서 이 말의 형용사 형태인 '알파인'(alpine)은 보통명사적 현상에 쓰이는 경우

에 "산이 거기 있으니까"라고 답했던 저명한 등산가 조지 맬러리(George Mallory)의 말처럼, 오늘날 우리는 아무런 목적 없이 산에 오른다. 등산은 하나의 취미일 뿐 아니라 정신적으로도 육체적 건강에도 도움이 되는 '좋은' 취미로 승인된다. 정상에 힘겹게 오르고 거기서 세상을 내려다보며 자아가 고양된 느낌을 얻는 것은 권장할 만한 일이라는 것이 상식적 견해가 되었다. 그리고 그런 유용한 효과를 넘어서서 등산은 그 자체로 가치 있는 일로 숭앙되기까지 한다. 너무 가파르고 높아서 목숨을 걸어야 하는 산도 있고, 실제로 목숨을 잃는 일도 자주 있다.[11] 우리는 그렇게 위험한 산꼭대기에 오르는 것을 정신 나간 짓으로 여기지 않는다. 목숨을 걸어야 할 정도로 높은 산에 오르는 이들을 숭고하게 바라보며, 그들의 등정을 인류의 성취와 동일시한다.

휠덜린에게서 엿보이고 우리에게 당연하게 느껴지는 이 태도가 자연스러운 것이거나 초역사적인 것은 아니다. 인류사를 통틀어 아주 오랫동안 산에서의 삶이란 척박한 것이어서 화전민이나 수도승 혹은 산적에게나 어울리는 것이었다. 조금만 생각해보면, 산업화의 심화 없이 산에 대한 동경이 광범위한 사회적 태도가 되지는 않았을 것임을 짐작할 수 있다. 인간의 손이 미치지 않은 자연에 대한 희구는 인간에 의해 주변 환경이 점점 황폐해지는 경험과 연동된다. 그럴 때야 자연을 노동이나 삶의 재생산을 위한 소재로 대하지 않고, 그저 자기 앞에 주어진 현상으로서 대하게 된다.

가 더 많다. 가령 '알파인 스키'라는 말은 고산에서 활강하며 스키를 타는 것을 뜻하는 말이지, 알프스산맥에서 스키 타기를 지칭하는 말은 아니다.

11 방금 언급한 조지 맬러리가 대표적이다. 그는 1924년 에베레스트 등반 중에 사망했고, 그의 얼어붙은 시신은 그로부터 75년이 지난 뒤인 1999년에 발견되었다.

그렇다 해도 이런 구조적이고 일반적인 추론을 넘어서 산에 대한 우리의 태도가 구체적으로 어떤 경로를 거쳐 형성되었는지 물어볼 필요가 있다. 관련해서 마치 이 문제에 답해주려고 우리를 기다리고 있는 듯한 한 권의 책이 있다. 마저리 호프 니컬슨(Marjorie Hope Nicolson, 1894~1981)의 1959년 저술『음침한 산과 찬란한 산: 무한의 미학의 발전』[12]이 그것이다. 이 저술은 산에 대한 전근대적 태도와 근대적 태도 사이의 급진적 변화를 다루며, 이후 같은 주제에 관한 문학과 미학은 물론이고 철학, 조경학, 지리학에서의 논의에서도 하나의 출발점이 되었다.

니컬슨은 산에 대한 사람들의 태도에서 드러나는 날카로운 역사적 단층을 강조했는데, 그 점에서 그녀는 (예컨대 미셸 푸코처럼) 역사적 불연속성을 강조하는 급진적 역사주의가 유행하기도 전에 역사주의적 분석을 시도한 셈이다. 그녀의 분석에 따르면 단층은 17세기에 위치한다.

---

12 이 책의 원제는 *Mountain Gloom and Mountain Glory: The Development of the Aesthetics of the Infinite*(여기서 참조한 것은 윌리엄 크로넌Wiliam Cronon의 서문을 붙여서 1997년에 University of Washington Prsss가 펴낸 판본이다). 이 책의 제목이기도 한 'Mountain Gloom'과 'Mountain Glory'는 각각 산에 대한 전근대적인 태도와 근대적인 태도를 지칭하는 말이다. 이 말을 니컬슨은 존 러스킨(John Ruskin)의 *Modern Painters* (1843~60)에서 따왔다. 『근대적 화가들』제4권('산의 아름다움에 대하여')의 제19장과 제20장 제목은 각기 The Mountain Gloom과 The Mountain Glory이다. 니컬슨은 러스킨이 "흥미롭게도 자신의 표현인 The Mountain Gloom과 The Mountain Glory를 그 스스로 오래된 그림과 자기 시대의 그림 사이에서 느낀 차이를 표현하기 위해 연대기적으로 사용한 적이 없다"(Marjorie Hope Nicolson, 같은 책 6면)고 지적한다(그렇게 한 사람은 물론 니컬슨이다). 이 두 표현을 짝지어 적절히 번역하기는 까다롭다. 특히 '영광'으로 번역하면 되는 glory와 달리 gloom은 뉘앙스를 살려 번역하기 쉽지 않다. 여기서는 산의 부정적 속성과 산에 대한 부정적 감정을 대변하는 gloom을 '음침'으로 옮겼다. 단어 배열을 고려하면 『산의 음침함과 산의 영광(또는 찬란함)』으로 하는 것이 맞겠지만 『음침한 산과 찬란한 산』으로 옮기는 것이 의미를 더 잘 전달할 듯하여 그렇게 했다.

기독교 시대의 첫 1700년간 "음침한 산"(mountain gloom)이 인간의 눈을 너무 흐러서 시인들은 우리 눈에는 익숙해진 완전한 광채 속의 산을 한번도 본 적이 없다. 한 세기 안에, 정말로 50년 안에 이 모든 것이 바뀌었다.[13]

니컬슨은 단층면을 잘 보여주는 특권적 사례로 토머스 버넷(Thomas Burnet, 1635?~1715)을 내세운다. 버넷은 그의 저서 『지구 신성론』(*Telluris Theoria Sacra*)[14]에서 산이 하느님의 창조물에서 가장 추악한 대상 중 하나라고 아주 분명하게 선언한다. 하지만 다른 한편으로 산이 가장 영적인 감정을 끌어낼 수도 있는 곳이라고 주장한다. 니컬슨은 버넷의 산에 대한 이런 양가적인 태도를 근거로 그가 산을 추하고 위험하고 음침한 곳으로 여기는 전근대적 태도로부터 '지상의 신성한 대성당'으로서의 산이라는 낭만주의적이고 근대적인 태도로 이행하는 시기에 서 있던 "역설적인 세기의 역설적 아들"[15]이라고 평가한다.

니컬슨이 꼼꼼하게 분석하고 있는 버넷의 『지구 신성론』은 당대의 과학적 연구 성과 및 추론 방식을 성서와 조화시킬 수 있는 방식으로 지구의 형성과 변화에 대한 지질학적 설명을 제시하고자 한 저작이었다. "버넷은 과학과 성서는 적이 아니라 서로를 보완하는 친구라고 선언했다."[16]

---

13 Marjorie Hope Nicolson, 같은 책 3면.
14 이 책은 1681년에 제1권(1책과 2책 수록), 1689년에 제2권(3책과 4책 수록)이 라틴어로 출간되었고, 1684년에 제1권, 1690년에 제2권을 저자 자신의 영역(英譯)에 의해 *The Sacred Theory of the Earth*로 출간되었다. 영어판에는 라틴어판에 없는 새로운 내용이 많이 추가되었다고 한다.
15 Marjorie Hope Nicolson, 앞의 책 212면.
16 같은 책 196면.

이런 버넷의 시도는 오늘날의 관점에서 보면 과학적 연구, 사변적인 자연철학, 신학적 논변 그리고 자전적 경험을 포함하는 문학적 서술이 뒤섞인 '우스꽝스러운' 지질학으로 귀결된다.[17] 그러나 스티븐 제이 굴드(Stephen Jay Gould)가 지적하듯이, "뉴턴에게 높이 평가받는 논문을 저술한 버넷은 당대에 인정되는 학술적인 활동 기준에 충실한 모범적인 인물"[18]이었고, 당대에 그의 저술은 높은 평판을 얻었다.[19]

『지구 신성론』의 '우스꽝스러운' 지질학적 주장은 이렇다. 즉, 지구는 태초의 혼돈에서 벗어나 점차 무거운 물질이 아래로 가라앉음에 따라 밀도에 따른 동심원적 성층 구조를 갖추었다; 이때 지구는 기복 없이 평탄했고, 강은 고위도에서 발원하여 건조한 열대 지역으로 흘러가 사라졌고 자전축이 기울지 않아서 중위도 지역에 있는 에덴동산은 언제나 봄날이었다; 그러나 이런 낙원은 인간의 죄악을 징벌하기 위해 하느님이 '노아의 대홍수'를 일으키면서 사라졌다는 것이다.

이런 설명이 설득력이 있으려면 대홍수를 일으킨 물의 출처를 제시해야 했다. 40일간 밤낮없이 내렸다고 하지만, 지상을 덮을 물의 양을 자기 나름의 방식으로 꼼꼼히 계산해본 뒤 버넷은 그 정도 양의 비로는 지상 전부를 물로 덮을 수는 없다는 결론에 이르렀다. 그래서 그는 노아의 홍수 현상을 일관성 있게 설명해줄 수 있는 지질 구조를 추론했다. 그러고

---

17 이 점과 관련해서 니컬슨은 "『지구 신성론』이 근대 과학에서 그것이 차지하는 위치가 뭐든 문학사에서 한자리를 차지할 만하다"(같은 책 191면)고 평가한다.
18 스티븐 제이 굴드 『시간의 화살, 시간의 순환: 지질학적 시간의 발견에서 신화와 은유』, 이철우 옮김, 아카넷 2012, 58면.
19 굴드는 뉴턴과 버넷 사이에 서신을 통해 이뤄진 토론과 논쟁을 다루며, "버넷이 더 열성적으로 자연법칙에 입각한 설명을 추구했고 기꺼이 역사적인 설명을 수용하려고 했음을 알 수 있다"(같은 책 75면)고 평가한다.

는 대홍수 이전 지구의 성층 구조가 달걀과 유사한 모습이었다고 결론 내렸다. 즉, 대홍수 이전에는 지표면이 마치 달걀 껍데기처럼 지구를 덮고 있었고 그 아래는 거대한 물 — 엄격히 말하면 물이라기보다 지구에 있는 모든 종류의 액상 물질 대부분 — 이 고여 있었다는 것이다. 버넷에 의하면, 대홍수는 신의 분노로 인한 것이지만, 그것의 물질적 원인(즉, 신의 분노가 물리적 현실을 경유해서 일어난 방식)은 지표면에 균열이 일어나 그 밑에 있던 물들이 지상으로 분출한 것이었다. 이때 물이 빠져나가서 비게 된 공간이 붕괴하자 평평하고 매끄럽던 지구 표면이 울퉁불퉁해졌는데, 이 울퉁불퉁한 면 가운데 꺼진 부분은 계곡이 되고, 함몰되지 않은 채 높게 남은 부분은 산이 되었다는 것이다.

그러므로 신학적인 관점에서 보면, 산은 인간의 죄악을 씻어내기 위한 대홍수의 여파로 아름다웠던 지표면이 구겨지고 일그러져서 생긴 "거대한 폐허"이다. 니컬슨도 그렇게 지적하듯이, "버넷은 신학적으로는 산을 저주한다. 그러나 실제로 그는 산에 사로잡혀 있다. 그는 자신이 격식과 비율의 사도라고 믿었다." 다음에서 보듯이 버넷은 "외적 자연의 장대함에 너무 강하게 끌려서 그것의 매혹을 이겨내기 위해 분투했다."[20]

내 생각에 자연의 가장 위대한 대상들을 바라보는 것은 아주 즐거운 일이다. 천국의 거대한 반구와 별들이 사는 가없는 지역들 다음으로 넓은 바다와 지상의 산들보다 더 즐겁게 바라볼 수 있는 것은 없다. 이런 사물을 에워싼 분위기(the Air)에는 위엄 있고 당당한 어떤 것이 있다. 그런 경우 우리는 자연스럽게 하느님과 그의 위대함에 관해 생각

---

20 Marjorie Hope Nicolson, 앞의 책 213면.

한다. 모든 사물은 무한의 그림자와 외관만을 지녔을 때도 우리가 이해하지 못할 거대한 면을 갖고 있어서, 우리의 마음을 과잉으로 채우고 압도하며, 기분 좋은 종류의 혼미와 감탄으로 몰아넣는다.[21]

버넷을 비롯한 여러 문헌(그녀는 영문학자이므로 논거의 대부분은 영국의 문학과 자연철학 및 과학 문헌이다)을 근거로 해서 산에 대한 태도가 17세기를 경유하며 "음침한 산"에서 "찬란한 산"으로 이행했다는 니컬슨의 주장에 대해서는 많은 반론이 제기되었다. 확실히 니컬슨 식의 주장은 학문적 논란을 생산하는 경향이 있다. 구체적 문헌을 들여다보지 않아도 어떤 비판이 제기될지 어렵지 않게 예상할 수 있다. 니컬슨이 다룬 여러 문헌, 예컨대 단테의『신곡』이나 밀턴의『실낙원』에 대한 해석의 정확성 여부 같은 문제는 차치하고도, 산에 대한 전근대적 태도와 근대적 태도의 상반성에 대한 문제 제기, 근대적 태도로의 이행의 급격함에 대한 비판, 이행의 시점을 17세기 이전 또는 이후로 옮겨야 한다는 주장 등이 제기될 수 있었고, 또 제기되었다. 이런 비판들은 그 나름의 타당성을 갖고 있지만, 그렇다고 해서 니컬슨의 주장을 결정적으로 무너뜨리는 것은 아니다.[22] 그래도 버넷을 비롯하여 그 이전의 다양한 기독교 문헌을 근거로 니컬슨이 주장하듯이 산을 음침한 곳으로 여기는 태도가 전근대

---

21 Thomas Burnet, *The Sacred Theory of the Earth*, 제1권 제1책 제11장(ePUB판을 참조하였기에 면수를 특정할 수 없음).

22 관련 논의는 Janice Hewlett Koelb, " 'This Most Beautiful and Adorn'd World': Nicolson's Mountain Gloom and Mountain Glory Reconsidered," *Interdisciplinary Studies in Literature and Environment*, Vol. 16 Iss. 3, 2009, 443~68면과 Dawn L Hollis, "Mountain Gloom and Mountain Glory: The Genealogy of an Idea," *Interdisciplinary Studies in Literature and Environment*, Vol. 26 Iss. 4, 2019, 1038~61면을 참조하라.

기에 일반적이었는지는 의문이 든다.

확실히 산, 특히 고산(高山)에 대해 근대 이전의 사람들은 두려움을 품고 있었다. 고산은 춥고 가파르고 위험한 산짐승들이 사는 곳이었다. 중턱까지는 접근할 만했지만, 그런 곳은 이미 산사람들(외부에서 들어온 이들에 대해 적대적이어서 그런 이들에게는 산적으로 보이는)의 땅이었다. 유럽에서 가장 높은 알프스산맥에는 용이 산다고 믿어졌으며, 알프스의 외진 봉우리들은 대부분 이름조차 없었다. 그리고 몇몇 두드러지게 높은 봉우리에 붙여진 이름도 '저주받은 산'(mount accursed) '저주받은 이들의 봉우리'(peak of the damned) 같은 것이었다. 그렇다 해도 고산 지형이 지구의 '혹'이나 '사마귀' 또는 '종기'로까지 폄훼된 이유는 산이 대홍수의 흔적이라는 식의 기독교적 사변이 개입했기 때문인 듯하다. 그렇게 본다면, 버넷이 정확히 전근대적 심성에서 근대적 심성으로 이행하던 시기에 살았기 때문에 산에 대해 양가적 태도를 품었는지는 의문이다. 버넷보다 100여년 이르게 활동하며 1541년에 『산에 대한 찬미』를 쓴 박물학자 콘라트 게스너(Conrad Gesner)가 예증하듯이, 전근대에도 산은 위험하고 음침한 곳인 동시에 찬연하고 매혹적인 면모로 다가오기도 했던 것으로 보인다.[23]

그러므로 전근대와 근대는 산에 대해 상반된 태도를 지녔다기보다 근대 이전의 산에 대한 복합적이고 모호한 태도에서 벗어나 산을 숭고한 경험의 장으로 여기는 태도가 근대에 이르러 확립되었다고 보는 것이 적합할 듯하다. 요컨대 어떤 급진적 단절이 있었다기보다 전근대 전반에서

---

23 게스너는 이렇게 말했다. "신이 내게 생명을 허락하는 한, 나는 내 영혼의 즐거움을 위해 그리고 내 몸에 고귀한 운동을 (…) 제공하기 위해 매년 몇개의 산에 오를 것이다." Fergus Fleming, "The Alps and the Imagination," *Ambio*, Nr. 13 (November 2004), 52면에서 재인용.

나타나는 양가적인 태도가 순수하게 한 방향으로(즉, 산에 대한 긍정적 태도로) 몰려가면서 근대적 태도가 형성된 것으로 볼 수 있다. 아마도 더 많은 연구가 축적되어도 전근대 사회의 산에 대한 태도는 논쟁을 쉽게 벗어나지 못할 것이다. 그러나 적어도 산에 대한 근대적 태도에 관한 니컬슨의 주장, 즉 그것이 17세기경에 형성되었다는 주장만은 더이상 논쟁거리가 되지 않는 듯하다. 산은 찬란한 것이 되었다.

그랜드 투어

왜 버넷은 신학적 사변과 뒤섞인 과학적 추론 속에서는 "산을 저주하지만," 실제로는 산에서 "기분 좋은 종류의 혼미와 감탄"에 빠져들었던 것일까? 버넷은 그런 경험의 구체적 계기를 다음과 같이 밝히고 있다.

사물들을 실제로 보는 것보다 더 우리 생각을 일깨우거나 우리 마음을 자극하여 그것들의 원인을 탐구하게 하는 것은 없다. 운 좋게도 알프스산맥과 아펜니노산맥을 건너가게 되었을 때, 나 스스로 그런 경험을 했다. 거칠고 광활하고 무질서한 돌과 흙더미를 본 일이 내 공상을 아주 깊이 자극하여 나는 그런 혼란이 자연에서 어떻게 생겨났는지 납득할 만하게 설명할 때까지 마음이 편치 않았다.[24]

---

24 Thomas Burnet, 앞의 책, 제1권 제1책 제11장 참조. 버넷은 이어지는 논의 중에 알프스 체험과 관련해 다음과 같이 말하기도 한다. "어떤 사람이 알프스 산중의 평야 지대에서 잠이 들고 가장 높은 산꼭대기 가운데 하나에 남겨져 있었다고 가정해보라. 걸어보고 주변을 돌아보고는 자신이 마법에 걸린 땅에 있다고 생각하거나 다른 세상으로 세계로 옮겨졌다고 생각할 것이다. 모든 것이 그가 전에 보거나 상상했던 것과는 매우 다르게 나타날 것이다.

버넷이 산의 매혹적인 힘에 이끌리게 되고, 『지구 신성론』을 저술하는 동기가 되었던 것은 1671년 월트셔 공(Lord Wiltshire)과 함께 '그랜드 투어'(grand tour)를 갔다가 "운 좋게도" 알프스를 방문하게 된 덕분이었다. 그러므로 버넷에게 알프스 경험을 열어준 그랜드 투어에 대해 들여다볼 필요가 있다.

그랜드 투어는 17세기부터 시작된 영국 상층계급 젊은이들의 유럽대륙 탐방을 가리키는 말이다. 보통 2~3년에 걸쳐 이뤄졌던 그랜드 투어는 화려한 궁정문화를 꽃피우던 파리를 방문하고 유럽의 문명적 토대가 된 그리스·로마 문명의 자취를 보여줄 이탈리아, 그중에서도 로마를 돌아보는 것이 주된 일정이었다.[25] 이런 그랜드 투어는 전근대 사회의 이동을 특징짓는 정치적·군사적·상업적(경제적 거래를 위한 물류와 인적 이동), 그리고 종교적 이동(순례)과는 다른, 오로지 경험을 추구하는 이동이라는 의미에서 근대적 관광/여행의 효시라 할 수 있는 현상이다.[26]

17~18세기 영국의 상층계급 젊은이들은 너나없이 그랜드 투어에 나섰다. 그랜드 투어에 나섰던 당대 인물들의 이름을 열거해보면, 영국의 명성 있는 정치가, 학자, 예술가 가운데서 빠진 이를 찾아보기 어려울 정도

(…) 그의 주위에 벌거벗은 채로 서 있는 바위들, 그의 아래에 갈라진 빈 계곡, 그의 발치에는 한여름인데도 얼어붙은 눈 더미가 있을지 모른다. 그는 천둥이 아래에서 울려오는 소리를 듣고, 자신의 아래에 드리워진 검은 구름을 볼 수도 있다. 그런 광경에 대해 그가 여전히 지구에 있다고 자신을 설득하긴 쉽지 않을 것이다. 그러나 만일 그렇게 해낸다면, 그는 적어도 이전에 생각했던 것과는 매우 다른 이상하게 거칠고 황폐한 지역이 있다는 것을 확신하게 될 것이다"(같은 장).

25 괴테는 『이탈리아 여행기』(곽복록 옮김, 동서문화사 2016)에서 로마에 도착한 날 "마침내 나는 세계의 수도에 도착했다!"(177면)라고 적고 있다.

26 이하의 그랜드 투어에 대한 논의는 설혜심 『그랜드 투어: 엘리트 교육의 최종 단계』(웅진 지식하우스 2013)에 크게 의존하고 있다.

이다.[27] 그런 인사 가운데는 그랜드 투어를 나설 만큼 재력 있는 상층계급이 아닌 이들도 있었다. 토머스 홉스(Thomas Hobbes)나 애덤 스미스(Adam Smith)를 비롯해『지구 신성론』의 버넷도 그런 예인데, 이들은 투어에 나선 젊은이의 '동행 교사'로서 유럽대륙을 방문했다.[28]

그랜드 투어가 왕성하게 이뤄질 수 있었던 데는 영국인들의 내적 동기 그리고 전유럽적 조건이 함께 작용했다. 우선 영국인들의 동기는 두가지로 요약될 수 있다. 하나는 청년 엘리트에 대한 교육이라는 관점에서 볼 때, 17세기 영국 대학이 그렇게 유능하지 않았다는 점이다.『국부론』에서 옥스퍼드와 케임브리지를 신랄하게 비판했던 애덤 스미스나 대학들이 "지금과 같은 상태로 운영된다면 악과 우둔함의 온상이 될 수밖에 없다"고 일갈했던 메리 울스턴크래프트(Mary Wollstonecraft)의 사례는 영국 대학의 비효율성에 대한 당대의 인식을 잘 보여준다.[29]

그래서 영국인들은 대학교육 대신 유럽대륙으로 건너가 경험을 통해 배우는 길을 모색했는데, 대학교육 대신 사교육보다 유럽대륙 '투어'가 더 선호된 이유는 또다른 동기와 연결된다. 영국은 엘리자베스 1세 시대를 거치면서 정치·경제적으로 크게 성장했지만, 문화적으로는 유럽 안에서 여전히 후진국이라는 자의식을 가지고 있었다. 영국인들은 그리스·로

---

27 그랜드 투어를 다녀온 이들의 규모와 관련해 설혜심은 다음과 같이 말한다. "얼마나 많은 사람이 여행했는지는 파편적인 정보들을 토대로 막연하게 추측할 수밖에 없다. (⋯) 1780년대 한 여행자는 프랑스에만 3만명의 영국인이 있다고 말했고,『로마제국 쇠망사』로 유명한 에드워드 기번은 하인을 포함해서 4만명 이상의 영국인이 유럽을 여행하고 있다면서 자신도 믿기 힘들 정도로 많은 숫자라고 덧붙였다"(같은 책 41~42면).
28 그랜드 투어의 주체가 아직 충분히 성숙하지 못한 청년이어서 여행 경험이 풍부하고 외국어에 능통하며 학식 있는 동행 교사와 함께 보내는 것이 그랜드 투어가 목표로 한 교육적 효과를 얻는 데 필수적인 것으로 여겨졌다(같은 책 제6장 참조).
29 같은 책 37~38면.

마 문명을 간직한 이탈리아와 화려한 궁정문화를 발전시킨 프랑스를 직접 보고 배우기를 원했다.

이런 필요와 열망을 충족하기 위해서는 관광/여행을 위한 조건이 마련되어야 한다. 오늘날에도 각국 외교부 홈페이지에서는 해외여행에 부적합하거나 위험한 지역들을 안내하고 있다. 우리의 경우 해외로 나가면 로밍된 스마트폰을 통해 외교부가 여행 부적합지 등에 대해 알려온다. 관광/여행 부적합 판정의 주된 근거는 전쟁, 내전, 쿠데타 같은 정치적 요인 그리고 전염병 같은 위생·보건 요인이다. 이런 면에서의 안전이 확보되지 않으면 관광/여행은 위축되기 마련이다. 특히 정치적 안정성이 없으면, 여행자는 스파이로 의심받을 위험까지 있다(오늘날 우크라이나 전선戰線 부근에 한국인이 나타난다면, 기자가 아닌 한 정체와 관련해 이런저런 의심을 받을 것이다). 그러므로 그랜드 투어 또한 유럽의 평화에 기초한 것임을 짐작할 수 있으며, 실제로 그랬다. 유럽의 17세기 전반은 '30년전쟁'(1616~48)으로 얼룩져 있었다. 30년전쟁을 끝내고 유럽 여러 나라를 국가간 체제(interstate system)로 묶은 1648년 베스트팔렌조약은 영국인들이 유럽대륙을 향해 투어에 나설 기반, 즉 정치적 평화를 제공했다.[30]

이런 평화가 대체로 나폴레옹전쟁 전까지는 이어졌다. 특히 18세기에는 그랜드 투어가 영국을 넘어서 독일과 러시아의 상류층에게도 확산되어 전유럽적 현상이 되었다. 청년기 귀족 자제에게 체험교육이 얼마나

---

30 베스트팔렌조약을 통해서 유럽은 하나의 기독교 국가라는 '영원한 제국'의 이념을 버렸다. 국가들은 영속적인 것으로 수용되었다(그래서 일정한 상태를 뜻하는 'state'가 정치조직을 지칭하는 말로 채택되었다). 국가들은 서로를 완전히 흡수 병합하는 것이 불가능하다는 것을 학습했고, 따라서 외교적 관계를 수립해야 함도 학습했다. 외교관계의 일반화란 개별 국가를 구성요소로 하는 국가간 체제의 수립을 뜻한다.

효과가 있는지, 오히려 허영과 방종을 부추기는 것은 아닌지 당대에도 숱한 의문이 제기되었다. 그러나 그랜드 투어는 유럽의 문화적 공통성을 발전시키고 18세기 동안 계몽주의를 유럽 전역에 널리 퍼지게 하는 데 크게 기여했다.

역사학자들이 즐겨 쓰는 표현을 빌리면, 전체적으로 보아 그랜드 투어는 유럽사에서 '장기 18세기'에 속하는 현상이었다.[31] 프랑스대혁명에 이은 나폴레옹전쟁 속에서 그랜드 투어의 조건인 유럽의 평화는 깨졌지만, 나폴레옹 몰락 후 왕정복고가 일어난 1815년 이후에는 그 조건이 복원되었다. 그러니 그랜드 투어는 19세기에도 지속될 수 있는 현상이었다. 실제로 뒤늦게 유럽 엘리트 문화를 모방하고 나선 미국 남부 농장주의 자제들 사이에서 그랜드 투어는 유습으로 이어졌다. 그런데도 그랜드 투어를 장기 18세기의 현상으로 보는 것이 타당한 이유는 그것의 또다른 조건인 물리적 이동수단 면에서 심층적 변화가 일어났기 때문이다. 1816년 도버해협 운항에 증기선이 도입되었는데, 그것에 이어지는 증기기차의 도입으로 인해 그랜드 투어는 점차 '대중 관광'(mass tour)에 바통을 넘겨준다.[32]

---

31 유럽사에서 '장기 18세기'를 어떻게 규정해야 할지에 대해서는 논란이 있다. 유럽대륙에서는 베스트팔렌조약이 성립된 1648년부터 1789년 또는 1815년의 시기를 지칭하는 반면, 영국에서는 1688년 명예혁명부터 1789년 프랑스대혁명 사이의 시기를 포괄하는 것으로 인식한다. 이 시기는 '계몽의 시대'로도 불리는데, 그 이유는 계몽주의란 유럽 각국이 직면하고 있던 절대주의와 중상주의의 모순과 위기라는 역사적 맥락에서 대안적인 정치적·경제적 질서를 모색했던 지식 운동을 지칭하기 때문이다.
32 그것을 잘 보여주는 '사건'이 바로 1851년 토머스 쿡(Thomas Cook, 1808~92)이 주도한 런던박람회 투어였다. 그는 런던박람회를 상징하는 '수정궁'(The Crystal Palace)을 보고 싶어 하는 미국인 15만명을 박람회로 데려갔는데, 그것을 위해서는 증기선, 증기기차의 예매와 승선 및 출입국 절차 그리고 호텔 숙박과 식사의 예약 및 수행 그리고 환전이나 이동 중의 통신 사무 같은 까다로운 문제가 모두 해결되어야 했다. 이런 문제가 해결되어 대규모 관

그들은 알프스를 생각했다

그런데 이런 그랜드 투어가 알프스와 뜻밖의 관련을 맺는다. 그랜드 투어의 핵심 목적지는 프랑스(파리)와 이탈리아(로마)였는데, 전자에서 후자로 이동하면서 알프스를 경유해야 했다. 이런 경로상의 이유로 유럽의 상류층과 그들의 동행 교사였던 학자들이 알프스를 새롭게 '발견'할 수밖에 없었다. 물론 알프스 경험이 모두에게 긍정적이었던 것은 아니다. 작가 호러스 월폴(Horace Walpole)은 1739년 알프스를 힘겹게 넘다가 굶주린 늑대를 만났는데, 늑대가 그의 애완견을 잡아먹어버렸고, 이때의 충격 때문에 그는 두고두고 알프스를 지옥 같은 곳으로 회상했다.[33] 그러나 그랜드 투어를 끝낸 뒤 출간된 회고록이나 여행기에서 알프스는 대부분 매혹적인 장소로 묘사되었다. 그리고 그런 묘사는 더 많은 사람을 알프스로 불러들였다. 알프스를 찾는 이들의 구성도 다양해져서 그랜드 투어에 나선 귀족 청년 이외에 문인, 과학자, 화가, 그리고 음악가들도 알프스를 찾고 연구하고 묘사하게 된다. 이런 전체 과정은 알프스산맥에 쌓인 눈들이 굴러떨어질 때 그러하듯이 일종의 '기호의 눈사태'를 만들어냈다. 그 결과 18세기 후반이 되면 몽블랑 아래 있는 마을인 샤모니(Chamonix) 방문이 그랜드 투어 정규 코스가 되다시피 한다.[34]

광/여행이 수행됐다는 것은 두어명의 하인 및 동행 교사와 함께 마차를 타고 수년에 걸쳐 유럽대륙에 산재한 유력자에게 추천장을 들고 찾아가며 이뤄진 그랜드 투어의 시대가 끝났음을 뜻한다.

33 설혜심, 앞의 책 108면.

34 샤모니는 겨울 스포츠를 위한 곳으로도 명성을 얻었고, 그 덕분에 1924년 최초의 동계올림픽 개최지가 된다.

알프스를 찾고 사랑했던 문인 가운데 두드러진 인물로 장 자크 루소(Jean Jacques Rousseau, 1712~78)를 들 수 있다. 본래 스위스 제네바공화국 출신이라 알프스와 여러모로 친연성이 있었던 그는 1761년 '알프스 기슭의 작은 마을에 사는 두 연인의 편지'라는 부제가 붙은 『쥘리, 또는 새로운 엘로이즈』를 발표했다. 출간되자마자 전유럽의 베스트셀러가 된 이 서간 소설은 알프스 기슭의 마을을 낭만적 사랑의 무대로 만들어주었다. 주인공 생 프뢰는 쥘리에게 보낸 편지에서 여러번 알프스를 묘사하는데, 다음은 그 가운데 한 대목이다.

동쪽에는 봄의 꽃들이 있었으며, 남쪽에는 가을의 열매들이, 그리고 북쪽에는 겨울의 빙산이 있었습니다. 자연은 같은 시간에 모든 계절을, 같은 장소에 모든 기후를, 그리고 같은 땅에 상반되는 토양을 결합하여 알프스의 산물과 평원의 산물의 생소한 조화를 이루어놓았으니, 그것은 다른 어디에서도 볼 수 없는 조화였습니다. 그 모든 것에다가 시각적 환영, 즉 서로 다른 빛을 반사하는 산정들, 빛과 그림자의 명암, 그리고 아침저녁으로 태양의 명암에서 비롯되는 온갖 빛의 효과들을 더해보세요. 당신은 끊임없이 감탄을 자아내는, 진짜 무대에서 보는 것 같은 장면들을 상상해볼 수 있을 것입니다. 깎아지른 듯한 산들의 원경이, 멀어질수록 비스듬히만 보이고 각 물체에 또다른 물체가 가려져 있는 그런 평원의 전망과 일시에, 그리고 그 전망보다 훨씬 더 인상 깊게 눈에 들어오기 때문입니다.[35]

---

35 장 자크 루소 『신엘로이즈 1』, 김중현 옮김, 책세상 2012, 113면.

이런 알프스의 "깎아지른 듯한 산들의 원경"은 끊임없이 연인을 "환기한다." 풍경과 고산에 대한 낭만적 취향은 낭만적 사랑과 하나로 융합한다.

당신과 함께 기쁨을 나누기 위해 내가 있는 곳으로 당신을 부릅니다. 다채로운 대상들이 끊임없이 나 자신에게 나를 환기하는 그 산책 내내 바로 그랬습니다. 나는 내가 가는 곳 어디에든 당신을 데리고 갔습니다. 나는 우리가 함께가 아닌 상태로는 단 한발짝도 떼어놓지 않았으며, 당신에게 서둘러 보여주지 않고 혼자서 경치에 감탄한 적이 없습니다. 내가 마주친 모든 나무가 당신에게 그늘을 만들어주었으며, 모든 잔디가 당신에게 앉을 자리를 제공해주었습니다. (…) 이 평화로운 체류지에서 모든 것이 내게 당신을 환기했습니다.[36]

루소만큼이나 알프스에 몰입했던 과학자로 박물학자 오라스 베네딕트 드 소쉬르(Horace Bénédict de Saussure, 1740~99)를 들 수 있다. 그는 1758년 고산 식물군에 대한 관심 때문에 샤모니를 찾았고, 1774년 스위스 발레 지역의 그라몽산(Le Grammont, 2,172미터)을 오른 것을 필두로 알프스산맥의 여러 봉우리에 오르고 빙하를 탐사했다. 하지만 알프스 지형 전체를 조망하고 파악하기 위해서는 꼭 필요하다고 생각했던 몽블랑에 오르는 데는 실패했다. 그러자 그는 몽블랑 등정에 포상금을 내걸었다. 소쉬르가 포상금을 내건 지 26년 만인 1786년 8월, 샤모니 출신 의사 미셸 가브리엘 파카르(Michel Gabriel Paccard)와 셰르파였던 자크 발마(Jacques Balmat)가 마침내 몽블랑 정상에 올랐다. 그리고 이듬해에 소쉬

---

36 같은 책 121면.

르도 발마의 안내를 받아 다른 동료 18명과 함께 몽블랑에 올랐다.

파카르와 발마 그리고 이어진 소쉬르의 몽블랑 등정은 19세기 유럽을 휩쓴 알프스 등산 열기를 촉발한 사건이었다. 이마누엘 칸트(Immanuel Kant, 1724~1804)도 당대의 알프스 등정에 대해 잘 알고 있었다. 그래서 『판단력 비판』(1790)에서 인간들이 서로에 대해 저지르는 사회적 악덕 때문에 인간에 대한 염증을 느끼고 사회적 삶을 단념하는 태도를 취할 때 느껴지는 비애감이 숭고할 수 있는 가능성을 언급하면서, 소쉬르를 끌어들인다.

재기 넘치면서도 철저한 소쉬르는 그의 알프스 여행기에서 사부아산맥 중의 보놈[37]에 대해 "거기에는 일종의 무미건조한 비애감(abgeschmackte Traurigkeit)이 감돌고 있다"고 말한다. 그래서 그는 사람들이 이 세상에 대해 더이상 아무것도 듣지도 보지도 않기 위해 그리로 이주하고 싶어하는 황야, 그러면서도 극도로 고통스러운 거주밖에는 인간에게 제공할 수 없을 정도로 그렇게 아주 황량해서는 안 되는 황야의 광경이 불러일으키는 흥미로운(interessante) 비애 또한 알고 있었다. — 내가 이러한 주해를 붙이는 것은 오직, 우수(憂愁, Betrübnis)도 — 의기소침한 비애가 아니라 — 도덕적 이념들에 그 근거를 가지고 있으면, 강건한(rüstigen) 격정의 하나로 계산할 수 있으나, 만약 그것이 동감(Sympathie)에 기초되고 있고, 또 그러한 것으로서 사랑스럽기도 하다면, 그것은 한낱 유약한(schmelzenden) 격정에 속한다는 것을 상기시키고, 그렇게 함으로써 오직 전자의 경우에만 마음의 정조는 숭고하다는 것을 주의시키고자 하는 의도에서이다.[38]

---

37 서알프스에 있는 보놈고개(Col du Bonhomme)를 가리킨다.
38 임마누엘 칸트 『판단력 비판』, 백종현 옮김, 아카넷 2009, 292~93면. 강조는 원문 그대로이

칸트가 주장하는 바는 이렇다. 전혀 아름답거나 멋지지 않고 매우 황량하지만 그렇다고 해서 도저히 거주할 수 없을 정도로 황폐하지는 않은 자연 풍경에 어떤 비애감 속에서 이끌린다면, 그것은 사회적 교류의 기쁨을 단념하고 싶을 정도로 인간들이 서로에 대해 저지르는 악행에 염증을 느낀 때문이다. 그런 염증 밑에는 인간의 악행에 대한 분노 또는 악행으로 인한 고통에 대한 공감 같은 도덕적 감정이 자리잡고 있으며, 그런 도덕적 감정으로 인해 비애감에는 어떤 강건함이 깃든다. 그럴 때 비애감은 숭고하다.

이런 칸트의 비애감 분석이 얼마나 타당한지는 따져볼 문제이다. 하지만 그로부터 분명히 알 수 있는 것은 칸트의 숭고 이론의 경험적 토대(물론 칸트가 읽은 책의 저자의 경험적 토대이다)가 알프스 체험이라는 점이다. 칸트 자신의 독서 경험은 물론이고, 그의 논의의 또다른 출발점인 에드먼드 버크(Edmund Burke)의 숭고 이론도 실은 버넷으로부터 존 데니스(John Dennis), 섀프츠베리 백작(Third Earl of Shaftesbury) 그리고 조지프 애디슨(Joseph Addison) 등으로 이어지는 알프스 체험기를 배경으로 해서 구성된 것이기 때문이다.[39] 그러므로 근대의 '숭고 미학' 일반이 알프스의 재발견과 깊은 관련을 맺고 있다고 할 수 있거니와, (한번도 고향 쾨니히스베르크를 떠난 적이 없음에도 불구하고) 칸트는 알프스를 찾는 이들이 느낀 숭고 미학의 정체를 다음과 같이 명료하게 밝혀준다.

고, 괄호 안은 인용자의 보충.

39 김동훈 「해제: 경험론적 미학이론 체계의 완성」, 에드먼드 버크 『숭고와 아름다움의 이념의 기원에 대한 철학적 탐구』, 김동훈 옮김, 마티 2006, 26~28면.

기발하게 높이 솟아 마치 위협하는 것 같은 암석, 번개와 천둥소리와 함께 몰려오는 하늘 높이 솟아오른 먹구름, 온통 파괴력을 보이는 화산, 폐허를 남기고 가는 태풍, 파도가 치솟은 끝없는 대양, 힘차게 흘러내리는 폭포와 같은 것들은 우리의 저항하는 능력을 그것들의 위력과 비교할 때 보잘것없이 작은 것으로 만든다. 그러나 우리가 안전한 곳에서 있기만 하다면, 그런 것들의 광경은 두려우면 두려울수록 더욱 더 우리 마음을 끌 뿐이다. 우리가 이러한 대상들을 기꺼이 숭고하다고 부르는 것은, 그것들이 영혼의 힘을 일상적인 보통 수준 이상으로 높여주고, 우리로 하여금 자연의 외견상의 절대권력에 도전할 수 있는 용기를 주는 전혀 다른 종류의 저항하는 능력을 우리 안에서 들춰내주기 때문이다. (…) 자연이 우리의 미감적 판단에서 숭고하다고 판정되는 것은, 자연이 두려움을 일으키는 한에서가 아니라, 오히려 자연이 우리 안에 (자연이 아닌) 우리의 힘을 불러일으키기 때문인 것이다.[40]

알프스를 방문하는 이들의 증가와 그것에 대한 문학적·예술적·과학적 서술이 증가하는 과정은 순환적인 상호 강화 과정, 즉 앞서 언급한바 '기호의 눈사태'를 야기한다. 이 기호의 눈사태란 결국 알프스를 가볼 만한 곳, 사회적으로 승인된 '그곳'으로 격상해가는 과정이다. 우리가 임의로 선택해 살펴본 횔덜린의 「귀향」 또한 그 이전의 알프스에 대한 의미화 작업, 즉 알프스를 '그곳'으로 만드는 작업의 바통을 이어받아 다음 누군가에게 전달하는 작업을 수행했다고 할 수 있다. 이런 기호에서 기호의 릴레이에 참여한 이에 횔덜린 같은 시인만 있는 것은 아니다. 소쉬르의 책

---

40 임마누엘 칸트, 앞의 책 270~71면.

이나 루소의 책을 읽고 알프스를 찾은 일반인들도 역시 그런 릴레이에 참여한 이들이다. 숱한 이들이 알프스를 방문하고, 자신의 경험을 이웃이나 친지에게 전함에 따라 알프스는 점점 더 많은 사람에게 찾고 싶은 장소, '그곳'으로 승격되어갔다고 할 수 있다. 하지만 역시 불멸의 지적·예술적 작업을 통해서 알프스의 의미화에 큰 영향력을 발휘한 작가들 그리고 예술가들이 있다. 그런 이들의 기념비적 작품으로 문학에서의 윌리엄 워즈워스(William Wordsworth, 1770~1850)의 『서곡』(1805),[41] 회화에서의 조지프 말러드 윌리엄 터너(Joseph Mallord William Turner, 1775~1851)의 작품들, 음악에서의 리하르트 슈트라우스(Richard Strauss, 1864~1949)의 「알프스 교향곡」(1915년 초연)[42] 등을 들 수 있을 것이다. 이들 작품은 알프스의 심미화와 장소로의 상승에 중요한 이정표로서, 각각 탐구될 가치가 있다. 하지만 여기서는 터너의 회화를 간략히 살피는 것으로 그치고자 한다.[43]

----

41 『서곡』 제6권은 프랑스대혁명 이듬해인 1790년 그랜드 투어를 위해 프랑스로 간 워즈워스의 대혁명 체험(그는 대혁명 1주년에 열린 '연맹제'에 참여했다)과 그것에 이어진 알프스 여행이 핵심 주제이다. 『서곡』은 대혁명이라는 '정치적 숭고'와 알프스라는 '자연적 숭고'가 워즈워스 자신의 정신적 성장과 복잡하게 뒤얽혀 있다는 점에서 매우 흥미로운 작품이다(워즈워스는 대혁명이 자신의 정치적 관점에서 실망스러운 방향으로 흐를 때마다 알프스의 자연으로부터 위안을 얻는다). 하지만 알프스 여행 이후 15년 뒤인 1805년에 쓰였고, 이후로도 개작을 거쳐 1850년에 최종판이 발간된 『서곡』은 여행 직후에 쓰인 그의 『서술적 스케치』(Descriptive Sketches, 1791~92)와의 대조 작업 그리고 판본 사이 변용 과정에 관한 꼼꼼한 분석을 필요로 한다. 하지만 이런 작업은 알프스의 의미화를 다루는 이 장의 과제를 초과한다.
42 관점에 따라서는 프란츠 리스트(Franz Liszt)가 빅토르 위고의 시 「우리가 산에서 듣는 것」(Ce qu'on entend sur la montagne)에서 영감을 얻어 작곡한 동명의 교향시를 앞세우고 싶은 이들도 있을 것이다. 이외에도 19세기 작곡된 산을 주제로 한 관현악곡으로 엑토르 베를리오즈(Hector Berlioz)의 「이탈리아의 해럴드」(1834 초연, 바이런의 『어린 해럴드의 순례』에서 모티프를 얻었다)나 모데스트 무소륵스키(Modest Petrovich Musorgskii)의 「민둥산에서의 하룻밤」(1867), 그리고 에드바르 그리그(Edvard Hagerup Grieg)의 「페르 귄트 모음곡」(1867, 입센의 동명 희곡의 부수 음악) 등을 들 수 있다.
43 이하 터너의 알프스 회화에 대한 논의는 주로 Kunstmuseum Luzern ed., *Turner: The Sea and the Alps*, Hirmer 2019에 의존하고 있다.

터너는 알프스를 6번에 걸쳐 방문했다. 첫 방문은 그가 청년기였던 1802년이었다. 프랑스대혁명 이후 벌어진 영국과 프랑스 사이의 전쟁과 적대 관계는 1815년 나폴레옹이 워털루에서 영국에 패배함으로써 끝난다. 20년이 넘는 긴 전쟁과 적대 중에 비교적 짧은 평화가 이어졌던 것은 '아미앵평화조약'(la paix d'Amiens, 1802~1803) 시기이다. 전쟁으로 오랫동안 그랜드 투어에 나서지 못했던 영국 상류층이 이 시기에 대거 파리를 찾았다. 프랑스대혁명의 결과로 국가 소유가 된 부르봉왕조의 귀중품과 예술품을 전시하기 위해 루브르가 공공미술관으로 개장한 상태였기 때문이었다. 터너도 이 시기에 후원자들의 도움으로 파리로 와서 티치아노 베첼리오(Tiziano Vecellio)와 파올로 베로네세(Paolo Veronese) 그리고 풍경화를 지향했던 그에게 매우 중요했던 니콜라 푸생(Nicolas Poussin)의 회화를 감상하고 관찰했다.

그러나 그는 파리보다 알프스에 더 관심이 있었다. 그래서 그는 리옹에서 제네바를 거쳐 샤모니, 보놈고개, 툰호수, 브리엔츠, 그린델발트, 루체른, 악마의 다리, 그리고 쉴레넨협곡을 거쳐 바젤까지 갔고, 거기서 파리로 돌아와 루브르를 방문했다. 터너가 알프스를 두번째 방문한 것은 1836년이었다. 그리고 1841년대부터 1844년까지는 매년 알프스를 방문했는데, 이때는 알프스에 이어 이탈리아를 방문하거나 네덜란드를 방문했다. 그의 알프스 방문은 그랜드 투어의 거의 마지막 물결에 실려 있었다. 하지만 그는 통상적인 그랜드 투어리스트와 달리 화가라는 전문가적 견지에서 알프스를 방문했다. 그에게 알프스는 새로운 시각적 모티프의 거대한 원천이라는 의의가 있었다. 그는 루브르나 이탈리아 각지 그리고 네덜란드에서 회화사의 걸작을 분석적으로 감상하는 것보다 알프스를 항상 더 중요하게 생각했고, 그래서 알프스의 여러 풍경을 끈기 있게 스케치하고, 영국에 돌아와서는 그것을 자료 삼아 알프스를 주제로 한 여러 종류의 그림을 그렸다. 여기서는 그의 숱한 알프스 회화 가운데 필자가 보기에 최대 걸작이라 할 만한 작품만 살펴볼 것이다. 그것은 「푸른 리기(Rigi): 일출 속의 루체른호수」(1842)이다.

터너의 알프스 방문에서 항상 빠지지 않은 장소가 있다면, 그것은 루체른호수이다. 터너는 루체른뿐 아니라 코모호(湖)나 로잔호를 비롯해 알프스의 여러 호수를 그렸다. 그리고 루체른의 경우도 '우르너제'(Urnersee)라는 별칭으로도 불리는 남쪽 지역을 그리기도 했고, 루체른을 감싸는 다른 산인 필라투스를 배경으로 한 그림도 그렸다. 하지만 그가 하루의 여러 시간대에 따라 달리 보이는 모습을 여러장에 걸쳐 그린 것은 리기산이 유일하며,[44] 「푸른 리기」는 그 가운데 일출 시간대를 그린 것이다.

터너가 리기산을 여러 시간대에 걸쳐 그린 것은 그에게 실험적 의도가 있었기 때문일 텐데, 그런 회화적 실험에는 괴테(J. W. von Goethe)의 『색채론』이 깊은 영향을 미쳤다. 괴테는 뉴턴의 『광학』을 비판하면서 자기 나름의 색채 이론을 발전시켰다. 물론 오늘날 빛과 색채에 대한 과학적 이론은 뉴턴의 노선을 따라 발전한 것이다. 괴테는 빛과 색채에 대한 매우 꼼꼼한 관찰 결과를 사변적인 이론을 통해 설명하고자 했는데, 그의 관찰은 높이 사줄 만하긴 해도 설명 방식은 과학적 이론으로 받아들여지지 않는다. 하지만 빛과 색채에 대한 활발한 논의를 벌였던 19세기 과학계에서 괴테의 논의는 신중하게 검토된 이론 가운데 하나였으며, 터너도 깊은 관심을 기울였다.

---

44 「푸른 리기」 외에 「붉은 리기」 「어두운 리기」 「달빛 아래의 리기」 「폭풍 속의 리기」 등이 있다.

3-1. 조지프 말러드 윌리엄 터너 「푸른 리기: 일출 속의 루체른호수」, 1842, 테이트갤러리, 영국 런던

여기서 꽤 복잡한 괴테의 색채 이론을 요약할 여유는 없다.[45] 다만 괴테가 색은 빛과 어둠의 대립 관계에서 생겨나고, 빛과 어둠은 그것이 투과되는 매체가 어떤지에 따라 색채가 달라지며, 그래서 빛은 흰색이지만 반투명 매체(예컨대 수증기를 머금은 대기)를 통과하면 황색이 되고, 어두움은 검은색이지만 반투명한 매체를 경유하면 청색이 된다고 주장했다는 정도만 옮기고자 한다. 괴테의 색채 이론 전반에 대해 터너가 얼마나 동의했는지는 논쟁적인 문제이다.[46] 그러나 다음 두가지 면에서 괴테

---

45 상세한 내용을 파악하기 위해서는 괴테의 저술을 직접 읽는 것이 최선이다. 요한 볼프강 폰 괴테 『색채론』, 장희창 옮김, 민음사 2003 참조.
46 터너가 괴테의 색채 이론 가운데 어떤 점에 얼마나 동의했는지는 논쟁적인 문제로 남아 있다. 특히 터너의 실제 회화, 가령 아예 '괴테의 이론'이라는 제목을 병기하고 있는 「빛과 색(괴테의 이론): 대홍수 이후의 아침 ― 창세기를 쓰는 모세」(1843) 같은 그림이 어느 점에서 얼마나 괴테의 색채 이론을 수용하는지에 대해 미술사가들의 논쟁은 계속되고 있다. 관

의 이론이 터너의 회화에 미친 영향을 느낄 수 있다. 하나는 터너가 여느 색보다 황색과 청색에 대해 깊은 관심을 기울이며 실험을 거듭했다는 점이다(물론 터너는 '황색 또는 황금빛 화가'로 더 유명하기는 하다). 다른 하나는 괴테 덕분에 터너는 빛이 색을 형성할 때 매질(媒質, medium)이 지닌 중요성을 인식하게 되었고, 그래서 그는 오브제를 그린다기보다 빛과 매질 그리고 양자의 상호작용으로 인해 형성되는 색채를 그리려는 노력을 계속했다. 그는 정말로 물체가 아니라 빛과 대기(심지어 날씨 자체)를 그리고자 했다. 그에게 이미지란 오브제를 재현하는 것이 아니라 표면의 색상과 빛이 서로 합쳐지는 반사로 구성된다. 그러므로 그의 회화의 주제는 공간에서 방출되는 빛의 무한한 굴절에 의해 생성되는 이미지의 일시적 색채였던 셈이다.

「푸른 리기」를 보자. 아침 해가 떠오르고 있다. 하늘 꼭대기엔 샛별이 곧 사라질 듯 여리게 남아 있다(터너는 샛별을 자신의 매모양 손톱으로 긁어서 종이의 흰색이 드러나게 하는 방식으로 그렸다고 한다). 햇빛이 공기를 투과하며 옅은 황색으로 퍼져나가고 있다. 빛이 넘실대며 퍼져나가자 리기를 감싸던 어두움은 서서히 푸르러진다. 리기의 푸르름을 보자면, 괴테의 『색채론』의 다음과 같은 구절을 떠올리지 않을 수 없다.

련해서 Gerald E. Finley, "The Deluge Pictures: Reflections on Goethe, J. M. W. Turner and Early Nineteenth Century Science," *Zeitschrift für Kunstgeschichte*, 60. Bd., H. 4, 1997, 530~48면. 그리고 Gerald E. Finley, "Turner: An Early Experiment with Colour Theory," *Journal of the Warburg and Courtauld Institutes*, Vol. 30, 1967, 357~66면을 참조하라. 필자가 보기에 괴테의 색채 이론은 광학적으로는 잘못된 방향으로 나아갔지만, 시각의 구성적인 기능을 강조하는 생리적인 색 이론으로서는 여전히 그 나름의 가치를 지닌 것으로 보인다. 괴테의 색채 이론에 대한 국내 연구로는 장희창 「괴테 『색채론』의 구조와 그 현대적 의미」, 『괴테연구』 제11권, 1999. 12, 173~89면을 참조하라.

빛을 받아 투과시키는 흐린 매질을 통해 암흑을 보면 우리에게 청색이 나타난다. 그것은 매질이 흐리면 흐릴수록 더욱 밝고 옅어지게 되며, 반대로 흐림의 투명성이 높아질수록 더욱 어둡고 짙게 나타난다. 만일 흐림이 최고도로 투명해지면 앞의 청색은 우리 눈에 아름다운 제비꽃색으로 지각된다.[47]

괴테 이론을 따라 보면, 리기는 어둠이 약해짐에 따라 "우리 눈에 아름다운" 옅은 제비꽃색에 머물러 있는 듯하다. 루체른호수는 빛이 직접 닿는 면과 리기에 가려진 면이 각각 노란색과 푸른색으로 나뉜다. 물론 경계면은 안개와 물결로 희미하다.

이 그림이 괴테적인 것은 여기까지이다. 특징적이게도 이 그림은 고요한 시각적 이미지와 달리 강렬한 청각적 환영을 자극한다(터너는 마치 에드바르 뭉크Edvard Munch 이전에 이미 청각적 경험을 그리고자 한 듯이 보인다). 오른쪽 모서리의 작은 어선에서 사냥꾼이 호수의 오리떼를 향해서 총을 쏜 듯하다. 총소리와 동시에 사냥개 한마리가 호수로 뛰어드는 중이다. 그 앞에는 이미 호수에 뛰어든 사냥개가 한마리 더 있다. 화면 하단 왼쪽에는 총소리에 놀란 오리들이 도망치며 날아오르고 있다. 총소리에 이어진 사냥개의 컹컹대는 소리와 오리의 꽥꽥거리는 소리가 일출의 고요함을 아주 요란스럽게 깨고 있다. 이렇게 터너의 풍경화는 '픽처레스크'(pcituresque)한 것에 그치지 않고, 거칠고 역동적인 삶의 소리를 담고 있다.

다른 한편 왼편 중간쯤에 희미하게 등장하는 증기선도 관심을 기울

---

47 요한 볼프강 폰 괴테, 앞의 책 88면. 번역문에서 '청자색'은 인용자가 '제비꽃색'으로 수정함.

3-2. 조지프 말러드 윌리엄 터너 「해체를 위해 예인된 전함 테메레르」, 1839, 내셔널갤러리, 영국 런던

일 필요가 있다. 루체른호수에는 루체른시와 우르너제 쪽의 플뤼엘렌 (Flüelen)시를 연결하는 증기선이 1837년부터 운항했다. 브루넨(Brunnen) 이나 플뤼엘렌을 배경으로 한 그림에서 알 수 있듯이, 터너는 이 증기선 을 타고 루체른 전역을 돌아본 듯하다. 어쩌면 「푸른 리기」를 둘러싼 모 든 것, 루체른호수와 리기 아래 거주하는 사람들의 삶의 양상은 물론이 고 산과 호수의 상태까지도 바꿀 커다란 변화의 조짐은 바로 「푸른 리기」 에서 가장 희미하게 모습을 드러내고 있는 이 증기선일 것임을 터너는 그것의 낮게 깔린 엔진소리와 더불어 물안개 속에 흐릿하게 묘사하고 있 는 듯하다.

확실히 터너는 증기엔진으로 대변되는 산업화에 깊은 관심을 기울였

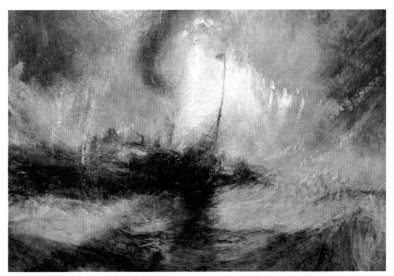

3-3. 조지프 말러드 윌리엄 터너 「눈보라: 항구 입구에 있는 증기선」, 1842, 테이트갤러리, 영국 런던

으며, 증기선이나 증기기차에 대해 깊은 양가감정을 품었다. 그의 다른 그림, 예컨대 「해체를 위해 예인된 전함 테메레르」(1839)는 트라팔가르에서의 승전을 이끈 웅장한 전함 테메레르(그림에서 보듯이 범선이다)를 그보다 훨씬 작은 증기선이 검붉은 연기를 뿜으며 가볍게 예인하는 모습을 그리고 있다. 테크놀로지적 전환을 이렇게 선명하게 하나의 장면 안에 담아낸 그림은 별로 없을 것이다.

그러나 동시에 터너는 「눈보라: 항구 입구에 있는 증기선」(1842) 같은 그림을 통해 인간의 산업적 성취인 증기선이 자연의 힘 앞에서 사정없이 흔들리는 모습을 그리기도 했다. 이 그림에서 자연은 인간을 초월하는 숭고함을 여지없이 드러낸다.

「푸른 리기」는 자연을 압도하는 증기기관과 자연에 압도되는 증기기관이라는 두 표상 사이의 어디쯤에 위치할 것이다. 이 점에서 「푸른 리

3-4. 조지프 말러드 윌리엄 터너 「비, 증기, 그리고 속도: 대서부 열차」, 1844, 내셔널갤러리, 영국 런던

기」는 「비, 증기, 그리고 속도: 대서부 열차」(1844)와 유사한 면이 있다. 물론 「비, 증기, 그리고 속도: 대서부 열차」는 「푸른 리기」와 달리 산업화의 성과(템스강을 가로지르는 메이든헤드 철교와 기차)가 중심 주제이다. 하지만 화면의 모든 요소는 「푸른 리기」에서와 마찬가지로 오브제로서의 존재감보다는 여름 폭풍우와 뒤엉켜 빛과 색채와 증기 그리고 일렁이는 대기의 움직임이 암시하는 속도로 나타난다. 여전히 구름이 잔뜩이지만 기차 주위의 지상 풍경은 비가 갬에 따라 노랗게 빛나기 시작한다. 엔진에서 방출되는 흰색 증기는 강에서 올라오는 안개와 뒤섞이고 있다. 다리 아래쪽에는 몇몇 사람이 기차를 바라보고 있다(경탄하며 바라보고 있는 것일까?). 멀리 강에는 아주 전통적인 이동수단인 작은 배에 두 사

3-5. 슈바넨 레스토랑 홈페이지 사진. 중앙의 창으로 리기산이 보인다.

람이 타고 있고. 오른쪽 하단에는 (희미해서 금세 식별되지는 않지만) 기차 앞에서 트랙을 따라 달리고 있는 토끼가 있다(기차는 사냥개가 되어 생명을 포획하려고 따르고 있는 것일까?). 그리고 철교 오른편 아래는 짐승 두마리와 농부 한 사람이 보인다. 「푸른 리기」의 증기선이나 사냥꾼, 사냥개, 어선, 오리 그리고 어선에 해당하는 요소들이 여기서도 증기기차, 토끼, 돛배의 형태로 등장한다. 물론 다시 한번 강조하거니와 「푸른 리기」와의 차이점을 간과할 수는 없다. 여기서는 새로운 테크놀로지가 「푸른 리기」와 달리 훨씬 전면에 나서고 있을 뿐 아니라 그림을 그린 화가의 자리(우리들 관람자의 자리)를 향해 쇄도해오고 있다. 하지만 여전히 「푸른 리기」와 유사하게 여기서도 청각적 환영을 불러일으키며(기차가 엔진음과 기적 소리를 내뿜을 듯하다), 기술과 자연이 이미 하나로 뒤섞여 풍경을 형성한다. 기술은 제2의 자연이 되고 있다.

「푸른 리기」는 그 자체가 알프스에 대한 매혹을 한켜 더 쌓아 올린 작품이다. 터너를 좋아하는 이든 알프스를 좋아하는 이든 「푸른 리기」로 인해 루체른에 가볼 이유가 하나 더 생긴 것이다. 루체른에 '아직' 가보지 못한 나 또한 예외가 아니다. 터너가 루체른에 갈 때마다 묵었던 '슈바넨 호텔'(Schwanen Hotel) 자리에 여전히 남아 있는 '슈바넨 레스토랑'에서 차를 마시며 터너가 보던 자리에서 리기를 보고 싶은 욕망을 느낀다(물론 터너가 「푸른 리기」를 그린 지점에 서려면, 루체른호수 안쪽으로 배를 타고 들어가 리기에 더 가까이 다가가야 한다).

산악인들

루소와 소쉬르에서 터너에 이르기까지, 알프스는 장소 형성 과정, 알프스에 대한 욕망을 형성하는 사회문화적 과정을 전형적으로 보여준다. 알프스의 여기저기가 장소가 된 것은 고산(高山)에 대한 근대적 심성의 변화 그리고 그것에 연결된 학문적 탐사와 담론 그리고 예술적 실천 그리고 그런 것들이 불어넣은 열망에 이끌려 그곳을 찾은 모든 이들의 의미 부여 활동의 복합적 결과물이다. 이런 의미작용은 물론 터너를 이어 계속되었다. 아마도 그런 의미의 릴레이에서 터너의 바통을 이어받은 이들은 누가 뭐래도 '등산가들' 그리고 '산악인들'일 것이다.[48]

---

48 등산(mountaineering) 그리고 등산인(mountainer) 같은 말이 쓰이기 시작한 것은 19세기 초이다. 고산등정(alpinism)과 산악인(alpinist) 같은 말이 쓰이기 시작한 것은 19세기 중

1857년 세계 최초의 등산 협회인 영국 산악회(Alpine Club)가 창설되었고,[49] 1854년 앨프리드 윌스(Sir Alfred Wills, 1828~1912)의 베터호른 등정에서 시작해 알프스의 주요 고봉들이 모두 등정되었고, 1865년 에드워드 휨퍼(Edward Whymper, 1840~1911)가 마지막 남은 마터호른에 올랐다. 이 10여년은 이른바 '알피니즘의 황금기'로 불리는데, 산악인들의 지치지 않는 도전이 알프스를 사람들의 뇌리에 더욱 깊이 각인하는 계기가 되었음은 물론이다.[50]

예컨대 가장 저명한 등정 가운데 하나라 할 휨퍼의 마터호른 초등(初登)을 보자.[51] 마터호른은 낙석 위험이 크고 극도로 가파르기 때문에 알프스에서 가장 올라가기 까다로운 봉우리이다. 알피니즘의 황금기 10년 동안 숱한 초등 시도에도 불구하고 휨퍼 이전에는 모두 실패했다. 휨퍼는 7번의 실패 끝에 마침내 마터호른의 사면 가운데 남동면에 있는 회른리 능선(Hörnli Ridge)을 경유해서 정상에 올랐다(가장 악명 높은 북면을 경유한 초등은 1930년에 이르러서야 이뤄졌다). 그나마 가장 쉬운 루트였는데도 하산길에 밧줄이 끊어져 7명의 팀원 가운데 4명이 사망했다.

엽 이후이다. 후자는 알프스의 산을 오르는 행위나 그런 등산인들을 가리키는 말에서 고산을 등정하는 등산인들을 가리키는 말로 확장되었다. 19세기 초까지 등산은 과학적 탐사를 위한 수단이었다. 그러나 19세기 중반 이후로는 과학이 등산을 위한 도구 역할을 한다. 고산 등반을 위한 기술과 도구의 발전에 대해서는 Kerwin Lee Klein, "A Vertical World: The Eastern Alps and Modern Mountaineering," *Journal of Historical Sociology*, Vol. 24 Iss. 4, 2011, 519~48면을 참조하라.

49 스위스 산악회와 이탈리아 산악회가 창립된 것은 1863년, 오스트리아와 독일 산악회는 1869년, 프랑스 산악회는 1874년이었다.

50 알피니즘 황금기의 등정사에 대해서는 Peter H. Hansen, *The Summits of Modern Man: Mountaineering After the Enlightenment*, Harvard University Press 2013 참조.

51 에드워드 휨퍼의 삶과 그의 마터호른 등정에 대해서는 이언 스미스『마터호른의 그림자: 에드워드 윔퍼의 일생』, 전정순 옮김, 하루재클럽 2018 참조.

에드먼드 버크는 숭고를 거대한 자연의 위력을 안전한 곳에서 바라볼 때 느끼는 "신나는 공포"(delightful horror)라고 정의했다. 하지만 산악인들은 칸트를 따라서 자연에서 느끼는 숭고미가 실은 자연의 위력을 감당하는 자아의 숭고에 연결된 것임을 스스로 확증하고자 했다. 다만 칸트처럼 그것을 감각적 두려움을 이겨내는 이성의 힘이 아니라 육체적 힘을 통해, 즉 자연을 제 발과 손으로 감지하면서 얻고자 했다. 이 신체적으로 실현된 자아의 숭고에 이르기 위해서 그들은 자연의 위력에 가능한 한 바짝 다가갔고, 그 결과로 때로는 휨퍼의 팀원들처럼 자연의 위력에 무릎을 꿇기도 했다.

이외에도 마터호른 초등을 둘러싼 이야기가 대중적으로 더욱 흥미로웠던 또다른 이유는 그것이 휨퍼의 영국팀과 장 앙투안 카렐(Jean Antoine Carrel, 1829~91)[52]의 이탈리아팀 사이의 경쟁 속에서 이뤄졌기 때문이다. 이탈리아팀은 휨퍼가 먼저 초등에 성공하자 하산했지만, 이틀 뒤에 다시 등정을 시도해서 성공했다. 이탈리아팀이 재등정에 성공할 때, 휨퍼는 죽은 동료의 시신을 수습해 장례를 치렀고, 이어서 팀원이었던 타우크발더와 더글러스 사이의 로프가 왜 끊어졌는지 밝히는 청문회에 참석해야 했다. 청문회는 화젯거리가 되기는 했지만, 단순한 사고임을 확인하고 끝났다. 몇년 뒤 휨퍼는 다른 산악인들이 그랬듯이[53] 자신의 등정기 『알프스 기어오르기』(Scrambles Amongst the Alps, 1871)를 출간했다. 사진이 일반적이지 않던 시기에 세밀한 삽화를 풍부하게 수록한 이 책은 여느 등정기보다 인기가 있었다.[54] 그의 등정기 삽화는 알프스 등정을 실감나게 전달

---

52 휨퍼의 경쟁자였던 카렐은 1891년 마터호른 남벽 등정 중에 사망했다.
53 앨버트 스미스(Albert Richard Smith, 1816~60)의 『몽블랑 이야기』(1853)나 앨프리드 윌스의 『알프스에서의 방랑』(1858) 등을 들 수 있다.

3-6. 마터호른 정상에 오른 순간을 그린 에드워드 휨퍼의 삽화. 캡션은 "크로! 크로! 어서 와!"(Croz! Croz! Come Here!)였다. 미셸 크로는 휨퍼와 함께 등반한 셰르파이며 하산 중에 사망했다.

해주었다.

 휨퍼의 마터호른 등정을 둘러싼 이런 이야기는 알피니즘이 알프스의 장소성을 강화하는 데 얼마나 크게 기여했는지 잘 보여준다. 그의 등정은 초등의 영광과 하산길 동료의 사망이라는 비참, 그러니까 환희와 절망이 순식간에 교체되는 것이었으며, 유럽에서 국민국가의 발흥기였던 시기에 국가 간 경쟁을 표상하는 등정이었으며, 사망 원인에 대한 청문회와 위대한 등산가의 걸출한 등정기를 통해 계속해서 대중의 관심을 환기했던 사건이었다.

---

54 휨퍼는 인쇄물의 삽화용 판화를 새기는 판각공 집안의 둘째 아들이었고, 그 자신도 판각공으로 일했던 덕에 목판화에 뛰어났다.

모든 장소의 운명

알프스를 둘러싼 이야기는 아마도 『천일야화』처럼 이어질 것이다. 알피니즘 다음으로 스키 이야기가 이어질 것이다.[55] 또한 알프스는 맑은 공기를 제공한다. 산업화 및 도시화와 더불어 찾아온 폐결핵의 시대이기도 했던 19세기에 알프스는 요양을 위한 곳으로도 번성했다.[56] 스스로 병약했고 그래서 요양원을 들락거렸던 니체는 '차라투스트라' 또한 철학적 원기 회복을 위해 산으로 보내야 했다.[57] 그러니 우리는 아마도 니체의 『차라투스트라는 이렇게 말했다』에서 토마스 만의 『마법의 산』에 이르는 작품들을 통해 알프스의 장소화 과정에 관한 논의를 더 이어가야 할지도 모르겠다. 아무튼 알프스는 19세기를 통해서 유럽인들 모두가 다양한 이유로 찾아가기를 원하는 '그곳'이 되었다. 그리고 그곳으로 가는 재

---

55 알프스 스키의 발전에 대해서는 Andrew Denning, "From Sublime Landscapes to 'White Gold': How Skiing Transformed the Alps after 1930," *Environmental History*, Vol. 19 No. 1 (January 2014), 78~108면 참조.

56 폐결핵의 문화적 의미에 대해서는 수전 손택 『은유로서의 질병』, 이재원 옮김, 이후 2002 참조.

57 니체의 『차라투스트라는 이렇게 말했다』(정동호 옮김, 책세상 2000)는 '등산과 철학'이라는 부제를 붙여도 좋을 만한 책이다. 각 부의 첫 부분의 문장들은 이 점을 잘 보여준다. 제1부: "차라투스트라는 그의 나이 서른이 되던 해에 고향과 고향의 호수를 떠나 산속으로 들어갔다"(12면). 제2부: "차라투스트라는 다시 산속으로, 그의 동굴의 고독 속으로 돌아갔다"(135면). 제3부: "나는 방랑하는 자이자 산을 오르는 자다"(255면). 제4부: "산정에 오르자 차라투스트라는 그를 따라 올라온 짐승들을 집으로 돌려보냈다"(392면). 혹자는 차라투스트라의 행보는 세례 요한, 예수, 혹은 성(聖) 히에로니무스(St. Eusebius Sophronius Hieronymus, 342 또는 347~420)와 다르지 않다고 할 수 있다. 하지만 차라투스트라는 산으로 갔던 반면, 이들은 광야로 갔다. 산과 광야의 의미론은 전혀 다르며, 이렇게 성자나 현인의 거주지가 광야에서 산으로 바뀐 것에는 마저리 호프 니컬슨이 지적했던바, 산에 대한 근대적 태도가 작용했다고 할 수 있다.

빠른 방법은 터너가 「푸른 리기」에 희미하게 그려 넣은 증기기관을 이용한 교통수단이 마련해주었다. 그 결과 레슬리 스티븐(Sir Leslie Stephen)이 지적했듯이, 알프스는 '유럽의 놀이터'(*The Playground of Europe*, 1871)가 되었다.

게오르크 짐멜의 짧은 에세이 「알프스 여행」(1895)은 '유럽의 놀이터'가 된 알프스가 한 세대 뒤에 어떤 모습이 되었는지 말해준다.

스위스의 교통망에서 수십 년 전에 시작된 공사가 최근에 이르러 완성되었다. 우리는 이 과정을 자연 향유의 도매급 판매라고 부를 수 있을 것이다. 여기서 도매급 판매라는 표현은 단순히 외적인 경제적 비유 이상의 그 무엇이다. 이전에는 오직 쓸쓸하게 걸어서만 접근할 수 있었던 목표들이 이제는 매우 빠른 속도로 증가하는 철도를 통해 도달할 수 있게 되었다. 뮈렌(Mürren)이나 벵엔(Wengen)과 같이 차도를 건설하기에 경사면이 너무 가파른 곳에는 철도를 건설한다. 이미 아이거(Eiger, 알프스의 3대 봉우리의 하나―옮긴이)로 가는 철도가 마무리된 것 같다. 그래서 이제는 지금까지 이 험난한 정상을 오른 모든 등산가와 똑같은 숫자의 사람들을 철도가 단 하루 만에 실어 나를 수 있게 되었다. 파우스트적 소망――"자연이여, 나는 고독한 인간으로서 그대 앞에 서겠노라"――은 점점 더 드물게 성취되며, 따라서 점점 더 드물게 이야기된다. (…)

결론적으로 말해서, 나는 알프스 등산의 사회화를 가능케 하는 도매급 판매가 소매급 판매에 대해서 지니는 압도적인 장점들을 결코 부인하지 않는다. 왜냐하면 적어도 이전에는 능력과 수단의 부족으로 인해서 자연을 향유할 수 없었던 수많은 사람들이 이제는 향유할 수 있게 되었기 때문이다. 나는 이제 영원히 사라져버린 좋았던 시절의 알프스 여행이 갖는 매력은 오르기 어려운 길, 아주 오래된 음식, 딱딱한 침대에 있다고 믿는 어리석은 낭만주의에 조금도 동의하지 않는다. 또한 다음의 사실을 염두에 두면 이 같은 낭만주의의 입장은 더욱더 의심스러워진다. 그 모든 변화에도 불구하고 아직도 알프스에서는 원하는 사람은 누구든지 충분히 고독과 정적이 주는 기쁨을 찾을 수 있다는 사실이 바로 그것이다.[58]

짐멜은 여기서 두가지 점을 지적하고 있다. 한편으로 그는 모든 장소가 맞이할 운명에 대해서 말하고 있다. 이미 여러번 언급했듯이, 어떤 곳이 사람들이 열망하는 '그곳'이 되기 위해서는 의미를 형성하는 실천, 그것도 아주 많은 실천이 필요하며, 실천의 유형도 과학, 예술, 교육, 취미, 휴양과 스포츠같이 다양할수록 좋다. 그리고 이런 실천이 서로 연결되고 영향을 주고받는다면, 장소 형성은 누진적으로 강화될 것이다. 하지만 그로 인한 장소 형성의 성공은 더 많은 사람을 그곳으로 불러들일 것이다. 근대적 테크놀로지가 상업적 이해관계의 회로를 따라 힘차게 지원하게 된다면, 그 과정에는 더욱 속도가 붙을 것이며, 그럼에 따라 장소의 의미론적·생태적 자질은 소모되고 고갈될 것이다. 함부로 넘볼 수 없는 봉우리에 10여분 만에 올라설 수 있게 해주는 곤돌라가 설치되면, 그 봉우리를 힘겹게 올랐을 때나 맛볼 수 있는 육체적 자기 확증과 자아의 숭고 감정은 증발하고 봉우리에서 펼쳐지는 풍경만이 다소간 빈곤하게 남을 수밖에 없다. 그 풍경조차 함께 곤돌라를 타고 오른 이들과 함께 나누어 보

---

58 게오르크 짐멜 「알프스 여행」, 『짐멜의 모더니티 읽기』, 김덕영·윤미애 옮김, 새물결 2005, 131~32면.

아야 한다. 그래서는 산의 신령한 기운과 정적을 느끼기 어렵고, 풍경을 자아가 직접 대면하는 감정을 맛보기 어려워진다. 그것이 장소 형성에 내재한 변증법이다. 장소 형성은 성공적인 그만큼(그것에 참여하는 사람들의 실천이 열정적이고 진정성 어린 그만큼) 장소 파괴의 위험을 함축한다. 다른 한편 이런 위험에도 불구하고 짐멜은 장소 향유의 민주화(그의 용어로는 사회화)를 긍정한다. 이를 위해 장소와 연관된 낭만적 환상을 거부한다. 그리고 알프스가 그런 장소 소모를 견딜 힘을 지니고 있다고 주장한다.

우리는 짐멜의 두 주장 가운데 전자에는 동의할 수 있지만, 후자에는 동의하기 어렵다. 짐멜의 주장은 그저 19세기 말까지는 알프스가 장소로서의 의미론적·생태적 자질의 고갈에 직면하지 않았음을 증언하고 있을 뿐이기 때문이다. 짐멜이 「알프스 여행」에 대해서 쓰고 난 몇년 뒤 알프스를 찾은 구스타프 말러(Gustav Mahler)는 그의 제6번 교향곡 「비극적」(1903)에 알프스 지역의 특징적인 소 방울(cowbell) 소리를 삽입했다. 당대의 청중에게 그 소리는 세상으로부터의 완전한 해방을 상징하는 것으로 받아들여졌다(물론 안이한 자연주의적 시도라는 평론가들의 비판도 있었다).[59] 짐멜이나 말러가 인정한 알프스 관광/여행의 긍정성은 알프스의 의미론적·생태적 자질의 거대함에 기초한 것이지만, 알프스가 '유럽의 놀이터'를 지나 '인류의 놀이터'가 된 오늘날에도 그것이 가능하다면, 그것은 알프스 향유가 야기하는 소모가 임계점 안쪽에서 유지되고 있기 때문이다. 모든 장소는 의미를 형성하는 사람들의 집합적 노고의 산물이다. 그런 만큼 그것은 공유지(the commons)와 같은 것이며, 모든

---

59 Thomas Peattie, "Mahler's Alpine Journey," *Acta Musicologica*, Vol. 83 No. 1, 2011, 69~92면 참조.

공유지가 그렇듯이 장소 또한 이용과 향유가 '돌봄'과 짝지어질 때만 존속 가능하다. 여전히 "저기 알프스 산중은 아직도 밝은 밤, 구름이/즐거움을 지으며 그 안에서 입 벌리고 있는 계곡을 뒤덮는다"면, 알프스를 장소로 만든 의미형성의 실천과 장소의 향유를 '장소 돌봄'이 매개하고 있기 때문이다. 그것이 알프스가 예시하는바, 모든 장소의 운명이다.

4.

결국은 걸어서 간다

걷기의 인간학

육체를 옮기며

관광/여행을 한다는 것은, 내 경우 70킬로그램가량의 둔중한 육체를 먼 곳으로 운송하는 작업이기도 하다. 그러나 몸만 이동하는 것은 아니다. 어떤 소품들 없이 인간은 인간일 수 없다. 안에 무엇을 입었든 흰색 가운을 걸치고 목에 청진기를 두르고 있다면, 그는 의사일 것이다. 타인이 자신을 의사로 인식해줄 때, 그는 어렵지 않게 의사로 처신할 수 있다. 그러니 예컨대 스튜어디스의 스카프나 외판원의 넥타이조차 결코 사소한 물건이 아니다. 만일 소품(그 가운데 가장 중요한 것은 물론 의복이다)의 도움을 전혀 받지 않았는데도 타자에게 자기 정체성이 완연히 드러나는 이가 있다면, 그는 '셀럽'이다. 그러나 셀럽은 셀럽대로 셀럽다울 것을 요구받는다. 그는 소품의 도움 없이도 혹은 소품으로 위장해도 누구인지 드러나는 사람이지만, 누구보다도 소품들을 다채롭게 활용해서(또는 절제된 방식으로 사용하여) 타자의 기대를 충족해줘야 하는, '언제나 이미 전시된' 존재이다.

관광/여행을 떠나기 위해서는, 자신의 정체성을 드러내고 또 일부는 새롭게 만들어줄 소품들을 챙겨야 한다. 우리는 일상에서 직업적·인종적·성적·연령적 정체성을 갖는데, 그것을 관광/여행 중에 적절하고 품위있게 드러내는 동시에 그런 정체성을 여행자 또는 관광객이라는 새로운 정체성과 적절히 혼합해야 하기 때문이다. 우리는 자신이 가려는 곳의 기후와 분위기에 어울리는 관광객/여행자의 풍모를 얻기 위해 선글라스와 모자 또는 우산이나 방한복을 챙겨야 하고, 일상보다는 더 화려한 색깔의 옷 또는 풍경을 낚아챌 카메라 또는 풍경과 자신을 결속할 삼각대나 '셀카봉'을 챙겨야 한다. 관광/여행 기간도 중요하다. 가령 계절이 바뀌는 긴 관광/여행은 더 많은 소품을 요구한다. 우리는 소품을 챙겨서, 트렁크, 캐리어, 백팩, 보스턴백, 크로스백 등에 넣어야 한다. 짐을 싸야 하며, 그렇게 짐을 싸는 일이 관광/여행의 시작이다. 우리는 언제나 가방과 함께 또는 가방을 데리고 또는 가방에 기대어 여행하고 관광한다.

가방 없는 관광/여행은 없다

짐을 싸기 위해서는 이것저것 고려할 것이 많다. 우선 무게를 생각해야 한다. 어떤 교통수단도 체중에 따라 요금을 달리하지는 않는다. 체중에 따른 요금체계는 일종의 차별로 비난받을 가능성이 크기 때문이다. 또한 체중은 정상분포 하기 때문에 체중이 가벼운 사람이 무거운 사람의 유류비를 벌충해주기 마련이므로, 체중에 따른 요금체계는 사실 불필요하다. 하지만 화물은 다르다. 그것은 규제하지 않으면 슬금슬금 한정 없이 늘어날 수 있다. 그래서 규제가 어느 정도 엄격한지만 다를 뿐, 모든 교통수단은 화물을 일정 범위로 제한하거나 운임에 반영할 수밖에 없다.

아마도 가장 까다롭게 규제하는 것은 비행기일 것이다. 항공사별로 들쭉날쭉하지만, 추가 요금 없는 기내 수하물 무게는 휴대품을 제외하고 국내선 10킬로그램, 국제선 20킬로그램 내외가 기준인 경우가 보통이다. 물론 비즈니스석이나 일등석을 이용한다면, 더 많은 짐을 실을 수 있다. 이런 화물 규정은 지난 몇십년 동안 점점 더 까다로워져왔다. 세계 항공 산업의 이윤구조가 빡빡해지고 저가항공사들의 틈새시장 공략이 심해졌으며, 부족한 수입을 항공운송으로 벌충해왔기 때문이다. 그 결과 기내 반입할 수 있는 화물은 무게뿐 아니라 가로, 세로, 높이 규정까지 정해졌다.

관광/여행을 위해 짐을 꾸리는 데는 요금이나 운임 이외에 다른 변수가 더 작용한다. 하나는 가방 자체의 기능성 그리고 그것과 어느 정도 상관성을 갖는 개인적·사회적 취향이다. 좋은 가방은 가벼우면서 튼튼하고(이것이 가방이 갖춰야 할 제1의 미덕이다. 담은 것보다 무거운 가방은 최악이다) 공간 분할과 포켓의 구성이 좋아야 한다. 그리고 그런 기능성을 전체적으로 아름답게 마감해야 한다. 다른 한편 바퀴 있는 가방을 택할지 말지도 정해야 한다. 때로 관광/여행은 배낭을 멘 채 걸어서만 갈수 있는 곳을 향하기도 한다. 하지만 세계의 많은 부분이 이제는 포장도로로 연결되어 있고, 우리가 관광/여행을 하는 공간의 상당 부분은 바닥이 평탄한 것을 지나 매끄럽기까지 한 실내 공간이 되었다. 당연히 바퀴 달린 가방(휠드 트렁크 또는 캐리어)의 유용성이 엄청나게 커졌다. 그러므로 주된 가방을 캐리어로 할지, 배낭으로 할지 정해야 한다.

생각해보면, 가방 없는 관광/여행이란 사실상 존재하지 않는다. 관광과 여행에 관한 연구는 의당 트렁크, 캐리어, 배낭(백팩 또는 륙색), 더플백, 크로스백, 벨트백, 심지어 핸드백(reticule)과 지갑의 역사까지 짚어야

할 것이다. 하지만 유감스럽게도 내가 아는 한 역사학자 가운데 그런 작업을 한 사람은 없다.[1]

제임스 티소, 루이뷔통처럼

아마도 19세기풍 에드워드 호퍼(Edward Hopper, 1882~1967)라고 해도 좋을 제임스 티소(James Tissot, 1836~1902)의 「기차를 기다리며」(1874)는 트렁크의 역사를 쓸 역사학자를 기다리고 있는 그림일 것이다.

프랑스에서 태어났지만 보불전쟁과 파리코뮌을 피해 영국으로 간 그는 1870년대 무렵, 증기선을 기다리는 여성(「더 페리」)이나 리버풀 항구를 떠나는 쿠나드(Cunard) 증기선을 보며 이별의 손을 흔드는 여성(「굿바이」), 또는 여행용 트렁크를 잔뜩 실은 마차를 배경으로 기차역에 서 있는 여성(「출발 플랫폼, 빅토리아역」) 같은 일련의 작품들을 발표했다. 「기차를 기다리며」도 그런 작품 가운데 하나다. 그림 속의 여성은 에두아르 마네의 「올랭피아」(1863)처럼 관람자를 정면에서 응시하고 있다. 화면 중앙의 부케와 붉은 머플러가 철로가 복잡하게 연결된 기차역의 단조로운 색채를 균형 잡아주고 있다. 왼편에 반쯤 잘린 채 묘사된 다른 여성의 옆모습은 마치 스냅사진과 같은 분위기를 연출한다. 그리고 그의 발아래는 트렁크와 백이 잔뜩이다.

---

1 혹여 연구된 것이 있을까 싶어, 서구 학자의 연구를 찾아보았지만 없었다. 조선 말기 보부상에 관한 연구도 찾아보았다. 보부상의 전체 규모와 내부 규약과 활동 양상, 조선 정부의 규율 방식 그리고 그들의 상업적 기능은 물론이고 정치적 기능에 대해 꽤 자세한 연구가 이뤄져 있었다. 그리고 보부상의 모습은 사진으로도 꽤 남아 있었다. 하지만 그들이 봇짐을 싸는 법, 봇짐의 평균 무게, 그들의 하루 이동 거리 등을 다룬 연구는 없었다.

4-1. 제임스 티소 「기차를 기다리며(윌스덴 환승역)」, 1874, 더니든 퍼블릭 아트 갤러리, 뉴질랜드 더니든

그는 어디로 가는 것일까? 빅토리아풍으로 성장(盛裝)한 그가 이 모든 가방을 혼자 기차에 싣기나 할 수 있을까? 관람객인 내가 성큼 다가가 도와주어야 할 것 같다. 그런데 그는 커다랗고 아름다운 부케를 들고 있다. 그는 부케를 주고 총총히 사라진 누군가를 응시하는 듯도 하고, 잠시 자리를 비운 누군가를 기다리고 있는 것 같다. 관람객은 트렁크와 부케 사이에서 상황 이해에 어려움을 겪으며 그만큼이나 멈칫한 모습이 된다.

다시 트렁크로 시선을 돌리면, 그의 트렁크 중에 가장 큰 것은 빅토리아조 말기에 유행하던 '돔형 덮개 트렁크'(dome-top trunk)이다.[2] 앞에는 좀더 작은 크기의 가죽 트렁크가 있고, 그 위에는 JT[라고 쓰여 있다. 화가 티소는 영국에서 활동하여 '제임스' 티소로 불렸지만, 그의 본명은 자크 조제프 티소(Jacques Joseph Tissot)이므로, JT[는 그의 서명으로 볼 수도 있다. 루이뷔통의 로고가 설립자 루이뷔통의 머리글자 L과 V를 겹쳐서 Ⓛ로 만들어진 것처럼, 티소는 그림 속의 트렁크가 자크 조제프 티소사(社)가 제조한 트렁크인 양 자신의 머리글자를 멋진 로고 형태로 그려넣은 것이다.

루이뷔통이 설립된 해가 1854년이고 티소가 「기차를 기다리며」를 그린 1870년대는 루이뷔통의 로고가 이미 널리 알려진 시대이니, 티소가 자기 이름 머리글자를 짐짓 유명 트렁크 회사의 로고인 양 그려 넣은 것은 꽤 재치 있는 발상이다. 그리고 그 재치는 어쩌면 예술사의 어떤 분기점을 표시하는 것일 수도 있다. 티소의 그림은 상품미학과 현대예술의 경계가 흐려지고 예술이 자신을 상품미학에 대한 성찰적 작업으로 내세우게 되는 팝아트의 턱밑까지 다가간 것으로 볼 수 있기 때문이다. 생각해 보면, 앤디 워홀의 「캠벨 수프 통조림」이란, 티소의 그림에서 여성 모델을 배제하고 당대의 유명한 제조사인 (그리고 지금도 명성을 유지하고 있는) 에이치 제이 케이브 앤드 선즈(H. J. CAVE & SONS)나 메종 고야르(Maison Goyard)의 로고가 새겨진 그대로 트렁크들을 (아마도 좀더 많이) 그린 것에 다름 아니기 때문이다.

---

2 이런 모양의 트렁크가 만들어진 것은, 19세기 장거리 여행의 대명사인 증기선 여행에 대응하기 위한 것이었다. 증기선 같은 환경은 여러가지 이유로 트렁크에 물이 끼칠 일이 많다. 따라서 뚜껑 부위를 둥글게 마감하면, 물이 트렁크 위에 고여 있게 되는 일이 없이 흘러 떨어지게 된다. 트렁크가 교통수단과 밀접한 관계에 놓여 있다는 사실은 19세기 후반 트렁크 가운데 가장 유명한 것이 '스티머 트렁크'였다는 데에서 잘 드러난다. 트렁크에 '스티머'(steamer)라는 별칭이 붙은 것은 그것이 증기선(steam boat) 선실 수납장에 딱 맞춰진 크기였기 때문이다.

간결해지는 법

참고할 만한 '트렁크의 역사' 혹은 '백팩의 탄생' 같은 제목의 저작이 없는 한, 우리는 그저 짐 싸는 행위 자체를 응시하고 그것의 의미를 잠시 생각해볼 수밖에 없다. 언제나 관광/여행을 위해 짐을 쌀 때마다 느끼는 것은 삶이 작은 가방 속으로 응축되는 경험이다. 어떤 소품 없이 자신의 정체성을 구성할 수 없는 존재인 우리지만(가령 코로나19 시대에는 마스크 같은 소품을 챙기지 못하면, 자신이 타인을 배려하는 도덕적 품성을 갖췄다는 것을 인정받을 수 없다), 역으로 몇가지 소품이면 충분한 것이 우리의 정체성이기도 하다. 우리가 우리이기 위해서 필요한 물건은 그리 많지 않다. 몇벌의 옷과 잠옷, 세면도구와 약간의 화장품, 그리고 요즘 같으면 노트북 컴퓨터나 태블릿 그리고 충전케이블과 보조배터리, 한두권의 얇은 책…… 그뿐이다. 이런 것들을 트렁크에 쓸어 넣고 휴대폰, 여권, 몇가지 티켓과 신용카드 그리고 약간의 현금이 든 지갑을 크로스백이나 작은 백팩에 챙기면 기능적으로나 장식적으로나 우리는 거의 완결된 존재가 된다. 그러므로 캐리어와 백팩은 절제되고 축약된 삶의 상징이기도 하다. 생애는 가방 하나에 넣을 수 있다. 그러므로 관광/여행은 스스로를 간결하게 만드는, 아니 사실은 자신이 간결한 존재임을 확인하는 과정이기도 하다.

캐리어를 밀고 작은 백팩을 멘 채 집을 나서며 현관문이 닫히는 순간, 창고의 문은 딸깍 닫힌다. 내가 떠나 있는 동안 나의 모든 소유물을 담고 있는 집은 고요한 창고, 공기가 자체의 무게로 침전하는 곳, 세계로부터 잘리어 외따로 떨어진 곳이 된다. 세계가 내게 보낸 모든 것은 우편함이나 현관문 앞에 마치 무덤에 놓인 꽃다발처럼 쌓일 것이다.

집의 문을 닫고 떠날 때 우리는 돌아올 곳이 있다는 사실에 안도하지만 동시에 삶은 언제나 몸이 위치한 '지금, 여기'에 있을 뿐이다. 내 존재 혹은 내 소유는 트렁크나 백팩까지만 연장될 뿐이라는 것, 집이 나를 감싸는 공간, 창과 문을 가진 육면체 공간이라면, 이제 버스와 지하철과 자동차와 비행기와 호텔이 집이 될 것이다. 집의 문이 창고의 문처럼 닫힐 때면 무엇 하러 그 모든 것을 사들이고 쓰다듬고 보관하고 이끌며 살았던가 하는 생각이 어쩔 수 없이 밀려든다. 하긴 70킬로그램의 몸이 끌고 가야 하는 20킬로그램의 소유물이 아주 가볍다고 할 수는 없다. 그래도 꽤 많은 축약을 이룬 것이다. 산문이 간결해진다고 시가 되는 것은 아니다. 그래도 간결한 문장이 조금 더 나은 산문일 가능성은 크니, 이만큼 간결해진 것만으로도 좋은 일이다.

이동을 기워내는 바느질 땀, 걷기

나는 스페인의 수도 마드리드로 갈 것이다. 그러니 집 근처 정류장에 가서 공항버스를 타고 인천공항에 갈 것이다. 그곳에서 일련의 절차를 밟은 다음 비행기를 타고 마드리드 인근 바라하스 공항에 내린 뒤 입국 수속을 마치면 택시를 타고 예정된 숙소로 갈 것이다. 모두가 알듯이 관광/여행을 위해서는 거의 모든 종류의 교통수단을 경유하거나 사용해야 한다. 버스, 승용차(택시, 렌터카, 우버), 자전거, 전철(지하철), 관광용 마차, 기차, 고속철, 트램, 곤돌라, 비행기, 심지어 관광용 경비행기나 비행선마저 탈 수 있다.

하지만 그 모든 것을 기워내는 바느질 땀은 걷기이다. 집에서 버스정류장까지 걸어야 하고, 공항의 긴 통로를 걸어야 하고, 비행기 안에서조차 화장실을 오가기 위해 걸어야 하고, 비행기를 타고 도착한 낯선 도시의 길을 걸어야 하고, 그 도시의 박물관으로 가는 버스를 타러 걸어가야 하고, 박물관의 기나긴 회랑을 걸어야 하고, 또다른 도시의 언덕길을 걸어 올라 성당 내부를 거닐어야 하고, 지친 다리를 쉬게 할 카페를 찾기 위해서 다시 걸어야 한다.

물론 관광/여행을 하지 않을 때도 우리는 언제나 걷는다. 우리의 일상 또한 이동의 관점에서 보면 관광/여행과 다르지 않다. 하지만 관광/여행을 할 때에 우리는 유난히 많이 걸으며, 때로는 걷는 것이 어딘가에 이르기 위한 수단이 아니라 그 자체 목적이 되는 관광/여행도 많다. 제주도 올레길을 걷는 관광/여행 또는 산티아고 콤포스텔라 순례길을 걷는 관광/여행이 그렇다. 관광/여행은 종국에는 아무튼 많이, 아주 많이 걷는다.

걷는 것이 인간의 본질이라면, 더 많이 걷는 관광/여행 속에서 우리는 자신의 본질에 더 가까이 있는 셈이다. 인생은 여행에 비유되곤 하는데, 그런 비유 속에서도 사실 우리는 걷고 있다. 어떤 작가가 나서서 "인생은 여행입니다. 그러니 기차를 타고 어서 목적지로 갑시다"라고 말하는 장면을 떠올려보라. 우리는 그가 비유법을 잘못 쓰고 있다고 느낄 것이다. 인생이 여행이라면 우리는 그 여행 속에서 걷는다. 우리는 지형을 따라 그리고 지형을 무릅쓰고 걸어간다. 육체의 힘과 정신적 의지를 통해 걸어간다. 그러니 관광/여행에 대한 사유는 걷기에 대한 사유를 전제한다.

그리스도는 세번 넘어진다

누군가 걸어간 자취가 길이 된다. 걷기에 대한 논의도 누군가 걸어갔던 자취가 있다면 좋을 것이다. '트렁크의 역사'는 쓰이지 않았지만, 다행스럽게도 '걷기의 역사'는 있다. 리베카 솔닛(Rebecca Solnit)은 멋진 책을 많이 썼지만, 그중 가장 매력적인 책이『걷기의 역사』[3]다. 솔닛은 자신의 책『걷기의 역사』가 아마추어적이라고 말한다. 확실히『걷기의 역사』는 역사학자들이 서평을 쓰거나 저자가 대학의 승진심사용으로 제출할 만한 역사서는 아니다. 하지만 솔닛은 간명하게 자신의 역사서를 변론한다. "걷기가 아마추어적인 행동이듯 걷기의 역사는 아마추어적 역사이다."[4] 그리고 아마추어적 역사답게 특정한 시대에 대한 면밀한 분석보다는 걷기와 관련된 (전부는 아니지만) 거의 모든 주제를 망라한다.

솔닛의 논의는 약간의 철학적 서론을 거쳐 직립보행/이족(二足)보행에 대한 인류학 이야기에서 시작된다. 이족보행은 인간을 정의하는 가장 중요한 특징 가운데 하나이다. 내가 오스트랄로피테쿠스 아파렌시스의 화석을 처음 본 것은 마드리드의 인류학 박물관에서였다. 입구에 MAN이라고 크게 쓰고 그 아래 작게 Museo Arqueológico Nacional이라고 적힌 입구 표지석이 꽤 멋들어졌던 이 박물관의 오스트랄로피테쿠스 아파렌시스는 머리 부분 뼈가 너무 조금 남아 있어서 현재의 추정 복원된 모

---

3 민음사에서 처음 출간되었을 때 이 책의 표제는『걷기의 역사』(2003)였지만, 반비에서 새로 출간되면서『걷기의 인문학』(2017)으로 바뀌었다. 역자는 같다. 여기에서 인용되는 면수는 반비 판본을 따르지만, 원제가 '걷기의 역사'이므로 책을 언급할 때는『걷기의 역사』라고 할 것이다.

4 리베카 솔닛『걷기의 인문학』, 김정아 옮김, 반비 2017, 18면.

습이 실제에 부합하는지 약간 의문스러웠다. 그래도 '이브'를 본 것 같은 약간의 감격을 내게 주었고, 완연하게 남은 '이브'의 골반과 다리뼈는 그의 당당한 이족보행 모습을 여실히 상상하게 해주었다. 두 발로 걷는 것에 대한 솔닛의 멋진 묘사를 빌리자면, 그의 모습은 "골반 위쪽이 뒤로 기울어져 있어 장기를 감싸는 동시에 상체의 하중을 지탱한다. 허리는 낮은 꽃병 같은 골반 안에 식물 줄기처럼 꽂혀 있고, 골반은 위아래가 짧고 좌우가 넓은 모양이다. 이렇게 고관절이 넓고 엉덩뼈 능선에서 뻗은 벌림근이 발달한 덕분에 걸으면서 몸을 지탱하는 것이 가능하다."[5]

이어지는 문장에서 흥미롭게도 솔닛은 이렇게 쓴다. "산도는 아래를 향한다. 출산의 관점에서 보면, 골반 전체가 아기를 낙하시키는 일종의 깔때기다. 단 출생이라는 낙하(fall)는 인간의 낙하 가운데 가장 어려운 낙하다. 해부학적 진화가 창세기를 상기시키는 부분이 있다면, 골반이야말로 '너는 아기를 낳을 때 몹시 고생하리라'는 창세기의 저주와 연결된다."[6] 직립해서 두 발로 걸음으로써 똑바로 곧추세운 몸 덕에 눈을 들어 네발짐승보다 멀리 평원을 내다보고 하늘의 별을 바라보게 된 일보다 출산이라는 주제를 떠올린 것을 굳이 솔닛의 여성적 감수성 때문이라고 말할 필요는 없을 것이다. 솔닛이 뒤이어 해명하듯이, 이족보행은 출산을 매개로 인간 존재의 특질을 여러 차원에서 규정했기 때문이다. 인간이 두 발로 걸은 탓에 산도는 아래를 향했을 뿐만 아니라 좁아졌다. 그런데 인간의 뇌는 더 커지는 쪽으로 진화했다. 신생아의 머리가 좁아진 산도를 통과할 수 있게 하려면 인간의 출산은 빨라져야 했다. 그 결과 인간 아기는 머리는 크지만 자기 신체를 뜻대로 가눌 능력조차 갖추지 못한 채

5 같은 책 77면.
6 같은 곳.

태어난다. 신생아는 부모에게 엄청난 양육 부담을 지우기 때문에 인간은 어떤 짐승보다도 초기 양육자와의 상호작용이 더 긴밀하고 강력하며 여기에 드는 시간이 긴 존재가 되어버렸다.

솔닛이 걷기에서 곧장 출산 문제로 나아가는 것이 기독교 문화의 영향 때문임은 분명한 듯하다. 솔닛이 '낙하'(fall)를 말할 때, 그의 사유의 연상작용이 어디로 흐르는지는 확실하다. 이족보행을 매개로 출산은 낙하가 되고 낙하는 낙원 상실을 불러온 타락(Fall)과 연결되며, 타락은 두 발로 걷다가 넘어지는(falling) 일로 이어진다. 탄생이 어머니라는 지지대를 잃고 넘어지는 것이고 출산은 아이를 떨어뜨리는 것이라면, 그래서 삶이 넘어지고 떨어짐이라면, 삶은 또한 걸어감이 아닌가? 그러니 삶이란 곧 넘어졌지만 일어나 걸어가는 것이고, 또 걸어가기에 넘어지는 일이 된다. 삶이 타락 곧 넘어짐에서 시작되는 것처럼 걷다가 넘어지는 것은 모든 종류의 인간적 실패와 오류를 은유한다.

솔닛의 사유의 결이 그러함은 이족보행과 진화를 다룬 뒤에 이어지는 장이 성지순례와 상징적 순례를 다룬 장이라는 점에서 잘 드러난다. 솔닛은 이렇게 말한다. "신을 닮기란 불가능하지만, 신이 걸어간 길을 똑같이 걸어가는 일은 가능하다. 예수가 인류의 타락(Fall)을 대속하는 과정에서 가장 인간적인 모습, 발을 헛디디고 진땀을 흘리고 상처를 입고 세 번 넘어지고 죽어가는 모습을 보여주는 것이 바로 십자가의 길 14처에서다."[7] 서구 역사에 가장 유명한 걷기의 일화는 아마도 그리스도의 십자가의 길(Via Dolorosa) 14처일 것이다. 가톨릭 신자가 아니더라도 성당에 몇번 가본 사람이라면 거의 모든 성당에 새겨진 십자가의 길 14처에

---

7 같은 책 117면. 국역본에서는 Fall을 실족으로 번역했는데, 대문자 Fall은 원죄를 야기한 타락으로 번역하는 것이 더 적절하다고 생각된다.

대해 안다. 그리스도는 십자가의 길에서 세번 넘어진다. 이 세번의 넘어짐이 인류의 타락, 근원적 넘어짐을 구원하기 위한 넘어짐이라는 솔닛의 해석은 기존의 정평 있는 신학적 해석에 기댄 것은 아니지만 아마 그릇된 이야기는 아닐 것이다. '십자가'의 길이란, 십자가의 '길'이기도 하기 때문이다. 기독교인들은 토마스 아 켐피스(Thomas à Kempis, 1380~1471)의 책 제목처럼 '그리스도를 본받아' 살고자 한다. 하지만 그런 삶은 구체성 있게 다가오지 않는다(그리스도는 인간이지만 언제나 신이기도 하다. 인간이기만 한 우리가 그의 내면을 짐작이라도 할 수 있겠는가?). 그러나 솔닛이 말하듯이, 그리스도를 따라 그처럼 걸을 수는 있다. 우리 또한 십자가형, 즉 닥쳐올 죽음을 선고받았다(1처). 하지만 자기 십자가를 지고 가면 된다(2처). 너무 힘들어 넘어질 수 있다(3처). 그러나 내게는 어머니가 있다(4처). 그리고 '시몬,' 그러니까 어떤 이웃이 짐 지는 것을 도와줄 것이다(5처). 또한 '베로니카,' 선한 이웃 처녀가 수건으로 내 얼굴의 피와 땀을 닦아줄 것이다(6처). 또 넘어질 수 있다(7처). 그래도 (이 부분이 진정 어렵기는 하다만) 나를 안타까워하는 이들을 오히려 의연하게 위로할 수도 있다(8처). 또다시 넘어질 수 있다(9처). 그리고 마침내 때가 이르러 죽음을 맞을 것이다(10~14처).[8] 삶이란 짐을 지고 걷는 것이고, 걸어가는 것에는 넘어짐이, 실수와 실패와 오류가 따른다. 그러나 다시 일어나 걸어가는 것이다.

---

8 참고로 10처는 예수님께서 옷 벗김 당하심이고, 11처는 예수님께서 십자가에 못 박히심이며, 12처는 예수님께서 십자가 위에서 돌아가심이다. 그리고 13처는 제자들이 예수님의 시신을 십자가에서 내림이고, 끝으로 14처는 예수님께서 무덤에 묻히심이다. 14처는 모두 서양 회화사에서 중요한 모티프로 활용되었다.

자코메티의 인물들

솔닛이 다루지 않았지만 걷기에 대해 사유하고자 한다면 알베르토 자코메티(Alberto Giacometti, 1901~66)의 조각 「걸어가는 사람 1」을 다루는 것이 마땅하다. 자코메티만큼 걷기를 주제화한 조각가는 없기 때문이다. 20세기를 상징하는 단 하나의 미술품을 꼽으라면 많은 이들이 피카소의 「게르니카」를 택할지 모르겠다. 하지만 시대의 참상에 대한 고발을 넘어서서 걷는다는 단순하고도 보편적이며 근원적인 사태 속으로 인간의 존재 상황과 의지를 투사해 넣은 응집된 표현이라는 측면에서 자코메티의 「걸어가는 사람 1」을 떠올릴 사람이 더 많을지도 모르겠다.

막상 「걸어가는 사람 1」에 대해 말하려니 매우 조심스럽다. 그 작품을 직접 본 적이 없기 때문이다. 아주 오래전 뉴욕 구겐하임 미술관에서 「가리키는 남자」를 비롯한 몇몇 작품을 보긴 했다. 그리고 2019년에는 루이뷔통 서울점에서 연 특별 전시회에서 그의 대형 조각 2점과 작은 조각 6점을 보기도 했다. 작품 수는 적었지만 중요한 작품들이었고 매우 밀도 있는 전시였다. 하지만 2018년 예술의전당 한가람미술관에서 열렸던 대규모의 자코메티 특별전을 놓쳤다. (도대체 나는 왜 거기에 가지 않은 것일까?) 그래서 거기 전시된 점토 판본의 「걸어가는 사람」 연작을 볼 기회를 놓쳤다. 마그 재단(Fondation Maeght)이 남프랑스의 생폴 드 방스에 세운 현대미술관에 가서 마당에 놓인 청동 판본의 「걸어가는 사람 1」을 볼 기회가 내게 있을지 모르겠다. 하지만 그래도 내가 보았던 자코메티의 크고 작은 조각들에서 받은 인상을 떠올리며 「걸어가는 사람 1」의 사진을 보고 있으면, 그것이 어떤 느낌일지를 상상해보는 것이 불가능하지는 않다.

「걸어가는 사람 1」은 걸어가는 모습을 통해서 무엇인가를 말한다. 하지만 걸음이라는 자세 이전에 걷는 인간이 어떤 상태나 상황에 처한 존재인지 먼저 생각하게 된다. 대략 1940년대 후반부터 자코메티 조각상의 인물은 특징적일 정도로 길쭉해진다. 하지만 이 길쭉하게 늘여진 인물들은, 마찬가지로 길게 잡아당긴 듯한 형태로 유명한 엘 그레코(El Greco) 회화 속 인물들과 다르다. 엘 그레코의 인물들은 어떤 영적인 변모를 겪고 있어서 현실적 신체에서 벗어난 듯이 묘사되지만, 자코메티의 인물들은 앙상해지고 피폐해져 있다. 자코메티의 인물들은 신성이 깃들기는커녕 오히려 모든 신성이 비워지고 오직 인간적 본질이 극단적 감쇠를 겪으면서도 겨우 유지되고 있는 듯이 보인다.

이 점은 자코메티의 인물들의 외관을 통해 더욱 분명하게 드러난다. 엘 그레코 작품 속 인물들의 신체가 어떤 영적인 광휘를 띠는 데 반해, 자코메티의 인물들은 칼에 찔리고 끌에 후벼 파인 듯하다. 우리는 일상적으로 부드럽고 매끄러운 피부를 좋아하고 그런 피부에 매혹된다. 그런 피부의 아름다움이란 단지 성적인 매력 때문만은 아니다. 매혹의 더 심층적인 원천은, 그것이 세계의 폭력을 피한 존재, 상처받지 않았거나 상처받았다고 하더라도 온전히 치료된 존재, 세계에 대해 방어능력을 가진 자립적 존재를 상징한다는 점에 있다. 그런데 자코메티의 인물은 화염이 덮치고 지나간 듯 잿빛 또는 짙은 갈색 녹청을 띠고 있다. 모든 피부가 흉터가 되어버린 모습이다. 이 피폭된 신체, 상황의 힘이 그 위력을 피부 위에 완전히 행사하고 그 자취를 선명하게 남겨놓은 신체는 상황으로부터 분리된 자립성을 주장할 여력이 없는 듯이 보인다.

모든 시각예술품 중에 조각만큼 공간 안에 존립하면서도 공간과 선연하게 분리되어 인간 자체보다 더 매끄러운 외관으로 인간의 아름다움과 영웅적 면모를 드러내온 장르는 없을 것이다(르네상스 시대 조각가는 물론이고 근대 조각가 오귀스트 로댕이나 앙투안 부르델을 떠올려보라). 자코메티는 어쩌면 조각의 역사 전체를 전복하며 '취약함'이라고밖에 달리 표현할 수 없는 인간 실존을 재료 안에 새겨 넣고 있다. 조각 작업은 점토를 만지고 주무르고 조형하는 일로부터 시작된다. 점토 그러니까 질료로부터 형상을 끌어내는 일이 청동 조각상의 출발점이다. 하지만 그는 점토를 헤집고 깎아내고 파내며 작업했을 것이다. 질료에 세계의 폭력을 새겨 넣음으로써 세계가 저지른 폭력의 흔적을 담고 그것을 겨우 견뎌내고 있는 형상을 만들어낸 것이다.

자코메티의 전기 작가 제임스 로드(James Lord)의 책을 읽어보면, 왜 자코메티가 그런 조각을 향해 나아갔는지 어느 정도 이해할 수 있다. 1940년 나치가 파리를 침공하자 알베르토 자코메티는 동생 디에고 그리고 동생의 애인 넬리와 함께 자전거를 몰며 파리를 떠나 보르도로 도피했다. 그들이 파리를 떠난 다음 날 독일군은 파리를 점령했고, 그즈음 그들은 파리 남부의 도시 에탕프를 향해 이동하고 있었다. 그런 중에

머리 위로 독일군 비행기가 그 마을을 공격하기 위해 날아갔다. 그들이 도착했을 때는 이미 폭격이 끝난 다음이었다. 잘려진 팔 하나가 도로에 놓여 있었는데, 초록빛 돌로 만든 팔찌가 손목에 걸려 있는 것으로 보아 여성의 것이었다. 조금 후에는 폭탄이 만든 넓고 얕은 구덩이 주변에 몸통과 잘려진 사지가 흩어져 있고, 몸통에서 떨어진 수염 난 남자의 머리가 널려 있는 것을 보았다. 거리에는 피가 흥건했고, 사람들은 비명을 지르고 있었다. 버스 한대가 폭격당해 승객의 대부분인 아이들이 산 채로 불에 타고 있었다. 그들은 계속 페달을 밟는 것 외에

는 아무것도 할 수 없었다.

에탕프에서 벗어나는 대로에는 사람들이 끔찍하게 많았다. 달아나는 시민 외에도, 퇴각하는 프랑스군의 탱크와 트럭, 상황을 통제하는 차량들로 꽉 차 있었다. 오후 서너시경에는 천둥번개가 치는 와중에, 갑자기 독일군 비행기가 나타나 기관총 사격을 하고 폭격을 했다. 피란민들은 도랑으로 황급히 피했다. 알베르토 머리 위의 나뭇잎으로 총알이 빗발치자 공포에 질려버렸다. 공습이 끝나자 그들은 죽은 자들을 남겨두고 계속해서 이동했다. 조금 후에 독일군 비행기가 더 많이 나타나자, 사람들은 또다시 도랑으로 달려갔다. 하늘의 절반은 여전히 구름에 덮여 있었고, 멀리서 으르렁거리는 천둥소리가 들리고 있었는데, 태양이 다시 나왔다. 알베르토가 엎어져 있는 도랑 근처의 나무 밑에는 프랑스 군인들이 전투기를 향해 기관총을 발사하고 있었다. 주변의 많은 피란민에 둘러싸여 있던 알베르토는 하늘을 쳐다보다가 갑자기 자신이 전혀 두려워하고 있지 않다는 사실을 깨달았다. 가슴이 저릴 정도로 아름다운 유월의 날씨와 주변에 사람들이 많다는 것이 그에게 용기를 주었을 것이다. 만약 누군가가 죽어야 한다면 기꺼이 자신이어야 한다고도 생각했다. 언제나 죽음에 대해 생각하고 있었기에 죽는 것이 두렵지 않았고, 폭력에 의해 죽는다고 하더라도 마찬가지였을 것이다.[9]

자코메티의 「장대 위의 두상」(1947)은 그런 세계의 폭력성을 고스란히 드러낸다.[10] 하지만 그렇게 폭력에 의해서 산산이 찢긴 시신들 속에서도

---

9 제임스 로드 『자코메티: 영혼의 손길』, 신길수 옮김, 을유문화사 2006, 323~25면.
10 제임스 로드는 이 작품이, 자코메티가 작업실을 세낸 건물 관리인이었다가 전쟁 중에 간암

4-2. 알베르토 자코메티 「장대 위의 두상」, 1947, 루이뷔통 재
단 미술관(Fondation Louis Vuitton), 프랑스 파리

에탕프로 향한 길 위의 하늘은 푸르렀다. 그래서 그는 걸어가려는 용기
를 얻는다. 「걸어가는 사람 1」은 폭력의 흔적이 온몸에 고스란히 새겨져
있어서 피부가 외부와 내부의 경계면이기는커녕 외부가 내부로 침투하
며 경계를 무너뜨리고 있어서 취약해진 순간의 사람이 그래도 앞으로 걸
어가고 있는 모습을 보여준다. 약간 앞으로 숙인 그의 자세는 세차게 불
어오는 바람에 저항하고 있는 듯이 보인다. 수척하고 골격만 남은 그는,
자태가 아니라 오직 걷는 그 자세만으로 단호하고 영웅적이다. 걷는다
는 아주 단순한 인간적 사실만으로 말이다. 더구나 그의 발은 대지와 견
고하게 맞닿아 있어서 그토록 취약해 보이는데도, 결코 쉽사리 넘어지지

에 걸려 비극적인 모습으로 죽은 토니오 포토칭을 떠올리게 하는 작품이라고 말한다(같은
책 349면). 포토칭의 끔찍한 종말과 그로 인해 자코메티가 받은 충격(관련 사실에 대한 서
술은 같은 책 327~28면 참조)을 생각하면 꽤 설득력 있는 주장이지만, 그의 죽음 또한 2차
대전으로 인한 것이었다. 그러므로 이 작품이 포토칭의 죽음을 포함하여 자코메티가 전쟁
중에 목도한 여러 끔찍한 죽음을 그려내고 있다고 보는 것에 큰 무리가 없다고 생각된다.

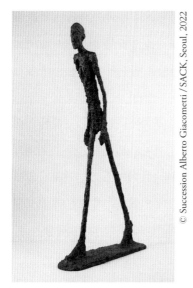

4-3. 알베르토 자코메티 「걸어가는 사람 1」, 1960, 루이뷔통 재단 미술관

4-4. 알베르토 자코메티 「넘어지는 사람」, 1950, 루이뷔통 재단 미술관

않을 것처럼 보인다. 「걸어가는 사람 1」은 압도적인 역경에 직면해서도 발휘된 인간적 자기주장의 기념비이다.

하지만 우리는 자코메티가 걸어가는 사람을 주제로 조각상들을 만들기 전에 「넘어지는 사람」을 제작했다는 것을 기억해야 한다. 자코메티도 솔닛과 비슷하게 넘어짐과의 상관성 속에서 걷기를 사유한 셈이다. 내가 직접 본 것은 루이뷔통 재단 콜렉션뿐이지만, 그는 매우 여러 종류의 「넘어지는 사람」을 제작했다. 흥미로운 사실은 「걸어가는 사람」 연작에서 동작의 차이는 미세한 반면, 그가 조각한 일련의 「넘어지는 사람」들의 자세는 제각각이라는 점이다. 자코메티가 보여주듯이 인간은 여러 이유로 넘어진다. 발을 헛디뎌 넘어지기도 하고, 지쳐서 쓰러지기도 하고, 절망감으로 인해 무너져내리기도 한다. 이런 다양한 「넘어지는 사람」들을 통해서 자코메티는 인간이 저지르는 여러 종류의 실수와 오류와 실패를 보여주는 동시에, '인간의 넘어짐'이라는 주제를 연속해 다루면서 20세기에 인간이 저지른 전쟁, 그 모든 폭격과 살상을 인간의 넘어짐 안에 투사하고 있는 듯이 보인다.

이 점과 더불어 주목해야 할 것은, 그가 '넘어진' 인간을 조각한 적이 없다는 사실이다. 그는 넘어지려는 또는 넘어지고 있는 인간을 조각했을 뿐이다. 그래서 우리는 그의 「넘어지는 사람」이 가까스로 넘어지지 않고 버텨냈는지, 끝내 넘어졌는지, 넘어진 다음에 일어났는지 모른다. 1950년대 초 「넘어지는 사람」의 작업 이후 장대한 크기의 「걸어가는 사람」이 등장했을 뿐이다.

물론 이렇게 자코메티의 작품을 전쟁 경험을 중심으로 해석하는 것은 지나치게 역사적이고 전기적인 접근일 수 있다. 그가 1920~30년대 파리에서 추상파, 입체파, 초현실주의와 접촉하며 형성한 초기 작품과 전후 작품 사이에 단절만 있는 것은 아니기 때문이다. 그럼에도 그의 작품을 바라볼 때 전쟁 경험의 중요성은 충분히 강조될 만하다. 이 점은 예컨대 추상표현주의와 그를 대조해보면 좀더 분명하게 드러난다. 제2차 세계대전이 끝난 뒤 마크 로스코(Mark Rothko)나 빌럼 더코닝(Willem de Kooning) 등은 20세기 초 아방가르드 미술의 여러 성과를 강렬한 표현성과 결합해낸 추상표현주의 작품으로 큰 반향을 얻었다.[11] 그런데 아방가

---

11 추상표현주의와 더불어 뉴욕은 파리를 대신해서 현대미술의 새로운 중심지로 부상했는데, 이는 2차 세계대전을 경유하며, 미국이 정치와 경제뿐 아니라 미술에서도 헤게모니 국가가 되었음을 뜻한다(사실 미술에서만 그랬던 것은 아니다. 영화와 음악의 경우 이미 전전戰前에 미국은 헤게모니를 성취했다. 20세기 영화사는 미국 영화사를 중심으로 짜여 있으며, 20세기 음악사 역시 박물관 음악인 클래시컬 뮤직을 제외하면, 재즈에서 시작해 포크와 록과 힙합에 이르기까지 혁신을 주도한 것은 미국이었다).

르드 미술의 성과를 강렬한 표현성과 결합한 것을 추상표현주의라고 한다면, 자코메티 또한 넓은 의미에서 추상표현주의에 속한다고 해도 좋을 듯하다. 그렇게 추상표현주의와 자코메티는 예술사 내적인 형식의 진화 면에서 공유하는 바가 있다. 하지만 자코메티는 그것이 얼마나 다른 방향의 질감과 울림을 가질 수 있는지 보여준다. 그에게서 추상 작업은 오로지 인간의 고통과 그 고통을 넘어서는 잔잔한 힘을 집중적으로 표현하는 데 동원되고 있기 때문이다. 그런 자코메티와 추상표현주의 화가 사이의 거리를 나치 점령지에서의 직접적 전쟁 경험과 포탄 하나 떨어지지 않은 미국 본토에서의 전쟁 경험 사이의 차이를 빼고는 설명하기 어려울 것이다.

이런 점 때문에 자코메티는 걸어감/넘어짐의 콜레로 자신이 겪은 역사적 사건 자체를 총괄하려 한 경위에 대해 전기적인 설명을 더 이어가고 싶은 유혹을 느낀다. 전기적 사실에 착목한다면 제임스 로드가 특별한 의미를 부여하지 않고 서술하고 있다 해도 「걸어가는 사람」과 자코메티가 겪은 보행 장애의 관계에 대해 생각해보지 않을 수 없다. 자코메티는 1938년 10월 자정 무렵 파리의 피라미드 광장에서 자동차에 치였다.

갑자기 리볼리가(街)에서 자동차가 속도를 내며 달려오더니 차도를 벗어나 그가 서 있는 보도 쪽으로 올라오면서 그를 스치고 지나갔다. 차는 그대로 돌진해 쾅음을 내면서 어느 가게의 창문을 부수고 멈추었고, 그는 바닥에 쓰려졌다. 알베르토는 바닥에 쓰려져 자동차가 충돌하는 장면을 보면서 마음이 편안해지고 차분해지는 느낌이 들었다. 그런데 자신의 오른쪽 발 모양이 이상하게 보였고, 신발도 멀리 떨어져 있다. 무슨 일이 일어났는지 알 수 없었고 고통도 느껴지지 않았으나,

서서히 발에 뭔가 문제가 생겼다는 느낌이 들기 시작했다.[12]

그는 처음엔 목발을 짚었다. 그는 목발을 짚고 다니는 것을 "두 다리가 아니라 세 다리로 걸어다니는 것"[13]처럼 재미있어 했다고 한다. 한달 뒤 발등의 뼈가 완전히 붙어서 깁스를 풀었다. 그런데도 그는 재활치료를 게을리하며 계속 목발을 짚었다. 그리고 몇달 뒤부터는 쭉 지팡이를 짚었다. 앞서 언급한 1940년 피란 때 어쩔 수 없이 그는 지팡이 없이 걸어야 했다. 목발에도, 지팡이에도 의지하지 못한 채 그는 절뚝이며 걸었다. 하지만 피란에 실패해 파리로 돌아와서는 다시 목발에 의존했다. 1941년에는 자코메티의 어머니가 2년 넘게 이어지는 목발 생활에서 벗어나라고 아들을 채근했고, 그로 인해 모자 사이에는 심각한 불화가 닥쳤다. 그가 지팡이를 쓰지 않기로 결단한 것은 1945년에 이르러서였다. 제임스 로드는 자코메티의 결심을 언급하며 시작하는 장에 '변화의 시작'이라는 제목을 붙이고 있지만, 정작 그 결단의 배경에 대해 전해주지 않고 있다. 우리가 알 수 있는 것은 그저 자코메티가 7년 넘는 시간 동안 절뚝거리며 지팡이에 의지하고 살았다는 것, 그리고 지팡이를 버린 뒤에 「넘어지는 사람」과 「걸어가는 사람」 같은 걸작을 만들었다는 것뿐이다. 그러나 그로부터 두가지 사실을 추정할 수 있다. 하나는 이미 지적했듯이, 자신이 목도하고 경험한 20세기를 총괄할 도식으로 그가 다른 것이 아니라 걸어감/넘어짐이라는 이항대립을 활용한 것은 전기적 토대를 가지고 있다는 사실이다. 다른 하나는 그의 걸어감/넘어짐의 이항대립 뒤에 절뚝거림/지팡이라는 제3항이 놓여 있다는 사실이다. 생각해보면 이런 제3항의 존

12 제임스 로드, 앞의 책 299면.
13 같은 책 246면.

재는 당연한 일이기도 하다. 왜 아무 문제 없이 걷고 있는 이가 걸음 자체를 사유와 창작의 주제로 삼겠는가? 걸을 수 없거나 걷기 어려울 때, 비로소 걸음은 사유의 대상이 된다. 보행장애와 보행보조물…… 그로부터 우리는 또 하나의 유명한 보행자/보행장애인을 떠올릴 수 있다. 그는 바로 오이디푸스이다.

우리는 모두 오이디푸스

걷기에 관한 한 서구 역사에서 그리스도의 십자가의 길 14처보다 유명한 이야기는 오이디푸스 이야기다. 그런데 왜 솔닛은 오이디푸스에 관해 한마디도 하지 않았을까? 오이디푸스 신화가 그에게는 걷기에 관한 이야기라기보단 부친살해와 근친상간의 비극으로 여겨졌기 때문일까? 혹은 루소와 키르케고르의 산책 그리고 걷기의 근대사에서 가장 기념비적인 워즈워스의 걷기에 대해 어서 이야기하고 싶어서였을까? 가장 쉬운 답은 생각나지 않아서일 텐데, 걷기와 관련해서라면 솔닛이 잊은 오이디푸스 신화를 다시 뒤적여볼 필요가 있다.

오이디푸스는 그 이름부터 걷기와 연결되어 있다. 테베의 왕 라이오스는 아들이 자신을 죽일 것이라는 예언을 두려워했다. 그래서 그의 아내 이오카스테의 말에 따르면, 그는 태어난 지 사흘도 안되어 아들의 "두 발목을 함께 묶은 뒤 다른 사람 손을 빌려 인적 없는 산에 갖다 버렸"[14]다. 라이오스의 명을 받은 목동은 어린 왕자를 불쌍히 여겨 그를 죽이지 않

---

14 소포클레스 『소포클레스 비극』, 천병희 옮김, 단국대출판부 2001, 47면(『오이디푸스 왕』 718~20행).

고 코린토스 출신의 다른 목동에게 넘겼고, 그 목동이 어린 오이디푸스를 아이가 없는 코린토스의 폴리보스 왕과 메로페 왕비에게 양자로 들여보냈다. 발목이 묶이면서 난 상처 때문에 발이 부어 있던 이 아이는 이름도 "부은 발," 즉 오이디푸스(Οἰδίπους)가 되었다. 그는 커서 "아침에는 네 발로 걷고, 점심에는 두 발로 걷고, 저녁에는 세 발로 걷는 존재가 무엇인가" 하는 스핑크스의 수수께끼를 풂으로써 스핑크스를 죽음으로 몰아넣었고, 그 덕분에 위대한 인물로 칭송받아 테베의 왕이 된다. 잘 알려져 있듯이, 스핑크스의 수수께끼 답은 인간인데, 여기서 인간의 본질은 걷기를 통해서 정의되고 있다. 그의 이름과 스핑크스의 수수께끼 사이에는 내적 연관이 존재했고, 따라서 오이디푸스의 삶은 부친살해와 근친상간의 비극이기 이전에 걷기를 둘러싼 이야기라고 할 수 있다. 그러나 스핑크스의 수수께끼와 오이디푸스의 연관은 그의 상징적인 이름에 그친 것일까? 이 질문에 답하기 위해서는 스핑크스를 만났을 때, 그의 발이 어떤 상태였는지 살펴볼 필요가 있다.

소포클레스의 희곡에 발이 부은 아이 오이디푸스가 청년이 되어서 여전히 보행에 불편을 겪고 절뚝거리며 걸었다는 이야기가 명시적으로 나오지는 않는다. 하지만 이오카스테가 말한 것처럼 라이오스가 오이디푸스의 발목을 "묶는" 정도에서 그친 것은 아닌 듯하다. 오이디푸스는 코린토스에서 폴리보스 왕의 죽음을 전하러 온 사자를 만나게 되는데, 그 사자가 바로 그를 폴리보스 왕에게 양자로 들여보낸 목동이었다. 그는 당시 정황을 말하며 이렇게 말한다. "그대의 두 발목에 구멍이 뚫려 있길래 내가 그 묶인 것을 풀어 드렸습니다."[15] 라이오스 왕은 아들의 발목을 그

15 같은 책 63면(『오이디푸스 왕』 1034행).

냥 묶은 것이 아니라 잔인하게도 구멍을 뚫어 묶은 것이었다. 그런 발의 상처가 성장하면서 쉽게 완치되었으리라고 보기는 어렵다. 같은 선상에서 오이디푸스가 자신이 우연히 만난 노인(그가 미처 알아보지 못한 아버지 라이오스 왕)을 어떻게 죽였는지 이오카스테에게 이야기하는 장면 또한 주목할 만하다. 스핑크스를 만나기 얼마 전 그가 저지른 부친살해의 장면을 이오카스테에게 다음과 같이 술회한다.

> 내가 길을 가다가 그 삼거리 가까이 이르렀을 때,
> 그곳에서 한 사람의 전령과 그대가 말한 대로
> 망아지가 끄는 마차를 탄 한 사내가 나에게 다가왔소.
> 그리고 그 길잡이와 노인 자신이
> 나를 억지로 길에서 몰아내려 했소.
> 그래서 나는 나를 옆으로 밀어낸 마부를
> 화가 나서 때렸소. 그러자 노인이 이것을 보고
> 내가 지나가는 순간을 기다렸다가 마차에서
> 가시막대기로 내 머리를 정통으로 내리쳤소.
> 그러나 그는 똑같은 벌을 받은 것이 아니라
> 이 손 안에 들린 지팡이에 잽싸게 얻어맞고는
> 즉시 마차 한가운데로부터 벌렁 나자빠졌소.[16]

부친살해를 저지른 청년 오이디푸스는 지팡이를 쥐고 다녔고, 연극 장면 안에서 과거를 회상하는 중년의 오이디푸스 또한 지팡이를 쥔 상태이

---

16 같은 책 51~52면(『오이디푸스 왕』 801~12행). 강조는 인용자.

다(그는 "이 손"이라고 말하고 있다). 그는 평생 절름발이였고, 절름발이였기 때문에 가지고 다녀야 했던 지팡이로 자신을 절름발이로 만든 아버지에게 복수한 셈이다.

이미 지적했듯이 어떤 이가 걷기를 사유하는지는 분명하다. 걷는 것에 아무런 문제도 없는 이는 걷기에 대해 생각할 필요가 없다. 어떤 장애가 사유를 촉발하기 마련이며, 걷는 데 장애가 있는 이가 걷기를 성찰한다. 절뚝거리며 걸어야 했던 오이디푸스에게 걷기는 언제나 의식되는 일이었을 것이다. 그러므로 그에게 스핑크스가 수수께끼를 던졌을 때, 그는 유별난 지성의 힘으로 수수께끼를 풀어낸 것이 아니다. 그에게 주어진 수수께끼는, 그가 운명적으로, 아버지의 폭력과 저주의 흔적으로, 한순간도 벗어날 수 없는 일상적 불편으로 평생 부심했던 바로 그 문제였다. 그러므로 스핑크스의 수수께끼 자체가 그에게는 운명적인 수수께끼, 그것을 풀 수 있는 사람에게 던져진 수수께끼였다고 할 수 있다.

하지만 아마도 그는 스핑크스의 수수께끼를 풀면서도 여전히 그 수수께끼가 올바르게 구성되었다고 생각하지 않았을 것이다. 오이디푸스는 아마도 스핑크스에게 이렇게 답하고 싶었을 것이다. "아침에는 네 발로 걷고, 점심에는 두 발로 걷고, 저녁에는 세 발로 걷는 존재가 무엇인가, 하는 질문에 대해 네가 알고 있는 정답은 사람일 것이다. 그러니 너의 질문에 나는 기꺼이 '사람'이라고 말해주련다. 그것으로 너의 수수께끼에 대한 내 답은 이루어졌다. 이런이런, 엄청나게 화가 났구나. 그렇다고 내가 수수께끼를 푼 것에 분개해서 벌써 죽어버리진 말고, 내 얘기를 좀더 들어주렴. 나는 네 질문이 부정확하다고 생각한다. 나를 보라. 나는 젊다. 나는 내 삶의 정오를 지나고 있다. 그런데 발이 불편하다. 어릴 적부터 그랬다. 그래서 절뚝거리며 걷고 지팡이도 짚는다. 네가 생각하듯이, 아니

196

모두 그렇게 생각하듯이 청년기에 인간은 두 발로 걷긴 한다. 하지만 두 발로 걷는 것이 그리 간단한 것은 아니다. 젊은데도 두 발로 걷는 것에 어려움을 겪는 것이 나만은 아니다. 잘 살펴보라. 정도의 차이일 뿐 아니라, 모두가 어느 정도는 절뚝거린다. 양손이 자유로울 필요가 자주 있으므로 지팡이를 짚지 않고 버틸 수 있다면 쓰지 않을 것이다. 하지만 우산을 든 이들을 보라. 비가 그치면 사람들은 우산대를 지팡이 삼아 의지한다. 사실 양손을 동시에 써야 할 때를 제외하면 지팡이는 누구에겐들 도움이 되지 않겠는가? 그러니 너의 수수께끼는 다시 정돈되어야 한다. 오전에는 네 발로 걷고, 오후에는 두 발이나 세 발로 걷는 존재는 무엇인가, 이렇게 말이다."

신화적 존재인 오이디푸스가 무슨 생각을 했는지는 알 수 없다. 그러니 내가 상상해본 오이디푸스의 생각은 반푼어치 근거도 없다. 하지만 분명한 것은 이족보행이 간단한 일은 아니라는 사실이다. 우리에게 제대로 된 보행법을 가르쳐주겠다는 '전문가들'을 도처에서 만난다는 게 그 증거이다. 우리는 걷고는 있지만 어딘가 약간은 비틀린 채로 조금 절뚝거리며 잘못 걷고 있고, 그래서 잘 못 걷는다.

더 나아가서 우리는 걸을 때 무엇인가에 늘 의존한다. 예컨대 우리는 모두 신발을 신는다. 신발 없이 걸을 수 있을까? 어디를 얼마나 걸을 수 있을까? 신발 없이 다리를 곧게 뻗으며 먼 곳을 응시하며 또는 주변을 두리번거리며 걸을 수 있기나 할까? 맨발의 아베베 비킬라(Abebe Bikila) 혹은 맨발의 이사도라 덩컨(Isadora Duncan) 같은 이들을 생각해보라. 그들은 마라토너이고 발레리나이지만, 무엇보다 신을 신지 않은 혹은 벗어던진 존재로서 기억된다. 그것은 맨발이 그만큼 드물기 때문이다. 맨발은 민낯보다 드물다. 대지가 우리의 발에 친절하지 않기 때문이다. 신발이 없다면, 우리는 대지의 상태를 살피며 걸어야 한다. 맨발로 걸으며 돌부리, 가시와 풀에 계속해서 신경을 써야 했다면, 루소는 '고독한 산책자의 몽상'에 빠지기는커녕 엉거주춤 절뚝거리며 걸어야 했을 것이다. 신발은 어쩌면 우리 모두의 은밀한 지팡이이고, 그런 의미에서 우리는 모두 오이디푸스일는지 모른다.

신발을 응시하다

'걷기의 역사'는 쓰였지만, '신발의 역사'는 아직 쓰이지 않았다. 토머스 드 퀸시에 의하면, 윌리엄 워즈워스는 "28만 2,000~29만 킬로미터를 답파했다"[17]고 한다. 그러나 그는 워즈워스가 급우 로버트 존슨과 알프스를 여행할 때, 또는 누이 도로시와 웨일스 지역을 도보여행 하다가 틴턴 사원에 이르렀을 때, 어떤 신발을 신었는지 말해주지 않는다. 하긴 용도(용도에는 당연히 기능적인 면뿐 아니라 장식적인 면도 포함된다)와 소재의 다양성을 생각하면, 신발의 역사를 쓴다는 것은 엄청나게 방대한 작업일 수 있다. 신발 일반의 역사를 포기하고 가령 구두의 역사를 추적한다고 해보자. 아마 하이힐 하나의 역사를 쓰다 지쳐버릴 것이다. 잘 걷기 위해서가 아니라 특정한 방식으로 둔부를 치켜세우고 잔뜩 긴장한 허벅지 모습을 자아내도록 고안된 신발이 어떤 계기로 어떤 과정을 거쳐 이토록 널리 퍼지게 되었는지를 추적해야 할 뿐 아니라 신발과 에로티시즘 사이의 관계라는 까다로운 문제도 다뤄야 하는데다가, 같은 선상에서

---

17 리베카 솔닛, 앞의 책 171면에서 재인용.

'전족'을 둘러싼 비극적인 여성 신체 훼손의 역사도 다룬다면, 그것은 엄청나게 긴 길을 '걸어야' 작업이 될 것이며, 얼마나 많은 '풋'노트가 필요하겠는가? 운동화의 역사라고 다를까? 아마도 그것을 위해서는 근대 스포츠의 발달사와 (끔찍했던 플랜테이션 농업과 식민주의의 역사를 포함하는) 고무 같은 소재 산업의 역사 그리고 스포츠 공학적 기술발달사, 국제분업적인 신발 생산과정과 스포츠 스타와 마케팅 관계 문제 등을 따라 잡아야 할 것이다. 누군가 이런 주제로 학위논문을 기획한다면, 아마도 나는 그에게 야심을 줄여 아디다스나 나이키의 역사 정도로 주제를 좁혀보라고 권고할 것 같다.

그렇다면 신발 자체를 응시하고 그것의 '본질'에 대해 생각해보는 작업, 흔히 '철학적' 작업이라 불리는 것을 시도해보면 어떨까? 그것은 가능할뿐더러, 잘 알려진, 아니 너무 잘 알려진 예가 있기도 하다. 빈센트 반 고흐(Vincent van Gogh)의 「구두」에 대한 하이데거의 에세이가 그것이다. 물론 그의 글이 목표로 하는 것은 신발의 본질을 사유하는 것은 아니다. 그가 하고자 한 것은 고흐의 「구두」를 소재로 '예술작품의 근원'을 해명하는 것이다. 하지만 그 과정은 불가피하게 신발에 대한 성찰을 경유한다. 다소 길지만(하이데거의 고흐의 '신발' 분석은 길게 인용하고 싶을 만큼 매혹적이다), 그의 분석을 살펴보자.

너무 오래 신어서 가죽이 늘어나버린 신발이라는 이 도구의 안쪽 어두운 틈새로부터 밭일을 나선 고단한 발걸음이 엿보인다. 신발이라는 이 도구의 수수하고도 질긴 무게 속에는 거친 바람이 부는 드넓게 펼쳐진 평탄한 밭고랑 사이로 천천히 걸어가는 강인함이 배어 있고, 신발 가죽 위에는 기름진 땅의 습기와 풍요로움이 깃들어 있으며, 신발 바

4-5. 빈센트 반 고흐 「구두」, 1886, 반 고흐 뮤지엄, 네덜란드 암스테르담

닥으로는 저물어가는 들길의 고독함이 밀려온다. 신발이라는 이 도구 가운데에는 대지의 말없는 부름이 외쳐오는 듯하고, 잘 익은 곡식을 조용히 선사해주는 대지의 베풂음이 느껴지기도 하며, 또 겨울 들녘의 쓸쓸한 휴경지에 감도는 해명할 수 없는 대지의 거절이 느껴지기도 한다. 더 나아가 이 도구에서는, 빵을 확보하기 위한 불평 없는 근심과, 고난을 이겨낸 후에 오는 말없는 기쁨과, 출산이 임박해서 겪어야 했던 [산모의] 아픔과 죽음의 위협 앞에서 떨리는 전율이 느껴진다. (…)

우리는 아마도 그림 속에 있는 신발을 가만히 살펴만 보아도 이 모두를 알게 될 것이다. 이에 반해 농촌 아낙네는 그저 신발을 신고 있을 뿐이다. 하지만 이렇게 단순히 신고 있다는 것이 그렇게 단순한 것일까? 흔히 농촌 아낙네는 무척 고단하기는 하지만 건강한 피로감에 젖어든 채 저녁이 깊어서야 비로소 신을 벗어두었다가, 아직 동이 트기 전 어둑할 무렵에 다시 그 신을 주워 신는다. 혹시라도 쉬는 날에는 자기가 벗어 놓은 신 앞을 무심히 지나치기도 하지만, 설령 그럴 경우에라도 그이 는 굳이 관찰하거나 주의 깊게 생각하지 않아도 이 모든 것을 알고 있 다. 물론 도구의 존재는 그것의 용도성에 있다. 그러나 이 용도성 자체 는 도구의 어떤 본질적 존재의 충만함 속에 [평안히] 머물러 있다. 우 리는 이것을 신뢰성(Verläßlichkeit)이라고 부른다. 이러한 신뢰성에 힘입어, 농촌 아낙네는 신이라는 도구를 통해 대지의 침묵하는 부름 가운데로 들어서게 되며, 또 도구의 이러한 신뢰성에 힘입어 그녀는 자신의 세계를 확신하게 된다.[18]

"단순히 신고 있다는 것이 그렇게 단순한 것일까?" 하이데거가 던진 이 질문이야말로 어떤 사유의 '경지'를 표시한다. SNS 알고리듬이나 알 파고 같은 인공지능, 또는 4차 산업혁명쯤을 언급해야 기술에 대한 사유 를 전개한다고 여긴다면 유행을 좇는 게으른 발상일 수 있다. 오히려 하 이데거가 그렇게 하듯이, 신발처럼 너무 익숙해 도구로조차 잘 여겨지지 않는 사물에 대한 성찰이 기술에 대한 우리의 사유를 가다듬을 기회일 수 있다.

하이데거는 『존재와 시간』에서 제기한 도구와 용도성 문제를 「예술작 품의 근원」에서 다시 끌어온다. 그런 의미에서 여기 제시된 그의 분석이 전적으로 새로운 것은 아니다. 하지만 『존재와 시간』과 「예술작품의 근 원」 사이에는 미묘한 변화가 있다. 『존재와 시간』에서 그가 도구의 예로 활용한 것은 손안의 망치였다. 하지만 이번에는 지배적 표상이 손과 망

---

18 마르틴 하이데거 「예술작품의 근원」, 『숲길』, 신상희 옮김, 나남 2008, 42~43면. 강조는 인 용자. [ ] 안은 한국어 번역자의 보충.

치에서 발과 신으로 바뀌었다. 그리고 인간이 도구와 맺는 관계의 초점이 '편의성[손에 익음]'에서 '신뢰성'으로 이동했다. 신발이야말로 예술 작품의 기원을 해명하기 위해서 도입한 새로운 대립 구도인 '세계와 대지'로 우리를 안내하기 좋은(매끄러운 연상의 고리가 되어주는) 매개이기 때문이다. 망치와 달리 신발은 우리를 대지에 대한 논의로 곧장 데려갈 수 있다. 하이데거가 지적하듯이 신발의 신뢰성은 "단순한 세계에게 비로소 [농촌 아낙네의 세계가 도구 속에 간직될 수 있도록] 그 세계의 간직되어 있음(Geborgenheit)을 마련해주고, 대지에게는 [그녀의 대지가 언제든지 자유롭게 지속적으로 밀려들 수 있도록] 그 대지의 지속적 쇄도의 자유를 안전하게 보장해주기 때문이다."[19]

분명 하이데거의 말대로 신발 덕분에 우리는 쉼 없이 쇄도해오는 대지를 어렵지 않게 맞아들일 수 있다. 신발 덕에 우리는 얼어붙은 대지든, 거친 돌이 가득한 가파른 언덕이든, 잡초가 무성한 초지든 거리낌 없이 걸을 수 있다. 그러나 하이데거는 왜 신발이 그럴 수 있는지에 대해 별로 분석하지 않는다. 그는 신발의 구조에 대한 우리의 직관적 이해에 호소할 뿐인데, 사실 신발이 신뢰할 만하다면 우리는 신에 대해 생각할 이유가 별로 없다. 그저 필요하면 신고, 그렇지 않으면 벗고, 필요하면 또 신으면 될 뿐이다. 하지만 신발이 언제나 그런 신뢰성 안에 있는 것은 아니다. 최초의 신발 구매의 순간을 생각해보라. 신발의 신뢰성은 신중한 선별과 길들임을 통해 가까스로 확보되는 것이다. 아무리 신중하게 골라도 사소한 불편이 없는 편안한 새 신발은 드물다. 발이 신발에 의지해서 지속적으로 쇄도해오는 대지를 받아낼 수 있으려면, 발은 우선 신발이 요구하

---

19 같은 글 43~44면. [ ] 안은 한국어 번역자의 보충.

는 답답함과 압박과 어긋남을 받아내야 한다.

신발의 구조에 관해 조금만 생각해보면 왜 그런지 금세 알 수 있다. 신을 신은 우리는 신발의 안창을 통해서 대지와 만나고, 대지는 신발의 바깥창을 통해서 발을 만난다. 그것은 신발의 안창이 대지를 대변하고 신의 바깥창은 발바닥을 대변한다는 것을 뜻한다. 물론 단순한 대변은 아니다. 안창은 대지를 순치한 형태를 대변하고, 바깥창은 발이 강화된 형태를 대변한다. 아니, 단순히 대변한다는 말로는 부족하다. 신발을 통해 발이 신체 바깥으로 변형되어 나아갔고, 대지는 포장도로와 같은 것으로 신발 안으로 들어왔다고 해야 할 것이다. 그러므로 신발은 단순히 신과 대지의 만남 사이에 끼어 있는 것이 아니라, 그 자체로 대지와 발이 결합하되, 안과 밖을 뒤집어 결합하고 있는 셈이다. 신을 신고 걷는다는 것은 발이 신발의 바깥쪽으로 대지를 밀어내면, 대지가 신발의 안쪽으로 밀려 들어오는 뫼비우스적 과정인 셈이다.

그러나 이 과정은 이미 지적했듯이 문제없이 작동하는 것은 아니다. 대지와 세계의 투쟁 또는 발과 땅의 투쟁은 인간에게 발과 신발 사이의 알력으로 전환된다. 여전히 대지의 힘은 신발의 불편함으로 남아 있다. 하지만 우리는 그것을 대지의 힘으로 느끼지 않는다. 그 대신 대지의 양상에 맞추어 더 다양한 동시에 더 범용성 있는 신발, 더 편하고 더 안락한 신발을 만들려고 애쓴다. 그 결과 우리는 신발이라는 지팡이에 점점 더 의존하게 된다. 그럴수록 우리의 절뚝거림은 대지의 굴곡과 중력의 힘 그리고 그것에 대응하는 신체의 취약성 때문이 아니라 신발의 불완전성 때문이라고 간주된다. 이런 과정은 신발이 대지에 가한 폭력을 망각하는 과정이기도 하다. 신을 신은 인류의 발바닥은 신 덕분에 더욱 부드러워졌지만, 신발 덕에 대지를 누를 힘을 얻었다. 걸어가고 나니 길이었다는 멋진 말이 있다. 분명 인간이 걸어간 자취가 길이다. 그러나 더 정확히 말하면, 길이란 신발 신은 인류가 지나간 자취이다. 그럴 수 있는 까닭은 신발 자체가 이미 평탄한 길을 내장하고 있기 때문이다. 신을 신은 인류가 혹은 신발에 인간이 불어넣은 힘이 대지에 영구적으로 새겨넣은 자취가 도로이다. 포장도로란 무엇인가? 그것은 그 자체로 신발이 되어버린 대지, 크고 길고 단단한 신발 자체이다.

그러므로 인간은 언제나 세 발로 걷는다. 또 하나의 발은 지팡이이고, 신발이다. 신발은 늘어만 간다. 나는 신발 자체인 포장도로를 다시 한번 신을 신고 걷는다. 문득 내 손안의 스마트폰을 본다. 나에게 지도를 주고, 내 위치를 알려주고, 가야 할 곳을 알려주고, 도달할 시간을 알려준다. 스마트폰은 내가 방향을 잃지 않게, 잘못 걷지 않게, 절뚝거리지 않게 해주는 지팡이다. 더 많아진 지팡이, 더 세분된 동시에 더 범용성 있게 통합된 지팡이에 의지해 걷는다. 다시 한번 말하지만 우리는 모두 오이디푸스이다.

걷기 속에 머물기

신발을 신은 인류는 달릴 수 있다. 물론 맨발로도 달릴 수 있다. 아베베 비킬라가 그랬듯이 마라톤 코스 전체를 맨발로 뛸 수도 있다. 아디다스가 협찬한 신발이 부적합했고, 다른 신발에 적응할 시간이 없어서였다지만, 로마올림픽 마라톤 전.코스를 맨발로 뛴 그는 경이로운 존재이기는 하다. 그렇지만 그가 오로지 포장도로 위를 뛰었을 뿐이라는 사실이 사라지는 것은 아니다. 그는 맨발이었지만 여전히 일종의 신발인 포장도로 위를 뛴 셈이다. 진정으로 아무런 신발 없이 달린다는 것은 아주 어려운 일이다.

왜 달리는가? 목적을 향해 시간을 압축하고 (같은 의미지만) 거리를 축소하기 위해서이다. 때로는 달아나기 위해서 달리기도 한다. 그 역시 강렬한 목적에 의해 향도된 행위이다. 달릴 수 있게 된 인류는 더 빨리 달리기를 원했다. 절뚝거리지 않기 위해서 사용했던 도구는 이제 달리기 위해서 사용되고, 더 빨리 달리기 위해서 사용된다. 생각해보면 우리의 모든 교통수단은 달리는 행위를 대신한다. 그래서 마차가 '달리고' 기차가 '달리고' 자동차가 '달린다'고 말한다. 고속철도를 타면 우리는 시속 200킬로밀터로 '달릴' 수 있다. 지팡이는 절뚝거림을 모면하기 위한 도구에서 달리기 위한 도구로 전환되었다. 지팡이 혹은 신발은 더이상 돕지 않는다. 우리 대신 걷고, 달린다.

그런데 이렇게 달릴 수 있는, 극도로 빨리 달릴 수 있는 시대에 달리기는 더이상 '빨리' 걷기, 즉 걷기의 하위범주로 인식되지 않는다. 양자는 다른 범주가 된다. 그리고 더 나아가서 서로 대립한다. 한때 달린다는 것은 걸어감의 가속이었지만, 너무 빨리 달릴 수 있는 시대에 걷기는 느림 또는 감속을 표상하게 된다. 걷기는 달리는 것의 대척점에 서서 달리지 않으려는 행위가 된다.

다시 솔닛으로 돌아가보자. 걷기의 역사를 쓰는 사람은 당연히 걷기를 좋아하는 사람일 것이다. 그런데 왜 좋아하는 것일까? 솔닛은 말한다. "몸은 돌아다니기 알맞게 생겼"[20]고, "내가 걷기를 좋아하는 것은 느리기 때문이다."[21] "아무 일도 안 하는 것에 가장 가까운 것은 걷는 일이다. (…) 걷기는 노동과 무위 사이, 존재와 행위 사이의 미묘한 균형이다."[22]

---

20 리베카 솔닛, 앞의 책 29면.
21 같은 책 28면.
22 같은 책 20면. 번역문은 인용자가 수정.

가속되는 시간의 경험은 달리는 행위 안에 내포되어 있다. 달리는 것은 빨리 걷는 것의 연장선상에 놓일 수도 있지만, 점점 더 빨리 달리는 세계에서 걷기는 달리기에 맞서는 것, 시간의 가속화를 방어하고 지연하는 일을 떠맡게 된다. 그리고 관광/여행 또한 걷기처럼 시간의 가속화를 방어하기 위한 행위이다. 누군가는 겨울밤이면 오로라가 내린다는 먼 북구의 어디, 예컨대 캐나다 옐로나이프 같은 곳에 갈 것이다. 거기서 빈둥거리며 낮을 보내며 밤을 기다리고, 마침내 밤이 되면 그는 한가롭게 하늘을 바라보며 천천히 걸을 것이다. 오로라가 밤하늘에 모습을 드러내지 않으면 그는 숙소로 돌아가 잠이 들고, 다음 날 낮에는 가져온 책을 뒤적이며 보낼 것이다. 그러던 어느날 그는 오로라를 본다. 그의 동공도 오로라 빛으로 물들고, 아마도 그의 회색 뇌세포조차 오로라 빛깔로 물들며 일렁일 것이다. 그는 그 순간에 머무르고 싶을 것이다. 그렇게 관광/여행은 흘러가는 시간에 작은 개인적 둑을 쌓고 거기에 오래 머무르며 세계를 완상하는 행위이다. 미술관 한구석에 놓인 의자에 앉아서 맞은편에 걸린 그림을 바라보는 것은 수십년간 그 자리를 지키고 서 있는 미술사 속 혁신의 어떤 순간을 바라보는 것이다. 미술관은 순간, 결정적 순간을 수집한 곳이다. 그러므로 미술관 속을 달리는 사람은 아무도 없다. 모두 걷는다. 더 느리게 걷는 이에게 작품은 자신이 간직한 비밀을 드러낼 것이다.

하지만 관광/여행은 역설적이게도 우리를 달리게 한다. 휴가는 짧다. "기차는 8시에 떠난다." 그때까지 타지 못한 "당신은 역에 홀로 남는다." 그러니 기차에 오르기 위해 우리는 달려야 한다. 요세미티 공원의 거대한 엘 카피탄(El Capitan) 암벽을 오래 바라보고 둘러보기 위해서는, 그 밑을 흐르는 시냇가를 느릿느릿 걷기 위해서는, 거기에 도달하기까지의 시간을 압축해야만 한다. 차를 타고 달려야 한다.

관광/여행은 우리의 일상보다 더 걷게 하지만, 동시에 더 달리게도 한다. 더 빨리 달리고, 또 더 느리게 걸어야 한다. 그리고 우리는 느낀다. 때로는 더 느리게 걷고 싶은데도 달려야 하고, 더 빨리 달리고 싶은데도 더 느리게 걸을 수밖에 없는 것이 관광/여행의 운명이라는 것을……. 그러나 관광/여행의 본연은 언제나 걷기 속에 머무른다. 달려서 거리를 빨리 제거한다고 해서 가까움이 생겨나는 것은 아니기 때문이다. 걸었던 때만이 길과 길이 열어준 풍경을 우리 영혼에 가까운 것으로 아로새겨준다. 발터 벤야민이 지적했듯이, 걷는 것은 텍스트를 읽는 것이 아니라 베껴 쓰는 것과 같은 일이기 때문이다.

국도(國道)는 직접 걸어가는가 아니면 비행기를 타고 그 위를 날아가는가에 따라 다른 위력을 보여준다. 텍스트 역시 그것을 읽는지 아니면 베껴 쓰는지에 따라 그 위력이 다르게 나타난다. 비행기를 타고 가는 사람은 자연 풍경 사이로 길이 어떻게 뚫려 있는지를 볼 뿐이다. 그에게 길은 그 주변의 지형과 동일한 법칙에 따라 펼쳐진다. 길을 걸어가는 사람만이 그 길의 영향력을 경험한다. 비행기를 탄 사람에게는 단지 펼쳐진 평원으로만 보이는 지형의 경우 걸어서 가는 사람에게 길은 돌아서는 길목마다 먼 곳, 아름다운 전망을 볼 수 있는 곳, 숲속의 빈터, 전경(全景)들을 불러낸다. 마치 전선에서 지휘관이 군인들을 불러내듯이. 이와 마찬가지로 베껴 쓴 텍스트만이 텍스트에 몰두하는 사람의 영혼에 지시를 내린다. 이에 반해 텍스트를 읽기만 하는 사람은 텍스트가 원시림을 지나는 길처럼 그 내부에서 펼쳐 보이는 새로운 풍경들을 알 기회를 갖지 못한다. 그냥 텍스트를 읽는 사람은 몽상의 자유로운 공기 속에서 자아의 움직임을 따라갈 뿐이지만, 텍스트를 베껴 쓰는 사람은 텍스트의 풍경들이 자신에게 명령을 내리기를 기다리기 때문이다.[23]

---

23 발터 벤야민 『일방통행로/사유이미지』, 최성만 외 옮김, 길 2007, 77면.

5.

탑승하러 가는 길

수정궁의 후예, 공항

경과 지점들

여행/관광은 '그곳,' 또는 어딘가에 있는 '장소'를 향한 열망에서 비롯하지만, 그곳에 이르기 위해서는 장소가 아닌 곳들을 거쳐야 한다. 가령, 버스터미널, 주유소와 휴게소, 철도역, 지하철과 환승 통로, 공항, 나들목, 드라이브스루 편의점, 패스트푸드점, 쇼핑몰, 또는 백화점 같은 곳을 통과하게 된다. 그런 곳들도 사람들의 기억에 중요한 자리를 차지할 수 있다. 기차역이 대표적이다. 재회를 약속한 배웅이 마지막 만남이 되거나, 마중을 나갔지만 기다리던 이가 끝내 기차에서 내리지 않거나, 열심히 뛰어왔지만 야속하게 기차가 떠나버리는 일들이 그곳에서 일어나기 때문이다. 그래서 『안나 카레니나』가 잘 보여주듯이, 기차역은 문학적 소재가 된다.

하지만 기차역이나 버스터미널이 많은 이들이 휴가를 내어 찾아갈 만한 명소가 되는 일은 없다. 우리는 그런 곳들을 스쳐 지나간다. 그런 곳들은 찾아가거나 머무르는 곳이 아니라 지나가는 곳, 경과 지점일 뿐이다. 그렇다고 해서 그런 곳들이 장소와 대비되는 것으로서의 '공간'인 것도 아니다. 공간은 의미를 지닌 장소가 형성될 수 있는 가능태로서의 빈터 이지만, 이런 곳들은 이미 어떤 기능을 하고 있고, 그 기능을 통해서 구조 화되어 있다. 예컨대 주유소는 주유라는 기능을 위해 모든 구조물이 짜 인 곳(보이지 않는 곳의 저유소, 일정한 간격으로 배열된 주유기, 간이음 식이나 스낵 또는 음료를 파는 작은 편의점, 주유소 관리자를 위한 사무 공간과 고객 응대를 위한 프런트 및 결제 시스템, 자동 세차 시스템, 시속 100킬로미터로 달리는 차에서도 그 존재를 식별할 수 있게 해주는 커다 란 로고의 네온사인에 이르기까지)이다. 우리는 주유라는 기능의 충족을 위해 그곳에 접속하고, 기능이 충족되면 떠난다. 주유소는 장소가 아닐뿐 더러 빈터(공간)도 아니다.

비장소의 사유

관광/여행은 장소를 향해 가지만, 장소보다 더 빈번하게 우리가 접속 하는 것은 바로 이런 곳들이다. 기능 자체를 위한 이런 곳, 장소도 아니고 공간도 아닌 이런 곳을 프랑스 인류학자 마르크 오제(Marc Augé, 1935~) 는 '비장소'(non-lieux, non-place)로 개념화했다.

장소가 정체성과 관련되며 관계적이고 역사적인 것으로서 규정 될 수 있다면, 정체성과 관련되지 않고 관계적이지도 않으며 역사적 인 것으로 정의될 수 없는 공간은 비장소로 규정될 것이다. (…) '기억 의 장소'로 목록화되고 분류되고 승격된 이 예전의 장소들은 초근대 성(surmodernité) 속에서 제한되고 특수한 자리를 차지한다. 사람들이 산부인과에서 태어나고 종합병원에서 죽는 세상, 호화롭거나 비인간적인 양태를 띤 일시적인 점유와 통과 지점들(호텔 체인, 무단 점거 squarts, 바캉스 클럽, 망명자 캠프, 철거되거나 영영 썩어들어갈 판자촌)이 증식하는 세상, 거주 공간이 되기도 하는 교통수단들의 조밀한 네트워크가 발전하는 세상, 대형 매장, 자동판매기, 신용카드에 익숙해진 사람들이 '소리 없는' 상거래의 몸짓과 다시 관계를 맺는 세상, 그리하여 고독한 개인성, 일시성, 임시성, 찰나성이 약속된 이 세상은 인류학자나 다른 연구자들에게 새로운 대상을 제공한다.[1]

레비스트로스가 『슬픈 열대』의 첫 문장에서 밝혔듯이("나는 여행과 탐험가들을 혐오한다"), 대상을 '깊이 읽어내기'를 갈망하는 인류학이 가장 경멸하는 것은 관광객/여행자의 시선일 것이다. 관광객/여행자의 시선은 스냅사진과 유사하다. 그는 장소가 열어주는 의미의 세계로 들어가기보다는 장소를 풍경을 열어주는 파인더(finder)로 여긴다. 그러나 관광객이 인류학자에게 부끄러움을 느끼거나 모종의 죄의식을 가질 필요는 없다. 그는 어떤 의미에서 '휴일의' 인류학자이기 때문이다. 그는 현지인과 '라포르'(rapport)를 형성할 시간도, 장소에 '거주할' 시간도 없다. 역으로 인류학자는 ─ 아마도 나의 이런 말에 화를 내겠지만 ─ 한곳에 몇달이고 머무를 시간을 직업적으로 허가받은 '죄의식 많은' 관광객이라고 할 수도 있다. 분명 장소는 관광객/여행자에 의해 비장소로 전락하는 경계까지 내몰린다. 그러나 깊이 읽어낼 것도 없는 비장소가 증식되는 세계, 장소로 가는 경로를 온통 비장소가 메워주다시피 하는 세계

---

1 마르크 오제 『비장소: 초근대성의 인류학 입문』, 이상길·이윤영 옮김, 아카넷 2017, 98면.

에서 인류학자는 관광객/여행자와 다르지 않게 낯선 장소들을 이어주는 비장소들을 장소보다 더 친숙한 것으로 경험하게 된다.

그러므로 "비장소의 역설은 다음과 같다. 자기가 모르는 나라에서 헤매는 이방인('지나가는' 이방인)은 고속도로, 주유소, 대형 매장, 혹은 호텔 체인의 익명성 속에서만 편안한 기분을 느낀다. 그에게는 특정한 정유회사의 상표가 그려진 표지판이 마음을 놓이게 하는 준거점이 된다. 그는 다국적기업의 브랜드명이 찍힌 식품이나 가정용품, 위생용품을 슈퍼마켓 진열대에서 발견하고는 안도한다."[2] 근대화란 장소를 에워싸는 비장소의 확장 과정이며, 표준화되고 일반화된 비장소의 형태와 논리의 강요('맥도널드화')가 바로 근대성의 힘이다.

우리는 '그곳'을 향해 가지만, 우리는 '그곳'으로 가는 '그곳 아닌 곳' 위에 더 오래 머무르고, '그곳 아닌 곳'의 매끄러움(문자 그대로 '매끄럽다.' 바퀴 달린 캐리어가 잘 굴러가는 곳, 거기가 바로 비장소이다) 덕분에 '그곳'에 이른다. 오늘날 우리는 에드워드 렐프(Edward Relph)가 주장하듯이, '장소 상실'을 겪고 있는 것이 아니라[3] 비장소에 의한 '장소 고립,' 장소가 의미의 넓은 그물망 안에 자리 잡지 못한 채 고립되고 침식되며 기껏해야 법제적으로 '보존되는' 현상을 겪고 있는 셈이다. 장소에 도달한 당신이 그곳을 조망하고 누리고 거니는 데 필요한 모든 비용을 신용카드로 지급할 수 있다면, 그곳은 이미 전지구화된 금융 네트워크와 소비자본주의에 기초한 비장소의 논리로 물들었다고 할 수 있다.

물론 그것이 일방적인 과정만은 아니다. 개별적인 경험의 주체로서 우리는 거의 본능적으로 비장소를 장소화한다. 뉴욕에서 펜(Penn) 스테이

---

2 같은 책 128면.
3 장소 상실에 대한 논의는 에드워드 렐프 『장소와 장소상실』, 김덕현 외 옮김, 논형 2005 참조.

션으로 가기 위해 지하철 환승 통로를 걸어가던 한 관광객이 익숙한 테너 색소폰 멜로디에 발걸음을 멈추고, 소니 롤린스(Sonny Rollins)를 닮은 듯한 재즈 뮤지션의 연주를 한참 동안 서서 들을 수 있고, 그러다가 예매해둔 보스턴행 암트랙(Amtrak)을 놓칠 뻔할 수도 있다. 그 경우, 아니 놓쳤다면 더욱 그럴 텐데, 그 환승 통로는 그에게 저명한 재즈 클럽 '블루노트'(Blue Note)보다 더 인상적인 '장소'로 남을 것이다. "장소와 비장소는 명확히 잡히지 않는 양극성에 가깝다. 전자는 결코 완전히 지워지지 않으며 후자는 결코 전적으로 실현되지 않는다. 이들은 정체성과 관계의 뒤얽힌 게임이 끊임없이 다시 기입되는 양피지들"⁴인 셈이다. 그렇기는 해도 비장소의 장소화는 비장소의 어떤 기능적 장애와 관련된 것임을 염두에 두어야 한다. 다시 말해 뉴욕 전철 환승통로의 매끄러운 작동을 방해하는 요인, 이 경우 '멋진' 길거리 재즈 연주로 인한 것이다. 유감스럽게도 비장소를 증식하는 근대성의 논리는 그런 교란 요소를 끊임없이 제거해나가고자 한다. 비장소는 관광/여행을 쉽고 빠르게 하는 조건인 동시에 그것으로부터 어떤 진정성을 박탈하는 요인이다. 그러므로 관광/여행에 대한 사유는 장소 못지않게 비장소에 대한 사유를 요구한다. 이를 위해서 면밀하게 비장소의 목록을 작성하고 그것을 하나하나 검토해도 좋을 것이다. 하지만 근대성의 강력한 특징, 고유한 차이를 통분 가능한 것으로 전환하고 일반성을 강제하는 경향을 생각하면, 하나의 비장소에 초점을 맞추는 것만으로도, 그 '논리적' 핵심을 이해할 수 있다. 그런 하나로 가장 적합한 것은 공항이다. 공항은 가장 '발전된' 또는 (그렇게 말해도 무방하리라 생각되는데) '만개한' 비장소이기 때문이다.

---

4 마르크 오제, 앞의 책 93면.

철골과 유리의 공항

이동하는 인류의 월경(越境)은 다양한 방식으로 이뤄진다. 여전히 걸어서 산맥을 넘고 강을 건너며 널빤지 조각이나 다름없는 보트를 타고 월경한다. 하지만 사증(visa)이 있다면, 또는 내 나라가 내가 갈 나라와 무사증 협약을 맺었다면, 국민국가가 허용한 통로로 제 나라를 떠나 어떤 나라로 들어가는 좁은 통로로 한 사람씩 한 사람씩 걸어 들어갈 수 있다. 오늘날 그런 좁은 통로의 기본형은 공항이다. 항구도 여전히 중요한 국제적 이동의 통로이지만, 물류가 아닌 인적 이동의 압도적 비중을 차지하는 것은 공항이다. 그래서 마드리드로 가기 위해, 나 또한 공항버스를 타고 인천국제공항으로 간다.

영종대교를 건너 입구에 다가가면 공항터미널이 모습을 드러낸다. 공항은 규모, 기능, 형태 등 모든 면에서 비견할 만한 것이 없다시피 한 압도적인 건축물이다. 하지만 우리의 시각을 장악하며 압도적인 모습으로 다가오지는 않는다. 그 이유는 공항이 수직적이기보다는 수평적으로 펼쳐진 건물이고, 다른 교통수단과 거의 유체역학적으로 연결되어 있기 때문이다. 공항은 출국장과 입국장을 분리하고, 그리로 들어가는 입구들이 늘어선 긴 지대를 승용차나 버스가 완만한 호(弧)를 그리며 접근했다가 사람과 짐을 부리고 훌쩍 떠나도록 설계되어 있다. 그래서 입국자는 공항을 등지고 나와서 차를 타고 공항을 떠나고, 출국자는 공항을 2층에서 경험할 뿐이다. 어느 편이든 건물 전체를 조망할 위치에 서볼 수 없으며, 외관(façade)은 어떤 공간적 예감도 없이 들어선 곳에서 펼쳐지는 실내 풍경을 통해 짐작될 뿐이다. 공항은 우리에게 건축적인 외관으로서보다

5-1. 인천국제공항 제2청사 내부

기능적인 흐름으로 다가오며, 철골과 유리로 구성되어 빛살이 쏟아져 들어오는 실내공간으로 체험된다.

이런 점에서 기차역은 공항과 다르다. 기차역(특히 대도시의 중앙역)은 공항과 달리 대부분 도심 한가운데를 통과하고, 지하철에서 이어지는 지하통로를 통해 진입하지 않는 한, 승객은 일정한 거리에서 역사(驛舍)를 바라보게 된다. 기차는 19세기의 발명품으로 19세기 후반에 서유럽 전반에 확장되었고, 20세기 초반에는 전지구적으로 확장되었는데, 그래서 중앙역의 외관은 대개 장중한 '의(擬)고전주의적' 양식을 띠는 경우가 많다. 20세기 들어 개보수가 이뤄지면서 그런 외관이 해체된 곳도 있지만, 여전히 그 형태를 보존하고 있는 사례도 여럿이다. 런던의 빅토리아역이나 밀라노 중앙역, 20세기 초에 지어진 구(舊)서울역사 등이 그렇다. 그런 기차역은 공항과 달리 건축적 존재감이 뚜렷해서, 그런 역사로 들어갈

5-2. 런던 킹스크로스역의 외관

5-3. 런던 킹스크로스역의 플랫폼

때 우리는 석조로 된 높은 홀이 나타날 것을 기대하게 된다.

그러나 막상 기차역에 들어서면, 의고전주의적 외관과 달리 내부, 특히 천장은 공항과 마찬가지로 철골과 유리로 되어 있는 경우가 많다. 오래된 기차역의 경우 홀 천장까지 석조로 마감되어 있기도 하지만, 그런 기차역도 플랫폼만은 거의 예외 없이 철골과 유리로 만들어져 있다. 『해리 포터와 마법사의 돌』에 등장하는 런던 킹스크로스역의 9와 3/4 승강장을 떠올려보라. 기차가 정차해 있는 플랫폼의 천장은 둥글게 조형된 철골과 유리로 구성되어 있다.

최근에 확장되거나 신축된 기차역은 플랫폼뿐 아니라 외관과 내부 모두 공항과 건축적 유사성을 띤다. 우리의 KTX 역사나 동서독 통일 이후 새로 지어진 베를린 중앙역도 그런 경우이다. 둘 다 외관마저 철골과 유리로 이루어져 있어서 공항과 다른 점이 별로 없다.

이런 철골과 유리로 이뤄진 건축물은 이제 공항이나 기차역을 넘어서 일반적인 빌딩에도 매우 널리 사용되고 있다. 사실 빌딩은 좀더 나아갈 수 있다. 벽이 아니라 기둥으로 지지하는 공법 덕분에 아예 창틀 없이 유리로 건물 외벽 전체를 에워싸는 '글래스 커튼월' 방식이 가능하기 때문이다. 물론 그럴 때도 철골은 외관에서 사라질 뿐 기둥이나 여타 지지대로 숨겨져 있다. 핵심은 철골과 유리이며 그것이 비장소의 일반적 건축 형태이다.

수정궁과 만국박람회

철골과 유리로 지어진 건축물로의 전환을 나타내는 이정표가 있다면, 그것은 단연코 1851년 제1회 만국박람회(Great Universal Exposition) 때

런던 하이드파크에 지어진 '수정궁'(Crystal Palace)이다. 수정궁은 당대 서구 세계 전체를 놀라게 한 경이로운 건축물이었다. 우선 크기 면에서 그랬다. 길이 564미터, 폭 124미터, 높이 32.4미터, 그리고 면적 7만 제곱미터(축구장 9.8개의 면적)에 이르는, 템스강 가까이 있는 세인트폴 대성당의 거의 세배에 이르는 규모였다. 세인트폴 대성당은 부서지거나 불탄 다음 개축과 확장을 거의 천년에 걸쳐 거듭해 오늘날의 모습에 이르렀다. 그러나 수정궁 건축은 도면 설계에 7주, 짓는 데 고작 3개월 반이 걸렸다. 자본주의 체제의 근본적 특징인 시간의 가속화를 건축 영역에서 이룩한, 당시로서는 극한의 사례인 셈이다.

그런 건축적 가속화를 뒷받침한 것은 유리산업과 철강산업의 발전으로 이뤄진 건축 소재의 혁신이었다. 근대 이전의 어느 사회에서나 그랬듯이, 거대 건축물은 군주 아니면 종교와 관련된 것이었고, 그것의 기본 소재는 석재였다. 하지만 수정궁은 석재 없이 3,800톤의 주철, 700톤의 단철, 8만 1,000제곱미터 면적의 판유리를 조립하여 지어졌다. 표준화된 철기둥과 판유리의 반복적인 조립을 통해 지어진 수정궁은 건축이 일종의 대량생산 제품으로 전환되었음을 나타내는 사례이다.[5]

수정궁 같은 조립식 건축물이 가능했던 것은 찬스브라더스(Chance Brothers and Co.) 같은 유리 회사가 저렴하고 견고한 판유리를 대량으로 공급할 수 있었기 때문이다. 그리고 유리산업 못지않은 철강산업의 기여도 있었다. 1830년 리버풀과 맨체스터 사이에 선로가 놓이고 증기기관차가 운행된 이후, 선로를 통한 기차 이동으로 발전 경로가 잡힘에 따라[6]

---

5 수정궁 조립 과정에 대한 상세한 논의는 임석재 『기계가 된 몸과 현대 건축의 탄생』, 인물과사상사 2012, 제14장 참조.
6 증기기관차가 철로 만들어진 선로를 달린다는 발상은 기차의 발명과 함께 '자연스럽게' 주

5-4. 런던 하이드파크에 세워진 수정궁 외관

선로가 늘어나는 속도만큼 빠르게 철강산업도 힘차게 발전했고, 강도[7]나
대량생산 가능성 면뿐만 아니라 가격 면에서까지 석재보다 저렴해졌다.
선로 부설이란 철로 된 길이 만들어지는 과정이다. 조금만 상상력을 발
휘해서 그 철로를 수직으로 세우기만 하면, 건축물의 뼈대가 형성될 수

어진 것이 아니다. "당시 기술은 오늘날의 우리로서는 상상이 잘 안 가는 온갖 장애나 항의
에 맞서 한 걸음 한 걸음 '새로운 영역'을 정복하고 있었다. 예를 들어 1830년대 영국에서는
철도 레일을 둘러싸고 치열한 논쟁이 벌어졌다. 영국에 철도망을 깔 수 있을 정도의 철을 충
분히 조달하는 것은 아무리 생각해도 불가능하다(당시 철도망은 극히 소규모로 계획되었
다). 화강암을 깐 도로 위를 '증기기관차'가 달리게 해야 한다고 사람들은 주장했다"(발터
벤야민 『아케이드 프로젝트 5: 부르주아의 꿈』, 조형준 옮김, 새물결 2008, 381면).
7 "철은 강도에서는 돌보다 40배, 목재보다 10배 뛰어나지만 그럼에도 불구하고 자중(自重)
은 돌의 4배, 목재의 8배밖에 되지 않는다. 따라서 같은 크기의 돌과 비교해볼 때 철은 무게
는 4배밖에 더 나가지 않지만 40배의 부하를 견딜 수 있다"(A. G. 마이어 『철골건축물들』
11면, 발터 벤야민 『아케이드 프로젝트 1: 파리의 원풍경』, 조형준 옮김, 새물결 2008, 375면
에서 재인용).

있다.[8] 사람들은 여전히 주거용 건물에 철을 사용하는 것을 꺼렸지만 역사(驛舍)나 전시회장에 철을 쓰는 것으로는 그런 상상력이 펼쳐졌다. 유리와 결합하기만 하면 수정궁 같은 건물은 언제든 지어질 수 있는 문턱에 다가가고 있었던 셈이다.

그렇다 해도 수정궁과 같은 대담한 발상이 가능했던 것은 설계자가 조지프 팩스턴(Joseph Paxton)이었기 때문일 것이다. 그는 데번셔 공작의 수석 정원사였고, 공작의 영지 채스워스에 유리와 철로 만들어진 대규모 온실을 건축한 바 있었다. 온실을 모델로 해서 만들어진 그의 박람회 전시공간 설계안은 박람회위원회 측이 원하는 내화성(耐火性), 짧은 공기(工期), 저렴한 건축 비용 같은 요소를 두루 갖추고 있었다. 수정궁 부지에는 8미터 높이의 커다란 느릅나무가 있었는데, 온실 건축가였던 팩스턴은 그 나무가 그대로 들어가도록 전시공간을 설계했다(도판 5-5 참조). 그가 설계한 수정궁에는 여러가지 문제점이 있었다. 배수 문제를 완전히 해결하지 못해서 비가 새기도 하고, 유리로 투과되는 빛 덕분에 조명 비용을 절감할 수 있었지만, 대신 날이 맑으면 내부가 너무 더워지는 문제도 있었다. 그래도 커다란 나무가 문제없이 들어앉아 있을 만큼 환기 시스템은 훌륭했다고 하는데, 이 역시 온실 건축가로서의 그의 경험 덕분

---

8 프랑스혁명 100주년 기념으로 개최된 1889년 파리 만국박람회 때 지어진 에펠탑은 수직으로 건조된 가장 장대한 철도선로이며("에펠탑은 철제 부품을 대못으로 조립하여 연결한 것으로 실로 짠 듯한 효과를 내지만, 원리는 철로와 동일하다. 에펠탑은 마천루를 예고했다." 수잔 벅모스『발터 벤야민과 아케이드 프로젝트』, 문학동네 2004, 175면), 그러기 위해서는 비할 데 없이 정교한 조립이 필요하다. 동시대인인 알프레드 고트홀트 마이어가 지적했듯이, "무기적인 자재의 에너지를 극소의, 가장 효율적인 형태로 마무리해서 그것을 효과적인 방식으로 조립시키려는 정신적 에너지의 엄청난 긴장 때문에 조형적인 조형력은 침묵한다. (…) 12,000개나 되는 금속 부품, 250만개나 되는 못 하나하나가 밀리미터 단위로 정확하게 결정되어 있다"(A. G. 마이어『철골건축물들』93면, 발터 벤야민『아케이드 프로젝트 1: 파리의 원풍경』382~83면에서 재인용).

5-5. 수정궁 내부에서 이뤄진 빅토리아 여왕의 만국박람회 방문 기념행사 장면

이었다고 할 수 있다.

만국박람회 동안 수정궁은 엄청난 흥분을 불러일으켰다. 햇빛을 반사하며 빛나는 거대한 외관, 빛이 넘실대는 환한 내부, 그리고 그 안을 채운 10만여점의 첨단기술 제품들에 방문객들은 찬탄을 금치 못했다. 맑스는 『공산당 선언』에 "부르주아지는 인간의 활동이 무엇을 이룰 수 있는지를 처음으로 보여주었다. 그들은 이집트의 피라미드, 로마의 수로, 고딕 성당을 능가하는 경이를 성취했다"[9]고 썼는데, 만일 그가 『공산당 선언』을 런던 만국박람회 개최 이후에 썼다면, 고딕 성당을 능가하는 '철과 유리의 성당'으로 수정궁을 언급했을 것이다.[10]

---

9 카를 마르크스, 프리드리히 엥겔스『공산당 선언』, 권화현 옮김, 펭귄클래식코리아 2010, 231~32면.
10 실제로 수정궁은 첨탑만 빼면 대부분의 공간 구성, 예컨대 평면 입면이나 천장 등은 중세 영국 고딕 성당을 선례로 삼았다. 임석재, 앞의 책 385면.

박람회 개장일에만 25만명, 개최 기간 중 600만명 관람이라는 엄청난 성공을 런던 만국박람회에 안겨주었던 수정궁[11]은 박람회가 끝난 뒤 해체되었지만, 1852년 런던 남부 시드넘 힐로 자리를 옮겨 복구되어(물론 원형 그대로는 아니고 많은 변형이 가해진 재조립이었다) 만국박람회 이후에도 많은 이들이 찾는 명소가 되었다. 이후 수정궁은 파리를 비롯해 유럽 여러 나라에서 개최된 만국박람회 전시장의 표준 양식으로 굳어졌다.

수정궁을 혐오스럽게 받아들이거나 그 위험성을 경고한 이들이 없지는 않았다. 가령 시드넘 힐로 옮겨진 수정궁을 방문한 표도르 도스토옙스키(Fyodor Dostoevskii)는 『지하에서 쓴 수기』에서 수정궁이 "도출 가능한 모든 질문에 대한 답을 완벽하게 준비하면서, 동원 가능한 모든 기계를 가지고 정확한 산술에 바탕하여 건설되었"고, "자신이 인류 역사의 결정체이며 우주적 총체성과 불변성의 표상"임을 선포하고 있다고 파악한다. 도스토옙스키는 또 "이 건물은 너무 의기양양하고 위엄 있고 거만하여 당신의 숨결을 빼앗아가버린다. (…) 당신은 어떤 최종적인 결론이 여기서 내려져버렸고, 모든 것이 종료되어버렸다는 것을 느낄 것"이라고 말한다.[12] 근대적이고 계산적인 합리성의 전형인 수정궁이 인간의 실존적 의미 추구를 위협한다고 여긴 것이다. 이런 도스토옙스키의 불안은 기술 합리성에 내장된 위험에 대한 그의 예민한 감각을 보여준다. 하지만 그보다 더 중요한 점은 수정궁이 그런 '지하'의 관점에서 지각되는 불

---

11 수정궁이 누린 인기는, 근대적인 대중 관광업의 주창자였던 토머스 쿡이 운영한 여행사에서 박람회 패키지 관광에 유치한 고객이 15만명에 이르렀다는 것에서도 잘 드러난다.

12 인용된 도스토옙스키의 말은 이상룡 「역설의 알레고리: 〈지하생활자의 수기〉의 시학」, 『슬라브학보』 제16권 제1호, 2001, 189~210면에서 재인용했다. 이 글의 저자는 『지하생활자의 수기』 주인공의 발언을 러시아 판본에서 직접 번역하여 인용했는데, 우리나라 여러 출판사에서 출간한 국역본보다 더 명료하게 도스토옙스키의 의도를 전하는 것으로 보여 재인용했다.

안을 은폐하며 펼쳐낸 매혹적인 힘과 그것의 내적 논리이다. 이 점에 대해 수정궁의 계보를 추적한 발터 벤야민의 논의를 따라서 살펴보자.

외부 없는 집, 파사주

벤야민은 수정궁의 원형이 19세기 초반 파리에서 모습을 드러낸 파사주(passage)라고 보았다. 파사주는 철골과 유리로 지붕을 덮은 상점 거리이다.[13] 지금도 파리에는 여러개의 파사주가 남아 있다. 직접 방문해서 걸어보면 지금 감각으로는 통로가 꽤 좁게 느껴진다. 그러나 그것을 큰 규모로 확장하면 미국의 대도시 외곽에 지어진 거대한 쇼핑몰(우리나라의 예로는 잠실 롯데월드나 스타필드 하남 또는 여주 프리미엄 아울렛 등을 들 수 있다)로 이르게 되리라는 것, 즉 파사주가 거대 쇼핑몰의 기원이라는 것을 쉽게 알 수 있다.[14] 파사주를 두고 벤야민은 이렇게 말한다.

파리의 파사주들은 대부분 1822년부터 약 15년 사이에 생겨난다. 파사주들이 등장하게 된 첫번째 조건은 섬유산업의 호황이다. 신상품 가

---

13 프랑스어 명칭은 passage이고 따라서 '파사주'로 표기하면 된다. 벤야민은 방대한 초고로 남겨진 19세기에 관한 자신의 연구를 'Das Passagen-werk'라고 잠정적으로 지칭했다. 그리고 롤프 티데만(Rolf Tiedemann)이 벤야민의 초고를 정리해서 출간할 때, 그 명칭을 그대로 제목으로 사용했다. 앞의 각주에서 인용된 것에서 알 수 있듯이, *Das Passagen-werk*의 국역자 조형준은 파사주라는 낯선 말 대신 같은 뜻인 프랑스말 아르카드(arcade)의 영어식 발음인 '아케이드'를 역어로 택했다. 그러나 도서출판 길에서 출간된 벤야민 선집에서는 '파사주'로 번역되었다. 여기서 인용할 때는 국역본에서 각각 쓰인 바를 그대로(즉, 때로는 파사주로, 때로는 아케이드로) 따를 것이다.
14 파사주를 수평적으로 확장하면 몰(mall)이 되지만, 평면적 확장이 어려운 대도시 내부에서 파사주를 수직적으로 집적하면 백화점이 탄생한다.

게들, 자체 내에 보다 큰 상품창고들을 갖고 있는 최초의 건물들이 모습을 드러내기 시작했는데 이 건물들이 바로 백화점의 전신들이다. 발자크는 이 시대를 이렇게 묘사했다. "진열장의 위대한 시(詩)가 마들렌 교회부터 생드니 성문에 이르기까지 다채로운 연(聯)을 노래한다." 파사주들은 사치품 거래의 중심지가 된다. (⋯) 한「화보를 곁들인 파리 안내서」는 이렇게 쓰고 있다. "사치산업의 신발명품인 이 파사주들은 유리 천장으로 덮이고 대리석을 깐 회랑들로서 큰 건물들 사이를 가로지르고 있으며, 건물 소유주들은 이와 같은 투기사업을 위해 결탁하였다. 천장으로부터 조명을 받는 이 회랑들은 양편에 우아한 상점들이 즐비하게 늘어서 있어서 그러한 통로 자체가 하나의 도시, 아니 하나의 세계의 축소판처럼 되어 있다." 파사주들은 가스등 조명이 처음으로 켜지는 무대가 된다.

파사주가 생겨나게 된 두번째 조건을 이루는 것은 철조 건축의 시작이다. (⋯) 국가의 성격이 부르주아 계급의 지배 도구로서 기능하는 것에 있음을 루이 나폴레옹(나폴레옹 3세)이 알아차리지 못했다면, 그 시대의 건축가들 역시 철이 갖는 기능적 성격, 즉 철의 구성원리가 건축 분야에서 주도권을 쥐게 될 것이라는 사실을 깨닫지 못했다.[15]

그렇게 만들어진 파사주는 자연에서 오직 채광만을 들이고, 나머지 모든 자연적 요소, 예컨대 비나 바람을 제거한 건조환경(built environment)을 수립한다. 파사주는 파사주(통로) 양편에 늘어선 상점의 쇼윈도의 기

15 발터 벤야민「19세기의 수도 파리:『파사주』독일어판 개요」,『역사의 개념에 대하여/폭력 비판을 위하여/초현실주의 외』, 최성만 옮김, 길 2008, 184~85면, 번역문은 인용자가 일부 수정.

능을 한번 더 중복한 듯이 보인다. 쇼윈도 너머에는 명품 옷이나 가방을 걸친 마네킹이 서 있다. 나와 그런 명품가방의 거리는 불과 1미터 남짓이고, 명품가방은 내게 투명하게 보인다. 하지만 그것을 내가 잡으려고 하면 유리는 완전한 단절을 느끼게 해준다("Just look, don't touch!"라는 팻말을 붙일 필요도 없다). 유리는 상품이 거리낌 없이 소비자를 매혹할 수 있게 해주는 완벽하게 투명한 매체이지만, 그와 동시에 (지나친) 매혹이 불러올 절도의 위험마저 깔끔하게 차단하는 매체이기도 하다.[16] 그런데 파사주 안에 있다는 것은 그런 쇼윈도를 바라보는 소비자를 다시 쇼윈도 안에 넣는다고 할 수 있다. 전시물뿐 아니라 그 통로를 걸어가는 소비자 또한 어떤 외부 요인에 의해 건드려지지 않는 존재가 된다. 파사주는 '유리병 속의 도시'라고 할 수 있다. 이런 비와 바람에서 벗어난 파사주, 낮에는 자연채광에 의존하고, 밤에는 가스등에 의존하는 파사주는 "꿈처럼" "아무런 외부도 없는 집, 통로들"인 것이다.[17] 그것의 작동방식에 대해 벤야민은 이렇게 말한다.

진정한 것에는 창문이 없다. 진정한 것은 어디에서도 우주를 내다보지 않는다. 그리고 파노라마에 관한 관심은 진짜 도시를 보는 데 있다. '병 속의 도시.' ─ 집 안에 있는 도시. 창문이 없는 집 안에 있는 것이 진정한 것이다. 예를 들어 이처럼 창문이 없는 집으로는 극장이 있다. 그것이 영원한 즐거움을 주는 것은 이 때문이다. 창문이 없는 원형 홀, 파노라마가 즐거움을 주는 것 또한 마찬가지이다. 극장에서는 공연이 시작되면 모든 문이 닫힌다. 아케이드를 지나가는 사람들은 어떤 의미

16 볼프강 F. 하우크 『상품미학 비판』, 김문환 옮김, 이론과실천 1991 참조.
17 발터 벤야민 『아케이드 프로젝트 5: 부르주아의 꿈』 282면.

5-6. 파리의 파노라마 파사주(Passage des Panoramas) 풍경

에서 파노라마의 거주자들이다.[18]

"외부 없는 집," 극장과 같은 파사주 안에 진열된 상품들은 하나의 파노라마처럼 펼쳐진다. 이런 파사주를 극대화하는 만국박람회를 벤야민은 상품의 '환등상'(phantasmagoria)이라고 규정한다. "만국박람회는 상품들의 우주를 구축"하기 때문이다.[19] 거기 전시된 상품들은 오로지 다른 상품들과의 관계 속에서만 제 위치를 차지하고 또 숭배 대상이 된다. 파사주와 박람회장은 맑스가 『자본론』에서 개념화한 '상품 물신숭배'(commodity fetishism)를 위한 만신전(Pantheon) 역할을 하는 셈이다.

---

18 같은 책 295면.
19 발터 벤야민 「19세기의 수도 파리: 『파사주』 독일어판 개요」 197면.

초대받은 노동자들

그런 만국박람회에 노동자 사절단이 파견되었다. "최초의 노동자 사절단은 1851년 런던 만국박람회에, 그리고 750명으로 구성된 두번째 사절단은 1862년 박람회에 파견되었다. 두번째 사절단은 마르크스의 국제노동자연합인 인터내셔널의 창립에 간접적으로 중요한 의미를 지닌다."[20] "1867년에 1,500만명의 박람회 방문객 중에는 무료 입장권을 배급받은 40만의 프랑스 노동자가 포함되어 있었으며, 외국 노동자는 프랑스 정부가 제공하는 숙박시설을 이용했다."[21]

일견 자본의 기술력을 과시하고 소비자본주의를 대중적인 축제의 환등상으로 보여주는 박람회에 이렇게 노동자들이 초대되었다는 사실이 의아할 수 있다. 물론 이유가 있다. 출현기의 소박한 박람회는 노동자들의 여흥을 북돋기 위해 출발했으며, 박람회의 규모가 달라지고 그에 따라 의미도 달라졌지만 출현기의 유습이 여전히 남아 있었기 때문이다. 그래서 정부는 노동자들을 박람회에 초대하면서도, 노동자들이 이를 정치적 동맹과 발언의 기회로 삼지 않을까 걱정했다. 그러나 정부의 우려와 달리 박람회는 오히려 노동자들에게 정치적 환등상을 제공했다. "산업과 테크놀로지는 미래의 세계 평화와 계급 화합과 풍요를 자체적으로 산출할 수 있는 신화적인 힘으로 제시된다. 만국박람회라는 동화의 나라

---

20 같은 글 198면. 제1인터내셔널로 불리는 국제노동자협회는 1864년에 창립되었지만, 창립 논의가 시작된 것은 1862년 런던 만국박람회에 모인 영국 노동자들과 프랑스 노동자 사절단의 회합에서였다고 한다.
21 수잔 벅모스, 앞의 책 120면.

(fairylands)가 전해주는 메시지는 대중을 위한 혁명 없는 사회진보의 약속이었다."[22] 박람회는 사회적 진보를 기술적 진보로 치환하고, 전시와 숭배를 통해 노동자들을 체제에 순응하도록 유도하는 역할을 한 것이다.

맑스는 『공산당 선언』에서 "모든 견고한 것은 대기 속으로 녹아버리고, 모든 신성한 것은 더럽혀"[23]진다고 했다. 확실히 그렇다. 보들레르가 지적했듯이 질주하는 마차(로 상징되는 자본주의 경제의 속도)에 치일까 두려워 재빨리 비켜서는 순간 머리의 모든 신성한 후광은 아래로 굴러떨어져 보도의 진창 속에 처박힌다. 그러나 공황과 실업 그리고 계급투쟁이 불러일으킬 무질서와 위기를 덮기 위해서라도 자본은 거대한 수정궁과 에펠탑 같은 기술적 숭고 대상(the technological sublime)을 통해 그 자신이 진창에 처박은 후광을 슬쩍 다시 주워 올려 자기 머리에 얹어야 한다. 벤야민이 "자본주의는 순전히 제의로만 이루어진, 교리도 없는 종교"[24]라고 했을 때, 그는 이런 새로운 숭배에 대해서 말했던 셈이다.

이상적인 일방통행로

철골과 유리로 된 건물이라는 점에서 수정궁의 계보 속에 있는 공항은 파사주나 쇼핑몰처럼 외부 없는 공간이기도 하다. 공항에 들어서는 순간, 우리는 어떤 외부와도 접촉하지 않는다. 만일 탑승 게이트와 비행기를

---

22 같은 책 121면.
23 카를 마르크스, 프리드리히 엥겔스, 앞의 책 232면.
24 발터 벤야민 「종교로서의 자본주의」, 『역사의 개념에 대하여/폭력비판을 위하여/초현실주의 외』, 최성만 옮김, 길 2008, 124면.

탑승교(boarding bridge)가 이어준다면, 우리는 한순간도 외기(外氣)와 접촉하지 않고 비행기 좌석에 앉게 될 것이다. 그리고 비행기라는 또 하나의 실내 공간에 한참을 체재하다가 또다른 공항에 도착할 것이다. 그러므로 관광/여행을 묶는 가장 큰 매듭은 출발 공항과 환승 공항 그리고 도착 공항이라고 할 수 있다.

이 공항이라는 외부 없는 집은 어떤 내적 구조를 지닌 걸까? 앞에서 지적했듯이 공항은 출국·환승·입국을 엄밀하게 구분한다. 그런 구분은 행동을 유도하는 건축적 구성을 통해 은밀히 강제된다. 쇼핑, 의약품 구매, 환전, 휴대폰 로밍 또는 세금 환급 등을 위해 공항 내부를 여기저기 돌아다녀야 할 일이 있다거나, 외유 기간이 짧아 공항 주차장에 며칠간 자가용을 주차해두고 긴 통로를 경유해서 출국장에 이르는 사람이 아니라면, 공항터미널 내부를 두루 돌아다닐 필요가 없다. 바쁜 출국자는 발권, 수하물 위탁, 보안검색, 그리고 출국심사라는 필수 과정(매우 많고 번거롭고, 붐빌 때는 엄청나게 오래 걸리기도 한다)만 거치면 면세구역으로 들어가게 된다. 일단 면세구역에 들어서면 그는 일반구역으로 되돌아갈 수 없다. 그는 이미 출국했으므로 되돌아가고자 한다면, 입국 절차를 밟아야 한다. 공항은 출국장과 입국장을 분명하게 단절한 공간이므로, 공항 당국이 인정할 만한 특별한 사유 없이 되돌아갈 수 없다.

이 점은 입국자도 마찬가지이다. 그는 일단 입국심사를 받고 세관을 통과하면 되돌아갈 수 없다. 되돌아가는 유일한 방법은 2층 출국장으로 가서 다시 출국 절차를 밟는 길뿐이다. 공항을 통과하는 것은 일방통행로를 주행하는 것과 마찬가지이다. 우리는 하나의 스테이지를 클리어하고 다음 스테이지로 나아가며, 되돌아갈 일도 없지만 되돌아갈 수도 없다.

발터 벤야민은 베를린에서 자신의 유년시절의 경험에 대한 '사유 이

5-7. 1928년 독일 로볼트 출판사에서 간행된 발터 벤야민의 『일방통행로』초판본 표지

미지'(Denkbilder)를 모아서 『일방통행로』(*Einbahnstraße*, 1928)라는 책을 출간한 바 있다. 이 책은 정작 일방통행로에 관해 어떤 논의도 하고 있지 않다. 보기에 따라서는 이 책의 제목이 『일방통행로』인지조차 확실치 않다. 책 표지는 러시아 출신 사진작가 사샤 스톤(Sasha Stone, 1895~1940)의 포토몽타주에 사진사, 작가, 그리고 출판사 명칭을 추가한 것일 뿐이며, 그 사진은 그 책에 담긴 모든 경험에 행사되고 있는 근대성의 힘을 도로 곳곳에 등장하는 일방통행 표시로 상징하고 있을 뿐인 듯이 보이기 때문이다.

확실히 근대 대도시는 교통의 원활한 흐름을 위해, 즉 사회적 삶의 가속을 위해 일방통행로를 활용한다. 생각해보면, 모든 교통 지체와 정체의 중심에 교차로가 있다. 교차로는 이곳에서 저곳으로 가려는 이와 저곳에서 그곳으로 가려는 이의 의지가 충돌하는 곳이다. 그리고 신호체계가 대기(待機)와 순서를 지정하고 규율함으로써 의지의 대립을 조정한다. 이에 비해 일방통행로는 맞은편 차도를 없애고 유턴과 좌회전을 없앤다. 즉, 옵션을 만들어주고 그것을 규율하기보다 옵션 자체를 줄이는 것이다. 그 대신 흐름을 만들어내고 그 흐름이 끊기지 않도록 한다. 근대 사회에서는 규율하는 권력과 조절하는 권력이 함께 작동한다. 하지만 정지하고 기다리라고 명령하는 규율보다 매끄러운 흐름을 조성하는 조절이 더 효율적이며, 근대적 권력은 점점 더 그런 방향으로 나아간다.[25] 편리함을 통해 작동하는 일방통행로에 들어서면, 우리는 길이 유도하는 방향을 따라 쓸려간다. 밀리고 밀려갈 수밖에 없다. 방향을 바꾸려면 P턴이, 되돌아가려면 두번의 P턴이 필요하다. 아주 귀찮다. 그래도 도시 공간에서는, 그래야만 한다면 두번의 P턴을 할 수 있다. 하지만 공항에서는 P턴이 허용되지 않는다. 공항은 이상적인 일방통행로이고, 그런 의미에서 근대성의 탁월한 상징이다.

니시자와의 하이재킹

물론 실제 공항이 일방통행로를 완전하게 구현하는 것은 아니다. 출국과 입국을 완전히 분리하고 각각을 일방통행로로 구성하지 않은 공항들이 있었다. 그리고 그것은 보안상 치명적인 위험을 야기하기도 했다. 대표적인 사례로 1999년 7월 23일 28세의 청년 니시자와 유지(西澤裕司)가 오사카 공항에서 이륙한 ANA(All Nippon Airways)사의 B747을 납치했던 사건을 들 수 있다.

니시자와는 국립 히토쓰바시(一橋)대학을 우수한 성적으로 졸업했고, 비행기에 매료되어 항공회사에 취업하기를 열망했던 청년이었다. 그러

---

25 미셸 푸코라면 교차로의 통행규칙 부과를 규율권력으로, 일방통행로를 위한 조절을 자유주의적 통치권력으로 묘사했을 것이다. 두가지 권력 개념의 차이에 대해서는 미셸 푸코『안전, 영토, 인구』, 심세광 외 옮김, 난장 2011 참조. 자유주의적 통치권력은 우리의 일상에 상당히 깊이 들어와 작동한다. 가령 지금 우리 손안에 있는 스마트폰의 각종 애플리케이션도 그렇다. 애플리케이션들은 각종 디폴트값을 통해서 우리의 행동을 유도하고, 더 빠른 서비스 접속과 결제를 끌어낸다. 리처드 세일러와 캐스 선스타인의『넛지』(리더스북 2018) 같은 행동경제학 저술의 유행도 조절하는 자유주의적 통치권력의 중요성이 커지는 경향을 보여준다.

나 늘 최종면접에서 탈락하여 입사하지 못했다. 대신 일본화물철도회사에 취업했지만, 회사 일에 흥미를 느끼지 못해서 퇴사했다. 실업자가 된 뒤 자살 시도를 하는 등 조현병 증세를 보였지만, 병원에서 재활 훈련을 받고 퇴원했다. 퇴원 후에 항공산업에 관해 사적인 탐구를 이어갔는데, 그러던 중 하네다 공항 터미널 도면을 검토하다가 공항 1층 도착장과 2층 출발장이 계단으로 연결되어 있어서 흉기 반입이 가능하다는 것을 발견했다. 그는 하네다 공항 이외에 일본의 52개 공항이 같은 구조라는 것도 알아냈다.

그는 주요 신문사에 다음과 같은 내용의 이메일을 보냈다. "1층의 도착 수하물 수취장과 2층의 출발 로비를 잇는 계단이 무방비로 열려 있어 승객이 자유롭게 왕래할 수 있습니다. 수하물에 흉기를 넣어 부친 뒤 도착장에서 그것을 찾아 곧장 탑승 편의 출발 로비로 올라가면 흉기를 소지하고 비행기에 탑승할 수 있습니다." 그는 어디선가 답장이 오면 보안체제를 어떻게 정비해야 하는지 답할 준비를 하고 있었다. 하지만 아무도 답을 보내오지 않았다. 그는 위험을 경고하기 위해 공항 당국에도 여러 차례 전화를 걸었지만 응대해주는 데가 없었다. 그러자 그는 마침내 자신이 밝혀낸 공항의 허점을 실증해 보이기 위해서 하이재킹을 시도했다. 그의 하이재킹은 비행기 기장 살해로 이어졌지만, 비행기 추락만은 부기장과 승객들이 격투로 니시자와를 저지하여 막아냈다.[26] 불완전한 일방통행로가 공포의 역주행을 야기한 셈이다.

26 김동현 『플레인 센스』, 웨일북 2020, 58~69면 참조.

보안검색이라는 강박

일방통행의 구조를 지닌 공항은 출국 및 입국 심사대라는 경계선을 따라 확연히 다른 두 공간, 출국 전 또는 입국 후라는 국민국가의 영토에 속하는 공간('일반구역')과 '면세구역'이라고 불리는 출국 후 또는 입국 전 공항 공간으로 분할된다. 우선 관심을 기울여볼 대상은 이렇게 두 공간을 분할하는 힘, 좀더 정확히 말하면 흔히 'CIQ(관세, 출입국관리, 그리고 검역 Customs, Immigration & Quarantine) 구역'이라고 불리는 경계 지대를 창출하고 유지하고 관리하는 국가의 주권적 권력이다. 주권적 권력은 출국의 경우에는 보안검색과 출입국관리 업무로, 입국의 경우에는 세관 업무, 출입국관리 업무, 그리고 검역 업무를 통해 개입한다.

이와 별도로 보안 및 치안이 있다. 인천국제공항에서 테러 예방과 지능범죄 수사, 교통 관리와 단속은 국가경찰인 인천국제공항경찰단이 담당한다. 하지만 우리의 경우, 가장 일상적이고 막대한 양의 업무인 승객과 휴대 수하물에 대한 보안검색은 국가경찰이 담당하지 않는다. 이 분야를 총괄하고 국제적인 공항 보안 협력을 담당하는 국가기구는 국토교통부 항공정책실 항공보안과이다. 그리고 개별 공항의 보안검색과 공항 시설 경비는 공항 운영자가 책임진다. 인천국제공항의 경우 인천국제공항공사 안전보안실이 보안검색과 경비를 주관하고 감독하는 운영자이다. 최근까지는 보안 전문 민간경비업체가 보안검색과 경비를 직접 수행했다.[27] 외환위기 이후 오랫동안 신자유주의적 공항보안정책을 이어왔기

---

27 공항의 보안검색과 테러방지 활동에 대한 이하 논의는 다음 논문들을 여기저기 참조했다. 박현진 「세계무역센터 및 국방성 청사 '자살충돌' 테러 사건과 변화하는 항공 테러리즘」,

때문이다. 이런 정책은 문재인 정부 들어서 비로소 궤도를 수정했다.[28]

항공의 역사를 뒤적여보면, 대중적인 항공여객이 일반화되기 시작하던 1960년대까지만 해도 보안검색은 매우 느슨했다는 것을 알 수 있다. 보안검색의 역사에는 두번의 전환적인 계기가 있었다. 첫번째는 항공여객이 빠른 속도로 증가함에 따라 1960년대 말부터 항공기의 불법 납치 그리고 때로는 공중폭파사건이 빈번해지기 시작하면서 일어난 전환이다. 우리의 경우에도 대한국민항공사(KNA) 소속의 창랑호가 북한으로 납치된 사건(1958), 북한 공작원에 의한 대한항공 여객기(YS-11기) 피랍사건(1969), 여전히 의문이 남아 있는 대한항공 858기 공중폭파사건(1987) 등이 있었다. 우리의 경우는 북한과 관련된 것이었지만 국제적으로 큰 주목을 받았고, 진압 과정에서 유혈사태가 벌어지기도 했던 사베나항공 여객기 피랍사건(1972)이나 에어프랑스 피랍과 엔테베 작전(1976) 같은 사건들은 출발국 공항, 납치범들이 요구해서 착륙한 국가의 공항, 항공기의 국적 등이 모두 다른 국제적인 사건인 경우가 많았다. 이런 사건들이 공항의 보안검색을 크게 강화하는 계기가 된 것은 물론이고, 항공기 테

『한국항공우주정책·법학회지』제14권, 2001, 9~85면; 황호원 「공항 보안요원의 법적 지위에 관한 연구」,『한국항공우주정책·법학회지』제21권 제2호, 2006, 157~79면; 이기헌·황호원 「공항 보안발전에 관한 연구: 인천국제공항 보안검색을 중심으로」,『한국항공경영학회지』제8권 제1호, 2010, 57~72면; 전용선 「공항 보안검색에 대한 연구: 경찰활동을 중심으로」,『치안정책연구』제24권 제1호, 2010, 213~41면; 김재운 「공항 보안검색에 있어서의 위험관리와 대응과제」,『시큐리티 연구』제34호, 2013, 89~113면; 강맹진 「테러 예방을 위한 공항 경찰활동 비교」,『한국민간경비학회보』제17권 제2호, 2018, 1~36면.

28 앞의 각주에서 언급된 여러 연구자가 지적하듯이, 보안검색 같은 핵심 업무의 외주화는 보안요원들의 낮은 수준의 임금과 높은 수준의 이직으로 인한 전문성 약화 문제를 안고 있었다. 문재인 정부는 보안직군의 정규직화를 통해서 이런 문제를 해소하고자 했다. 그러나 보안직군의 정규직화 티오(TO)는 대부분의 인천공항공사 취업 준비자들이 지원하는 직군 티오와 무관했음에도 불구하고, 취업준비생들의 비이성적인 반발과 언론의 무책임하고 선정적인 보도로 인해 심각한 사회적 논란에 휩싸였다.

러방지를 위해 국제적 공조 또한 강화되었다.

두번째 전환점은 두말할 나위 없이 9·11테러였다. 9·11테러는 엄청난 규모의 피해 현장, 비행기와 무역센터 건물이 충돌하는 충격적인 장면이 미디어를 통해 전세계에 생중계되다시피 했다는 점, 그리고 비행기 승객을 인질로 정치적 요구를 하던 항공테러리즘이 비행기 자체를 테러 무기로 사용하는 항공테러리즘으로 이행했다는 점에서 신기원을 이룬 사건이었다. 이 사건은 공항 및 항공 정책과 관련해서 두가지 면에서 완전한 변화를 낳았다. 하나는 하이재킹된 비행기의 착륙 공항과 관련된 것이다. 비행기나 탑승객의 안전을 위협하는 테러범이 있을 때, 9·11테러 이전에는 기장이 국제법을 근거로 어떤 국가의 공항이든 비상착륙하겠다는 결정을 내릴 권한을 가졌다. 그러나 9·11테러 이후로는 기장이 어떤 판단을 내리든 비행기가 자국민의 안전을 위협한다고 판단될 경우 기장의 요구를 거부할 수 있는 법이 유럽과 북미를 중심으로 제정되기 시작했다. 이제는 여러 나라가 자국의 안전을 위해 하이재킹된 비행기를 격추할 수 있게 된 것이다.

다른 하나는 공항의 보안검색이 전에 없이 엄격해진 것이다. 특히 미국은 공항 보안을 연방정부 국토안보부(Department of Homeland Security) 소속의 교통보안청(이른바 TSA, Transportation Security Administration) 아래 전국적으로 일원화했으며, 미국에 입국하거나 미국 공항을 경유하는 승객이라면 미국 시민은 물론이고 어느 나라 시민이든 가리지 않고 생체정보 제공을 강요한다. TSA가 보안검색을 위해 사용하는 엑스레이 장치는 해상도가 너무 높아서 검색대를 통과하는 이의 주머니에 있는 작은 플라스틱 칼까지 식별해낼 수 있다. 그러니 보안요원이 승객의 알몸을 들여다보다시피 할 수 있게 되었기 때문에, 인권과 프라이버시 침해 논란을 피할 수 없다. 점점 더 늘어왔던 CCTV도 공항 곳곳에 더욱더 빈틈없이 설치되었고, 안면인식 프로그램을 비롯한 각종 컴퓨터 프로그램 및 데이터베이스에 연결되었다. 또한 미국은 자국 항공기가 취항하는 세계 모든 공항에 자신들이 수립한 각종 보안검색 규준 준수를 요구하고 있다.

물론 보안검색과 테러방지 조치가 강화되는 만큼 그것을 뚫기 위한 테러리스트들의 '노력'도 점점 더 교묘해졌다. 관련해서 나에게도 약간의 개인적 체험이 있다. 2005년 여름에 캐나다 밴쿠버의 브리티시컬럼비아대학으로 연구년 출장을 간 적이 있다. 1년 동안의 출장을 마치고 2006년 8월 10일 귀국을 위해 밴쿠버 공항에 도착했다. 그런데 아침 일찍 도착한 공항은 이미 승객들로 아수라장이었다. 모든 비행기가 연착되었고, 모든 출국 절차가 지연되고 있었다. 이유는 영국 경찰이 런던 히드로 공항에서 미국으로 가는 당일 항공기를 폭파하려고 했던 테러 모의자 21명을 체포했고, 그들이 기내 수하물로 게토레이를 가지고 들어가 기내에서 다른 물질과 섞어 액체 폭탄을 제조해 사용하려고 했음을 밝혔기 때문이었다. 미처 체포되지 않은 테러리스트 성원이 계획을 실행할 가능성 때문에 히드로 공항의 업무가 곧장 중지되고 보안검색이 전면적으로 강화되었으며, 유럽 여러 도시의 공항 모두가 액체 폭탄을 염두에 둔 보안검색을 시작했다. 새로운 보안정책의 핵심은 일정 부피 이상의 액체물질의 기내 반입을 금지하는 것이었는데, 절차와 프로토콜이 마련되지 않은 상황이어서 공항들 대부분이 일시적으로 마비 상태에 빠졌다. 이제는 음료수나 생수는 물론이고 각종 미용 젤이나 향수 등도 일정 부피 이상이 되면 공항 보안검색대 앞의 커다란 쓰레기통에 던져버리는 것에 우리 모두 익숙해졌지만, 나는 그런 조치가 실행된 바로 첫날에 밴쿠버 공항에 있었고, 그 '덕분에' 4시간 이상 연착된 비행기를 타고 귀국해야 했다. 집에 도착해 짐 정리 중에 백팩을 열어보니 멀쩡한 생수 한통이 들어 있었다.

금지 품목을 '무사히' 기내 반입하여 집까지 지고 온 셈이었다. 본인도 의식하지 못한 물품은 보안검색에도 걸리지 않는 것일까, 그 생수로 마른 목을 달래며 잠시 그런 부질없는 '주술적' 사유에 빠져보았다.

사실 9·11테러에 대한 강렬한(그리고 미국인들에게는 트라우마적인) 기억 때문에 세상 거의 모든 사람이 공항의 강도 높은 보안검색에 순응하고 있다(지문 채취에 동의하고 신발을 벗고 허리띠를 풀기까지 해야 한다). 공항은 어떤 공간보다 더 감시(surveillance)가 포괄적으로 작동하는 곳이 되었다. 그러나 이런 감시권력의 확장은 공항에 한정된 현상이 아니다. 오히려 공항은 감시권력 확장의 선도적이고 발전된 형태를 보여주고 있다. 공항의 경계지대에서 발전된 감시권력은 공항터미널 내 일반구역으로 확장되고, 더 나아가서 공항 외부로까지 자신의 논리를 관철해가고 있다. 실제로 오늘날 세계의 대도시는 점점 더 공항과 비슷해져 가고 있다. 도시의 공항화를 말할 수 있을 정도로 공항에 설치된 CCTV, GPS 시스템, 홍채 인식장치, 통합형 교통 환승제 등은 도시 내부에서도 일상적으로 관철되고 있다.[29]

2020년 발발한 코로나19 대유행은 테러방지를 위해서 도입된 각종 감시체계가 방역을 위한 감염 추적의 핵심 수단으로 전환될 수 있다는 것을 잘 보여준다. 사실 방역과 테러방지 사이에는 상당한 논리적 유사성이 존재한다. 방역은 두려운 것(테러)으로서의 세균이나 바이러스를 막으려는 활동이다. 테러방지와 방역은 모두 생체 정보를 수단으로 삼는 생명정치적(bio-political) 활동이며, 둘 다 외부와의 차이를 통해서 자신을 정의하는 활동이다. 대테러 작전을 수행하는 요원이나 방역 당국의

---

29 존 어리 『모빌리티』, 강현수·이희상 옮김, 아카넷 2014, 274면.

요원은 인체 내의 백혈구나 대식세포처럼 활동한다. 그러나 나날이 삼엄해져가는 공항의 이런 보안검색(그리고 멕시코 국경 전체를 장벽으로 막으려는 트럼프 대통령의 시도)은 일종의 자가면역질환으로 보이기도 한다. 프로이트는 1920년대에 제1차 세계대전 퇴역 군인들이 전쟁에서 겪은 트라우마적 사건을 꿈속에서 반복하는 일, 분명히 주체에게 고통스러운 일임에도 주체가 그것을 반복하는 일을 관찰하며, 그것을 '반복강박'이라고 명명했다. 트라우마가 자아와 외부 사이의 경계가 폭력적으로 파괴되는 현상이라면, 반복강박은 심리적인 수준에서 과잉방어, 다시 말해 자가면역질환에 빠진 현상이라고 말할 수 있을 것이다.

환승 및 면세 구역에 대한 상상

현대 공항은 어떤 역설적인 느낌을 준다. 주권적 권력에 의해서 보호되는 영토 내에서의 시민적인 평화 상태와 영토 바깥의 홉스적 전쟁 상태라는 구획이 공항에서는 전도된 듯하기 때문이다. 이미 지적했듯이, 주권적 권력의 규율 및 감시 권력이 작동하는 것은 애초에는 공항의 경계 지대(일종의 국경선)였지만, 이제는 그런 권력 작용이 도시 안으로, 즉 시민사회로 확대되고 있다. 그에 비해 출국심사를 마치고 면세구역에 들어서면, 우리를 잠재적인 테러리스트로 의심하는 듯한 시선에서 벗어난 해방감을 느끼게 된다(면세구역에 해당하는 영어, duty-free zone은 그런 해방감을 더 실감나게 표현하는 것 같다).

그러나 생각해보면 면세구역은 기묘한 공간이다. 거기 있는 우리, 즉 출국 상태, 입국 전 상태, 또는 환승 상태인 우리는 물리적으로는 어떤 국민국가의 영토 안에 있지만, 법적으로는 공항이 소재한 국민국가의 영토 외부에 있다. 여기서 법은 '마치 ~인 것처럼'(as if)을 창출하는 힘, 우리의 물리적 현존 상태를 가상화하는 힘으로 작동한다. 그런 의미에서 면세구역은 '순수 법학적 공간'인 셈이다.

이 법적 국가 외부 공간, (국가가 마련해주었지만) 마치 국가가 사라진 듯한 이 공간은 자본주의가 꿈꿔온 공간, 모든 규제를 혐오하는 신자유주의자들이 꿈꿔온 공간과 같다. 철골과 유리로 된 천장 아래 탑승구를 향해 길게 뻗은 회랑에 늘어선 면세점은 봄날 활짝 꽃을 피운 벚나무처럼 화사하다. 그곳은 무거운 '죄악세'를 떨쳐낸 술과 담배가 날개 돋친 듯이 팔리고, 명품 시계와 가방이 즐비한 '쾌락의 정원'이다. 그러니 디스코텍은 왜 안 되고, 도박은 왜 안 되겠는가? 뮌헨 공항은 디스코텍을 갖추고 있고, 암스테르담의 스키폴 공항은 카지노를 마련해두었다. 물론 국가가 도덕의 담지자는 아니다. 그러니 국가가 뒤로 물러난 공간이라고 해서 모두가 도덕적 휴가 상태로 들어가는 것은 아니다. 그래서 점잖은 이들을 위해 스키폴 공항은 미술관도 제공한다.

사실 공항은 "공항에서 시작해서 도시로 끝난다."[30] 대개 대규모 신설 공항은 긴 활주로를 확보하고 소음공해를 막기 위해 도심으로부터 수십 킬로미터 떨어진 곳에 세워진다. 공항에서 근무하는 이들의 통근을 생각하면 공항 주변에 주택단지와 쇼핑센터가 조성되는 것은 필연적이다.[31] 매우 바쁜 일정을 소화해야 하는 국제적 비즈니스맨들을 생각하면, 아

30 Brian Edwards, *The Modern Airport Terminal: New Approaches to Airport Architecture*, Taylor & Francis 2005, 44면.
31 인천국제공항 종사자는 약 7만명이다. 런던 히드로 공항 종사자도 엇비슷한 규모이다. 협력업체 종사자 및 간접 고용까지 포함하면 고용 규모는 세배 이상 불어난다.

예 공항 인근에 콘퍼런스센터나 호텔 같은 시설을 조성하는 것이 좋다. 일단 그런 시설들이 집적되면 시너지 효과를 낼 수 있고, 그로 인해 공항 인근에는 다양한 기반시설이 집적된다. 호텔이 훌륭하다면, 근사한 레스토랑, 멋진 피트니스 클럽, 사우나나 마사지숍, 그리고 골프장이 가까이 세워지지 않을 이유가 없다. 그렇게 해서 허브 공항들은 공항도시(aviopolis)로 발전해간다.

나의 궁금증은, 공항이 환승 및 면세 구역을 길게 빼내어 확장해서(현재도 터미널과 터미널은 상당히 먼 거리를 내부 전철로 연결하므로, 같은 방식으로 사용한다면 가능할 것이다) 방대한 비국가적 공간을 만들어내면, 그 속으로 이 모든 시설(아마 18홀 골프장은 어려울 것이다)을 집어넣을 수도 있지 않을까 하는 것이다. 만일 공항 환승구역 내에 커다란 콘퍼런스센터가 있다면, 세상의 자본가들이 비즈니스 모임을 위해서 뭐하러 귀찮게 입국심사를 받고 세관신고서를 작성하겠는가? 환승구역에 콘퍼런스센터, 호텔 그리고 레스토랑이 있는 국제공항이 세상에 여럿이라면, 예컨대 상하이의 어떤 사업가는 아예 몇개의 공항을 거치는 것만으로 필요한 회의와 업무를 모두 처리하고 자국으로 귀환할 수도 있을 것이다. 물론 아무리 바쁜 사업가도 해외출장의 기회를 온전히 업무에만 할당하며 피곤하게 살려고 하지 않을 것이다. 국민국가로서도 조세 수입을 줄이면서까지 그렇게 해줄 이유가 없으며, 폐쇄적인 건조환경을 대규모로 짓는 것이 비용 면에서도 그리 효율적이지 않을 것이다. 하지만 그럴 가능성, 적어도 몇가지 시설이 공항 내부로 들어갈 가능성이 아예 없는 것은 아니다. 스키폴 공항의 카지노가 보여주듯이, 국민국가는 자국 공항의 경쟁력을 높이기 위해 어떤 '매력적인' 시설이 필요하다면, 그것을 위해 일정 수준의 조세 수입을 포기할 수도 있기 때문이다.

「터미널」이 그린 공항

공항 환승 및 면세 구역을 주제로 한 흥미로운 영화로 스티븐 스필버그(Steven Spielberg) 감독의 「터미널」(2004)이 있다. 1988년부터 10여 년 동안 프랑스 샤를드골 공항 제1터미널에서 살았던 이란 출신 무국적자 메란 카리미 나세리(Mehran Karimi Nasseri)의 실화를 바탕으로 했다고 하지만, 사실 모티프 이외에 실화에서 가져온 내용은 전혀 없다.

영화의 설정은 이렇다. 가상의 동유럽 국가 크라코지아(Krakozhia)[32]에서 온 빅토르 나보르스키(톰 행크스 분)가 존 F. 케네디 국제공항에 도착한다. 입국심사대에 선 그는 여권이 유효하지 않다는 통보를 받는다. 빅토르가 미국행 비행기를 탄 사이 크라코지아에서 쿠데타와 내전이 일어나고, 권력을 장악한 측은 이전 정부가 발급한 여권을 무효화해버린다. 그래서 빅토르는 미국에 입국할 수도, 고국에 돌아갈 수도 없는 신세가 된다.

이후로는 로맨틱 코미디와 슬랩스틱 코미디가 적당히 혼성된 스토리가 전개된다. 영어를 전혀 할 줄 몰랐던 빅토르는 빠른 속도로 영어를 익히고 공항 라운지라는 현실에 적응해간다. 노숙자와 다름없는 생활이지만, 그는 점차 공항 종사자들과 친구가 되고, 심지어 공항 인테리어 공사의 일꾼으로 고용되기도 하며, 스튜어디스 아멜리아(캐서린 제타존스 분)와

---

32 이 명칭은 크로아티아를 연상시킨다. 유고슬라비아연방 해체와 더불어 독립을 선언한 크로아티아의 영토 내에 세르비아계 거주자가 많은 지역에서 세르비아 크라지아 공화국이 선포되었다. 세르비아와 크로아티아 사이의 교전이 핵심이었던 크로아티아 독립전쟁(1991~95)의 결과로 크라지아가 차지했던 지역은 대부분 크로아티아에 귀속되었다. 크로아티아와 크라지아를 합성하면 더욱 크라코지아라는 가상 국가명과 유사해진다.

애틋한 감정까지 키워가게 된다. 그리고 아멜리아와의 사이에 생긴 오해를 풀던 과정에서 그가 미국으로 온 동기도 밝혀진다. 재즈를 사랑하던 그의 아버지는 미국의 재즈 음악가들에게 편지를 보내서 그들의 사인을 받아 수집했는데, 그가 답장으로 사인을 받지 못했던 유일한 재즈 음악가가 베니 골슨(Benny Golson, 1929~)이었다. 빅토르는 그의 사인을 받기 위해서 미국에 온 것이었다(미국 입국 동기로는 너무 영화적으로 상투적이긴 하다).

「터미널」은 공항이 낭만적인 공간일 수 있다는 것을 유머러스하게 보여주지만, 제작되고 상영된 시점, 그리고 영화의 무대가 뉴욕 존 F. 케네디 공항이라는 점을 생각하면, 이 영화의 숨은 기저 텍스트는 9·11테러 사건일 수밖에 없다. 이미 지적했듯이, 9·11테러로 인해 미국 공항의 보안검색은 완전히 새로운 단계로 '발전'했다. 그러므로 「터미널」은 현실의 공항에서 많은 이들이 느끼는 국가권력의 감시 활동과 그로 인한 불쾌감과는 상당히 거리가 있다. 이 영화에서는 공항의 감시권력이 승객에게 저지르는 광범위한 인권침해는 그저 아버지를 위한 약을 처방전 없이 반입하고자 한 러시아인과 그것을 압수하려는 공항 당국 사이의 갈등으로 축소된다. 빅토르는 러시아어를 모르는 공항 직원들을 위해서 통역에 나서고, 빅토르가 그 약이 처방전 없이 반입할 수 있는 동물용 약이라고 '오역'함으로써 갈등은 '쉽고 유머러스하게' 해결된다.

영화 전체를 통해서 국가의 감시권력이 가진 위험성은 그저 공항 책임자 프랭크 딕슨(스탠리 투치 분)의 승진 욕구 같은 인간적 야심이나 관료적 타성, 요령 같은 보편적 요인 속으로 사라져버린다. 빅토르는 결국 아멜리아가 얻어준 하루짜리 비자 그리고 모든 공항 직원과 보안요원의 협조 속에서 베니 골슨의 연주장을 찾아 그가 연주하는 「킬러 조」를 듣고, 아버지의 꿈이었던 골슨의 사인을 받아 고국으로 돌아간다.[33] 영화는 최종적으로 미국 국경이 여전히 이방인에게, 이방인의 꿈에 열려 있다고 주장한다. 우리는 이 주장이 허구적이며 이 영화가 9·11테러 이후 미국 공항의 현실에 대한 이데올로기적 스크린(은폐)임을 알 수 있다. 그러나 다른 한편으로, 이 영화는 환승 라운지라는 법적인 비국가 공간에 있는 인물에 대해 공항 당국이 할 수 있는 정치적 규율의 부재, 즉 공항 고유의 법적 아포리아를 보여주기도 한다. 또한 그런 비영토적 공간이 단순히 소비자본주의가 만개한 공간만은 아니라는 것, 인도 출신 공항 청소부 굽타(쿠마르 팔라나 분)와 빅토르의 관계가 그렇듯이, 인간 사이의 국적 없는 우애의 공간일 여지도 약간은 열려 있음을 보여준다.

공항과 세계자본주의

공항과 자본주의의 관계는 면세점과 환승 라운지의 소비자본주의에 한정되지 않는다. 공항은 세계자본주의의 역동성과 관련해서 핵심적인 지위를 누린다. 왜 그런 것일까?

자본주의는 늘 국민국가의 권력을 활용한다. 이매뉴얼 월러스틴(Immanuel Wallerstein)이 지적했듯이, 강력한 국민국가의 후견을 받지 못하는 자본가 집단은 세계체제 내에서 중심부 지위를 차지할 수 없다.

---

33 하지만 왜 빅토르를 만난 골슨이 예정된 연주가 끝날 때까지 빅토르에게 기다리라고 하고, 그로 인해 우리가 빅토르와 함께 그의 연주를 들어야 하는지, 왜 그 연주곡이 「킬러 조」 인지 알 수 없다. 애초에 주제는 공항이었지, 입국 동기는 아니었기 때문이라는 듯이, 이 영화는 골슨의 연주를 보너스처럼 들려준다.

그럼에도 불구하고 자본주의는 국민국가보다는 도시와 친화력을 갖는다. 국민국가가 영토적인 지배의 원리에 기초하지만, 자본주의는 탈영토화하는 힘이기 때문이다. 자본주의 본연의 영역이 있다면, 그것은 금융이다. 금융은 주름지고 굴곡진 땅의 마찰을 원하지 않는다. 발전된 컴퓨터 네트워크를 갖춘 금융자본은 시공간적 제약 없이 하루에 수조 달러 이상을 거래할 수 있다. 그러나 그런 금융자본조차도 최소한의 물리적 인프라 없이 작동할 수 없다. 그리고 그런 물리적 인프라는 국민국가보다 훨씬 작고 응집력 있는 도시를 통해 더 효율적으로 충족된다.

만일 어떤 도시가 세계적 규모의 자본축적 중심지, 즉 세계도시의 역할을 한다면, 거기에 어떤 기업들이 집결할지 추론하는 것은 그리 어렵지 않다. 다국적 생산자본의 헤드쿼터가 자리 잡을 것이고, 생산자본을 지원할 뿐 아니라 다양한 축적 메커니즘을 가동하는 대형 금융회사가 모일 것이다. 그리고 이들 모두를 지원하는 생산자 서비스 회사(대규모 회계법인, 부동산회사, 국제적 로펌, 디자인과 광고 전문 회사, 시스템 솔루션을 제공하는 전산 서비스 회사 등)가 응집할 것이다. 그리고 거기에 고용된 인구를 지원하는 소비자 서비스 제공업체(거주용 아파트와 사무 빌딩 관리회사, 그리고 세탁소, 주차관리원, 식당, 택배회사, 버스회사, 자영업 택시 등)가 모여들 것이다.

만일 대형 금융과 산업적 헤드쿼터가 높은 이윤율을 얻어낸다면, 그것을 운영하거나 소유한 전지구적 부르주아와 그들을 지원하는 테크노크라트를 위해 도시는 높은 수준의 의료 및 교육 시설을 갖출 것이며, 그 옆에는 대학과 연구소 그리고 극장과 박물관이 들어설 것이다. 그런 기관이 존재하기 때문에 연구자와 학생, 악단과 무용단이 모이고, 거리의 악사와 화가가 따라붙을 것이다. 보헤미안적 생활양식을 가진 예술가 거주

지역도 생겨날 것이며, 저임금 이민 노동자, 그리고 소매치기에서 마약상에 이르기까지 각종 범죄자들 또한 모여들 것이다.[34] 수위(首位) 세계도시 뉴욕(그리고 그것의 그늘진 표상으로서 '고담시티')을 떠올려보면, 자본주의와 메갈로폴리스 사이의 연관을 쉽게 이해할 수 있다. 자본주의는 국민국가의 보호와 힘을 자주 망각하면서 대도시면 충분하다고, 도시의 공기가 자본을 자유롭게 한다고 생각한다.

그런데 이런 자본축적은 하나의 세계도시로 충분치 않다. 자본은 중세말 원거리 무역을 통해서 이윤을 축적할 때도 그랬듯이 흩어진 것을 모으고, 떨어져 있는 것을 이어냄으로써 이윤을 형성한다. 자본축적은 수위세계도시들 사이의 네트워크 그리고 그런 세계도시와 2급 세계도시 또는 그 하위급 도시 사이의 네트워크를 통해서 가능하다. 오늘날 그것을 가능하게 하는 기술적 토대는 항공기이며, 세계도시 사이의 위계는 허브 공항과 스파이크 공항이라는 공항 위계 속에 반영된다.

그렇다고 공항 위계가 도시 위계를 반영하거나 재강화하는 것만은 아니다. 때로 공항 위계가 도시 위계를 재편하는 작용을 할 수도 있다. 근대사회에서 물리적 거리는 그 자체로는 의미가 없다. 오히려 '1시간 거리' 또는 '3시간 반 거리' 같은 표현에서 보듯이 거리는 시간으로 표시한다. 두개의 허브 공항은 비행기 여행의 네트워크 속에서는 가까이 위치한다. 그런 의미에서 허브 공항은 자본주의의 위계 구조 속에서 형성되는 세계공간의 형성자 역할을 한다. 또한 여객과 물류 운송은 그 자체로 상대적

---

34 Paul L. Knox & Peter J. Taylor, ed., *World Cities in a World-System*, Cambridge University Press 1995; Peter J. Taylor & Ben Derudder, *World City Network: A Global Urban Analysis*, Routledge 2003, 그리고 사스키아 사센 『사스키아 사센의 세계경제와 도시』, 남기범 외 옮김, 푸른길 2016 참조.

자율성을 가진 산업 분야이다. 따라서 공항 또한 지리적 이점이나 단점 또는 공항 자체의 합리적 설계와 운영 여부에 따라 배후 도시의 위상보다 더 높거나 더 낮은 지위를 가질 수 있다. 그러므로 국민국가의 관점에서도 자국의 경제성장을 도모하기 위해서 산업 생산성을 높이는 것 못지않게 자국 국제공항의 지위를 끌어올리는 프로젝트가 독자적인 중요성을 가진다.

공항과 민주주의

국제공항은 매우 복잡한 정치적 위상도 갖는다. 세계경제 내에서의 국민국가의 지위 향상 프로젝트뿐 아니라 국민국가 내부의 지역 간 경쟁을 유발하고, 초국가적 도시 네트워크와의 상호작용에 매개된다.[35] 경우에 따라서는 공항이 정치적 민주주의의 운명과도 얽힐 수 있다. 그것을 보여주는 사례로 홍콩 츠례자오 또는 (광둥어 발음으로) 첵랍콕(赤鱲角) 국제공항을 들 수 있다. 홍콩 시내에 있던 카이탁 공항은 1980년대부터 이미 늘어나는 항공 수요를 감당하지 못하고 있었지만, 마천루가 즐비한 좁은 도심 안에 위치한 공항을 더 확장하는 것은 불가능했다. 홍콩 총독 크리스 패튼(Christopher F. Patten)이 1990년대 초 새로운 공항 계획을 세우기 시작했는데, 공항 건설 문제는 곧장 1997년으로 예정되어 있던 홍콩의 중국 반환과 관련된 패튼 총독 측과 중국 정부 사이의 협상에서도 중요 현안이 되었다. 협상 작업은 1991년 9월 3일 베이징에서 영국 총리

---

35 우리의 가덕도 공항 논란은 전자를 잘 보여주며, 일본 홋카이도 주민들이 인천국제공항을 환승공항으로 활용하는 사례는 후자를 잘 보여주는 예이다.

존 메이저(John Major)와 중국 총리 리펑(李鵬) 사이의 양해각서에 서명하면서 시작되었고, 1995년에 타결되었다. 그것은 홍콩반환으로 인해 홍콩에 대한 정치적 규율 전망이 불확실한 상황에서 이뤄진 가장 중요한 지정학적 결정 가운데 하나였다.

공항의 위치는 카오룽(九龍)반도로 약 30킬로미터 떨어진 홍콩 서부 란터우(大嶼山)섬 북쪽의 작은 섬 츠레자오로 정해졌다. ACP(Airport Core Program)로 명명된 첵랍콕 공항 건설사업은 공항을 넘어 도시 형성을 목표로 한 대규모 개발사업으로 진행되었다. 이 프로그램에 따라서 홍콩 도심과 공항을 연결하는 34킬로미터의 전철이 건설되었고, 세개의 새로운 고속도로가 만들어졌다. 그리고 첵랍콕에서 란터우로 들어서는 길목에 상업지구와 주거지구를 결합한 통청(東涌)이라는 신도시도 개발되었다. 그리고 공항에 인접해서 새로운 항구와 산업 시설을 짓기 위한 두개의 대규모 매립지도 조성되었다. 중국 정부는 반환된 홍콩을 세계경제에 안착시키고 더 명망 있는 세계도시로 발전시키고자 한 것으로 보인다.[36]

첵랍콕 공항은 홍콩반환 이듬해인 1998년 개통되었다. 개인적으로는 오스트레일리아에 가족 여행을 다녀올 때, 개통한 지 6개월쯤 된 첵랍콕 공항에서 환승했던 경험이 있다. 새벽 시간의 환승이라서 퍽 피곤했다. 잠이 든 둘째 딸을 안고 걸었던 제1터미널 이스트홀로부터 웨스트홀로 가는 긴 회랑은 무빙워크를 이용했는데도 멀게만 느껴졌다. 그래도 이전에 경험한 오래된 공항과는 달리 매우 현대적이라는 인상을 받았다. 인천공항도 여러 면에서 벤치마킹했던 첵랍콕 공항은 상당한 성공을 거두었다. 2019년 통계로 세계 12위의 붐비는(busiest) 공항이며(참고로 인천

---

36 첵랍콕 공항 건설 과정에 대한 상세한 논의는 Donald McNeill, "Airports and Territorial Restructuring: The Case of Hong Kong," *Urban Studies*, Vol. 51 No. 14, 2014, 2996~3010면 참조.

5-8. 시위대가 점령한 첵랍콕 공항

국제공항은 14위이다), 수익성도 매우 높은 것으로 평가되고 있다.

하지만 홍콩 국제공항의 지위는 홍콩의 지위와 연관된다. 홍콩은 외부로는 동남아 경제권과 접맥하지만, 애초에 아편전쟁에서 이긴 영국이 홍콩을 갖길 원했던 것은 그곳이 주강(珠江) 삼각주라는 비옥한 농업 및 상공업 지대의 끝머리에 있는 항구였기 때문이다. 주강 삼각주는 지금은 중국의 주요한 공업지대 가운데 하나이다. 중국의 개혁개방은 영국이 통치하는 홍콩을 활용하기 위해 홍콩 배후의 선전시(深圳市)에 대한 대규모 투자로부터 시작했다. 지금도 홍콩이 중국 및 동남아 경제권에서 중심적 지위를 누리기 위해서는 선전과 홍콩을 광역 경제권으로 더 긴밀히 통합하는 동시에 그것을 기반으로 광저우시(廣州市)를 자신의 상업적·금융적 영향력 아래 두는 것이다.

그러나 2014년 홍콩 선거개혁에 대한 반발로 '우산혁명'이라고도 불리는 대규모 시위가 벌어진 뒤, 홍콩과 중국 정부의 관계는 매우 불편해졌다. 이후 홍콩인들은 중국 정부가 홍콩반환 때 약속했던 일국양제(一國兩制) 그리고 홍콩 기본법에 따른 "고도의 자치"를 위협한다고 생각했고, 그에 따라 홍콩 내부에서 독립파나 지역파 세력이 성장했다. 중국 정부는 그런 홍콩의 움직임을 억제하고 홍콩에 대한 중앙정부의 권력을 강화하고자 했다. 그러다가 2019년 여름부터는 '도주범죄인 및 형사법 관련 법률 지원 개정 법안(이른바 송환법)'에 대해 반대하며 홍콩인들은 격렬한 시위를 벌이기 시작했다. 이 시위는 긴급조치 발동, 대학에서의 농성과 첵랍콕 공항 점거로 이어지기도 했다.[37] 결국, 중국 정부는 시위대의 저항을 뚫고 2020년 5월에는 이른바 홍콩 국가보안법을 통과시켰다.

파국으로 치달은 갈등과 관련하여, 중국 정부가 취할 수 있는 조치는 법적·정치적 제재에 한정되지 않는다. 홍콩의 힘은 그것이 세계자본주의 체제에서 차지하는 위상으로부터 나온다. 그 위상은 기본적으로 동남아시아와 주강 삼각주 지역의 물류기지 그리고 허브 공항의 여객 능력은 물론 아시아 지역 금융 허브 기능에 기반을 둔 것이다. 중국 정부는 그런 홍콩의 힘을 약화시킬 수 있는 효율적인 제도적 수단을 갖고 있다. 홍콩의 금융 기능을 상하이로 더 많이 이전할 수 있다(그것에 대응해 서구 금융자본은 홍콩 대신 싱가포르를 택할 수 있다). 여객 및 물류의 경우도 다른 곳으로 이전할 수 있다. 관련해서 2014년 '우산혁명' 이후 중국 정부가 광저우시의 바이윈(白雲) 국제공항에 대한 투자를 늘려온 것에 주목할 필요가 있다. 바이윈 공항은 2018년부터 기항지를 대폭 늘리며 첵랍콕 공항의 라이벌로 떠올랐다. 2018년 첵랍콕 이용객은 7,470만명이고,

---

37 대학에서의 농성과 달리 공항 점거는 시위대에 대한 여론을 악화시켰다. 시위대는 공항 청사 점거를 하지 않겠다는 약속을 했고, 홍콩 종심 법원은 공항지구 점거 금지 명령을 내렸다.

바이윈은 4,900만명이다. 하지만 2018년 바이윈은 제2터미널을 완공했고 세번째 활주로를 개설함으로써 연간 8,000만명을 수용할 수 있는 규모로 성장했다. 바이윈이 첵랍콕의 지위를 위협하며 허브 공항으로 부상하게 되는 그만큼, 선전의 공업지대는 홍콩보다는 광저우와 더 긴밀하게 통합되어갈 것이다.

홍콩의 민주주의를 염원하는 홍콩 주민들은 이런 움직임을 이겨내는 데 필요한 어떤 경제적 지렛대를 가지고 있을까? 2020년 6월 '홍콩국가안전법' 제정 이후 미국은 홍콩을 중국으로부터 독립되고 구분되는 지역으로 대우하는 '홍콩특별지위'를 철회함으로써 중국 정부에 압박을 가했고, 이후 여러 글로벌 기업이 홍콩 철수를 검토한다는 뉴스들이 전해지기도 했다. 하지만 지난 150여년 동안 축적된 물리적·인적·문화적 자산에 결부된 홍콩의 지경학적(地經學的) 지위가 심각하게 흔들리고 있다는 징후가 현재까지는 뚜렷하지 않다. 물론 그것이 앞으로도 그럴 것임을 말해주는 것은 아니다. 미국과 중국 사이의 패권 경쟁이 심해짐에 따라 홍콩의 지위와 기능을 재설정하려는 시도가 미국과 중국 양편에서 계속될 공산이 크다. 이런 상황에서 홍콩 주민에게 주어진 과제는 매우 까다롭다. 그들은 다음 세가지를 동시에 입증해야 한다. 경제적 번영과 민주주의 사이에 선순환이 존재한다는 것, 홍콩의 경제적 번영이 중국 전체의 발전에 결코 무시할 수 없는 중요성을 가지고 있다는 것, 그리고 홍콩 주민들의 문화적 유대와 민주주의를 향한 의지가 견결하다는 것. 그런데 이런 까다로운 과제를 동시에 해결하기 위해서도 홍콩 주민들은 어쩌면 지금보다 더 원대한 꿈을 꾸어야 할지도 모르겠다. 자신들이 전체 중국에서 예외적 지대로 인정받기를 바라는 것을 넘어서 전체 중국으로 일반화되어야 할 모델이 되기를 소망하는 것 말이다.

6.

이륙하다

비행기, 콘도르와
앨버트로스 사이에서

비행기를 생각한다는 것

어디로 가든, 두바이로 가든 홍콩으로 가든 뉴욕으로 가든 마드리드로 가든 우리는 비행기를 타야 한다. 비행기는 외국 여행/관광(그리고 국제적 비즈니스)의 필수경로이다. 대륙을 향해 나아갈 수 있는 철도와 도로가 끊어진, '사실상의 섬나라'에 살고 있기 때문이다. 물론 '섬' 밖으로 나가기 위해 배를 이용할 수는 있다. 하지만 여객선은 속도의 경제 시대에 장거리 여객 기능을 상실한 지 오래다. '태평양 횡단 여객선' 같은 것은 농담거리일 뿐이다. 호화 여객선은 이동수단이라기보다는 관광 대상이 배치된 연안을 돌아다니는 선상 호텔이다.

앞서 논의한 공항이 근대성의 건축적 상징인 것은, 그것이 가속과 시간 압축의 시대에 부합하는 이동수단인 비행기를 품은 둥지이기 때문이다. 사실상 섬나라에 사는 우리에게 그런 공항과 비행기란 삶의 무거운 외투를 잔뜩 걸어둔 옷걸이 같다. 우리가 지난 수십년간 놀라울 정도로 빨리 근대적 인간이 되었다면, 더 근대적인 사회를 추격하던 우리가 적어도 몇가지 면에서 어느덧 그 모든 사회를 추월해버렸다면, 그 이유의 일부는 길을 따라 세계를 주파할 수 없어서 길을 버리고 높이 날아올라 야 했기 때문이고, 비록 강요된 경로지만 길을 버리고 마찰을 잊으려는 이 몸짓이 근대성을 향한 지름길이었기 때문일 것이다.

조야하더라도 기술적으로 시대를 구분한다면, 19세기는 근대와 기차 를, 20세기는 근대와 비행기를 짝지을 수 있다. 하지만 비행기가 철도보 다 내재적으로 더 근대적이다. 혹은 비행기가 철도의 논리적 귀결이라고 말할 수도 있다. 기차는 터널을 뚫어 산을 통과하고 다리를 세워 계곡을 건너며 직진한다. 이 직진성이 바로 근대성이다. 하지만 철도는 땅의 주 름을 완전히 극복할 수 없다. 땅의 마찰, 즉 땅이 요구하는 에너지 손실도 극복할 수 없다. 그러나 비행기는 땅의 주름을 떠나서 두 점 사이의 최단 거리를 잇는다. 생텍쥐페리(Antoine de Saint-Exupéry)가 그랬듯이, "비 행기를 통해서 우리는 직선을 배웠다. 우리는 이륙하자마자 웅덩이나 외 양간으로 경사진 길, 혹은 이 도시에서 저 도시로 구불구불 이어진 길을 버린다."[1] 그렇게 땅의 마찰을 회피할 뿐 아니라, 공기의 전진을 억제하 는 저항이 아니라 자신을 부양하는 수단(양력의 토대)으로 전환한다. 그 리고 비행기가 사용하는 제트엔진은 에너지 효율과 속도 면에서 디젤 또 는 휘발유 엔진보다 훨씬 우수하다. 이런 마찰 회피와 엔진의 효율성은 비행기 속도로 표현된다. 자동차는 일반적인 고속도로에서 시속 200킬 로미터 이상으로 달리는 것이 가능하지만, 채 몇십 킬로미터도 그런 속 도를 유지하기 어렵다. 굽은 길을 지나야 하고, 언덕을 올라야 하고, 교차 로에서 신호를 기다려야 한다. 자동차의 평균 속도는 고속도로에서도 기 껏해야 시속 100킬로미터 정도이고, 도심에서는 시속 30킬로미터 이하로

1 앙투안 드 생텍쥐페리 『인간의 대지』, 허희정 옮김, 펭귄클래식코리아 2009, 63면.

도 떨어진다. 고속열차가 기록한 최고 속력은 테제베(TGV)가 세운 시속 574킬로미터다. 그러나 그것은 순간 속도이고, 평균 속도는 시속 200킬로미터에 한참 못 미친다. 전투기는 음속보다 몇배로 빠르지만, 용도가 다르니 고속철도와 비견할 만한 것은 대형여객기일 텐데, 보잉 747의 평균 시속은 900킬로미터다.

그런 비행기는 여행/관광으로 들어가는 보편적 경로이다. 오늘날 여행/관광은 공항을 뒤뚱거리며 걷던 앨버트로스의 입속으로 들어갔다가 그것이 날아가 도달한 곳에 나를 토해놓을 때 비로소 시작된다. 그리고 다시 그 커다란 새의 입속으로 들어갔다가 거기서 나오는 것으로 끝난다. 그러므로 비행기에 관해 생각해보는 것은 '공중의 요나'가 되어 새의 배 속에서 겪은 일과 그 새의 날갯짓과 속도 그리고 방향 잡기에 대해 생각하는 일이며, 여행/관광 그리고 근대적 이동수단 일반의 본질에 대해 성찰하는 일이기도 하다.

기내 규율

비행기, 이 앨버트로스의 배 속은 번잡하다. 그래서 우리는 고래 배 속의 요나처럼 조용히 존재의 운명에 대해 묵상할 수 없다. 오히려 그 안의 '일상'은 몹시 규율 잡힌 것이다. 정해진 프로토콜에 따라서 행동해야 하는 일련의 과정은 짧은 감옥체험과 유사하다. '입소' 절차를 따라 잘 꾸린 짐을 정해진 자리에 넣고 미리 할당된 자리에 앉아야 한다. 그리고 기내방송을 따른 스튜어디스의 익숙한 몸짓을 통해 비상시에 어떤 행동요령을 따라야 하는지를 배운다. 랩탑 컴퓨터를 비롯한 전자기기를 끄거나 비행 모드로 바꾸어야 하고, 좌석 등받이를 뒤로 젖힐 수 있는 순간도 정해져 있다. 식사나 스넥도 정해진 시간에 먹어야 한다. 비행 상황에 따라서 화장실 사용도 제약된다.

행동 프로토콜만 빡빡한 것이 아니다. 좁은 실내에서 낯선 이들과의 접촉이 강제된다. 낯선 이와의 근접성을 높이는 것은 근대성의 일반적 경향이다. 대도시에 사는 사람들은 전철이나 엘리베이터에서 생전 처음 보는 사람과 때로는 1센티미터의 거리도 두지 못하는 근접 상황에 처하기도 한다. 하지만 근접 거리의 면에서 엘리베이터만큼은 아니어도 전체적으로 보아 낯선 이와의 접촉이 극대화된 공간은 국제선 여객기 이코노미석이다. 엘리베이터나 전철에서 겪게 되는 낯선 이와의 질식할 듯한 밀착 시간은 몇분 또는 기껏해야 몇십분이면 끝난다. 그러나 옆 좌석에 앉은 사람과 팔걸이를 어느 정도는 공유해야 하는 비행기의 비행시간은 항로에 따라서는 10시간이 넘는 경우가 허다하다. 또한 옆자리 승객의 인종과 국적, 성별, 나이는 극도로 다양하다. 그러므로 낯선 이와 불편한 일을 겪지 않기 위해서는 '공손한 무관심'(civic inattention)을 유지해야 한다.

물론 불미스러운 일이 생길 가능성이 크진 않다. 그 이유는 내 옆자리의 낯선 타자가 두가지 필터를 통과한 사람이기 때문이다. 한편으로 그들 모두 출입국 심사와 보안검색을 통과한 사람들이다. 그들은 '정치적으로 안전한 사람들'이다. 다른 한편, 그들은 국제선 비행기를 탈 정도의 사회경제적 지위를 가졌다. 적어도 항공권 구매 능력이라는 기준에서 그들은 나와 같은 수준의 사람이다. 확실히 세계 항공수요는 빠르게 증가하고 있고, 국제선 비행기의 문화적 위상도 점점 장거리 고속버스 수준으로 낮아지고 있다. 그럼에도 불구하고 여전히 국제선 비행기를 자주 타는 사람이 세계 인구에서 차지하는 비중은 상당히 작다.[2] 국제선 비행기에서 내 옆자리에 앉은 이는 그것이 비록 이코노미석이라고 할지라도 전지구적인 수준에서는 중산층 이상의 인물이다. 그러니 그들은 '경제적으로도 안전한 사람들'이다. 이런 필터를 통과해도 여전히 공손한 무관심을 유지할 자제력이 부족한 사람들이 있게 마련이며, 문화적 충돌이나 젠더적 충돌, 또는 음주벽을 완전히 통제하기 어렵다. 스튜어디스가 통제하기 어려운 탑승객을 제압하기 위해 무장 보안승무원이 탑승한다.

좌석체계

안전하다고 성가심과 불편이 덜어지는 것은 아니다. 오히려 안전할 때 불편은 더 분명해진다(불안한 대상에 대해 우리는 긴장하게 되지 불편해하지 않는다). 이 불편을 줄이기 위해서는 더 비싼 좌석을 구매해야 한다.

---

2 국제선 여객기 이용에 대한 통계는 대부분 톤-킬로미터, 즉 중량과 운항거리 단위로 측정되며, 유엔세계관광기구(UNWTO)가 발간하는 관광통계는 관광객의 여객기 이용에 대한 통계를 따로 제공하지 않는다. 국제선 여객기 이용의 동기는 관광 이외에도 ① 국제적 정부 활동 ② 경제적 비즈니스 ③ 국제적 학술활동 ④ 이민과 유학 ⑤ 친지 방문 등이 있다. 따라서 국제선 여객기 탑승 경험이 세계 인구에 어떤 식으로 분포하는지는 아주 개략적인 추정에 머무를 수밖에 없다. 국제관광 인구는 2010년에는 약 10억명 이하였으나 2019년에는 약 14억명을 넘어섰다(물론 코로나19의 여파로 2020년 국제관광 인구수는 3억 8,000만명 수준으로 급감했다. 세계 관광산업에 치명적인 영향을 준 '대유행' 이후 관광산업에 어떤 변화가 일어날지, 그것이 일시적 후퇴에 그칠지, 어떤 구조적 변화를 야기할지 예단하기는 어렵다). 지난 10년간 항공수요 증가율은 약 140퍼센트인데, 이는 세계 인구증가율(약 110퍼센트)을 한참 앞지르는 수치이다. 그럼에도 불구하고 2019년 기준으로 국제선 여객기 수용의 중심 부분을 차지하는 국제관광 인구가 세계 인구에서 차지하는 비중은 18퍼센트에 머무른다. 중복 계산된 인구를 생각하면 여전히 국제관광이라는 사치품을 구매할 수 있는 세계 인구는 높게 잡아도 15퍼센트에 미치지 못할 것이다.

그리고 더 비싼 좌석, 일등석이나 비즈니스석은 낯선 이와의 불편한 접촉을 대폭 줄여주는 이외에도 여러가지 이점을 제공한다.

비즈니스석이니 이코노미석이니 하는 뻔하고 뻔뻔한 완곡어법(euphemism)을 버리고 말하자면, 비행기 좌석은 일등석, 이등석, 삼등석으로 나뉘는데, 비행기만큼 이런 위계적 공간 배분이 큰 위력을 발휘하는 교통수단은 별로 없다. 좌석 위계에 따라 좌석 자체의 품질, 좌석이 차지하는 공간의 크기, 탑승 절차, 기내식과 음료를 비롯한 여러 서비스(제공되는 공짜 슬리퍼의 질마저 달라진다)가 달라지지만, 만일 장거리 비행이라면 그중에서도 좌석이 점유하는 공간의 크기 차이는 결정적이다. 일등석과 비즈니스석은 어쨌든 길게 누워서 갈 수 있다. 그런 의미에서 일등석과 비즈니스석은 야간열차의 침대칸 또는 '수면텔' 같은 것이기도 하다. 그러나 이코노미석은 도무지 기다림이 끝나지 않을 듯한 '대합실'과 같다.

가끔은 어떤 '유토피아적인' 비행기에 대해 생각해본다. 비록 2~3시간에 그치기도 하고 아주 길어야 14시간에 불과하겠지만, 비행기를 타고 있는 그 시간만큼은 탑승객 모두가 '운명'을 공유한다. 그러니 그런 운명의 공유 감각에 더해 좌석의 불평등을 폐기하는 공동체인 비행기, 그리고 모든 좌석과 기내 서비스가 동등한 비행기를 왜 떠올려볼 수 없겠는가? 그러나 어쩌면 인간이 건립한 어떤 공간도 균질하지 않고, 그래서 그런 유토피아적 비행기에 관한 생각은 부질없는 면이 있다. 이코노미석 안에서도 좌석은 동질적이지 않고, 사람들은 좀더 좋은 좌석을 찾는다. 비상탈출구 앞의 좌석은 다른 좌석들보다 17~18센티미터 더 넓다. 그 작은 너비도 우리에게 '커다란' 안락함을 준다(최근에는 이 좌석을 따로 구별해서 더 비싼 가격으로 파는 항공사도 있다). 이코노미석의 맨 앞자리는 등받이를 뒤로 젖힐 앞 승객이 없다. 맨 뒷자리는 뒤로 등받이를 거리낌 없이 젖힐 수 있다(그러나 아뿔싸, 비행기에 따라서는 맨 뒷좌석 등받이는 아예 젖혀지지 않기도 한다). B747이나 A380 같은 대형여객기의 경우 좌석이 3(ABC)-4(DEFG)-3(HJK)으로 배치된다. 장거리 비행이라면 C, D, G, H가 다른 좌석보다 선호될 것이다. 물론 창가를 좋아하는 사람도 있다. 그러나 그 경우에도 엔진 소음이 있고 시야가 가려지는 주 날개(主翼) 옆의 창가는 기피 대상이다. 위계와 차별은 이렇게 미미한 것들 속에서도 끈기 있게 관철된다. 그런 세계에서 유토피아적인 비행기를 꿈꾸는 것은 유감스럽게도 그렇게 환영받지 못한다. 어떤 이에게 그런 비행기는 '더 나쁜 것'도 없지만 '더 좋은 것'도 없는 따분하거나 짜증나는 디스토피아일 뿐이다. 그러니 더 비싼 표를 사거나 남보다 빨리 좌석을 확보하는 것이 '현명하다.' 그러지 못한 이들은 누군가의 예약 취소 덕에 뜻밖에 좋은 자리를 배정받은 행운에 기뻐하거나 그 반대의 불운에 속상해할 것이다. 돈, 속도, 그도 아니면 운(運)······. 비행기 좌석체계는 자본주의의 일상적 학교이다.

그러나 누군가는 비행기 좌석체계가 착취를 떠올리게 하는 자본주의가 아니라 가격에 따라 재화가 합리적으로 배분되는 시장경제라고 주장할 것이다. 그렇지 않다. 비행기 좌석체계는 모종의 착취와 연관된다는 의미에서 자본주의적이다. 왜 그런가? 기내식을 비롯한 다양한 서비스 차이는 제쳐두고, 좌석이 차지하는 면적과 좌석 단가가 항공권 가격과 비례하는지 보자. 코로나19 대유행 이전 기준으로 대한항공이 운항하는 에어버스 A380의 인천-LA 주중 정상가격의 이코노미석, 비즈니스석, 일등석 가격비는 1:2.9:4.63이다. 그런데 좌석 공간의 면적비는 1:3.25:6.87이고, 등급별 의자의 가격비는 1:12.5:62.6이다(일등석은 좌석 단가가

2억 5,000만원이나 한다).

이런 사실은 비행기의 경우, 경제적으로 더 가난한 계층이 경제적으로 더 부유한 계층의 복지를 위해 보조금을 지불하고 있다는 사실을 말해준다. 예컨대 이코노미석을 타고 로마로 배낭여행 가는 대학생이 일등석을 타고 로마에 회사업무를 보러 가는 대기업 중역의 항공권 비용을 보조하는 셈이다. 더구나 민항 여객기는 이코노미석을 타는 다수 승객이 없이는, 그러니까 일등석과 비즈니스석을 타는 부유한 승객만으로는 채산성을 갖출 수 없다.[3] 그러므로 이코노미석 승객은 일등석과 비즈니스석 가격뿐 아니라, 노선의 취항 여부와 빈도까지 떠받치고 있는 셈이다. 만일 이코노미석을 이용하는 승객들이 없다면, 고위급 공무원이나 대기업 중역(그리고 어떤 이유에서든 부자인 사람)이 일등석에서 편안히 업무를 보고 포도주를 곁들인 고급스러운 기내식을 먹을 수 없는 것은 물론이고, 줄어든 운항 횟수로 인해 괴로움을 겪을 것이다.

이렇게 하층 또는 경제적으로 열악한 집단이 부유층의 복지를 보조해 주는 역설적 현상이 비단 대형여객기에서만 발생하는 것은 아니다. 예를 들어 식품산업에서도 유사한 일이 일어난다. 햄버거 패티와 스테이크는 모두 쇠고기지만 등급의 관점에서 둘의 관계는 비행기의 일등석과 이코노미석의 관계와 유사하다. 질 좋은 쇠고기와 다짐육의 상당한 가격 차이가 둘의 가치 차이만 정확히 반영하는 것은 아니다. 식육생산업자 처지에서 생각해보면, 왜 그런지 쉽게 이해할 수 있다. 소 한마리를 도축해서 몇 조각의 최상등품 스테이크를 얻어낼 수 있겠는가? 안심 스테이크는 소 한마리에서 얻을 수 있는 정육의 2퍼센트에 불과하다. 만일 모든

---

3 인천-LA를 운항하는 대한항공 A380의 전 좌석이 정상가격으로 판매됐을 경우, 이코노미석의 매출액은 전체 매출액의 48퍼센트를 차지한다.

소비자가 안심 스테이크만, 또는 그 정중앙 부위인 샤토브리앙만을 탐한다면 쇠고기 산업은 붕괴할 것이다. 쇠고기 산업이 존립하기 위해서는 쇠고기의 모든 부위가 나름대로 소비되어야 한다. 그런 쇠고기 부위 가운데 최하등급이 바로 여러 부위의 자투리 고기를 모아서 잘게 칼질해놓은 다짐육이고, 햄버거 패티는 그런 다짐육으로 만들어진다. 따라서 햄버거 소비가 축산업의 현재 상태, 즉 하층 햄버거 소비자가 상류층의 안심 스테이크 소비를 보조하는 상태를 유지하는 버팀목인 셈이다.

그래도 여객기 산업의 사정이 식육 산업보다 나은 면이 있다. 스테이크 소비자를 보조해도 아무것도 얻지 못하는 햄버거 소비자와 달리 이코노미석 승객은 보조금의 댓가로 더 안전한 비행기 여행을 보장받기 때문이다. 안전 문제가 결국은 얼마나 많은 사회적·경제적 비용을 투자하는가의 문제라는 점을 생각하면 쉽게 그 이유를 알 수 있다. 한 사회가 어떤 설비, 시설, 건조물, 교통수단 등의 안전에 얼마의 비용을 투자할지는 그것을 이용하거나 거기서 작업하는 집단의 사회경제적 지위와 깊은 연관이 있다. 사회적 자원을 배분하는 엘리트 집단은 자신들이 이용하는 영역의 안전에 더 큰 비용을 지출하게 마련이다. 안타깝게도 사회적 약자들이 이용하거나 작업하는 설비, 건조물, 교통수단의 안전에 대한 투자는 취약하다. 그런데 항공 여객기 이용자 집단은 대체로 한 사회의 중산층 이상의 집단인데다가, 일등석과 비즈니스석의 이용자는 그 사회의 상층 또는 최상층 엘리트 집단에 속한다. 그러므로 이코노미석 이용자의 '보조'로 일등석과 비즈니스석을 더 많은 엘리트가 '저렴하게' 이용하는 구조는 여객기 안전과 관련해서는 선순환의 작용을 한다고 할 수 있다.

사고는 발생한다

물론 항공 여객의 안전성이 그것을 이용하는 사회계층 변인(變因)으로만 설명되는 문제는 아니다. 여기에 작동하는 여러 요인을 살펴볼 필요가 있다. 사실 우리는 비행기를 타면서 그것이 안전하다는 느낌을 별로 받지 못한다. 이착륙은 항상 긴장을 유발한다. 비행기의 좁은 창으로 이착륙 때 주 날개에 붙은 플랩(flap)의 움직임을 보고 있노라면, 허술하게 이어 붙인 양철 조각이 건들거린다는 인상을 받는다. 공중비행 중에도 낙뢰 구간을 통과할 때면 비행기는 심하게 흔들거린다. 그러나 통계가 말해주는 바는 항공 여객기가 모든 교통수단 가운데 가장 안전하다는 것이다. 4,200여명이 사망한 9·11사건이 일어난 2001년을 제외하면, 1990년 이래로 지금까지 전세계 여객기 사고로 인한 사망자는 연평균 천명 수준이다.[4] 그런데 고작 대한민국 한 나라에서만 한해(2019년 기준) 자동차 사고 사망자 수가 3,346명이나 된다.

비행기의 경우에는 왜 직관과 데이터 사이의 낙차가 그렇게 큰 것일까? 이미 지적한 요인, 즉 비행이라는, 단단한 대지 위에 있지 않다는 불안전성 이외에도 탑승 전 보안검색, 그리고 탑승 직후 기내 방송과 스튜어디스의 안내를 따라 비상시 대처 요령을 학습해야 하는 일이 불안감을 자극하기 때문일 것이다. 출근하려고 차에 시동을 걸기 전에 리튬건전지가 든 휴대폰 때문에 차가 폭발할 수 있다고 경고하는 방송을 듣거나, 교통사고 대처 요령을 매번 훈련받는 사람은 없다(그리고 그런 요령 중에

---

4 https://en.wikipedia.org/wiki/Aviation_accidents_and_incidents.

산소마스크 착용 같은 것은 없다). 반면 비행기에서는 늘 그런 과정을 겪어야 하는데, 그로 인해 승객은 비행기에는 모종의 위험이 도사리고 있다는 느낌을 품게 된다.

어쨌든 가끔이긴 해도 비행기 사고는 발생한다. 비행기 사고는 그 특성상 아주 많은 사람이 한꺼번에 죽는 일로 이어지는 경우가 대부분이다. 이런 대량의 죽음 때문에, 그리고 비행기 잔해 같은 현장의 '스펙터클,' 사고 원인을 둘러싼 논란, 생존자 구출 여부 등 '풍부한' 기삿거리 때문에 비행기 사고는 곧장 미디어 이벤트가 된다. 자동차 사고와 달리 비행기 사고는 사고 하나하나에 명칭이 부여되고 미디어를 통해 반복적으로 상기되기 때문에 그만큼 우리 뇌리에 잘 지워지지 않고 남아 있다.

비행기 사고와 자동차 사고에 대한 인지적 차이는 언론 보도의 차이에만 기인하는 것은 아니다. 자동차는 어쨌든 자신이 운전하는 경우가 많다. 운전에 대해 잘 알려진 이야기를 상기해보면, 자동차가 실제보다 안전하게 느껴지는 이유를 이해하긴 어렵지 않다. 자기 나라 사람 중에 자신이 가장 운전을 잘한다고 생각하는지 물었을 때, 그렇다고 답변하는 사람은 아주 적다. 그러나 자신의 운전 실력이 사회적 평균 이상이라고 생각하는지 물으면, 거의 모든 사람이 그렇다고 답한다. 사회 성원 모두의 실력이 평균 이상인 사회는 정의상 존재할 수 없다. 그러나 우리는 모두 어느 정도는 나르시시스트이며, 한번도 만나본 적 없는 비행기 기장이 아닌 자신이 운전대를 잡은 상황을 더 안전하다고 느끼게 마련이다.

우리의 인지적 착오가 어떻든 비행기는 실제로 안전하다. 그렇다면 그 이유는 무엇인가? 비행기 사고를 유발할 수 있는 모든 요인에 대해 기술적으로 그리고 사회적으로 대처하고 있기 때문이다. 어떤 위험에 어떻게 대처하는지 요인별로 살펴보자. 비행기 사고는 외적인 또는 내적인 요인으로 인한 기체 결함이 원인일 수 있다. 설계 수준에서 오류가 있을 수도 있고, 정비 불량으로 인해 결함이 있을 수도 있다. 착륙장치 고장이 후자에 속한다면, 2000년 에어프랑스 4590편 추락사고 이후 더이상 운항되지 않는 콩코드기는 전자에 속한다고 할 수 있다.

정비 불량은 기술적인 원인이지만, 운항 일정상 충분한 정비시간을 확보하지 못했기 때문이라면 사회적 원인이라고 볼 수도 있다. 실제로 세계 민항기 회사들은 2000년대부터 매우 격심한 경쟁 상황에 돌입했다. 항공권 발매에 적용된 신자유주의적 금융기법, 미발매 좌석 감축을 위한 항공사 간 제휴로 인한 운항 빈도의 증가, 틈새시장을 공략하며 우후죽순 등장한 저가 항공사들의 등장으로 인해 점점 더 빡빡해진 운항 일정은 불가피하게 정비시간의 감축을 고려해야 할 정도로 엄청난 압박이 되고 있기 때문이다. 제대로 된 규제가 작동하지 않으면 정비 불량의 위험이 커질 가능성은 항존하고 있다.[5]

이에 비해 설계 오류로 인한 위험은 상당히 감축되어왔다. 이런 위험 감축 과정을 이해하기 위해서 잠시 찰스 페로(Charles B. Perrow)의 논의를 따라가보자. 그에 의하면, 복잡한 조직이나 장치는 그 복잡성 때문에 여러가지 예기치 않은 사고의 위험을 갖게 된다. 여러 메커니즘 사이의 의도치 않은 상호작용이나 피드백, 단락의 위험 등이 증가하기 때문이다. 또한 시스템 요소들이 긴밀하게 연계될수록(tightly coupled) 한 요소에서 발생한 사고가 이어진 요소들로 곧장 파급되므로 위험이 증가한다.[6]

---

5 이런 규제 유지에 일등석을 이용하는 사회적 엘리트들이 기여한다. 물론 오늘날 그들 가운데 다수는 신자유주의자들이고, 그들은 자신이 이용하지 않는 교통수단에 대해서라면 자신의 신념을 따라 과감한 규제 완화를 일삼는다.
6 예컨대 2만여개의 부품으로 이루어진 자동차보다 10만여개의 부품으로 이뤄진 비행기는 더 복잡하고 그만큼 위험하다. 대학은 복잡하지만, 요소 간 연결은 매우 느슨하다(연구소는

그런 기준에서 보면 인간의 발명품 중 최악의 복잡성과 연계성을 가진 것은 원자력발전소이고, 이 때문에 사고의 위험성도 매우 높다. 대형여객기는 원자력발전소만큼은 아니어도 복잡성과 연계성이 아주 높은 시스템이다. 하지만 비행기는 원자력발전소와는 비할 데 없이 안전하다. 그 일차적인 이유는 지난 100여년간 수백만대 이상의 비행기를 수백만시간 이상 운항한 경험이 축적되었기 때문이다. 수집된 데이터는 새로운 설계와 제작에 계속해서 반영되었다. 제1차 그리고 제2차 세계대전 또한 결정적 영향을 미쳤다. 비행기가 전쟁수단이 아니었다면, 그것의 발전 그리고 운항 데이터에 기초한 설계 결함의 극복은 한결 느린 속도로 진행되었을 것이다.

오늘날 여객기의 기초적인 안전은 엔진의 복수 장착을 통해 확보된다. 가장 위험한 비행기 사고는 엔진 결함이나 손상으로 인한 것이다. 그로 인한 사고를 막기 위해 모든 여객기는 최소한 두개의 엔진을 장착하고 있다. 하나의 엔진이 고장났을 때 언제나 비상착륙할 수 있는 공항이 1시간 이내에 있는 항로로 운항해야 하며, 그런 공항이 없는 대양 횡단 항로를 비행하는 여객기는 세개 이상의 엔진을 장착하도록 했다.[7]

하지만 그런 안전조치가 있다 해도 사고는 예측된 것과 다르고 미리 마련된 대처 방안대로 대응하기 어려운 경우가 많다. 그것을 잘 보여주

대학보다는 한결 긴밀하게 연결될 것이다). 이에 비해 대형 댐은 단순해도 매우 긴밀하게 연계된 시스템이다(정해진 프로세스에 따라 엄격히 작동해야 한다). 이하 논의는 대부분 찰스 페로 『무엇이 재앙을 만드는가?』(김태훈 옮김, 엘에이치코리아 2013)에 근거한 것이다.
7 보잉 747이나 에어버스 A380은 4개의 엔진을 장착하고 있다. 4개의 엔진이 동시에 모두 고장날 확률은 무시해도 좋을 정도로 낮다. 최근에는 대형여객기 엔진 성능이 크게 개선되어 이제는 쌍발 엔진인 경우에도 인근에 비상착륙용 공항이 없는 장거리 항행이 승인되었다(김동현 『플레인 센스』, 웨일북 2020, 265면 참조).

6-1. 영화 「설리」(2016) 포스터

는 예가 2009년 1월 US 에어웨이스 소속 1549편 여객기가 새떼와의 충돌(이른바 '버드 스트라이크')로 허드슨강에 비상착수를 한 사고이다. 이 사고는 「설리: 허드슨강의 기적」(클린트 이스트우드 감독, 2016)으로 영화화되어 그 경과가 대중적으로 잘 알려져 있다. 사고를 당한 비행기 기종은 쌍발엔진을 장착한 에어버스 A320이었다. 비행기는 뉴욕 라과디아 공항을 이륙하던 중에 캐나다로 북상하던 기러기떼와 충돌했고 하필이면 이 충돌로 비행기에 달린 두 개의 엔진이 전부 부서졌다. 버드 스트라이크가 일어난 위치에서의 프로토콜은 라과디아 공항으로 회항하거나 인근 뉴어크리버티 공항에 비상착륙하는 것(관제탑의 지시도 실제로 그랬다)이었다. 하지만 기장 설리(Chesley Sullenberger, 톰 행크스 분)는 당시 항공기 상태로는 둘 다 불가능하다고 보았다. 그래서 맨해튼 옆을 흐르는 허드슨강에 비상착수를 시도했다. 다행히 매우 성공적인 착수여서 155명의 승무원과 승객 모두가 구조되었다. 이 사건은 미국인들에게 큰 기쁨을 주었다. 그 이유는 기장 설리의 친구이자 비행사 노조의 간부인 칼 클락(브레트 라이스 분)의 영화 속 대사에 잘 드러나 있다. "뉴욕에 이런 좋은 소식은 오래간만이야. 특히 비행기와 관련해서는." 2001년 9·11테러로 비행기 충돌에 대한 트라우마를 가진 미국인들, 특히 뉴욕시민들에게 큰 위로가 된 사건이었기 때문이다.

이 영화는 두개의 엔진이라는 보호조치도 뜻밖의 사건으로 인해 무력해질 수 있다는 사실과, 잘 발전된 자동운항장치와 관제 시스템에도 불구하고 조종사라는 인적 요소가 왜 중요한지를 잘 보여준다. 사고의 모든 양상이 예측되지는 않기 때문에 자동항법이 발전된 시대에도 조종사의 역할은 여전히 중요하며, 조종 노동의 질(質)과 관련해서 조종사의 사회적 지위도 매우 중요하다.

몇년 전 대한항공 조종사 파업이 있었을 때, 일부 언론은 고연봉의 이기적인 조종사 노조가 국민을 볼모로 파업을 한다며 히스테릭한 보도를 쏟아냈다. 그런데 사실은 조종사가 상대적으로 높은 연봉을 받는 전문직이고, 그들이 결성한 노조의 단결력이 높다는 것은 비행기의 안전도를 높이는 데 크게 이바지한다. 높은 연봉은 유능한 인력을 비행기 조종 분야로 끌어들이는 유인 요인이 되고, 좋은 전문직이라는 직업적 자부심에 기초한 노조의 단결력은 조종사 작업조건의 악화, 특히 지나친 운항으로 인한 피로를 막아서 항공사고를 줄인다. 그리고 발생한 사고 처리와 관련해서도 노조의 중요성은 두드러진다. 통상 여객/운송 산업에서 사고가 발생하면 해당 기업은 사고 원인을 운항자 실수로 돌리려고 한다. 그럴 때 기업 내 엘리트들이 책임질 일이 줄어들고, 보험금도 늘어나며, 기업에 대한 사회적 평판도 덜 추락하기 때문이다. 하지만 강한 노조는 책임을 운항자 실수로 돌리는 것에 저항한다. 그 이유는 사고의 책임이 노동자에게 전가되는 것이 부당하기 때문이기도 하지만, 그렇게 되면 사고를 유발하는 시스템이 그대로 존속하게 되기 때문이다. 그럴 경우, 그 분야는 잘 훈련된 노동자들이 기피하고 소비자들도 불안해하는 저급한 사회 영역으로 떨어지게 된다. 경영진의 단기적인 자기 이익 추구를 제어하고 작업 시스템의 안전을 확보하는 데 가장 도움이 되는 것은 시스템 문제를 밝히고 개선을 압박할 수 있는 강한 노조이다. 비행사 노조의 경우 실제로 시스템 개선에 이바지했고, 그로 인해 사고의 발생률을 낮추어 왔다.

그리고 이런 낮아진 사고 발생률은 다시 유능한 인력들이 유입되는 선순환 효과를 낳았다.[8]

앞서 언급한 영화 「설리」도 영화의 진행은 미국 연방 교통안전위원회(National Transportation Safety Board)의 사고 경위 조사를 중심으로 전개된다. 그리고 이 영화에서도 허드슨강 비상착수를 조종사 과실로 규정하려는 기업과 조사위원회의 입장이 뚜렷하게 묘사되고 있다. 하지만 기장 설리는 노조 덕분에 공정한 조사를 요구할 수 있었고, 그것에 기초해서 자신의 비상착수가 사고 당시에 최선의 대응이었음을 입증한다.

위성항법 시스템

기체 결함 못지않게 중요한 항공사고는 항로 이탈로 인한 사고이다. 20세기 초 세상을 날아다니는 비행기가 많지 않던 시절에는 육안으로 확인 가능한 지상의 지표들, 무선통신 그리고 해와 달과 별에 의존해 항로를 찾아야 했다. 하지만 악천후를 만나면 해와 별은 물론이고 무선통신조차 끊겨버렸다. 그러면 구름 속을 비행하던 중에 높은 산봉우리를 만나 충돌하기도 하고, 연료가 떨어져 추락하기도 했다. 그것이 생텍쥐페리의 『야간비행』 속 비행기 조종사 파비앵이 맞아야 했던 운명이었다.

---

8 대비되는 효과가 연안 여객선을 운항하는 항해사들에게서 일어나고 있는 듯하다. 비행기 조종사에게서 나타나는 선순환과 정반대되는 악순환, 즉 선원의 지위 하락, 낮은 임금, 약한 노조, 사고 건수의 증가, 이 분야에 대한 유능한 인력의 기피, 노동자 능력에 대한 불신에 기초한 기업의 과도한 노동통제와 쓰고 버리는 식의 노무관리가 이 분야에서 꽤 광범위하게 횡행하고 있다. 그런 과정이 엄청난 사회적 비극이었던 세월호참사 발생의 한 원인이기도 하다.

그러나 1940년대가 되면, 비행기의 위치를 자동으로 확인해주는 시스템이 개발된다. 미국이 개발한 '로란'(LORAN, Long Range Navigation)은 두곳의 지상 송신국에서 쏘는 전파를 수신함으로써 비행기가 자신의 위치를 찾을 수 있게 해주었다. 미국은 제2차 세계대전 종료 이전에 알래스카를 포함하여 태평양 연안을 중심으로 72개의 로란 송신국을 구축했다. 이런 기술발전 덕분에 조종사의 항로 계산 부담이 줄어들었고, 더불어 조종사 훈련 시간도 감축되었다.

기술발전으로 안전이 확보되면 그만큼 더 많은 비행기가 취항할 수 있게 된다. 하지만 두 지점을 잇는 최적의 항로는 이상적으로는 단 하나다. 런던-뉴욕 간 여객항로에 높은 수요가 존재하면 그 항로에 취항하려는 여객기가 늘어나겠지만 이 경우도 최적 항로는 하나뿐이다. 만일 그 항로로 어떤 비행기가 이미 날고 있다면 다른 비행기는 같은 시간에 동일한 항로로 날지 못한다. 하지만 공중은 3차원이기에 그 항로의 아래나 위로 날 수 있다. 이조차 어려울 때에도 최적 항로에서 뚝 떨어진 길로 다니지는 않는다. 결국 최적 항로와 그 주변은 붐비게 된다. 이런 이유로 그토록 가없이 펼쳐진 창공에서도 비행기가 충돌할 가능성이 생기는 것이다.

물론 그런 위험에 대응하는 인간의 방식은 경제성을 포기하는 쪽이 아니라 더 정확한 항법 시스템을 개발하는 쪽이다. 로란보다 더 정확해진 항법 시스템, 즉 우리가 지금 사용하는 항법 시스템은 모두가 익숙하게 알고 있는 GPS(Global Positioning System)다. 유사한 시스템 중에서는 가장 먼저 개발되었고, 가장 널리 쓰이기도 해서 일반명사처럼 여겨진다. 하지만 GPS는 미국이 운용하는 항법 시스템일 뿐이고, 이런 종류의 항법 시스템을 지칭하는 일반적 명칭은 '전지구적 위성항법 시스템'(GNSS, Global Navigation Satellite System)이다. 이런 시스템을 위해서는 24개의 인공위성이 작동해야 한다. 미국이 운용하는 GPS가 완비된 것, 즉 완전운용능력(FOC, Full Operational Capability)을 갖춘 것은 1994년이지만, 처음 시작된 것은 1978년부터이다. 애초 탄도미사일의 정확도를 확보하기 위해 개발된 군사기술이었던 GPS가 민간 항공기 그리고 선박에 공개된 것은 1983년 존 F. 케네디 공항을 출발해 앵커리지를 경유하고 김포 공항으로 비행하던 대한항공 007편이 소련 영공에서 미그 전투기에 의해 격추되어 269명이 사망한 사건 때문이었다. 이 사건을 계기로 민간 여객기의 영공 침해를 막기 위해 로널드 레이건 대통령이 GPS 민간 개방을 허용한 것이다(오늘 당신의 내비게이션에 의존한 자동차 운전은 수십년 전 대한항공 격추로 사망한 이들과 연결된 일인 셈이다).[9]

9 KAL 007편 사건은 전투기가 대형 민간 항공기를 미사일로 격추했다는 점에서 당시로서는 완전히 새로운 유형의 충격적인 사건이었다. 007편은 소련이 경고 없이 여객기를 격추할 수 있음을 모든 국제선 여객기 회사에 공지한, 소련 영공 35마일 이내에 있는 R20 항로를 비행했다. 007편은 3대의 독립적인 컴퓨터에 의존하는 항법 시스템을 운영 중이었는데도(3대가 모두 동시에 고장날 가능성은 매우 낮다), 격추 전 5시간 반 동안 예정된 항로를 이탈하여 R20을 침범한 것이다. 사고 원인을 조사한 국제민간항공기구(ICAO)는 007편 기장이 사고 당일의 항로를 평상시에도 자주 이용했던 것으로 보인다는 보고를 했다. 이것이 뜻하는 바는 007편의 소련 영공 침해 원인은 정확히 규명되지 않았다는 것이다. 007편을 격추한 소련의 행동은 1978년에 있었던 KAL 902편 격추에서 예고된 면이 있기도 하거니와(902편은 그것이 군사적으로 위험한 비행이라고 판단하지 않은 전투기 조종사에 의해 기체 일부만 손상되는 공격을 받고 비상착륙했다. 902편의 항로 이탈은 항법장치 이상으로 인한 것이어서 007편과 달리 완전히 터무니없는 방향으로 나아간 것이었다), 1981년 취임한 레이건 대통령의 적대적인 소련 정책이라는 국제정치적 분위기에 영향을 받은 것이다. 007편 사건 직후 레이건 대통령은 소련을 "악의 제국"이라고 명명하는 연설을 했다. 007편 사건은 미국에서의 반전운동과 반 대륙간탄도미사일(ICBM) 운동에 찬물을 끼얹었고, 레이건 대통령이 미사일 방어 계획을 추진할 수 있는 명분을 제공했다. 이후 벌어진 미소 군비경쟁이 1989년 소련 해체의 중요한 원인 가운데 하나였음을 생각하면, 007편 사건이 세계사에 미친 영향은 작지 않다. 이 사건이 소련이나 미국의 사회 분위기와 정치에 미친 영향에 대해서는 George W. Luhrmann, "The KAL 007 Shootdown: A Symbol in the Search for Evil," *The Journal of Psychohistory*, Vol. 12 No. 1, 1984, 79~120면 참조.

하지만 민간 부문 사용을 허가했다 해도 미국은 민간 부문이 수신하는 GPS 정보에 체계적인 오차를 의도적으로 유발할 수 있고, 실제로 그렇게 했다. SA(Selective Availability, 선택적 사용성)라 불리는 의도적인 편차 유발 방식은 2000년부터 공식 폐지되었는데 여기에는 두가지 계기가 있었다. 하나는 걸프전(1990~91) 당시 미군이 처한 상황 때문이었다. 당시 미군은 군사용 GPS 장비가 모자라서 민간용 GPS 장비도 작전에 운용해야 했다. 이때 SA가 오히려 방해요인이 되었다. 다른 하나는 미국연방항공국(FAA, Federal Aviation Administration)이 정확도 높은 항법 시스템을 독자 개발하는 데 필요한 재정을 절감할 수 있다는 이유로 SA 폐기를 지속적으로 요구한 것이다. 하지만 SA의 폐기가 영구적이라는 국제적 신뢰는 존재하지 않는다. 1999년 인도-파키스탄 간의 카르길 전쟁 때 미국은 인도의 GPS 접근을 차단했고, 그로 인해 인도는 탄도미사일을 사용할 수 없었다. 이 사건으로 인해 평화 시기라면 모를까 전시라면 미국이 언제든 SA를 재도입할 수 있음을 모든 나라가 명료하게 깨달았다.

그래서 군사 강국들은 모두 미국에 이어 독자적인 GNSS 시스템을 갖춰가고 있다. 러시아는 냉전 말기부터 위성항법 시스템 개발에 나섰고, 2011년부터는 글로나스(GLONASS, Global Navigation Satellite System)라 불리는 자체 시스템을 통해 전지구적으로 서비스를 공급하고 있다. 유럽연합(EU)은 갈릴레오(Galileo) 시스템을 운용하고 있는데, 2022년 현재 모두 28개의 위성을 발사했으며 앞으로 2개의 위성을 추가 발사하겠다고 예고한 바 있다. 중국은 베이더우(北斗) 시스템을 개발해왔고, 2020년 6월 23일 베이더우-3 시스템을 완료하여 시운전에 들어갔다고 선언했다. 이외에 사용 범위가 국지적인 위성항법 시스템으로 일본의 준텐초(QZSS, Quasi-Zenith Satellite System)와 인도의 IRNSS(The Indian

Regional Navigation Satellite System)가 있다(인도 시스템은 2018년부터 사용 중이며, 장기적으로는 전지구적 위성항법 시스템으로 발전시킨다는 목표를 가지고 있다).

이런 복수의 위성항법 시스템의 발전은 인류가 여전히 '세계 시민적 상태'(the state of world civil society)에서 아주 멀리 떨어져 있음을 다시 한번 깨닫게 해준다. 인류 모두를 위한 위성항법 시스템은 고작 24개의 인공위성이면 가능하고, 현재 군사용으로만 제공되는 정보를 개방하면 1미터 미만의 오차를 지닌 정확한 위치 정보를 모두가 활용할 수 있다. 그러나 세계 시민적 상태에 미달하는 인류는 수백개의 위성을 띄우는 막대한 낭비를 저지르고 있고, 기술적으로는 전혀 불가피하지 않은 질 나쁜 정보를 사용하며 살고 있다.

'자연상태'의 적대와 의심과 낭비는 차치하고, 더 정확한 항법 시스템으로 우리가 더 안전해지기는 한 것일까? 더 안전해진 것은 사실이다. 하지만 더 정확한 항법 시스템으로 인해 최적 항로 주변의 운항이 더욱 조밀해진 것도 사실이다. 시속 1,000킬로미터로 비행하는 보잉 747 2대가 마주 지나친다면, 상대속도는 시속 2,000킬로미터나 되지만 더 정확해진 위성항법 시스템 덕에 이제 300미터 거리를 두고 위아래로 교차해서 지나갈 수도 있게 되었다. 아찔하지 않은가? 인류는 안전을 위해 기술을 개발하지만 기술 덕분에 위험이 줄어든 세계에 결코 편안히 거주하지 않는다. 위험이 줄어드는 그만큼 더 많은 위험을 감수한다. 기술발전은 비용 대비 효용을 계산하는 조건만을 바꿀 뿐이다.

지구에 있기에

비행기의 최적 항로는 언뜻 생각하기엔 두 지점 사이의 최단거리이고, 지구상에서 그것은 곡면 기하학의 문제로 보일 것이다. 그러나 공중도 지구를 구성하는 물질 가운데 상대적으로 가벼운 것들, 기체가 자리한 곳일 뿐 지구 시스템(geo-system) 내부이다. 따라서 비행기는 지구 시스템 내부에서 이동하며 그것의 작동방식에 의해 영향을 받는다. 낮과 밤, 자전, 그리고 기상 조건과 무관할 수 없기에 비행은 단순한 곡면 기하학적 이동이 아니라 바람과 구름을 헤집고 별빛을 헤아리면서 방향을 잡는 일이며, 인간보다 오래 공중을 누벼온 새떼와 공간을 분유(分有)하는 일이다. 다시 말해 비행은 거의 모든 면에서 지구 시스템에 의존하거나 그것의 제약을 받는다.

예를 들어 비행기의 운항고도를 보자. 제트엔진을 장착한 대형여객기는 지상 9,000~10,000미터, 즉 10킬로미터 상공을 비행한다. 그렇게 하는 것이 운항의 경제성 관점에서 최적이기 때문이다. 고도 10킬로미터에서는 공기가 희박해서 비행기의 추력(推力)에 손실이 있지만 마찰 감소로 인한 이점이 더 크다. 하지만 그보다 더 높으면 추력 손실뿐 아니라 엔진 연료를 연소할 산소까지 희박해지는 문제가 생긴다.[10] 고도 10킬로미터에서는 웬만한 구름을 아래에 두고 비행하기 때문에 맑은 하늘을 운행할 가능성이 커진다는 점도 이점이다. 하지만 뇌우를 동반하기 마련인 적란운은 20킬로미터 상공까지도 치솟아 항공기 운항을 위협한다. 구름은 쉽

---

10 장조원 『하늘에 도전하다』, 중앙북스 2012, 107~21면.

게 비행기를 놓아주지 않는다.

10킬로미터 상공은 대류권 상부에 해당하며, 그 위 성층권에서 부는 제트기류의 영향을 많이 받는다. 편서풍인 제트기류는 평균 풍속이 여름철에는 시속 65킬로미터이고 겨울철에는 시속 130킬로미터이며, 봄과 여름에는 북위 약 50도, 겨울에는 35~40도 부근에서 강력하게 분다. 따라서 겨울철에 인천에서 로스앤젤레스로 가는 비행기라면 제트기류의 도움을 받아 빨리 날기 위해 위도를 낮춰 항로를 잡을 것이다. 그리고 겨울철에 로스앤젤레스에서 인천으로 오는 여객기라면 제트기류를 피하려고 북극 항로를 택할 것이다. 제트기류를 등지느냐 마주하느냐에 따라 운항 시간이 2시간씩이나 차이 나니, 최적 항로는 곡면 기하학의 문제가 아니라 기상학의 문제인 셈이다.

10킬로미터 상공의 기압과 공기 밀도는 인간이 견딜 수 없는 환경이다. 그러므로 비행기는 여압(與壓) 장치를 통해 기압과 공기 밀도를 올린다. 비행기 내부는 대략 2,000미터 상공의 공기압과 밀도를 가진다. 결국 비행기란 대지의 장애를 벗어나지만, 동시에 대지의 삶을 가능한 한 그대로 유지하려고 하는 장치다. 그래서 우리는 10킬로미터 상공이 열어주는 속도를 얻으면서도 한라산 정상 정도의 기압과 한라산보다 한참 위의 신선한 공기를 마시며 이동하게 된다.[11] 하지만 대지를 떠나면서 대지 위의 삶을 그대로 옮겨오기는 쉽지 않다. 여압 장치가 공기를 압축하는 과정에서 수분이 제거되기 때문에 객실로 유입되는 공기는 매우 건조하다.

---

11 객실 내의 공기 순환은 매우 빨라서 이코노미석에 탑승해도 이웃한 승객의 민속적인 '향취'로 인해 고통받는 경우는 별로 없다. 위에서 아래로 재빨리 빠져나가는 공기 순환 덕에 코로나바이러스 시대에도 객실은 크게 위험하지 않다. 코로나19로 인한 항공 여객 수요 격감은 적어도 비행기 객실이라는 환경 탓은 아니다.

기압도 낮은데 습도마저 낮아지는 것이다. 이로 인해 탑승자들은 입맛도 떨어지고, 호흡기 점막이 말라 감기 기운을 느끼게 되며, 약간의 탈수 증세도 겪게 된다. 평소 음주를 즐기던 승객은 공짜여서든, 잠을 청하기 위해서든, 자신도 모르게 겪는 탈수 증세 때문이든 평소보다 더 술을 마시는 경향이 있다. 이외에도 기압 차이로 인해 귀가 먹먹해지는 현상, 경도 변화로 인한 시차 등으로 인해 장거리 비행은 생리적 스트레스를 유발한다.[12] 특히 이코노미석의 승객들은 앉은 채로 좁며 비행하기 때문에 스트레스를 더 받는다. 그리고 장거리 비행이 환승을 통해 이뤄지면, 비행기에는 서로 다른 시간대에서 출발한 승객들의 서로 다른 생체 시간 사이에 갈등이 일어날 수 있다(누군가는 시장하고, 누군가는 책을 읽고 싶고, 누군가는 식사도 마다하고 자고 싶고, 누군가는 화장실에 가고 싶다).

이런 이들을 돌보기 위해 항공 승무원들이 있다. 그들은 승객이 보채면 달래야 하고 배고프면 먹여야 하고 졸리면 재워야 하고 때가 되면 깨워야 한다. 승무원들은 보육원 선생님과 유사한 업무를 처리해야 하는 셈이지만, 선생님이라는 지위를 누릴 수 없으므로 훨씬 힘겨운 일을 떠맡고 있다 할 수 있다. 게다가 그들 또한 승객과 마찬가지로 폐쇄적인 환경에 갇혀 생리적 스트레스에 시달리고 있다. 장거리 항공 여객은 근대성이 빚어낸 가장 기이한 1박 2일의 이동이다. 그런 이동을 돕고 돌보는 일을 직업적으로 반복하는 이들의 존재 또한 근대성의 소산이다. 이들의 노동환경과 업무 스트레스에 관한 연구로부터 오늘날 모든 서비스 직업이 겪는, 잘 눈에 뜨이지 않지만 고통스러운 노동 내용을 밝힌 '감정노동' 개념이 처음 생겨난 것은 결코 우연이 아니다.[13]

---

12 김동현, 앞의 책 232~35면. 일반적으로 지구의 자전 방향보다 그것을 거슬러 비행할 때 시차 적응이 더 어렵게 여겨진다. 우리의 경우라면, 미국행이 유럽행보다 시차 적응이 더 어렵다.

라이트 형제, 가볍게 날아오르다

비행기의 안전 향상에 제1차 그리고 제2차 세계대전의 전투기나 폭격기 운항 데이터, 군사기술이었던 위성항법 장치의 민간 개방이 크게 이바지한 역사에서 드러나듯이, 비행기의 발전은 군사적인 요인과 깊은 관련이 있다. 물론 이동수단이 전쟁과 무관한 적은 없었다. 『맹자』 제1장에는 "만대의 수레를 갖춘 나라에서 그 임금을 시해하는 자는 반드시 천대의 수레를 가진 가문이며, 천대 수레를 갖춘 나라에서 그 임금을 시해하는 자는 반드시 백대의 수레를 가진 가문이다(萬乘之國, 弒其君者, 必千乘之家. 千乘之國, 弒其君者, 必百乘之家)"라는 말이 나온다. 오랜 옛날부터 수레 같은 이동수단은 전쟁수단으로 쓰였고 그 규모가 군사력 규모로, 더 나아가 국가 자체의 힘과 크기로 여겨지기까지 했다. 하지만 처음부터 전쟁수단으로 개발되기보다는 사후적으로 그렇게 전용된 경우가 일반적이다. 군수품과 군대의 이동에 기차나 자동차가 사용되기는 하지만 '그 자체로' 전쟁수단이라 할 수는 없고, 처음부터 전쟁수단으로 개발된 것도 아니었다. 이에 비해 비행기는 거의 태생부터 전쟁수단으로 주목을 받았다. 전쟁이 아니었다면 오늘날과 같은 발전을 이룰 수 없었을 것이

---

13 앨리 러셀 혹실드(Arlie Russell Hochschild)는 델타 항공의 임원과 승무원을 대상으로 인터뷰와 참여관찰을 통해서 감정노동이라는 개념을 창안했다. 여승무원은 자신이 실제 감정을 숨기고(예컨대 혐오스러운 승객에 대한 분노 같은 감정) 친절한 표정을 지어야 하는 고통을 겪는다. 혹실드는 여승무원 연구 이후 그들과 반대 방향으로 감정노동을 해야 하는 이들이 있을 수 있다고 생각하고 채권 추심자도 연구했다. 그들은 자신의 실제 감정(채무자에 대한 인간적 동정심 같은 것)을 숨기고, 채무자를 압박하기 위해 위악적인 태도를 보여야 하는 것에 힘겨워한다. 앨리 러셀 혹실드 『감정노동』, 이가람 옮김, 이매진 2009 참조.

6-2. 킬 데빌 힐스와 라이트 형제 기념비

다. 사태가 왜 그렇게 흘렀는지 비행기 발전의 역사를 되짚어보자.

비행기의 역사에서 첫머리를 장식하는 것은 라이트 형제, 즉 윌버 라이트(Wilbur Wright, 1867~1912)와 오빌 라이트(Orville Wright, 1871~1948)이다. 2010년 연구년을 노스캐롤라이나주립대학으로 간 덕에 노스캐롤라이나 해안에 있는 아우터뱅크스[14]에 가본 적이 있다. 휴양지로도 이름 높은 이 지역의 소도시 키티호크 인근에는 라이트 형제가 처음 동력 비행에 성공한 킬 데빌 힐스(Kill Devil Hills)가 있다. 형태만 봐서는 무시무시한 이름의 유래를 전혀 짐작할 수 없는 이 예쁜 언덕에는 라이트 형제 기념비와 기념관이 세워져 있다. 기념관을 둘러보고 비행기 모형을 보니, '자전거'(bi-cycle) 제조 판매사를 운영해서 번 돈으로 '복엽기'(bi-plane)

---

14 노스캐롤라이나 해안가에 작은 섬들이 연이어지고 펼쳐진 지역을 이르는 말이다. 유사한 지형의 플로리다의 키웨스트(Key West) 지역만큼 유명하지는 않지만, 해양 스포츠와 휴양으로 그 나름 명성을 누리는 지역이다.

를 제작해서 그것을 타고 공중을 '가볍게'(light) 날아오른 이들이 '라이트'(Wright) '형제'(brothers)였다는 사실에 모종의 운명적인 분위기가 감도는 듯했다.

오하이오 출신인 라이트 형제가 고향에서 1,000킬로미터는 족히 떨어져 있고 육로로 이어지지도 않는 섬의 언덕에서 비행 실험을 한 이유가 있다. 비행기 실험에 기상학적으로 적합한 장소를 물색하던 중에 1900년 8월 키티호크 소재 기상청 관측소장 윌리엄 테이트(William Tate)에게서 그 일대가 비행 실험에 최적이라는 서신을 받았기 때문이다.[15] 그들은 오하이오에서 키티호크까지 부품을 싣고 가서 현장에서 부품을 조립해 비행 실험을 했다. 1900년 겨울부터 매년 시도된 실험 끝에 라이트 형제는 마침내 1903년 12월 17일에 인류 최초로 자체 추진력을 가진 비행기에 의한 비행에 성공했다. 동생 오빌은 이날 네번의 비행을 시도했는데, 가장 긴 기록이 259미터를 59초 동안 비행한 것이었다. 고작 59초이기는 하지만, 이 미약한 시도가 거대한 미래의 출발점이었다.

과학과 기술의 발전사에서는 동시 발견이나 발명이 잦다. 아이작 뉴턴(Isaac Newton)과 고트프리트 라이프니츠(Gottfried W. Leibniz)의 미적분이 그렇고, 토머스 에디슨(Thomas A. Edison)과 조지프 스완(Joseph W. Swan)의 전구가 그렇고, 안토니오 메우치(Antonio Meucci)와 알렉산더 그레이엄 벨(Alexander Graham Bell)의 전화기가 그렇다. "인간은 항상 자신이 해결할 수 있는 문제만을 제기한다"는 맑스의 말이 이들 경우에 잘 들어맞는 듯하다. 비행기의 경우도 그랬다. 라이트 형제가 열심히 사숙했던 오토 릴리엔탈(Otto Lilienthal)은 물론이고, 그들과 같은 시기

---

15 이하 라이트 형제에 대한 논의는 데이비드 매컬로 『라이트 형제』(박중서 옮김, 승산 2017)를 주로 참고했다.

6-3. 1903년 12월 17일, 킬 데빌 힐스에서 첫 비행에 성공한 세계 최초의 동력 비행기 라이트 플라이어(Wright Flyer)

에 프랑스에서 가브리엘 부아쟁(Gabriel Voisin)과 샤를 부아쟁(Charles Voisin) 형제, 루이 블레리오(Louis Blériot), 그리고 브라질 출신이었던 아우베르투 산투스두몽(Alberto Santos-Dumont) 등이 비행기 개발과 시험 비행에 여념이 없었다.

　그럼에도 불구하고 라이트 형제만이 명성을 누리는 것은 1903년에서 1908년 사이에 라이트 형제가 다른 어떤 경쟁자보다 눈부신 성과를 거두었을 뿐 아니라, 그 사실을 국제적으로 대중에게 각인했기 때문이다.[16]

----

16 비행기의 역사에 특별히 관심을 기울이지 않는 한 '산투스두몽' 같은 이름을 그저 카르티에(Cartier)를 대표하는 시계 모델 '산토스-뒤몽'으로만 알고 있기 십상이다. 물론 최초 비행의 영광은 라이트 형제가 가져갔으므로 산토스두몽의 비행보다 이 시계가 더 기념비적이기는 하다. 근대성은 달력-시간으로부터 시계-시간으로의 이동을 뜻한다. 우리의 임금은 시간당으로 계산된다. 그런 의미에서 시간은 돈이고, 시간 절약은 돈의 절약, 경제적 효율성이다. 그런 근대화된 사회에서 사는 사람들은 시계-시간을 통해 자신의 일상을 분 단위, 때로는 초 단위로 규율하라는 요구에 직면한다("2시 10분에 보자" "7분 지각했구나" "10초 뒤 발사. 텐, 나인, 에이트……"). 이런 일상적 규율의 가장 전형적인 상징이 손목시계이

1905년 10월 5일, 라이트 형제는 고향인 오하이오주 데이턴시 인근 허프 먼평원에서 플라이어 3호를 타고 29회를 선회하며 38분 4초간 40킬로미터를 비행했다. 이를 계기로 형제는 미국에서 확고한 명성을 얻었고 프랑스의 초대를 받는다. 그리고 1908년 8월에는 프랑스 르망에서 수천명의 프랑스 군중이 바라보는 가운데 여러번 시범 비행에 성공했으며, 그것을 지켜본 루이 블레리오를 비롯한 여러 프랑스 비행기 제작자들과 비행사의 인정을 받았다. 그리고 같은 해 9월 9일에는 미국으로 돌아와 워싱턴D.C. 인근 포트마이어에서 55회나 원을 그리며 1시간 3분간 비행했고 10일에는 1시간 6분을 비행했으며, 12일에는 국방부 장관을 포함한 5,000명의 인파가 연병장에 모여서 비행을 관람하며 열광했다. 라이트 형제는 비행을 위한 세가지 기술적인 문제, 즉 양력을 얻기 위한 날개 구조 문제, 선회와 상승 및 하강을 위한 조종 문제, 그리고 추력을 얻기 위한 경량의 힘 좋은 엔진 문제를 모두 해결한 셈이다. 비행기의 효시가 라이트 형제라는 사실에는 논란의 여지가 없었다.

누가 비행기를 이용하려 했나

라이트 형제의 성공에 즉각적인 관심을 보인 이들이 프랑스와 독일 그리고 미국 군부였다. 형제는 1905년 허프먼평원에서의 성공적인 비행 직

다. 손목시계야말로 오늘날 각광받고 있는 웨어러블 기기의 효시일 것이다. 팔찌에 장식적으로 달린 손목시계가 아니라 기능적인 목적을 추구한 손목시계는 카르티에가 1904년에 처음 제작한 '산토스-뒤몽'이다. 카르티에는 비행 중에도 시계를 볼 수 있었으면 좋겠다는 친구 산투스두몽의 소망을 들어주기 위해서 그것을 제작했다. 대항해 시대가 존 해리슨(John Harrison)의 해상시계를 낳았다면, 비행기의 시대는 손목시계를 낳은 셈이다.

후 아놀드 포다이스라는 부유한 프랑스 사업가와 비행기 판매 계약을 맺는다. 포다이스는 프랑스 군부의 대리인으로 추정되는 인물이다. 1907년에는 미국의 군수물자 판매 업체인 '찰스 R. 플린트 앤드 컴퍼니'와 계약을 맺었다.[17] 플린트 앤드 컴퍼니는 미국 이외의 지역에서 라이트 형제가 제작한 비행기를 판매하는 권리를 양도받은 댓가로 50만 달러를 지불하겠다고 제안했다. 형제는 이 계약을 받아들였다. 계약이 성사된 직후 라이트 형제는 독일로부터 플라이어 50대를 50만 달러에 구매하겠다는 제안을 받는다. 형제는 이 제안을 플린트 앤드 컴퍼니에 일임하고 대당 20퍼센트의 수수료를 받기로 했다. 1908년 2월에는 미 육군에 플라이어 3호를 대당 2만 5,000달러에 팔기로 계약을 맺었다.

비행기가 왜 군부의 관심을 끌었는지는, 1921년에 이탈리아 장군 출신 줄리오 두에(Giulio Douhet)가 발간한 『제공권』(Il dominio dell'aria)에 잘 나타나 있다. 『제공권』은 두에가 제1차 세계대전에서 겪은 공중전 경험을 집약한 저술로, 1909년 『준비』(La preparazione)라는 신문에 기고한 글에서 그는 이렇게 말했다.

바다에 둘러싸여 있지 않은 국가는 있을지라도 대기 밖에 존재하는 나라는 단연코 없다. 따라서 미래에 우리는 육지와 바다, 두개로 잘 분리된 전장이 아닌 세 영역의 전장을 갖게 될 것이다. (…) 우리는 오늘날 제해권의 중요성을 충분히 인식하고 있지만, 제공권의 장악도 못지

---

17 이 회사의 설립자인 찰스 R. 플린트(Charles R. Flint)는 미국-스페인 전쟁(1898년 4월~8월) 때 미 해군이 쓸 전함으로 개조할 선박을 국제적으로 조달하는 일을 했다. 그는 라이트 형제가 제작한 비행기의 해외 판매를 대행하기도 했다. 1911년에는 IBM의 전신인 CTR (Computing-Tabulating-Recording Company)을 창립했다.

않게 중요하다는 사실을 곧 알게 될 것이다. 왜냐하면, 제공권을 장악함으로써 항공 관찰을 통해 얻어지는 이점, 즉 목표물을 명확히 보면서 가능해진 이점을 활용하게 되었기 때문이다. 따라서 제공권을 장악하기 위한 투쟁은 더욱 치열해질 것이다.[18]

여기서 "항공 관찰을 통해서 얻어지는 이점"은 20세기 전쟁사에서 가장 중요한 전술인 '폭격'을 의미한다. 내가 파괴하려는 대상을 하늘에서 내려다보면서 폭탄을 쏟아붓는 것이 전쟁에서 가진 이점은 어마어마한 것이다. 군사적 감각을 가진 이들(군인과 군수산업자)은 모두 라이트 형제의 비행기에서 그런 군사적 이점을 직관적으로 느꼈다.[19]

상업적인 면에선 어땠을까. 최초의 상업적 항공사업은 1914년에 시작된 플로리다주의 세인트피터즈버그와 탬파를 연결하는 여객과 우편배달 사업이었다. 전자에서 후자로 가려면, 탬파만(灣)의 지형적 특징 때문에 육로로는 당시 열차 기준으로 12시간, 증기선으로는 5시간이 걸렸지만, 비행기로는 22분이면 충분했다. 이 점에 착목해서 퍼시벌 엘리엇 팬슬러(Percival Elliott Fansler)는 베노이스트사(Benoist Aircraft)가 제작한 2인용 수상 복엽 비행기를 임대해서 사업을 시작했다. 1명의 승객을 태울 수 있는 이 비행기의 편도 탑승권의 당시 가격은 5달러였다. 그렇게 가격을

---

18 줄리오 듀헤『제공권』, 이명환 옮김, 책세상 1999, 42~43면. 방대한 역사적 고찰에 입각해 제해권이 지닌 중요성을 역설한 군사 분야 '걸작'인 앨프리드 머핸(Alfred Thayer Mahan)의『해군력이 역사에 미친 영향, 1660~1783』이 1890년에 출간된 것을 생각하면, 듀에의『제공권』은 제1차 세계대전의 경험만으로 도래할 전쟁의 근본 특성을 정확하게 예견한 놀라운 저술이다.
19 공군 전력 하면 전투기를 떠올리는 이들이 많다. 하지만 공군의 본질적 임무를 실현하는 것은 전폭기이다. 전투기는 기본적으로 상대편 전폭기를 파괴하거나 자기편 전폭기를 위협하는 상대 전투기를 제압하기 위한 수단이다.

6-4. 1914년 1월 1일 첫번째 이륙을 시도하는 베노이스트 복엽기. 최초의 상업 항공사업이었던 세인트피터즈버그-탬파 간 정기운항 비행기였다.

낮출 수 있었던 비결은 세인트피터즈버그가 정기운항의 댓가로 보조금을 지급한 덕분이었다.[20]

이런 사실은 두가지를 말해준다. 비행기에 이윤 기회가 있음이 발견되었고 사업에 실제로 활용되었다는 사실과 비행기의 상업적 발견이 군사적 가능성의 발견에 선행하는 일은 아니었다는 사실이다. 라이트 형제의 비행기를 구매하겠다는 군부의 요청은 1905년에 시작되었고, 비행기가 전쟁에 처음 투입된 것은 1911년 이탈리아-튀르크 전쟁에서였다. 이탈리아군은 블레리오 단엽기를 타고 튀르크 진영을 정찰했고, 줄리오 가보티(Giulio Gavotti) 중령이 에트리히 타우베(Etrich Taube) 단엽기에 약

---

20 관련 내용에 대한 김동현의 『플레인 센스』의 서술은 역사적 세부에서 오류가 있다. 여기 서술은 인터넷의 관련 자료를 참조했는데, 주된 것은 HistoryNet의 내용이다. https://www.historynet.com/st-petersburgtampa-airboat-line-worlds-first-scheduled-airline-using-winged-aircraft.htm.

2킬로그램의 원형폭탄 4발을 손으로 튀르크 진지에 투하했다(이것이 최초의 폭격이다).[21]

다른 하나는 민간 항공사업이 출발부터 정부 보조금에 의존했다는 것이다. 민간 항공사업은 일반적인 소비재 시장 수요에 기초해서 발전하기 어려운 산업이며, 그런 점은 지금도 크게 다르지 않다. 헨리 포드(Henry Ford)는 1914년에 자기 공장 노동자들에게 다른 공장 노동자 임금의 두배인 5달러를 지급하며 노동자가 만든 자동차를 노동자가 사서 탈 수 있는 사회의 도래를 꿈꿨다. 하지만 비행기는 그런 희망을 품기엔 대당 가격이 너무 비싼 이동수단이었다. 여객 및 운송 사업은 비행기가 오늘날처럼 버스나 트럭 또는 열차에 가까운 대량 이동수단이 될 때나 가능한 것이지, 오토바이에 날개를 단 것이나 다름없는 초창기 비행기로는 대량 운송이 불가능했다. 기술의 면에서나 수요의 면에서나 초창기 항공산업은 정부 수요, 그중에서도 특히 군대의 수요 없이 '이륙'할 수 없었던 셈이다. 게다가 군대는 성능 향상을 촉구하는 강력한 박차(拍車)였다. 비행기의 성능이 곧 값비싼 전쟁 장비의 가치, 수백시간의 훈련 비용이 투하된 조종사의 운명 그리고 전투에서의 승리를 좌우하기 때문이다. 관련한 맑스의 말에선 여전히 통찰력이 번득인다. "전쟁은 평화보다 빨리 발전한다."

폭격, 폭격, 폭격……

20세기의 전쟁 그리고 21세기의 전쟁의 특징을 한마디로 요약하면 "입

---

21 요시다 도시히로 『공습』, 안해룡·김해경 옮김, 휴머니스트 2008, 79면. 이하 한국전쟁을 제외한 여러 나라의 폭격에 대한 논의는 이 책에 의존하고 있다.

체주의 전쟁"(cubistic war)이라고 할 수 있다.[22] 전투기와 잠수함을 통해 땅과 바다에 한정된 전쟁이 공중과 바다 밑으로 확장된 제1차 세계대전은 그것이 야기한 사회적 결과 측면에서뿐 아니라[23] 전쟁 양식의 측면에서도 진정한 의미에서 20세기의 출발점이었다. 베스트팔렌조약 이래의 전쟁은 '제한전'(limited war)의 이념을 따랐다. "전쟁은 다른 수단에 의한 정치의 지속"이라는 클라우제비츠(Carl von Clausewitz)의 유명한 말은 제한전 시대를 배경으로 한다.[24] 그러나 제1차 세계대전과 더불어 '총력전'(total war)의 시대가 열렸다. 물론 제한전의 시대에도 전쟁은 그 본성상 한 사회의 모든 자원을 빨아들이는 힘을 가지고 있었다. 하지만 총력전의 시대에 들어서면 전쟁이 사회의 모든 자원을 빨아들이는 것은 물

---

22 스티븐 컨『시간과 공간의 문화사 1880~1918』, 박성관 옮김, 휴머니스트 2004, 제11장 입체파 전쟁 참조. 스티븐 컨에 따르면, 비행기로 인한 시지각의 변화가 입체주의의 출현과 내적 연관성을 가지고 있다. 작가이자 미술품 수집가이고 피카소의 후견인이었던 거트루드 스타인(Gertrude Stein)은 이렇게 "미국에 있을 때 나는 처음으로 비행기를 타고 오래도록 여행을 한 적이 있다. 비행기에서 대지를 보았을 때 내 시야 가득 입체파의 선이 들어찼다. 화가들 중 그 누구도 비행기를 타보지 않은 시점에서 창조된 그 선들을 말이다. 나는 보았다. 대지 위의 선들이 피카소의 선처럼 뒤얽히며 펼쳐졌다 사라졌다 하는 모습을"(같은 책 586~87면에서 재인용). 관련해서 비행문학의 걸작으로 꼽히는 생텍쥐페리의 소설이 『인간의 대지』라는 점을 지적하고 싶다. 인간은 비행기를 통해서 하나의 전체적 대상으로서 '대지'를 대면할 수 있었다. 연장선상에서 인공위성과 그것이 찍은 지구 사진(1959)을 통해서 그리고 아폴로 11호의 비행사의 눈을 통해서(1969) 비로소 인류는 '지구'를 하나의 대상으로서 시지각적으로 대면할 수 있었다(우주 공간에 둥글고 푸르게 현존하는 모습으로). 그것이 열어준 시지각 체험을 구현한 최초의 영화는 스탠리 큐브릭의 「2001 스페이스 오디세이」(1968)라 하겠다.
23 제1차 세계대전의 종전은 신분제의 완전하고도 가시적인 종식, 반식민지 투쟁을 비롯한 전세계적인 사회혁명, 밸푸어 선언(1917)에 힘입은 이스라엘의 건국과 중동의 분쟁 지역화, 세계공황과 파시즘의 발흥 등 커다란 사회변화를 낳았다. 에릭 홉스봄『극단의 시대: 20세기 역사(상)』, 이용우 옮김, 까치 1997 참조.
24 제한전의 의미와 그것이 가진 국제법적 의미에 관해서는 칼 슈미트『대지의 노모스』, 최재훈 옮김, 민음사 1995 참조.

론이고, '전선'(frontline) 개념 자체가 무화된다. 폭격을 통해서 군대의 작전 반경이 교전 중인 국가들의 전 영토로 확장되기 때문이다. 총력전이 '총체적인'(total) 핵심 이유는 전선을 교전 상대국의 전 영토로 확장하는 비행기와 폭격 때문이다.[25]

인류는 전쟁을 하는 짐승, 같은 종을 체계적으로 살육하는 부끄러운 짐승이다. 더 파렴치한 것은 그런 부끄러운 짓에 명예마저 부여하려고 한다는 점이다. 즉, 전쟁이 정의롭기를 또는 정당하기를 바란다. 전쟁의 정당성은 '유스 아드 벨룸'(jus ad bellum) 그리고 '유스 인 벨로'(jus in bello)라는 두 차원을 갖는다. 전자는 '전쟁(자체)의 정당성,' 즉 전쟁의 정당한 명분을 뜻하며, 후자는 '전쟁에서의 정당성,' 즉 전쟁터가 도살장이 되지 않도록 규율하는 교전수칙을 말한다.[26] 이 두가지 면에서 전쟁을 인간적 수치심의 한계 안으로 규율하기 위해 맺어진 것이 제네바협약과 헤이그 협약이다.

1925년 체결된 제네바의정서는 제1차 세계대전 중에 등장한 새로운 무기인 독가스 사용을 금지했다. 그러나 폭격을 금지하지는 않았다. 역시 제1차 세계대전 중에 처음 선보였지만 당시로서는 미약한 수준의 위력만을 보였기 때문이다. 이후로도 폭격이 민간인이나 민간시설에 가한

---

25 총력전과 관련하여 홉스봄은 이렇게 말한다. "제인 오스틴은 자신의 소설을 나폴레옹 전쟁 동안 썼지만, 그러한 사실에 대한 사전지식이 없는 독자는 그 사실을 전혀 눈치 채지 못했을 것이다. 왜냐하면 그녀의 글 속에 전쟁은 전혀 나타나지 않았던 것이다. 비록 그 전쟁에 직면한 수많은 상층신분 청년들이 참전한 것은 확실하지만 말이다. 그러나 어떠한 소설가도 20세기 전쟁 동안 영국에 관해서 이런 식으로 쓴다는 것은 상상도 할 수 없을 것이다"(홉스봄, 앞의 책 9면). 제인 오스틴과 스페인 내전을 두고 『3기니』(Three Guineas) 같은 논쟁적인 저술을 썼던 버지니아 울프 사이에 놓여 있는 것이 바로 총력전의 경험이다.
26 이하 '정당한 전쟁'에 대한 논의는 마이클 월저 『마르스의 두 얼굴: 정당한 전쟁·부당한 전쟁』, 권영근 외 옮김, 연경문화사 2007을 주로 참조했다.

6-5. 오토 딕스 「독가스 속에서 전진하는 독일 특수병(Stormtroopers)」, 1920

'부수적 피해'(collateral damage)에 대한 논란은 계속되었지만, 독가스처럼 아예 부당한 전쟁수단으로 취급된 적은 없었다. 폭격의 끔찍함을 철저하게 경험한 제2차 세계대전 직후에라도 국제사회는 폭격을 통제하는 국제적 합의를 마련해야 마땅했다. 하지만 기대와는 달리 폭격을 금지하기 위한 협정의 필요성조차 논의되지 않았다. 아마도 폭격이 제2차 세계대전의 승전국들의 주요 전쟁수단이었기 때문일 것이다.[27]

20세기에 인류가 겪은 끔찍한 폭격 중에서 잘 알려진 예로는 1937년 4월 26일 스페인 북부 게르니카에 대한 독일 '콘도르' 군단(Legion Condor)의 폭격, 제2차 대전 중 영국군 주도의 연합군이 일으킨 독일 드레스덴 폭

---

27 공중폭격이 헤이그평화회의에서 논의된 것은 제1차 세계대전이나 제2차 세계대전 직후가 아니라 오히려 1899년과 1907년이었다. 이때 문제가 된 것은 비행기에 의한 폭격이 아니라 비행선이나 기구에서 폭탄을 떨어뜨리는 행위였으며, 1899년에는 5년간 금지를 결의했고, 1907년에 다시 그런 규정이 갱신되었다. 하지만 오히려 폭격이 진정한 면모를 드러낸 제1차 세계대전이 발발하자 그런 주제에 대한 회의는 끝내 열리지 않았다(스티븐 컨, 앞의 책 588면).

격, 미군의 도쿄 폭격, 한국전쟁에서 미군의 북한 폭격, 그리고 베트남전에서 미군의 폭격을 들 수 있다. 이 가운데 '가장' 잘 알려진 예는 폭격의 잔인함을 처음 백일하에 드러낸 게르니카 폭격이다.

게르니카는 스페인 내전에서 어려움을 겪고 있던 프랑코 세력에 대한 파시즘 세력의 국제적 공조 차원에서 이뤄진 일인 동시에, 융커스 52(폭격기)나 하인켈 51(전투기) 같은 당시 독일이 개발한 군용기를 실험하고 싶은 히틀러의 욕구 때문에 이뤄진 일이다. 독일의 콘도르 군단은 게르니카에 31톤 이상의 고성능 폭탄을 떨어뜨렸다.

출격이 후반부에 접어들자, 군용기들은 소이탄을 떨어뜨렸다. 당시까지 그 병기의 효력은 대체로 입증되지 않고 있었다. 팔뚝만 한 크기의 은빛 튜브였는데 속을 테르밋과 마그네슘으로 채워 무게는 팔뚝보다 더 나갔다. 초저녁의 어스름한 하늘로 마치 크리스마스트리에 다는 긴 종이 장식품처럼 반짝이며 떨어졌다. 지붕에 닿은 폭탄은 폭발했고 뜨겁고 걸쭉한 액체로 변한 금속 내용물을 쏟아냈다. 내용물들은 층과 층을 뚫으면서 아래로 쏟아져내렸고 거기에 닿는 모든 목재에 불을 붙였다. 지하실로 피했던 주민들은 불타는 건물이 머리 위로 무너져내리자 밖으로 뛰쳐나왔다. 일단 거리로 나선 사람들은 지붕에서 솟는 연기의 구름을 뚫고 홀연히 나타난 하인켈 51 전투기의 표적이 된다. (…) 하인켈 51은 저공으로 날면서 전면에 장착된 중기관총을 거리에 난사해, 피할 곳을 찾아 달아나는 남자와 여자, 어린이와 가축들을 무차별로 쓰러뜨렸다. 폭탄은 계속 떨어졌고, 도시 역시 계속 불탔다. 연기와 재, 먼지가 두껍게 피어올라 나중에 온 전투기들은 마을과 벌판을 구별하기 위해 고도 600피트 이하로 낮게 날아야 했다.[28]

6-6. 폐허가 된 게르니카

게르니카 폭격은 '적'에게 충격과 공포를 불어넣는 데는 성공했지만,
군사시설 타격이라는 목표 달성의 측면에서는 완전히 '고의적인' 실패
였다. 이런 점은 이후 폭격의 역사에서 계속 반복된 일이었다.[29] 폭격을
실행하는 쪽은 언제나 정밀 타격을 지향한다고 주장했지만, 제대로 된

28 데이비드 패스코 『항공기』, 이영준·김우룡 옮김, 홍디자인 2007, 110~11면. 이외에 게르니
카 폭격에 대해서는 앤서니 비버 『스페인 내전』(김원중 옮김, 교양인 2009, 제20장 바스크
전투)과 러셀 마틴 『게르니카, 피카소의 전쟁』(이종인 옮김, 무우수 2004)도 참조.
29 이 점에 대해서는, 게르니카 폭격 다음 날 이 사건에 대해 최초로 『더 타임스』에 ─ 그리고
『뉴욕타임스』에 동시에 ─ 기사를 게재한 조지 스티어가 이미 정확히 지적했다. "목표 선
택 못지않게 실행 형태와 그것이 저지른 파괴 규모에서 게르니카 공습은 군사 역사상 타의
추종을 불허한다. 게르니카는 군사적 목표가 아니었다. 군수품 생산 공장은 마을 밖에 있었
는데, 공습을 받지 않았다. 마을에서 약간 떨어진 두 개의 막사도 마찬가지였다. 마을은 전
선에서 멀리 떨어져 있었다. 폭격의 목적은 명백히 민간인의 사기 저하와 바스크 민족 요
람의 파괴였다"(The Times, 1937년 4월 27일. CLASSIC DISPATCHES: George Steer, THE
TRAGEDY OF GUERNICA, MHQ: The Quarterly Journal of Military History, Vol. 32 Iss. 3
(Spring 2020) 76~78면에서 재인용).

타격의 비율은 극히 낮았다. 예컨대 제2차 세계대전과 한국전쟁에 쓰인 폭격기 B-29의 개별폭탄 적중률은 0.7퍼센트에 지나지 않았다. 그것은 "폭 약 10미터, 높이 200~300미터의 대형건물을 B-29 중폭격기에서 투하한 폭탄 하나로 적중시킬 수 있는 확률이 0퍼센트에 가까우며, 최소한 100~200발의 폭탄으로 대량폭격을 가해야만 50~80퍼센트의 적중률을 기록할 수 있음을 의미한다."[30] 엄청난 오폭률만이 문제가 아니다. 교량이나 철도역 또는 공장 등도 언제나 군사시설로 폭넓게 해석될 수 있어서 역겨운 완곡어법인 '부수적 피해' 규모를 줄일 변명거리를 얼마든지 지어낼 수 있었다.[31]

---

[30] 김태우 『폭격: 미공군의 공중폭격 기록으로 읽는 한국전쟁』, 창비 2013, 145~46면. 김태우의 저작은 한국전쟁에서의 폭격에 관한 독보적이고 탁월한 저작이다. 이하 한국전쟁에서의 폭격에 대한 논의는 이 저술에 의존한 것이다.

[31] 변명은 '비례의 원칙'이라는 이름으로도 천명된다. 비례의 원칙에 따르면, 비군사적 목표 또는 비전투원에 미치는 부수적 피해가 예상되는 군사적 이익을 명백히 초과할 때 공격이 금지된다. 그런 원칙이 어떤 변명을 낳을지는 너무 뻔하다. 군사적 이익에 대한 '예상'과 부수적 피해에 대한 '평가'는 아주 탄력성 좋은 고무줄이나 다름없다. 따라서 부수적 피해가 군사적 이익을 '명백히' 초과하는 일은 일어나기 어렵다. 가공할 만한 정밀도를 갖추어서 그야말로 '외과수술적인 공격'(surgical attack)이 가능하다고 주장되는 드론 공격의 경우에도, 사망 군인 3명당 1명의 민간인 피해가 있다고 한다(조병제·강호중 「드론의 군사적 활용에 따른 국제법적 쟁점: 차별의 원칙과 비례성 원칙을 중심으로」, 『한국항공우주정책·법학회지』 제35권 제1호, 2020 참조). 이 부수적 피해 규모가 가능한 한 축소된 통계일 가능성을 염두에 두면, 최고도로 발전된 공대지 미사일과 오차범위 1미터 이하의 위성 관측 기술을 결합해도 부수적 피해를 줄이는 것이 극히 어려운 일이다. 드론 공격의 양상을 상당히 실감 나게 보여주는 영화로는 「아이 인 더 스카이」(Eye in the Sky, 2015, 개빈 후드 감독)가 있다. 이 영화에서 드론 조종사 스티븐 와츠 중위(에런 폴 분)는 테러리스트를 죽이기 위해 미사일을 발사하면 바로 그 옆에서 천진하게 놀고 있는 파키스탄 소녀도 죽게 될 상황 때문에 윤리적 고통을 느낀다. 이런 그의 고뇌는 기술발전의 역설적인 면모를 보여준다는 점에서 매우 흥미롭다. 고공에서 공습할 경우, 비행사는 지상에서 일어나는 끔찍한 일을 지각할 수 없다. 비행기라는 전쟁수단이 군인을 윤리적 고뇌로부터 해방한 것이다. 하지만 위성에 장착된 고정밀 카메라 기술로 인해 드론 조종사는 지상에서 어린이가 폴짝거리며 노는 장면을 환히 볼 수 있게 되었다. 기술이 추방한 윤리적 고뇌가 더 고도화된 기술과 함께 귀환한 것이다.

그러므로 공식적으로는 절대로 그렇게 얘기되지 않지만, 폭격의 진정한 목표는 언제나 적에게 충격과 공포를 불어넣는 것, 그리고 전투력은 물론이고 전투력으로 전환 가능한 모든 적의 잠재력을 초토화하는 것이었다. 더 나아가 상대편 전투기에 대해 우리 편 전투기가 우위를 확보하여 일단 제공권을 장악하고 나면, 구름 위에서 폭탄을 쏟아붓는 작업은 육상 전투가 주는 위험 부담 및 공포감은 물론이고 적을 살상한다는 죄의식에서조차 벗어나게 해준다. 이런 '해방감'으로부터 이른바 '융단폭격'(이 역시 끔찍한 완곡어법이다)이라는 발상이 출현하는 것이다. 게르니카로부터 불과 8년 뒤인 1945년 드레스덴 폭격은 그런 발상에 힘입은 폭격이 얼마나 가공할 만한 수준으로 발전했는지 잘 보여준다.

7월 28일 밤 새벽 1시에 개시된 공격에서 1만 톤의 파쇄폭탄과 화염폭탄이 엘베강 동쪽의 밀집 거주지역에 (…) 투하되었다. 이미 검증된 수법에 따라 먼저 4,000파운드의 폭탄이 창과 문을 일제히 박살내어 문틀에서 떼어냈으며, 가벼운 소이탄이 지붕에 불을 지르는 동안, 15킬로그램까지 나가는 화염폭탄이 최저 지하층까지 뚫고 들어갔다. 몇분 만에 약 20제곱킬로미터(km^2) 크기의 공격지대 사방에서 거대한 불이 붙기 시작하더니 첫 폭탄이 투하된 지 15분이 지나자 불길은 이미 눈앞의 온 하늘을 화염으로 뒤덮을 만큼 그렇게 삽시간에 번졌다. 또다시 5분이 더 지나 새벽 1시 20분이 되자 그때까지 어느 누구도 가능하리라고 생각지 못했던 강도의 화염폭풍이 일어났다. 불은 그런 막강한 힘으로 2,000미터 상공까지 치솟아 올라 주변의 산소를 빨아들였으며, 엄청난 강도의 돌풍을 일으켰고 마치 한꺼번에 모든 음전(音栓)이 다 당겨진 육중한 오르간처럼 으르렁거렸다. 불은 그렇게 3시간 내내 타올랐다. 절정에 이른 화염폭풍은 박공과 지붕을 날려버렸고 대들 보며 벽보판을 공중에 소용돌이치게 했으며 나무들을 송두리째 뽑아 버렸고 인간을 살아 있는 횃불처럼 들고 전진했다. 무너져내리는 건물 전면을 따라, 집채 같은 불길이 솟아올라 마치 홍수처럼 시속 150킬로 미터의 속도로 거리를 곧장 굴러가더니 드넓은 광장 위에서 기이한 리 듬으로 뱅글뱅글 돌며 불의 왈츠를 추었다. (…) 지하 방공호에서 도망 쳐 나온 사람들은 찐득찐득한 거품을 내며 녹아내리는 아스팔트 속으 로 기괴하게 발을 절룩거리며 쓰러져갔다.[32]

게르니카에서 드레스덴과 충칭과 도쿄로 그리고 신의주와 평양을 거 쳐 하노이와 '호치민 루트'로 그리고 21세기에 들어서는 카불과 바그다 드 그리고 마리우폴로 이어지며 폭격은 더욱 끔찍한 것으로 발전했으며, 떨어지는 폭탄도 소이탄에서 네이팜으로, 고엽제를 내장한 네이팜인 '에 이전트 오렌지'로, 그리고 투하지점 반경 5킬로미터 내의 모든 것을 쓸어 버리는 BLU-82로(물론 너무 끔찍해서 더는 사용되지 않은 원자폭탄도 있다), 점점 더 강력한 파괴력과 독성을 갖추며 발전했다.

그것이 항공산업의 발전이 댓가로 치러야 했던 끔찍한 역사인데, 브루 스 커밍스(Bruce Cumings)의 다음과 같은 지적은 비행기의 발전을 위해 '우리'가 치른 희생도 작지 않다는 것을 보여준다.

전쟁이 증폭시킨 상품과 용역은 누가 다 구매할 것인가? 태평양 연 안주 전체에 승리의 날은 위대한 승리와 함께 닫히는 공장의 문소리를

---

32 W. G. 제발트『공중전과 문학』, 이경진 옮김, 문학동네 2013, 43~44면.

의미했다. 1943년에 6만 5,000명이, 그중 여성이 40퍼센트나 되는 노동자들이 콘베어(Convair, 현재는 인수 합병 등을 거쳐 사라진 제2차 세계대전기 항공기 제조회사)에서 일하고 있었는데, 히로히토의 항복 후 한달 내에 8,500명으로 감소했다. 캘리포니아 남부와 시애틀에서 매우 중요한 항공기 산업은 전쟁 중에 대규모로 팽창했으나, 전후에는 민간 항공 수준이 매우 낮은 탓에 특히 위태로웠다.[33]

그것(한국전쟁)은 미국이 상시적으로 무장할 수 있게 해주었다. 전쟁에 돌입한 지 6개월 동안 국방비 지출 승인액은 130억 달러에서 540억 달러(현재 시세로는 6,500억 달러)로 증가하면서, 냉전 기간 전체 중에서 가장 많은 액수를 기록했다. '한국이 와서 우리를 구했다'가 이 전쟁에 바친 애치슨의 묘비명이었다. (…) 캘리포니아의 국방산업 역시 김일성이 와서 자신들을 구해주리라는 것을 거의 알지 못했다. 김일성은 의도치 않게 캘리포니아 남부의 돈 많이 드는 일단의 프로젝트들 (…) '전략 폭격기, 초대형 항공모함, 그리고 (…) 공군을 위한 대륙간로켓 개발이라는, 이전에 취소된 콘베어의 계약'을 구조해주었다. 1952년 항공산업은 다시 호황을 맞이했다. 로스앤젤레스 카운티는 비행기를 생산하기 위해 16만명을 고용했는데, 이 같은 고용 규모는 당시 할리우드가 3만 1,000명을 고용했던 것과 비교하면 쉽게 이해될 수 있다.[34]

33 브루스 커밍스 『미국 패권의 역사: 바다에서 바다로』, 박진빈 외 옮김, 서해문집 2011, 548면. 괄호 안은 인용자의 보충.
34 같은 책 550면.

예술의 항의가 필요하다

폭격의 역사 안에서 게르니카는 독보적인 위치를 차지한다. 앞서 언급했듯이 폭격의 끔찍함을 선명하게 드러낸 첫 사례였기 때문이다. 하지만 그와 동시에 게르니카 폭격은 프랑코 총통이 죽고 스페인이 민주화되기까지 35년 이상 억압되고 은폐된 사건이기도 하다. 그런데도 게르니카가 인류의 기억 속에 분명하게 남은 이유는, 피카소의「게르니카」라는, 그 사건에 대한 강력한 예술적 항의가 존재했기 때문이다. 실제로「게르니카」는 프랑코 총통이 집권한 내내 고향으로 돌아가 전시될 날을 기다리며 세계 곳곳에서 전시되고 논의되었다. 게르니카의 비극을 상기시키고 프랑코 독재를 고발하기 위해서였다. 이런 예술적 항의 없이 인류가 스스로에게 저지른 잔인함의 양상, 그것의 감정적 충격, 길게 이어지는 사후 충격을 망각에서 건져내기는 쉽지 않은 일이다.

관련해서 독일 사회가 겪은 피폭 경험이 집단적 망각에 처하고 예술적 형상화의 대상이 되지 못한 이유에 대한 빈프리트 게오르크 제발트 (Winfried Georg Sebald, 1944~2001)의 비판을 살펴보자. 그에 의하면, 제 2차 세계대전 말기에 드레스덴을 비롯하여 독일 여러 도시를 초토화한 공습은 런던을 공습한 나치에 대한 보복이었을 뿐이라는 영국의 주장은 거짓이다. 독일 도시에 대한 융단폭격은 "하루빨리 전쟁을 끝내자는 속전속결의 정신에서 나온 것이 아니었다. 어떻게든 영국이 전쟁에 관여할 수 있는 길은 이런 공격 방침밖에 없었기 때문이다."[35] 폭격 없이는 당시

---

35 W. G. 제발트, 앞의 책 30면.

이미 고도의 자기 역동성을 띠고 굴러가는 영국 군수산업을 유지할 수 없었으며, 군사작전 면에서도 영국 폭격부대 총사령관 아서 해리스 경 (Sir Arthur Harris, 1892~1984)이 주장했듯이 '지역폭격'(area bombing)[36] 은 아군의 피해를 최소화하며 적 지역을 전면적으로 파괴하는 가장 순수하고 노골적인 전쟁 방식이었다. 그러므로 제발트가 보기에 문학과 예술이 전쟁의 본질 자체인 폭격(공중전)에 항의하지 않고 침묵한다는 것은 있을 수 없는 일이다.

그런데도 패전 직전 나치스 언론의 상투적인 비난을 제외하면, 연합군의 야만적인 폭격에 대해 원망과 항의를 쏟아낸 독일 언론과 지식인이 없었다. 전후 독일인들은 자신들이 전쟁 중에 저지른 수많은 범죄에 대한 속죄의식 때문에 자국민이 입은 피해를 하소연할 수 없었다. 게르니카와 바르샤바와 베오그라드, 로테르담, 스탈린그라드 그리고 런던을 먼저 폭격한 것은 나치스 독일이라 하더라도 어쨌든 독일이었다. 속죄의식에 더해 망각을 향한 의지도 있었다. 그들은 전쟁 경험을 어서 청산해야 할 과거, 잊어야 할 과거로 받아들였다. 공습으로 폐허가 된 도시 풍경을 독일인들은 눈뜨고 못 볼 인간적 고통으로서가 아니라 부끄러운 역사의 현장으로 받아들였고, 기억과 애도보다는 새로운 국가 건설에 에너지를 모으려고 했다. 이런 일반적 정서가 공습이라는 현실을 감당하지 못한/ 않는 독일문학의 무능력/무책임의 원인인 것이다.

제발트의 비판을 우리의 경우로 옮겨오면 어떨까? 북한 지역에 이뤄진 폭격에 대해 미군은 그것이 정밀폭격(precision bombing)이라고 주장했지만, 실제로는 언제나 융단폭격이었다. 그리고 1950년 겨울 중국의 참

---

36 이것이 흔히 융단폭격으로 불리는 것에 대한 군사적 용어이며, 이런 작전 개념을 확립한 이가 바로 해리스 경이다.

전과 더불어 초토화 전략으로 이행했다. "불행히도 이 구역은 사막화될 것입니다"라는 맥아더의 말은 김태우가 정확히 지적했듯이, '예언'이 아니라 분명한 '의지'의 표명이었고[37] 북한 전역은 실제로 그렇게 되었다. 그것은 명백히 제노사이드였지만, 분단체제의 한쪽 편인 남한에서 살아온 우리에게 먼저 전쟁을 개시한 북한에 대한 보복으로 여겨졌다. 당연히 미군의 북한 폭격을 비판하는 일은 오랫동안 생각하기조차 어려운 일이었다. 심지어 남한에서 일어난 미 공군의 민간인에 대한 폭격, 가령 낙동강 전선과 용산 철도기지창 또는 월미도 폭격 그리고 민간인 지역에 대한 전투기 기총소사를 문제 삼는 것은 반공을 '국시'로 삼았던 독재정권의 지속으로 인해 입에 올리기조차 어려운 이야기였다.[38]

북한에 비하면 상대적으로 적었던 폭격 경험 탓인지, 민주화와 탈냉전 이후에도 여전히 이어지고 있는 분단체제의 힘 때문인지, 그도 아니면 내가 과문한 탓인지, 한국문학에서 폭격을 정면에서 다룬 작품을 거의 보지 못했다. 북한문학은 어떨까? 내게 한국문학보다 더 과문한 영역이지만, 북한문학이라고 해서 폭격과 전쟁 자체에 대한 강렬한 문학적 성취가 있었을 것 같질 않다. 폭격에 대한 경험이 끔찍할 정도로 '풍부하고' 그것에 대한 분노도 선명했겠지만, 한국전쟁을 세계 최강인 미국과

---

37 김태우, 앞의 책 316면.
38 민주화 이후 비로소 노근리 사건을 필두로 한국전쟁기 미군에 의한 민간인 학살 사건에 대한 조사가 시작되었으며, 같은 선상에서 미 공군 폭격에 의한 민간인 피해에 대해서도 조사와 추모가 시작되었다. 포항 폭격의 경우는 김상숙 「포항 미군 폭격 사건 유족회와 과거청산 운동」, 『대구사학』 제132호, 2018, 73~313면 참조. 월미도 경우는 한인덕 「63년 전의 월미도 미군 폭격, 아직도 피난 중인 원주민들」, 『황해문화』 제81호, 2013, 209~20면 참조. 폭격 피해와 관련해서라면 전시가 아닌데도 수십년 동안 폭격에 시달렸던 매향리를 잊어서는 안 될 것이다. 매향리 문제에 대해서는 윤충로 「전장의 일상화와 고통의 재구성: 매향리 사례를 중심으로」, 『경제와사회』 제102호, 2014, 14~46면 참조.

겨루고도 패배하지 않은 영웅적 전쟁으로 묘사하려는 경향이 강했을 사회 분위기 속에서 폭격에 대한 예술의 고발은 냉전적 회로 속을 맴돌며 당의 지도노선에 복종하지 않을 수 없었을 것이다.[39] 또한 정전협정 이후로는 전후 독일과 다르지 않게 폐허가 되다시피 한 도시를 복구하려는 의지가 폭격에 대한 기억과 애도 작업을 압도했을 가능성이 커 보인다.

그러나 폭격은 물론이고 비행기의 역사 전반과 관련해서 우리 사회는 여전히 문학과 예술의 적극적 개입을 기다리고 있는 사회이다. 관련해서 최근에 읽은 황석영의 『철도원 삼대』(창비 2020)가 떠오른다. 제목이 보여주듯이 『철도원 삼대』는 염상섭의 『삼대』에 대한 오마주이지만, 1930년대 이른바 '경성 모더니티'를 배경으로 돈의 지독한 논리를 통해 근대성을 파헤치려고 하는 『삼대』와 달리, 기술과 노동 그리고 사회운동을 중심으로 근대를 조명하고자 한다. 그렇게 하기에 철도는 확실히 아주 적합한 소재이긴 하다. 그러나 기술과 전쟁의 견지에서 근대를 조명한다면 『비행기 삼대』라는 작품의 도래를 기다려볼 만하다. 근대화가 압축적으로 진행된 20세기 한반도에서 철도의 등장은 19세기를 만회하는 것이었지만, 비행기는 당대와 호흡하며 모습을 드러냈기 때문이다.

---

39 북한문학 작품이 폭격을 어떻게 다루었는지에 대한 연구는 그리 많지 않다. 한국전쟁 중에 쓰인 작품만 다룬다는 점에서 제한적이긴 하지만, 김은정 「『문학예술』에 나타난 폭격의 서사: 한국전쟁기 미국 폭격을 중심으로」, 『민족문학사연구』 제54권, 2014, 443~74면이 참고할 만하다. 배개화 「한국전쟁 동안의 현덕과 그의 소설」, 『한국 현대문학 연구』 제61호, 2020, 9~42면의 경우 폭격을 다룬 현덕의 작품에 대한 검토와 함께 당의 지도노선이 그의 작품 활동에 가한 제약도 다룬다.

조종간을 잡은 조선인들

우리나라 최초의 비행사 안창남(安昌男, 1901~30)과 최초의 여성 비행사 권기옥(權基玉, 1901~88)이, 아서 스미스(Arthur R. Smith)가 커티스(Curtiss) 사 비행기로 서울과 평양에서 선보인 곡예비행을 보고 비행사의 꿈을 꾸던 때가 1917년이다.[40] 안창남이 일본으로 건너가 도쿄 오구리(小栗)비행학교에서 비행사 자격증을 따고, 귀국 후 여의도비행장에서 기념 비행을 했던 것이 1922년 12월 8일이고, 권기옥이 중국 윈난(雲南)항공학교에서 단독 비행훈련을 마친 것이 1924년 7월이다. 찰스 린드버그(Charles Lindbergh) 가 대서양 횡단비행에 성공한 해가 1927년이니, 우리와 서구 사이의 간격 은 그리 크지 않았다.

전쟁수단과 얽힌 비행기의 역사에서 가장 처참한 사례는 이른바 '특 공'이라 불린 가미카제(神風) 특공대일 것이다. 1944년 중반 미 해군이 사이판을 점령하면서 일본은 태평양의 제해권을 상실했다. 일본 육군은 1944년 10월 필리핀 레이테만(灣)까지 진출한 미 해군의 항공모함을 공 격하기 위해서 자살비행특공대를 조직했다.[41] 특공은 출격 초기에 5대의 비행기로 미 항공모함 2대에 상당한 타격을 줄 정도로 큰 전과를 올렸다. 그런 성공 때문에 특공이 필승의 전술로 받아들여지고 확대되었지만 소 나기처럼 퍼붓는 방공포를 뚫고 비행기 1대로 함선 1대를 부순다는 일기

---

40 안창남과 권기옥의 생애는 길윤형 『안창남: 서른 해의 불꽃같은 삶』, 서해문집 2019; 윤선 자 『권기옥: 대한독립을 위해 하늘을 날았던 한국 최초의 여류비행사』, 역사공간 2016 참조.
41 제2차 세계대전 당시 일본은 공군을 따로 조직하지 않고, 육군과 해군이 각기 휘하에 항 공대를 거느렸다. 가미카제는 일본 육군 휘하 비행기 부대가 실행한 것이다.

6-7. 안창남(왼쪽)과 권기옥

일함(一機一艦)의 신화는 말 그대로 신화였을 뿐이다. 그저 관제언론에 의한 광기 어린 전쟁 선전수단으로서의 가치를 제외하면, 가미카제는 아무 의미도 없는 작전이었다 해도 과언이 아니다.

그 과정에서 17명의 조선인 비행사가 '특공'이라는 이름으로 전사했다. 식민지 시대에 하늘을 날아보고 싶어서, 출세하고 싶어서, 일본인에게 뒤지지 않는 출중한 능력을 지녔음을 입증하고 싶어서 일본 육사, 소년 항공대, 육군특별조종견습사관(이른바 '특조') 등에 지원해 조종간을 잡게 된 이들이었다. 그중에는 서정주의 끔찍한 친일시 「마쓰이 오장 송가(松井伍長頌歌)」(1944)의 주인공 인재웅(印在雄, 1924~44)도 있다.[42] 그리고 태평양 전쟁에서 전사하지 않고 살아남은 일본 항공대 비행사들은 관동군 출신이 우리나라 육군을 장악했듯이 전후 한국 공군 창설의 주역이 되었다. 일본을 위해 비행했고 해방 후 벌어진 전쟁에서 동포의 머리 위

---

42 가미카제 특공대의 활동과 조선인 비행사들에 대한 연구로는 길윤형 『나는 조선인 가미카제다』, 서해문집 2012 참조.

를 비행하고 공격한 박범집(朴範集, 일본 육사 52기, 해방 후 공군참모부장), 김정렬(金貞烈, 일본 육사 54기, 해방 후 초대 공군참모총장), 또는 이근석(李根晳, 소년 비행병 2기, 해방 후 공군비행단장) 같은 이들이 바로 그 예다. 이들의 삶과 비행을 통해 독립운동에 투신한 안창남, 권기옥의 생애를 갈라놓은 분기점은 과연 무엇일까? 아직은 일본의 식민지가 아닌 나라에서 태어난 이들과 식민지에서 태어난 이들이 가진 세계관의 차이일까? 아니면 개인적 출세 본능의 차이일까? 분명한 것은, 그들이 날아오를 하늘이 정치의 뇌우가 치는 시계(視界) 제로의 어두운 곳이었을지라도 모두들 하늘을 난다는 것에 매혹되었다는 점에서는 하나였을 것이다.

일본, 비행기, 근대성

우리의 근대성은 일본을 경유한 것이다. 비행기도 그랬다. 비행을 배우려면 일본의 비행학교나 일본 군대에 들어가야 했다. 그렇게 얻은 비행 기술로 중국 땅에서 일본에 대항해 싸우거나, 일본의 명령을 받아 미군의 항공모함을 향해 뛰어들어야 했다. 그렇다면 일본인들은 비행기를 어떻게 경험했을까? 일본사나 일본문학에 문외한인 나로서는 그 경위를 잘 알지 못한다. 그러나 인상적인 한편의 애니메이션에 관해 이야기해볼 수는 있을 것 같다.

미야자키 하야오(宮崎駿)는 평생 환상적인 세계에 대한 애니메이션을 만들었다. 그런 그가 처음으로 실존 인물을 모델로 한 작품의 감독을 맡아서 화제가 되었다. 2013년에 발표된 「바람이 분다(風立ちぬ)」라는 작품이 그것이다. 모델이 된 실존 인물은 '제로센'이라 불리는 영식함상전투

302

기(零式艦上戰鬪機)를 설계한 호리코시 지로(堀越二郎)다. 이 애니메이션은 제목이 보여주듯이 호리 다쓰오(堀辰雄)의 소설『바람이 분다』의 영향도 받았다. 실제로 애니메이션의 엔딩크레디트는 "호리코시 지로와 호리 다쓰오에게 경의를 표하며"라는 말로 시작된다.

호리 다쓰오의 소설을 읽어보진 못했지만, 영화를 소개하는 이런저런 자료에 의하면 애니메이션 주인공 호리코시 지로의 연애와 결혼은 실제가 아니라 소설『바람이 분다』에서 따왔다고 한다. 그러니까 영화「바람이 분다」는 비행기 설계와 제작에 일생을 바친 호리코시 지로의 삶에 소설『바람이 분다』의 로맨스를 엮어 넣은 구성이다. 그렇게 한 이유의 하나는 아마도 호리 다쓰오가 소설의 에피그램으로 가져다 쓴 폴 발레리(Paul Valéry)의「해변의 묘지」(Le Cimetière Marin)의 한 구절인 "바람이 분다, 살아야겠다"(Le vent se lève! … il faut tenter de vivre!)를 호리코시 지로의 삶을 요약하는 에피그램으로도 쓰고 싶었기 때문으로 보인다.

생애 내내 환상 세계를 배경으로 애니메이션을 그린 감독이 말년에 실존 인물을 다룬 첫 애니메이션으로 일본에서 가장 유명한 비행기 설계자를 택한 이유는 무엇일까? 일본사 전체에서 그에게 흥미로웠던 유일한 사람이 호리코시 지로였기 때문은 아닐까? 그의 애니메이션을 즐겨 본 사람이라면, 이런 추정을 아주 무리하게 여기진 않을 것이다. 미야자키 하야오의 애니메이션들, 가령「천공의 성 라퓨타」「붉은 돼지」「하울의 움직이는 성」처럼 비행을 주요 테마로 삼은 애니메이션뿐 아니라 비행이 멋지게 묘사된「이웃집 토토로」와「바람계곡의 나우시카」를 봐온 이들은, 미야자키 하야오가 비행에 매혹된 사람임을 쉽게 눈치챌 수 있다. 이 영화에서도 그의 비행기 마니아적 기질은 유감없이 발휘된다. 주인공 호리코시 지로의 내면의 대화 상대로 등장하는 이는 20세기 초 이탈리아

6-8. 영화 「바람이 분다」 등장 인물인 카프로니 백작이 만든 카프로니 Ca.60의 실제 모습

6-9. 영화 「바람이 분다」 주인공 호리코시 지로가 독일 출장에서 타보게 된 비행기 융커스 G.38의 실제 모습

비행기 제작의 대표적 주자였던 카프로니 백작(G. B. Caproni, 1st Count of Taliedo)이다. 영화 「바람이 분다」에는 그가 1921년에 만든 아홉개의 날개를 가진 대형여객기 카프로니 Ca.60이 나는 모습이 등장한다.

그리고 호리코시 지로가 독일 융커스(Junkers)사에 출장 가서 타보게 되는 엔진 네개가 장착된 거대한 수송기 융커스 G.38(1929년 첫 비행)

304

의 내부와 외부 그리고 비행하는 모습도 등장한다. 어쩌면 비행기 디자인은 이상적인 비행에 기능적인 방향으로 진화를 거듭하면 결국 아주 유사한 하나의 모습으로 수렴될지 모르겠다. 하지만 그러기 위해서는 다양한 실험이 필요하다. 그리고 그 다양한 실험 속에서 우리는 존재의 다채로움, 날 수 있는 다양한 가능성, 그리고 장식적인 아름다움을 경험한다. 1920년대는 카프로니 Ca.60이나 융커스 G.38이 보여주듯이 그런 다채로움의 시대였다는 것을 미야자키 하야오는 보여준다.

그럼에도 불구하고 자신의 애니메이션에 줄곧 반전의 메시지를 담아왔던 그가 일본 제국주의의 상징 가운데 하나인 제로센의 설계자인 호리코시 지로를 주인공으로 삼았다는 사실엔 당혹스러운 면이 있다. 물론 「바람이 분다」에는 여러번에 걸쳐 반전(反戰) 메시지가 디테일을 통해서 등장한다. 가령 독일 정부와 맞서고 있는 융커스 박사, 일본의 패전을 예언하는 러시아 스파이("중국 침략, 잊어요. 만주국 창설, 잊어요. 국제연맹 탈퇴, 잊어요. 세계를 적으로 만든 것, 잊어요. 일본은 파멸할 겁니다"), 호리코시 지로가 주문한 두랄루민 부품을 넣은 상자의 충진재로 들어 있는 신문에 인쇄된 '상하이 사변' 뉴스, 애니메이션 말미에서 호리코시 지로는 전쟁의 불길에 전부 불타고 추락한 비행기들이 공동묘지를 이루고 있는 곳을 걸어서 지나고 이어서 푸른 초원 위를 새떼처럼 무리 지어 나는 제로센을 보게 되는데, 그때 그가 "한대도 돌아오지 않았어요"라고 말하는 장면 등이 그렇다. 그런 여러 장면 중에서도 유머러스한 것은 호리코시 지로가 산장에서 러시아 스파이와 대화를 나눈 것 때문에 일본 경찰의 추적을 받게 되어 도피하는 장면이다. 도피를 도운 회사 사장 그리고 그의 직속상관 구로카와 부장과 나누는 대화에서, 호리코시 지로는 경찰이 자신의 숙소를 뒤지다가 편지를 볼까 걱정한다.

사장: 누가 보면 곤란한 편지인가?

호리코시 지로: 아주 곤란한 편지입니다.

구로카와: 그들은 남의 편지를 태연히 보지.

호리코시 지로: 약혼자 편지예요. 근대국가에 있을 수 없는 개인 모독입니다.

사장: 약혼했나?

구로카와: 자네도 인간이었군. 축하하네. 그런데 일본이 근대국가인 줄 알았나?[43]

그러나 상하이 사변이 비행기 부품의 충진재로 사용된 신문의 기사로 언뜻 보이고 말 사건인가. 「바람이 분다」에서 간토 대지진으로 인한 화재는 세세히 묘사하지만, 이상하게도 일본의 충칭 폭격이나 미군의 도쿄 대공습 등은 전혀 묘사되지 않는다. 계속해서 반전 메시지는 디테일로 물러서고, 애니메이션의 초점은 호리코시 지로의 비행에 대한 강박적인 열정, 그리고 자기 방식의 비행을 향한 모색에 맞추어진다. 그 점을 잘 보여주는 것이 독일 융커사 출장 중에 동료 혼조 기로와 나누는 대화이다.

호리코시 지로: (난방장치를 보며) 독일은 다 난로일 줄 알았는데, 이것도 융커스 제품인가? 오늘 본 비행기(융커스 G.38)와 비슷한 것 같아. 아름다워.

혼조 기로: 무슨 말인지 알아. 우리에겐 기술의 기초가 없단 거지? 난 난

---

43 강조는 인용자.

방용 탁자(こたつ)면 충분해. 그걸 비행기와 붙이면 돼. (융커스사가 준 자료를 보며) 기가 막혀서…… 이런 자료를 주다니. 딱 그 비행기에 대해서만 쓰여 있어. (독일인을 흉내 내며) "기술은 우리 독일의 재산이다."

호리코시 지로: 난방용 탁자와 비행기가 이어질 수 있어. 나무도 금속에 대항할 수 있고.

혼조 기로: 그래도 이미 늦었어. 우린 20년 뒤처져 있어. 좀 걷자. 머리가 폭발할 것 같아. (호텔을 나와 거리를 걸으면서) 우린 20년 앞선 거북이를 따라가는 아킬레스야. 20년을 5년에 따라가면 거북이는 5년 앞에 있지. 우린 5년을 1년에 따라가야 해.

호리코시 지로: 그러면 계속 따라가야 해.

혼조 기로: 지금은 그럴 수밖에 없어. 언젠가 반드시 추월하겠어.

호리코시 지로: 작아도 좋으니까 거북이가 될 순 없을까?

독일인의 상상력이 금속 난방장치(증기 라디에이터)와 융커스 G.38을 연결하고 있다면, 일본의 고타쓰(こたつ, 일본의 탁상난로)를 아킬레스(서구)를 넘어설 수 있는 작은 거북이(일본식 비행기)와 연결하겠다는 호리코시 지로의 발상은 추격발전을 통한 근대성이 아니라 '전통 자체를 경유/이용한 근대성'이라는 어떤 문화적 이상을 제시한다. 제로센은 그런 발상의 산물이었다. 실제로 제로센은 긴 항속거리를 가졌고 엄청나게 짧은 선회 반경과 속력으로 꼬리물기(이른바 'dog fighting')에 탁월한 능력을 보이며, 미군 전투기를 당혹과 공포로 몰아넣었다.[44]

---

44 그러나 제로센은 속도와 선회 능력 향상을 위해 구조적 강도를 포기한 비행기였다. 그런 약점이 알려지지 않았던 태평양전쟁 초기 상당한 전과를 올렸다. 그러나 추락한 제로센 동

그러나 그런 모든 과정이 호리코시 지로에게는 비행기를 만들고 싶었고, 어쨌든 비행기를 만들 수 있는 유일한 길이 전투기 생산이었다는 사실 속으로 스며들어가버린다. 그것이 고통스러운 일일 수 있다는 것은 반복해서 상기된다. 예컨대 애니메이션 중반쯤 기차를 타고 가던 호리코시 지로의 꿈에 나타난 카프로니 백작은 그에게 이렇게 묻는다.

카프로니 백작: 피라미드가 있는 세계와 없는 세계, 자네는 어느 쪽을 더 좋아하나?

호리코시 지로: 피라미드요?

카프로니 백작: 하늘을 날고 싶다는 인간의 꿈은 저주받은 꿈이기도 하지. 비행기는 살육과 파괴의 도구가 되는 숙명을 가지고 있네.

호리코시 지로: 네.

카프로니 백작: 그래도 난 피라미드가 있는 세계를 선택했어. 자넨 어떻게 할 건가?

호리코시 지로: 전 아름다운 비행기를 만들고 싶어요.

호리코시 지로는 피라미드 있는 세계라는 카프로니 백작의 결단을 은유적으로 반복한다. "바람이 분다. 살아야겠다." "바람이 분다. 비행기를 띄워야겠다." "바람이 분다. 아름다운 비행기를 만들어야겠다." 카프로니 백작은 마지막에 나타나서 다시 한번 "비행기는 아름다워도 저주받은 꿈"이라고 말한다. 그러나 이 모든 말에 대해 지로의 답은 한결같이 "바람이 분다, 살아야 한다"이다. 바람이 어디에서 불어와 어디로 가는지,

---

체를 확보함으로써 그런 사실을 파악한 미군은 제로센의 동체로는 견디기 힘든 고속 비행 및 급강하 전술을 구사하여 제로센과의 전투에서 우위를 확보했다.

'저주'를 피할 길이 무엇인지, 끝내 묻지 않는다. 이 태도가 제2차 세계대전에 대한 전후 일본의 태도라고 일반화할 수 있을지는 모르겠다. 하지만 적어도 「바람이 분다」 안에서는 비행과 그것으로 대변되는 근대 기술에 대한 성찰이 어떤 울혈(鬱血) 상태에 있다는 점은 분명하다.

1909년의 일

기술은 그저 편리함을 주는 무엇이 아니다. 우리는 우리(언제나 '우리'이다. 누구도 혼자서 이 거대한 기술의 세계를 만들어낼 수 없다)가 만들어낸 기술에 환호하다가, 그것을 당연시하고 의존하게 되며 그것에 포박된다. 그 과정에서 우리의 세계관과 감수성 그리고 사유구조 또한 변화한다. 다시 말해 기술은 인간 외부에 사용을 기다리며 놓여 있는 단순한 도구에 머문 적이 없다. 기술과 인간은 공진화(co-evolution)하며 당연히 비행기 또한 그렇다.

그런 관점에서 볼 때, 비행기의 역사에서 결정적인 해는 아마 1909년일 것이다. 우선 기술적인 수준에서 (그리고 디자인 수준에서) 그렇다. 이해에 블레리오는 단엽기를 만들어 도버해협을 횡단한다. 그리고 글렌 커티스(Glenn H. Curtiss)가 날개를 휘게 잡아당기는 라이트 형제의 조종방식에서 벗어나 주 날개에 경첩판, 즉 플랩을 붙여서 그것을 움직여 동체를 기울이는 조종방식을 도입했다. 이 두 혁신은 비행기가 이제 라이트 형제 모델로부터 이탈했다는 것을 뜻한다.

기욤 아폴리네르(Guillaume Apollinaire)는 『티레시아스의 유방』 서문에 "인간은 발걸음을 모방하려고 했을 때, 다리와는 닮지 않은 바퀴를 창안했다. 인간은 이렇게 자기도 모르는 사이에 초현실주의를 실천한 것이다"라고 적었다.[45] 하지만 인간에게 새로운 현실, 즉 초현실인 비행을 이루기 위해 인간은 철저하게 새를 연구하고 모방했다. 새에게서 도무지 유사한 모습을 찾아볼 수 없는 복엽기는 충분한 양력을 얻기 위해서 날개를 길게 만들 때 발생하는 하중 부담을 견딜 소재와 구조 역학이 마련되지 않은 상태에서 날개 면적을 확보하기 위한 편법, 혹은 불완전 모방이었을 뿐이다. 그에 비해 단엽기는 새를 더 잘 모방한 모습이다. 또한 새는 선회를 위해서 날개의 뒤편 일부 깃만을 가볍게 움직인다. 그러므로 커티스의 조종방식 역시 새의 행태를 더 정확하게 모방하고 있다. 물론 블레리오 이후로도 쌍엽기는 오랫동안 공중을 누볐다. 하지만 1909년에 비행기는 한결 자연과 닮은 모습으로 진화해가리라는 것을 분명하게 예고했다. 생텍쥐페리는 그런 진화의 경로를 명료하게 그러나 다소간 유토피아적으로 정리했다.

우리의 집은 분명 차츰차츰 보다 인간다워질 거야. 기계라는 것도 완성되면 될수록 그것이 해내는 기능이 주가 되고 기계 자체는 그 뒤로 사라지는 법이지. (…) 완성이란 덧붙일 것이 없을 때가 아니라 빼내야 할 것이 아무것도 없을 때 이루어지는 것 같네. 발전의 한계에 다다르면 기계는 제 모습을 완전히 감추지.
이처럼 발명의 완성이란 발명의 부재와 같은 것이라네. 도구에서 겉으로 보이는 기계 부품이 차츰 사라지고, 우리가 건네받는 것은 바닷물에 닦인 조약돌처럼 자연스러운 물건이라는 건 놀라운 일이야. (…)

---

45 황현산 「해설: 상상력의 원칙과 말의 힘」, 앙드레 브르통 『초현실주의 선언』, 황현산 옮김, 미메시스 2012, 12면에서 재인용.

우리가 심장에 전혀 주의를 기울이
지 않아도 심장이 뛰는 것처럼, 더
는 연장에 주의를 기울이지 않아도
되네. 연장 저 너머로 연장을 통해
서 우리가 찾는 것은 오래된 자연
이니까. 정원사, 항해사, 시인의 자
연과 같은.[46]

6-10. 플라이어를 타고 자유의 여신상 옆
을 나는 윌버 라이트

1909년은 비행기가 일부 전문가와
마니아 영역을 벗어나 대중의 뇌리
깊이 근대성의 상징으로 부상한 해이
기도 하다. 윌버 라이트가 자신들이
제작한 플라이어를 몰고 뉴욕 맨해튼과 허드슨강 위를 비행했고 자유의
여신상을 선회했다(9월 18일). "뉴욕 상공을 비행할 때는 몇십만명이 지
붕 꼭대기에 올라가 마치 '도시 전체가 머리를 치켜들고 있는 형국'이었
다."[47] 그리고 랑베르 백작(Charles, Count de Lambert) 또한 플라이어를
타고 파리의 가을 하늘을 날았다(10월 18일).[48]

46 앙투안 드 생텍쥐페리, 앞의 책 59~60면.
47 스티븐 컨, 앞의 책 585면.
48 데이비드 매컬로, 앞의 책 제11장. 1909년은 윌리엄 보잉(William Edward Boeing,
  1881~1956)이 시애틀-태평양 박람회에서 비행기의 운행을 보고 비행기 회사의 설립을 결
  심한 해이며, 프랑스의 랭스(Reims)에서 세계 최초로 국제 비행대회가 일주일간 열린 해이
  기도 하다. 관람객만 50만명에 이르렀던 이 대회에는 22명의 비행사가 참여하여 서킷 경기,
  고도 경기, 운항 거리 경기, 더 많은 승객을 태우고 운항하는 경기 등 다양한 경기를 소화했
  다. 비행기의 제작과 조종은 이제 모든 나라의 기술자들 그리고 비행에 매혹된 청년들이 쇄
  도하는 장(場)이 된 것이다.

71. SPORTS *Aviation* — Le Comte de Lambert sur son biplan " Wright " vole de Juvisy
à la Tour Eiffel et retourne à son point de départ en 49ᵐ 39ˢ 1/5 (18 Octobre 1909)

6-11. 플라이어를 타고 에펠탑을 선회하고 있는 랑베르 백작

전쟁과 기술의 미학화

이렇게 비행기의 형태 그리고 비행에 대한 대중의 인식, 양 측면에서 감수성에 변화가 일었던 시점에 흥미롭게도 새로운 기술 미학을 주창한 미래주의 운동이 개시되었다. 「미래주의 선언」(1909)의 다음과 같은 말이 보여주듯이, 확실히 필리포 마리네티(Filippo T. E. Marinetti, 1876~1944)에 이르러 근대 기술은 '제2의 자연'으로 등장한다.

자기 꼬리를 물려는 개의 장난처럼 내가 나의 차를 빙빙 돌릴 때 나는 한마디도 할 수 없었다. 그리고 거기에 갑자기 자전거를 탄 두 사람이 주먹을 휘두르며 (⋯) 나를 향해 오고 있었다. (⋯) 제기랄! 아야!⋯⋯ (⋯) 순간 차를 정지시켰는데, 그만 차가 뒤집혀서 도랑으로 처박혔다. 속이 메스꺼웠다.

오 어머니 같은, 진흙탕으로 가득 찬 하수구여! 사랑스러운 공장의 배수구여! 나는 당신의 영양 가득한 구정물 찌꺼기를 꿀꺽꿀꺽 마셨다: 그러면서 나는 수단에서 나를 키운 유모의 검은 젖가슴을 상기했다. (⋯) 전복된 차에서 내가 빠져나왔을 때 ─ 찢어지고, 구정물로 끈적거리고, 악취를 풍기면서 ─ 나는 내 심장을 하얗게 달구어진 쇠가 스치고 지나가는 것을 느꼈다.[49]

교통사고, 하수구에 처박힌 차와 구정물을 잔뜩 마신 마리네티, 그리고 공장의 오수가 흑인 유모의 젖으로 이어지는 연상이 미래주의 선언을 유발한 사건으로 제시된다.[50] 같은 선상에서 그는 "밤이 되어 하얗게 전율하며 작열하는 병기공장과 강렬한 전등들이 이글거리는 조선소를, 뱀처럼 피어오르는 연기를 탐욕스럽게 삼키는 기차역"을 예술의 대상으로 삼고, "프로펠러가 깃발처럼 바람 속에서 시끄럽게 떠들며 열광하는 군중처럼 환호하는 날렵한 비행기의 비행을 노래"[51]하는 것이 새로운 예술적 과제라고 선언했다. 1910년 마리네티는 마침내 부아쟁(Voisin) 복엽기를 타보게 되는데, 이후 비행이야말로 그 자신을 예술과 언어에 대한 새로운 개념으로 나아가게 했다고 여러차례 말하곤 했다.[52] 그런 것으로 보

49 필리포 마리네티 「미래주의의 기초와 미래주의 선언」, 이택광 『세계를 뒤흔든 미래주의 선언』, 그린비 2008, 63면에서 재인용.
50 이런 모습은 제임스 G. 밸러드의 『크래시』(1973, 국역본은 김미정 옮김, 그책 2013)로 이어진다. 물론 밸러드의 기계 미학은 마리네티가 몰던 차보다 더 빨라져서 그만큼 치명적이게 된 자동차 사고 경험을 차마 인용하기 부담스러울 정도로 음침하고 음란한 섹슈얼리티 경험과 뒤엃어놓는다. 그러나 충돌이 생생하게 살아 있다는 느낌을 불어넣는다거나 생명과 기계가 뒤엃힌 심미적 태도라는 면에서 마리네티와 내적 연속성을 가진다.
51 필리포 마리네티, 앞의 글 66면.
52 데이비드 패스코, 앞의 책 15면.

아 만일 그가 「미래주의 선언」을 썼던 1909년에 이미 비행기를 타보았다면, "경주용 자동차 ─ 포탄 위에라도 올라탄 듯 으르렁거리는 자동차가 '사모트라케의 니케'보다 아름답다"[53]고 쓰는 대신, 부아쟁 비행기가 그렇다고 썼을 것이다.

미래주의가 가장 뚜렷한 반향을 낳은 영역은 회화이다. 그의 선언에 공명하는 회화가 그의 선언이 있고 얼마 지나지 않아 우후죽순 등장한다.[54] 그 가운데 하나가 "프로펠러를 노래하는" 로베르 들로네(Robert Delaunay)의 「블레리오에게 헌정함」(1914)이다. 그림의 오른쪽 위에는 에펠탑을 배경으로 부아쟁 복엽기가 날고 있고, 바로 그 왼쪽에는 한층 새처럼 생긴 단엽기 앙투아네트 4호(Antoinette IV)[55]가 날고 있다. 그리고 그 아래 어지럽고 다채롭게 돌아가는 프로펠러로 그려진 이 비행기는 바로 루이 블레리오가 설계한 단엽기 블레리오 11호이다. 확실히 여기엔 비행기가 아직 전투기가 되지 않은 시대의 낭만적인 묘사가 어른거린다. 그러나 이미 전쟁을 근대적 기술의 도래를 위해 낡은 전통을 쓸어버릴 "세상에서 유일한 위생학"이라고 주장했던 지노 세베리니의 「장갑을 두른 기차」(1915)가 보여주듯이 미래주의자들은 제1차 세계대전에 군인으로 참전했고 전쟁에 매혹되었다.

마리네티는 그 가운데서도 전투기와 전폭기에 더욱 매혹되었다. 그래

---

53 같은 글 65면.
54 움베르토 보초니(Umberto Boccioni, 1882~1916), 지노 세베리니(Gino Severini, 1883~1966), 카를로 카라(Carlo Carrà, 1881~1966), 자코모 발라(Giacomo Balla, 1871~1958) 같은 미래주의 화가의 회화에 대한 분석은 리처드 험프리스 『미래주의』, 하계훈 옮김, 열화당 2003 참조.
55 레옹 르바바쇠르(Léon Levavasseur, 1863~1922)가 1908년 설계 제작한 비행기이다. 초기 항공기 역사에서 가장 우아한 자태를 가졌던 비행기로 이름이 높으며, 1909년 랭스 비행대회의 운항 거리 분야에서 우승하기도 했다.

6-12. 로베르 들로네 「블레리오에게 헌정함」, 1914, 쿤스트뮤지엄 바젤, 스위스 바젤

서 그는 1927년에는 페델레 아자리(Fedele Azari) 등 8명의 화가와 함께 '항공회화 선언'(Manifesto della Aeropittura)을 한다. 그리고 1931년에는 '항공시 선언'(Manifesto dell'Aeropoesia)도 한다.[56] 그런 항공회화의 한 예가 알프레도 암브로시(Alfredo G. Ambrosi)가 그린 「빈(Wien) 상공으로의 비행」(1933)이다. 이 그림은 시인이자 전쟁영웅이기도 했던 가브리엘레 단눈치오(Gabriele D'Annunzio)가 동료 비행사들과 8대의 비행기를 몰고(11대가 출발했으나 3대는 곧장 회항했고, 1대는 고장으로 빈에 이르지 못했다) 1918년 8월 빈 상공으로 날아가 이탈리아 국기를 상징

---

56 항공미래주의(Aerofuturismo)에 대한 더 상세한 논의는 Katia Pizzi, *Italian Futurism and the Machine*, Manchester University Press 2019, 제6장 참조. 그리고 Willard Bohn, "The Poetics of Flight: Futurist 'Aeropoesia'" *MLN*, Vol. 121 No. 1, 2006, 207~24면도 참조.

6-13. 알프레도 암브로시 「빈(Wien) 상공으로의 비행」, 1933

하는 녹색, 흰색, 빨간색의 삼색 전단지 5만장을 뿌린 일을 그린 것이다. 이를 위해서는 알프스산맥을 넘는 대략 왕복 1,000킬로미터의 10시간 이 상 비행을 연료 재보급도 없이 해내야 했다. 단눈치오는 카프로니 백작 의 설계 개선에 힘입어 이런 어려운 비행에 성공할 수 있었다. 그가 뿌린 전단지 내용은 이탈리아가 마음만 먹으면 빈 상공에 폭탄을 떨어뜨릴 힘 을 가졌으나 그것을 자제하고 있으니, 오스트리아가 프로이센과 단절하 여 이탈리아와 평화롭게 지내자는 '협박'이었다. 그래도 암브로시가 그 린 단눈치오의 비행과 '폭격'은 '죽음' 대신 '단어'를 투하한 '낭만적인' 전투비행이었다.[57] 그러나 파시즘의 권력 장악과 함께 그런 낭만은 끝나

57 작가, 비행사, 전쟁영웅이었던 단눈치오의 생애에 대해서는 루시 휴스핼릿 『파시즘의 서
  곡, 단눈치오』, 장문석 옮김, 글항아리 2018 참조. 그의 빈 상공 비행에 관해서는 같은 책

6-14. 툴리오 크랄리 「공중전 I」 1936~1938

고, 미래주의 항공회화는 툴리오 크랄리(Tullio Crali)가 그린 일련의 「공중전」이 보여주듯이 전쟁을 찬미하는 단순한 기술 미학으로 전락한다.

앨버트로스의 길

벤야민은 「기술복제시대의 예술작품」 끝부분에서 마리네티가 쓴 에티오피아 전쟁에 대한 선언문의 일부를 길게 인용하는데, 거기서 마리네티는 이렇게 말한다. "전쟁은 아름답다. 왜냐하면 전쟁은 방독면, 공포감을

614~18면 참조.

불러일으키는 확성기, 화염방사기와 소형 탱크 등을 빌려 예속되어 있는 기계에 대한 인간의 지배를 굳건히 하기 때문이다. 전쟁은 아름답다. 왜냐하면 전쟁은 오래 꿈꾸어오던 인간 육체의 금속화 시대를 열어주기 때문이다."[58] 그러나 벤야민에 따르면, 전쟁은 마리네티가 생각하듯이 인간의 기계에 대한 지배의 확립이 아니라, "사회가 기술을 사회의 기관(器官)으로 병합할 수 있을 만큼 충분히 성숙하지 못했으며, 또 기술이 사회의 근원적인 에너지를 감당할 수 있을 만큼 충분히 성숙하지 못했다는 증거이다."[59] 다시 말해 "제국주의 전쟁은 일종의 기술의 반란이다. (⋯) 기술은 항공 운항 대신 폭탄을 운반하고, 아우라를 새로운 방식으로 없앨 수단을 가스전(戰)에서 발견했다."[60] 결국, 마리네티의 미학이란 인류의 자기소외가 "인류 스스로의 파괴를 최고의 미적 쾌락으로 체험하는 단계에 이르렀"음을 말해줄 뿐이다. 같은 논지로 벤야민은 『일방통행로』에서 이렇게 말한다.

자연의 지배가 기술의 의미라고 제국주의자들은 가르친다. 그러나 어른들에 의한 아이들의 지배가 교육의 의미라고 설명하는 매질하는 스승을 누가 신뢰하겠는가? 교육은 무엇보다도 세대들 사이의 관계에 대한 필수불가결한 질서가 아니겠는가? 그리고 만일 우리가 지배라는 말을 쓰고자 한다면, 아이들을 지배하는 것이 아니라 세대들 간의 관계를 지배하는 것이 아니겠는가? 마찬가지로 기술 역시 자연을 지배

58 발터 벤야민 「기술복제시대의 예술작품(제2판)」, 『기술복제시대의 예술작품/사진의 작은 역사 외』, 최성만 옮김, 길 2007, 94면에서 재인용.
59 같은 글 95면.
60 같은 글 95~96면.

하는 것이 아니라 자연과 인간 간의 관계를 지배하는 것이다.[61]

기술은 자연과 인간 사이의 관계 방식을 지배함으로써 인류의 자연지배를 인류의 자기지배로 전도하는 경첩이 될 수 있다. 그리고 지금까지 비행기는 그래왔다. 전투기와 전폭기의 발전된 기술이 민간 항공기 기술로 이전되었고, 민간 항공기는 군용기 수요로 보충됨으로써 발주되고 생산될 수 있었다. 비행기는 언제나 게르니카를 공습하던 '콘도르'인 동시에 우리 모두를 태우고 비상하는 '앨버트로스'였고, 앨버트로스는 늘 콘도르의 둥지에 부화했다. 그리고 9·11테러는 앨버트로스가 그 자체로 콘도르가 될 수 있다는 사실을 알려주었다.

아마도 비행기 역사상 가장 아름답게 디자인된 것은 747의 제조사이기도 한 보잉이 제작한 전략폭격기 B-1B 랜서일 것이다. 그것의 다른 이름은 '죽음의 백조'이다. 그것은 콘도르의 후예인 셈이다. 그런데도 그것이 '백조'라 불리는 것은 생텍쥐페리가 꿈꾼바, "바닷물에 닦인 조약돌처럼 자연스러운" 자태를 지녔기 때문일 것이다. 그것이 그저 아름다운 "백조"로만 불리는 화해의 상태, 기술이 "자연과 인간의 어울림(협동적 놀이, Zusammenspiel)"[62]으로 이어지는 일이 불가능한 것은 아니다. 그렇게 되기 위해서는, 다시 말해 비행기가 해방된 집합적 인류의 신체(physis)가 되기 위해서는 기술에 대한 감수성과 통제력을 '공부'해야 한다. 관광/여행이란 결국 놀이이다. 그러니 그 관광/여행을 위한 비행기는 우리의 장난감이다. 생각해보면, 전쟁이란 장난감을 가지고 충분히 놀아보지 못한 불행한 어린 시절을 보낸 어른들이 기술의 위험성을 도외시하고 벌

---

61 발터 벤야민 『일방통행로/사유이미지』, 최성만 외 옮김, 길 2007, 163~64면.
62 발터 벤야민 「기술복제시대의 예술작품(제2판)」 57면. 괄호 안은 한국어 번역자의 보충.

이는 (그리하여 부지불식간에 기술의 노예반란을 겪게 되는) 무서운 불꽃놀이일 뿐이다. 기술 안에서 새로운 사용 가능성을 추구하고 행복한 경험을 이끌어내는 놀이와 훈련을 통해서만, 행복한 어린 시절을 통해서만, 비행기는 콘도르의 그림자를 떼어내고 걷기라는 유한성의 울타리 속에 있는 우리를 세계 모든 곳에 데려다주는 앨버트로스가 될 것이다.

7.

잠을 청하다:

집, 호텔 그리고 에어비앤비

마드리드 도착

　내가 탄 비행기는 마드리드 외곽 바하라스 공항에 내렸다. 입국심사대를 지나서 수하물 수취대로 향했다. 이 두 절차를 치를 때, 늘 약간의 긴장감을 느낀다. 입국심사를 하는 출입국관리직 직원의 얼굴에는 "다음"을 외칠 때의 반복적 업무에 심드렁한 표정, 내 여권을 들여다볼 때의 의심 섞인 표정, "별 이상 없군" 하며 다시 심드렁해지는 표정, 그리고 마지막으로 여권을 돌려주며 살아온 경험에서 비롯된 (나이, 직업, 국적, 젠더 등에 대한) 온갖 편견을 오롯이 담아 나를 바라보는 (그 나름대로 교양을 갖춘 자라면 자신의 편견이 너무 뻔뻔하게 드러나지 않도록 억제한) 표정이 빠르게 지나간다. 그리고 나의 행동, 표정, 감정도 그 직원에 상응해서 변해간다. 제 앞으로 오라는 그의 손짓에 공손하게 나아가고, 그가 여권을 들여다볼 때는 가벼운 근심과 불편함을 느끼고, 여권을 돌려받을 때는 마침내 불쾌한 절차가 끝났다는 안도감에 젖는다.
　입국심사보다는 덜하지만 수하물 수취대에서도 약간의 근심을 겪는다. 내가 맡긴 수하물을 컨베이어 벨트가 무사히 실어다 주리라고 100퍼센트 확신할 수 없기 때문이다. 사람들이 하나둘 짐을 챙겨 떠나면, '내 트렁크는 왜 이렇게 안 나오는 거야' 하는 생각이 슬쩍 스친다. 바코드 스캐닝을 통해서 컴퓨터가 짐을 할당하는 과정이 걱정되진 않지만, 그래도 환승이 잦을 때는 혹시, 하는 마음이 든다. 가난한 나라 공항이 더 그렇기는 하지만 부자 나라 공항도 사실 별반 다르지 않게 직원들의 절도가 만만찮게 일어난다. 게다가 '멍청한' 이웃 승객이 같은 브랜드의 내 트렁크를 집어 들고 총총히 사라지는 불운 또한 없는 건 아니다.[1] 수하물 컨베이어 벨트 앞에서는 머리가 지끈했던 과거의 트렁크 분실 경험이 떠오를 수도 있다. 다행스럽게도 바하라스 공항에서 그런 일은 없었다. 입국 수속과 짐 찾기 모두 별 무리 없이 끝났다. 남은 일은 택시를 타고 에어비앤비에서 예약한 숙소로 가는 것이었다.

말라사냐의 에어비앤비

바하라스 공항에서 마드리드 시내로 들어가는 택시비는 30유로 정액제였다. 물론 트렁크가 많으면 약간의 서비스 요금을 추가로 내야 하지만 정액제가 이 도시에 처음 발을 디딘 이들에게 주는 심리적 평안함은 적지 않다. 저녁 햇살을 받으며 택시는 내게는 낯선 길을 따라 시내로 들어갔다. 우리가 에어비앤비로 예약한 숙소는 마드리드 시내를 관통하는 대로

---

1 2011년부터 2019년에 걸쳐 절도를 포함하여 부주의하게 취급된(mishandled) 수하물이 약 2,500만개이고, 그로 인해 항공산업이 치른 비용이 약 24억 달러 수준이다. https://www.statista.com/statistics/268276/costs-for-the-airline-industry-due-to-mishandled-bags-since-2007/

인 그랑비아(Gran Via) 북쪽 말라사냐(Malasaña) 지역에 있었다. 호스트인 마리아는 우리를 마중 나오지 않았다. 대신 어떻게 집에 들어갈지 알려주었는데, 그 방식이 마치 첩보원이 안전 가옥을 찾아가는 것과 비슷했다. 택시에서 내린 다음 마리아가 지시한 대로 우리가 지낼 숙소 옆 건물의 반지하 방 겉창을 살펴보니, 창에 자물쇠가 채워진 채 매달려 있는 작은 플라스틱 상자가 있었다. 상자 겉뚜껑을 여니 번호 패드가 나타났다. 마리아가 알려준 번호를 입력하니 속뚜껑이 열렸다. 그 안에 열쇠 두개가 들어 있었다. 하나는 건물로 들어가기 위한 것이었고, 다른 하나는 숙소로 들어가기 위한 것이었다. 건물 전체의 현관문은 꽤 육중하고 손으로 밀었다 놓으면 다시 닫히는 구조였다(열쇠 없이 나왔다가 문이 닫히면 낭패일 듯했다). 들어가보니 건물은 공사 중이었다. 아래층에서부터 철제 빔들이 흉하게 세워져 있었다. 예약할 때는 방 번호가 200번대라서 우리 숙소가 2층인 줄 알았는데, 바닥층이 있고 100번대 방은 꽤 긴 계단을 올라서 시작된다. 그러니 우리 숙소는 사실상 3층인 셈이었다. 엘리베이터가 없는 건물이라서 무거운 트렁크를 들고 올라가는 데 꽤 힘이 들었다.

예약할 당시에는 그저 마드리드 도심이면서도 가격이 저렴한 집이라서 선택했는데, 동네를 둘러보며 왜 그런지 조금씩 이해가 가기 시작했다. 말라사냐 지역은 좁은 골목에 낡은 집들이 다닥다닥 붙은 동네이다. 북쪽으로 쭉 이어진 지역에 대학들이 있어서 가난한 대학생 그리고 예술가가 많이 거주하는 곳이었고, 그런 사정으로 밤늦게까지 문을 여는 술집과 나이트클럽이 많고 한때는 성매매 산업도 번창했다고 한다. 그렇지만 어쨌든 도심에 있고 대중교통으로 이동하기 좋아서 관광객들에게는 편의성이 높은 지역이다. 상대적으로 주택 가격이 저렴한 이 지역에 에어비앤비와 연결된 숙박사업을 위해 영어회화 능력이 좋은 스페인 젊은 이들이 뛰어들었다. 그들은 저렴한 집을 사들여 가능한 한 적은 비용으로 인테리어를 고치고 잘 찍은 사진에 매력적인 소개를 덧붙여 에어비앤비 사이트에 올리기 시작했다. 우리의 호스트 마리아도 그런 사람이었다. 다른 직업이 있지만, 그 직업의 전망과 소득이 만족스럽지 않다고 느끼고 있고, 이재에 밝으면서 새로운 사업 기회에 열정적인 30대 후반 여성이었다. 그녀는 우리가 세든 에어비앤비 연계 숙박업에 성공해서 거둔 수입에 은행 융자를 추가해 또다른 주택을 사들였고, 그 새로운 집의 인테리어 공사에 분주했다.

말라사냐 지역에 마리아 같은 새로운 유형의 '부동산 디벨로퍼'들이 뛰어들고, 그로 인해 관광객들이 모여들자 생겨난 변화의 영향이 어떨지는 분명했다. 지역 전체의 상업적 가치 상승으로 임대료가 올라 가난한 대학생들은 점차 이곳을 떠나고 있었다. 그들이 떠난 자리를 채운 관광객을 위해 괜찮은 음식점들이 들어섰고, 그 덕에 동네 분위기는 더욱 '힙'해졌다. 주말이면 떠들썩하게 술 마시고 노는 이들의 수는 줄지 않고 오히려 늘었다. 물론 술집을 채운 얼굴은 대학생이 아니라 온갖 나라에서 놀러 온 이들로 바뀌었다. 그런 중에도 내가 몇달을 지낸 그 시기까지는 여전히 거리 곳곳에 이 지역의 가난한 예술가들과 대학생들이 드나드는 더 한적하고 더 은밀해 보이는 클럽들이 관광객을 위한 시설들과 공존하고 있었다.

꽤 낡고 오래된 주택들이 빼곡하지만 어딘지 웅성웅성한 분위기가 흐르는 이 동네는 목요일 밤부터는 활기가 상당했다. 우리 숙소 가까운 곳에는 관광객들 사이에서 제법 맛집으로 소문난 '페스카데리아'(pescadería, 생선가게라는 뜻)라는 작은 퓨전 식당이 밤늦게까지 와자지껄했는데, 길거리에 내놓은 테이블에서는 누군가 오페라 아리아를 불러젖혀서 박수와 환호가 시끄럽게 이어지기도 했다. 그래도 새벽에는 시영 청소차들이 도로를 물청소해서 다음 날 아침에 길을 나서보면 지난밤의 요란함이 남겼을 지저분한 흔적은 깨끗이 치워져 있다. 물에 젖은 쇄석(碎石) 도로는 윤기마저 흘렀는데, 그것이야말로 마드리드 시청이 관광산업에 기울이는 정성이 엿보이는 대목이었다.

그런 동네에서 우리가 묵은 숙소는 몇달간 '둥지' 노릇을 했다. 가재도구 상태가 예상보다 훨씬 좋지 않았다. 다종다양한 술에 어울리는 술잔이나 먼저 묵고 간 관광객들이 남긴 세계 각국의 향신료는 많았지만, 프라이팬은 너무 많이 긁혀 있었고, 접시는 넉넉해도 사발은 모자랐고, 세탁기의 문고리는 슬쩍 고장난 상태라서 아주 주의 깊게 닫아야 물이 새지 않고 정상적으로 작동했다. 소파는 너무 싸구려여서 안락함과 거리가 멀었고, 주방과 욕실도 몹시 좁았다. 그래도 한가지 좋았던 점은 맞은편 건물이 수도원(구빈원)이어서 우리 쪽의 2층과 3층 창문이 언제나 굳게 닫혀 있었다는 점이다. 그 덕분에 프라이버시 걱정 없이 창을 활짝 열어 마드리드의 기분 좋은 가을 저녁을 방안으로 들여올 수 있었다.

여행/관광 기간으로 놓고 보면, 아내와 내가 정한 시간은 다소 애매했다. 1년쯤 스페인에서 지내기로 한다면, 당연히 주택을 임대해야 한다. 한달쯤 여행/관광을 하고 한 도시만을 충분히 즐기기로 한다면, 에어비앤비 숙소가 적당하다. 한달 안에 서너 도시를 돌기로 한다면, 호텔이나 에어비앤비 가운데 아무것이든 적절한 것을 배합하면서 이동하면 될 것이다. 그러나 한 서너달을 지내자고 하니, 한 도시에 머무르기에는 기간이 좀 길지만, 그렇다고 한달마다 거주지를 옮기자니, 관광/여행 기간이 길어지면서 일거리에서 완전히 멀어질 수 없어 가져온 책이며 자료, 계절이 바뀔 것을 고려해 가져온 옷가지 등 짐이 많았다. 이래저래 늘어난 짐 때문에 어딘가 정박지가 필요했다. 그럴 때 에어비앤비에 좋은 점이 있었다. 모든 숙박업소가 그렇지만, 에어비앤비 연계 숙박업소는 특히 장기 투숙할수록 가격이 많이 내려가기 때문이다. 그래서 우리는 말라사냐의 숙소를 일종의 베이스캠프로 삼고 여기저기 다녀보기로 했다. 에어비앤비 숙박비와 호텔 숙박비가 이중으로 지출되지만, 에어비앤비 장기숙박의 할인율 덕에 비용이 크게 더 드는 것은 아니었기 때문이다. 이런저런 점을 두루 생각하면 숙소의 위치는 아주 좋았다. 그러나 숙소 자체의 질은 떨어졌고, 호스트였던 마리아는 너무 '신자유주의적 인간'이라 투숙객을 배려해 설비를 개선할 의지가 없었다. 그러나 그 영악한 마리아 '덕분'에 에어비앤비는 내게 사유의 주제로 떠올랐다. 더불어 '집'도, '호텔'도, 새삼스럽게…….

집이란 무엇인가

바야흐로 플랫폼 기업의 시대다. 코로나19 대유행이 아니었다면, 에어비앤비 또한 FANG(페이스북, 아마존, 넷플릭스, 구글)의 대열에 합류했을 것이다. 그리고 보면, 팬데믹이 모든 플랫폼 기업에 뜻밖의 성장 기회를 열어준 건 아니다. 팬데믹으로 넷플릭스와 에어비앤비는 뚜렷이 명암이 갈렸으니 말이다. 우버조차 우버이츠를 통해서 팬데믹 시대에 씩씩하게 대응하고 있지만, 에어비앤비는 고전을 면치 못하고 있다. 그러나 팬데믹이 잦아들고 인류의 이동성이 회복되기만 한다면, 에어비앤비는 큰 어려움 없이 성장 엔진을 재점화할 것이다. 그럴 수 있는 이유는 에어비앤비에 어떤 '파괴적 혁신'의 잠재력이 내장되어 있으며, 심층적인 수준에서 일어나고 있는 우리의 체험 구조 변화를 여느 플랫폼 기업보다 잘 반영하는 동시에 추동하고 있기 때문이다. 뒤에서 더 자세히 논의하겠지만, 단적으로 말해 그것은 '집'이라는 범주 자체의 해체와 관련된다. 이 점에 대해 논의하기 위해서 먼저 집에 대해서 생각해보자.

세상 어디에 있든 밤이 깊어지면 우리는 머리 누일 곳을 찾아야 한다. 밤이 제공하는 풍요로운 양식인 잠 없이는 노동도 없고, 유희도 없고, 따라서 관광/여행도 없다. 그런데 우리는 어디서 잠드는가? 집에서 잠든다. 노숙자도 있고 비바크(biwak) 하는 등산객도 있지만, 노숙자도 지하철 역사 아무 데서나 잠들지 않는다. 조금은 자신을 안온하게 감싸는 어떤 구석을 찾는다. 비바크에 익숙한 등산객은 바람이 파고들지 않는 포근한 고랑을 찾거나, 없으면 만들어낸다. 어떤 원초적인 감각 수준에서 집을 조금이라도 닮은 장소를 찾는 셈이다.

그럴 때 그 닮음의 기준이 되는 '집'이란 무엇일까?[2] 대지 위에 세워진 네개의 벽과 바닥과 지붕에 빛과 공기를 들일 수 있는 창과 사람이 드나들 수 있는 문이 더해지면 집이다. 하지만 집은 단순한 건축물이 아니다. 그것은 신전이나 사원이 아니고 공공기관도 아니고 상점도 아니다. 집은 아무나 드나들 수 없는 곳이다. 누구에 속하고 누군가 관할한다. 그렇지만 그 누구가 되기 위해 특정한 자격을 갖춰야 하는 것은 아니다. 누구든 어떤 집을 가질 수 있다. 집은 언제나 '나의 집' 또는 '우리의 집'이다. 그런데 흥미롭게도 이때 '의'는 문법적으로 소유격이고 법적으로는 소유권

---

2 관련해서 우리말과 서양어의 차이를 언급하지 않을 수 없다. '집에 가고 있다'라는 말은 영어로 옮긴다면, I go to my house보다 I'm on my way home이 적당할 것이다. house와 home을 구별하는 영어에서 전자는 물리적 실체를 지칭하고(형태), 후자는 거주행위 자체와 거주장소에서 얻는 느낌(기능)을 지칭한다. 하지만 우리말의 경우 '집'은 이 두 측면을 모두 아우른다.

(또는 그것과 연관되거나 거기서 파생된 각종 권리)을 표시하지만, 집은 통상적인 의미에서 소유물과 다르다. 소유의 원초적 모델은 손과 관련된다. 소유물은 무엇보다 우리가 '손에 쥔 것'이다. 우리말 '가지다'의 어원은 잘 알 수 없지만, 영어 take나 독일어 nehmen 혹은 프랑스어 pendre는 모두 '만지다'(taken, 게르만조어)나 '잡다'(nemanan, 게르만조어) 또는 '매달리다'(pendĕre, 후기 라틴어)라는 말에서 연원했다. 그런데 집은 법적으로 소유의 대상이지만, 손으로 만지거나 잡거나 쥘 수 있는 소유물이 아니다. 오히려 집이 나를 맞아들이고, 감싸고, 나에게 어떤 공간을 열어주어 살게 한다.

거주의 의미

프랑스의 철학자 에마뉘엘 레비나스(Emmanuel Levinas, 1906~95)는 『전체성과 무한』(Totalité et Infini)에서 "우리는 '맛 좋은 수프'와 공기와 빛과 풍경과 노동과 생각과 잠 등등으로 산다"[3]고 했다. '~로 삶'(vivre de~)은 향유의 삶이고 행복의 삶이라는 것이다. 이런 '~로 삶'의 대상은 하이데거적 의미에서 도구가 아니다. 그것은 유용함의 도식을 따르지 않는다. "빵을 먹고 사는 것은 빵을 스스로에게 재현하는 것도, 빵에 대해 행동하는 것도, 빵에 의해 행동하는 것도 아니다. 분명히 우리는 자신의 빵을 벌어야 하며, 자신의 빵을 벌기 위해서는 영양을 취해야 한다. 내가 먹는 빵은 또한 내가 나의 빵을 벌고 나의 삶을 벌게 해주는 것이기도 하다. 그

---

3 에마뉘엘 레비나스 『전체성과 무한』, 김도형·문성원·손영창 옮김, 그린비 2018, 154면.

러나 내가 노동하고 살기 위하여 나의 빵을 먹는다면, 나는 나의 노동으로 사는 것이자 나의 빵으로 사는 것이다."[4] 그러므로 "어떤 것으로 산다는 것은 어딘가에서 생명 에너지를 끌어오는 것이 아니다. (…) 삶은 호흡과 영양 섭취에 의해 공급되는 연료를 찾고 소비하는 데서 성립하는 것이 아니다. 오히려 삶은 지상과 천상의 먹을거리들을 즐기는 데서 성립한다고 할 수 있다. 이렇게 삶이 삶 아닌 것에 의존한다고 해도, 이 의존은 결국 그것을 무효화하는 반대편 없이는 존재하지 않는다. 우리가 그것으로 사는 바의 것은 우리를 노예로 만들지 않는다. 우리가 그것을 향유한다."[5] "사물에 대한 삶의 고유한 의존과 삶이 맺는 관계가 향유다."[6]

그렇다면 "~로 사는 것"이 아니라 "~에서 산다는 것", 특히 "집에서 산다"는 것은 어떤 의미를 지니는가? 레비나스는 집 그리고 "집에서 산다는 것," 즉 거주와 관련해 이렇게 말한다.

사실 집은 인간의 삶에 필수적인 사물들의 용구집합에 속한다. 집은 악천후로부터 보호받는 데에, 적들이나 귀찮은 사람들로부터 숨는 데에 쓰인다. 그렇지만 인간의 삶을 유지하는 목적성들의 체계에서 집은 특권적 자리를 차지한다. (…) 집의 특권적 역할은 인간 활동의 목적이 되는 데서 성립하는 것이 아니라, 인간 활동의 조건이 되는 데서 (…) 성립한다. 자연이 재현될 수 있고 노동에 맡겨질 수 있기 위해, 또 자연이 다만 세계로 그려지기 위해 필요한 거둬들임(recueillement)은 집으로 성취된다. 인간은 사적 영역에서부터, 매번 피신할 수 있는 자기 집

4 같은 책 156면.
5 같은 책 161면. 강조는 원문 그대로.
6 같은 책 157면.

에서부터 세계로 오는 방식으로 세계 속에서 자신을 유지한다. (…) 거주가 객관적 세계 속에 위치하는 것이 아니라, 객관적 세계가 나의 거주와 관련해 위치지워진다.[7]

레비나스는 거주의 본질인 '거둬들임'의 의미에 대해서 상세히 다루지는 않는다(내용보다는 형식 수준에서 다룬다고 할 수도 있다). 흥미롭게도 이 거둬들임에 대해 좀더 자세히 다루고 있는 이는 레비나스가 『전체성과 무한』에서 줄곧 비판적 거리를 두고 있는 하이데거라 할 수 있다. 레비나스가 대결하고 있는 『존재와 시간』 훨씬 뒤에 하이데거는 「건축함 거주함 사유함」(Bauen Wohnen Denken)라는 글에서 집과 건축물 전반에 대해 다룬다. 단어 사이에 쉼표가 없는 제목이 보여주듯이, 하이데거는 건축과 거주와 사유가 사실상 동일한 행위임을 시사하고 있다.[8]
자주 그렇게 하듯이, 하이데거는 이 글에서도 어원학적 분석에서 논의를 시작한다. 그에 따르면, "건축하다를 뜻하는 고대 독일어 'buan'은 거주함을 의미한다."[9] buan에서 연원하는 '건축한다'(bauen)는 독일어 "있다"(bin) 안에 흔적을 남기고 있다. 그러므로 "'나는 있다'(ich bin)나 '너는 있다'(du bist)는 말은 나는 거주한다 혹은 너는 거주한다를 의미한다."[10] 다시 말해 "인간은 **거주하는** 한에서 있다"[11]는 것이다. 요약하기 까다

---

7 같은 책 222~23면, 강조는 인용자.
8 마르틴 하이데거 「건축함 거주함 사유함」, 『강연과 논문』, 이기상·신상희·박찬국 옮김, 이학사 2008, 183~209면. 이 책에 함께 수록된 논문 「"……인간은 시적으로 거주한다……"」의 논의까지 연결해서 보면, 하이데거는 건축하는 것과 거주하는 것과 사유하는 것은 시를 짓는 것과도 일치한다고 본다고 할 수 있다.
9 같은 글 186면.
10 같은 글 187면.
11 같은 곳, 강조는 원문 그대로.

로운 그의 논의에 따르면, 건축함은 "돌본다(hegen), 보호한다(pflegen),
즉 밭을 간다 혹은 포도를 재배한다 등을 의미"[12]하지만, '건립한다'는 뜻
도 가진다. 복잡한 어원학을 경유해서 하이데거는 '건축한다'(bauen)에
서 삼중의 의미를 길어 올린다.

1. 건축함은 본래 거주함이다.
2. 거주함은 죽을 자들이 이 땅 위에 존재하는 방식이다.
3. 거주함으로써 건축함은 성장을 돌본다는 의미에서의 Bauen으로,
또 건축물을 건립한다는 의미에서의 Bauen으로 전개된다.[13]

건축함이 본래 거주함이라면, 우리는 거주하기 위해서 건축한다기보
다 "거주하는 자로서 존재하는 한에서만, 건축을 하며 또한 건축을 해온
것이다."[14] 그렇다면 거주의 본질이 문제일 텐데, 하이데거는 다시 한
번 어원학적 분석에 기댄다. 고대 작센어 'wuon' 또는 고트어 'wunian'
은 머물러 있다는 말이지만, 단순히 체재하는 것이 아니라 '평화롭게, 평
화 안에서 머물러 있음'을 의미한다. 그런데 평화란 자유로움을 의미하
며, "자유로움(fry)이란 해악과 위협으로부터 보호함, 즉 ~으로부터 보호
함을, 즉 보살핌을 의미한다. 자유롭게 함(freien[풀어놓음])은 본래 소중히
보살핌을 의미한다."[15] 거주함의 근본 특성은 보살핌이라는 것이다. 이렇
게 평화에서 자유로, 자유에서 보호와 보살핌이 연결되는 사유의 흐름은

---

12 같은 곳.
13 같은 글 189면.
14 같은 곳, 강조는 원문 그대로.
15 같은 글 190면. [ ] 안은 한국어 번역자의 보충.

하이데거가 고향(home)과 조국(homeland)의 사상가라는 것을 말해준다. 그에게는 평화와 자유가 "울타리로 둘러쌀(enfrieden[보호막으로 감쌀]) 때 일어난다."[16]

그의 주장은 옳다. 보호와 보살핌 없이는 자유도 없다는 것은 전혀 역설적인 주장이 아니다. 어머니의 보살피는 시선을 등 뒤로 느끼는 아가만이 아장아장 앞으로 나아간다. 보살펴진 장소, 아늑한 장소만이 활동을 향해 공간을 열어준다. 그러므로 집이 없는 자에겐 노동도 없고, 도구도 없고, 뿌리내린 삶의 감각도 없다. 돌봐진 장소를 가지고 거기 깃든 자만이 세계를 돌볼 수 있다. "땅을 구원하는 가운데, 하늘을 받아들이는 가운데, 신적인 것들을 기다리는 가운데, 죽을 자들을 인도하는 가운데, 거주함은 사방(Geviert)의 사중적인 보살핌으로서 이루어진다(sich ereignen)."[17] 건축한다는 것은 그런 사방을 모아들이는 과정이다.

이 '모아들임'(Versammlung)의 의미를 밝히기 위해서 하이데거는 다리를 예로 든다. "다리는 강, 강가 그리고 토지를 서로 이웃이게끔 엮어준다. 다리는 강 주변의 풍경으로서의 땅을 결집하여 모아들인다."[18] 우리는 하이데거가 다리를 말하는 자리에 집을 놓을 수 있다. 집은 사방이 포개지고 모아내진 '사물'이다. 이 모아들임이 집의 내면성, 그러니까 '아늑함'으로 이어질 때, 그것은 레비나스가 말한바, '거둬들임'으로서의 집에 이르며, 그런 의미에서 하이데거는 레비나스가 말하고자 한 바를 더 곡진하게 설명해주는 듯하다.

그러나 하이데거의 글은 풍부한 울림에도 불구하고 그와 동시에 어

---

16 같은 곳. [ ] 안은 한국어 번역자의 보충.
17 같은 글 193면, 번역문은 인용자가 일부 수정. 강조도 인용자.
18 같은 글 195면.

334

떤 양가감정을 자아낸다. 이 글이 실린『강연과 논문』서문의 말미에는 "1954년 8월 토트나우베르크(Todtnauberg)에서"라고 적혀 있다. 1954년 이라는 연대기는 이 글의 배경이 2차 세계대전 후 서독의 '주택 부족 현상'임을 암시하고 있다. 그런 문맥을 염두에 둔다면, 주택 문제 앞에서 "거주함의 본래적인 곤경"에 대해 사유할 것을 촉구하는 이 글은 우리 시대의 문제를 정면에서 건드리는 바가 있다. 하지만 그의 몇몇 저서 서문에 등장하지만, 특히 집과 거주에 대한 논문을 싣고 있는 저서 서문에 등장하는 '토트나우베르크'라는 단어는 이 글의 맥락을 글이 쓰인 연대기보다 한결 폭넓게 잡아야 함을 시사한다. 하이데거의 1930년대 행적은 물론이고 하이데거의 사유 전반에 스민 '불길한' 분위기까지……

하이데거와 오두막

토트나우베르크는 남독일 바덴뷔르템베르크(Baden-Württemberg)주의 한 마을이다. 하이데거는 1923년에 이 마을 산기슭에 한뙈기 땅을 사들여 작고 소박한 오두막을 지었다(하지만 그가 직접 집 짓는 일에 나서진 않았다. 오두막을 짓는 과정을 준비하고 감독한 것은 그의 아내 엘프리데였다고 한다).[19] 같은 해 마르부르크대학에서 교수 자리를 얻었는데, 이후로 방학이면 하이데거는 저술 작업을 위해 토트나우베르크의 오두막으로 향했다. 그 오두막이『존재와 시간』의 산실이 되었다.[20] 그뿐 아니

---

19 뤼디거 자프란스키『하이데거』, 박민수 옮김, 북캠퍼스 2017, 225면.
20 『존재와 시간』첫 페이지에도 에드문트 후설에게 책을 헌정하고 있음을 밝히며 "1926년 4월 8일 바덴주 슈바르츠발트의 토트나우베르크에서"라고 적고 있다.

다. 철학자에게 세계조망의 틀을 제공하고 철학적 작품의 중요한 동력이 되는 동시에 그 자체로 철학을 구현하고 있는 집이 있다면, 그것은 하이데거의 토트나우베르크의 오두막일 것이다. 앞에서 살펴본 「건축함 거주함 사유함」의 말미에서 하이데거는 이렇게 말한다.

200년 전 농부의 거주가 건축해놓았던 슈바르츠발트의 한 농가를 잠시 생각해보자. 여기에선 땅과 하늘, 신적인 것들과 죽을 자들을 사물들 안으로 하나로 포개어 들여보내는 그런 능력의 절실[간절]함이 집을 상량(上梁)하였다. 그것은 샘이 가까운 목장들 사이에 남향을 바라보며 바람을 막아주는 산허리에 농가를 세워놓았다. 그것은 넓게 돌출한 판자 지붕을 얹어놓았는데, 이 지붕은 적절한 경사면을 따라 쌓이는 눈을 흘려보내며, 깊숙이 아래쪽으로 드리워져 있어 기나긴 겨울밤의 폭풍으로부터 방들을 보호한다. 그것은 공동 식탁 뒤에 모신 십자가상의 구석진 자리를 잊지 않았고, 또한 방들 안에는 분만과 [망자의] 관대(棺臺, Totenbaum) ── 그곳[슈바르츠발트의 농가]에선 관(棺)을 의미하는 ── 를 위한 성스런 장소들을 마련해놓았으며, 이로써 한 지붕 아래 거처하는 각각의 세대들에게 그들의 인생 역정이 담긴 특성을 예시해놓았다. (……)
　　우리가 거주할 능력이 있을 때만, 우리는 건축할 수 있다. 슈바르츠발트의 한 농가에 대한 지적은 우리가 이러한 농가의 건축 활동으로 되돌아가야 한다거나 혹은 되돌아갈 수 있음을 의미하지 않는다. 오히려 이러한 지적은 [이미] 있어왔던 거주함에 즈음하여 과연 거주가 어떻게 건축을 할 수 있는지를 실례를 들어 설명하는 것이다.[21]

그는 그런 농가를 짓고(물론 '직접' 지은 건 그의 아내지만), 거주하고, 거기서 사유했다. 그 자신이 묘사한바, 토트나우베르크의 오두막은 그가 세상으로부터 물러나 자신에 고요히 머무르며 사색하는 '폭풍의 언덕'이 었다.[22] 그러므로 농가와 농가에서의 거주와 사유가 더이상 가능하지 않다는 1953년의 판단에는 상실의 멜랑콜리가 흐른다 하겠다. 하지만 그런 농가에서의 삶과 사유가 가능할 수도 있다는 꿈을 꾸었던 1930년대에 무슨 일이 있었는지, 그리고 그로부터 그런 농가에서의 삶과 사유가 무엇을 의미하는지 살펴볼 필요가 있다.

1931년에서 1932년으로 넘어가는 겨울, 헤르만 뫼르헨(Hermann Mörchen)[23]은 토트나우베르크의 철학자를 방문했고, 그때의 인상을 기록해두었다. "저녁 8시 반이면 이미 불을 꺼버리는 '오두막 시간'이 된다. 그래도 겨울의 어둠은 길기 때문에 얼마간 잡담을 나눌 시간은 있다. 하

---

21 마르틴 하이데거, 앞의 글, 206~207면. 강조는 원문 그대로. [ ] 안은 한국어 번역자의 보충.
22 하이데거는 자신의 오두막을 다른 글에서 다음과 같이 묘사한다. "독일 남부 슈바르츠발트의 구릉진 높은 산골짜기 가파른 비탈, 고도 1,150미터 지점에는 조그마한 스키 오두막 산장이 하나 서 있다. 그 오두막 산장의 평면 길이는 어림잡아 약 6~7미터이다. 나지막한 지붕이 방 세개 ─ 거실부엌과 침실 그리고 연구실 ─ 를 덮고 있다. 좋은 산골짜기 아래에는 농가가 드문드문 떨어져 있고, 마찬가지로 가파른 반대쪽 비탈에는 커다란 지붕이 드리워진 노가들이 널리 가로누워 있다. (…) 이 모든 뒤에는 해맑은 여름 하늘이 빛나고 있고, 빛을 방사하는 하늘의 공간에는 매 두마리가 높이 비상하면서 넓은 원을 그리고 맴돌고 있다. 이것이 여름 피서를 즐기는 자와 손님의 관찰하는 눈에 비친 나의 작업세계이다. 나 자신은 풍경을 전혀 관찰하지 않는다. 나는 피어나고 저물어가는 사계절의 위대한 흐름 속에서 시간마다 밤낮으로 변화하는 풍광을 경험한다. 산들의 중압감과 원시암석의 견고함, 전나무의 의젓한 성장과 꽃피는 풀밭의 수수하게 빛나는 찬란함, 그리고 깊어가는 가을밤에 계곡의 시냇물이 흘러가는 거친 물소리, 엄동설한에 눈이 가득 덮인 벌판의 단순 소박함, 이 모든 것이 서로 떠밀고 몰아대면서 저 높은 곳에서 매일같이 펼쳐지는 일상의 현존재를 통해서 춤추듯 변전해간다"(마르틴 하이데거 「창조적 풍광: 우리는 왜 시골에 사는가」, 『사유의 경험으로부터』, 신상희 옮김, 길 2012, 21~22면).
23 한스 요나스와 함께 마르부르크 시절 하이데거의 박사과정 학생(1923~28)이었으며, 칸트에 대한 저술 그리고 하이데거와 아도르노를 비교한 저술 등으로 유명하다.

7-1. 토트나우베르크의 하이데거 오두막

지만 화제에 오르는 것은 철학이 아니라 무엇보다 국가사회주의이다.” 헤
르만 뫼르헨은 하이데거가 나치즘에 정치적 공감을 표시하자 매우 놀랐
다. “수업 시간에는 정치적인 발언이 전혀 없었”기 때문이다. 하이데거는
나치가 바이마르 공화국의 혼돈 상태와 공산주의 혁명을 막아낼 보루라
며, 뫼르헨에게 이렇게 말했다. “거친 통나무에는 거친 쐐기를 박아야 한
다네.”[24] 그는 자신의 실존을 떠맡고 자신으로 참되게 존재하기를 결단하
라고 촉구하는 『존재와 시간』을 저술했던 토트나우베르크의 오두막에서
이제 독일 민족의 위기를 극복하기 위한 ‘보수’혁명[25]을 향한 정치적 결

---

24 뤼디거 자프란스키, 앞의 책 385~87면.
25 1930년대 독일에서는 무력하고 혼란스러운 바이마르 공화국의 자유주의에 대해 두가지
 대안이 있다고 여겨졌다. 하나는 레닌의 볼셰비즘으로 대변되는 사회주의 혁명이고, 다른

단을 감행하는 데까지 나아간다. 이 이행은 하이데거 자신도 인정하듯이 '거친' 결단이었지만, 이 역시 토트나우베르크의 오두막에서 영글었다.

하이데거는 자신의 구상을 실행하기 위해 그 겨울이 다 가기도 전에 토트나우베르크를 떠나 프라이부르크로 돌아왔고, 5월에는 프라이부르크대학 총장에 취임한다. 취임사에서 하이데거는 새로운 시대의 시작, 인류 역사에서의 제2의 시작을 외치며, 대학이 그런 진정성으로의 전회, 즉 '나치 혁명'을 향한 터전이 되어야 함을 역설했다. 그의 총장 취임 연설인 「독일 대학의 자기 주장」이 지향하는 바는 독일 대학을 토트나우베르크의 오두막과 같은 것으로 만들려는 것이었고, 그럼으로써 대학을 민족 전체를 그렇게 만드는 전초기지로 삼으려 한 것이었다. 그러나 정치적 저지대로 내려온 그는 토트나우베르크에서 바라볼 때와 달리 히틀러와 나치당이 자신이 생각한 만큼 혁명적이지 않다는 것을 깨달았다. 나치당은 대학에서 교수직을 유지하거나 얻기 위해서 나치당에 가입한 기회주의적 학자들을 선호했고, 독일에 대해 충성심을 가졌다 해도 유대인이라면 대학에서 추방하려고 했다. 하이데거는 그런 나치당의 행태가 그가 추구하는 '진정한' 나치 운동, 즉 대학개혁을 통한 민족적 각성의 추구에 방해가 된다고 생각했다.[26] 그랬기에 그는 1933년 11월 30일 튀빙겐대학

하나는 민족사회주의, 즉 나치가 추구하는 '보수'혁명이다. 오늘날의 관점에서 '보수'혁명은 역설적인 표현으로 다가오지만, 오늘날 신자유주의가 자신을 '개혁'이라고 참칭하듯이, 그 시대에는 그것도 혁명으로 주장되었다.

26 하이데거의 나치즘과 현실의 나치즘을 구별할 필요는 있다. 확실히 둘 사이에는 차이가 있다. 그러나 이런 구별이 하이데거의 나치즘이 져야 할 정치적 책임을 덜어주는 것은 아니다. 사상으로부터 정치로 넘어가는 문지방은 칼날처럼 날카롭다. 이 날카로움에 소홀했다면, 그것은 사상의 어설픔을 증명할 뿐이다. 설령 정치적 책임을 덜 만한 사정이 있었다 해도, 그것이 하이데거의 나치즘 자체의 타당성이나 정당성을 입증하는 것은 아니다. 하이데거와 나치즘 간의 관계에 대해서는 박찬국 『하이데거는 나치였는가?』, 철학과현실사 2007을 참조하라. 하이데거 사상에 대한 지식사회학적 연구로는 피에르 부르디외 『나는 철학자

연설에서 "독일 대학의 혁명은 끝나지 않았을 뿐 아니라 시작조차 된 적이 없다"고 선언했고, 1934년 4월 1일 문화부의 권고를 받고 4월 23일 총장직에서 물러났다. 총장직 사임에 즈음하여 그는 「창조적 풍광: 우리는 왜 시골에 사는가」라는 제목의 라디오 방송 강연에서 나치 정책에 대한 거부감을 공개적으로 표현했는데, 거기서 그는 이렇게 말한다.

내 모든 작업은 이 산과 농부들의 세계에 의해 지탱되며 인도되고 있다. 이제는 저 높은 곳에서 행해지는 작업은 때로는 오랫동안 이곳 아래에서 행해지는 토론과 담론, 혹은 강연차 떠나는 여행이나 강의활동으로 인해 중단되기도 한다. 그러나 내가 다시 [오두막 산장으로] 돌아오자마자, 예전에 제기한 물음들의 전 세계는 이내 오두막 산장이 현존하던 최초의 시절로 밀리고, 내가 그 세계를 떠날 때 새겨놓았던 기억의 각인 속으로 완전히 들어온다. 나는 나 자신을 휘감던 작업의 고유한 운동 속으로 소박하게 침잠해드는데, 그러나 근본적으로 나는 작업의 숨겨진 법칙을 전혀 제어하지 못한다. 도시인들은 산속에 묻혀 사는 농부들이 그렇게도 오랫동안 단조롭게 지낸다는 사실에 대해 종종 놀라워한다. 그러나 그것은 결코 홀로 있음이 아니라 분명히 고독일 것이다. 사람들은 도무지 대도시 어디에도 거의 있지 않은 듯 그렇게 홀로 편안히 있을 수 있다. 그러나 그것에서 전혀 고독하게 있을 수 없다. 왜냐하면 고독은 우리를 개별화하지 않고 온갖 사물들의 본질이 갖는 광활한 가까움 속으로 모든 현존재를 내던져버리는 아주 독특한 힘을 지니고 있다.[27]

다: 부르디외의 하이데거론』, 김문수 옮김, 이매진 2005 참조.

27 하이데거 「창조적 풍광: 우리는 왜 시골에 사는가」 23~24면. [ ] 안은 한국어 번역자의 보충.

이어지는 문단에서 하이데거는 계속해서 대도시와 시골, 그리고 도시인과 농부를 대조한다. 그러나 대도시만이 아니다. 그는 마르부르크나 프라이부르크 같은 조용한 대학도시조차 '세인'(世人, das Mann)의 '잡담'(Gerede)으로 시끄러운 곳이라 느꼈고, 그것을 비판하는 『존재와 시간』을 쓰기 위해 산골짜기 오두막으로 올라갔다. 또한 그는 산 위에서 세계를 조망하고 정치의 세계에 투신하기로 결단하고 산을 내려왔지만, 실망한 뒤 다시 오두막으로 올라 "작업의 고유한 운동"에 잠겼다. 그것이 말해주는 바는 그에게 있어서 삶과 사유는 오로지 토트나우베르크의 오두막이라는 장소에서만 일치했다는 것이다. 그의 철학적 핵심어에는 '고유한'(eigen, proper)이라는 단어가 들어 있다.[28] 그에게 진리의 본질은 고유한 것, 즉 집과 고향과 민족공동체에 연결된다. 그래서 그는 세인의 잡담을 피해서도 오두막으로 가고, 철학적 황홀경을 민족공동체의 신비로 확장하려는 시도가 실패할 때도 오두막으로 되돌아가는 것이다.

이런 사유와 장소의 연관은 주목할 만하다. 왜냐하면 그의 고유함, 즉 자신됨과 그런 자신에 고요히 머무름이란 실은 이질적인 것들을 회피함으로써 구성되는 것일 수 있기 때문이다. 이미 인용했던바, 평화와 자유는 "울타리로 둘러쌀(enfrieden[보호막으로 감쌀]) 때 일어난다"라는 하이데거의 주장, 자유는 보호/보살핌에 의해 가능하다는 주장은 타당하다. 그렇지만 울타리가 자유의 가능성 조건이 아니라 자유를 박탈하는 권력이자 상징일 수도 있음을 우리는 잘 알고 있다. 울타리는 울타리 밖

---

28 '본래성' 또는 '고유성'으로 번역되지만 '진정성'으로 번역되는 것이 적합한 'Eigentlichkeit'나, '생생한 고유화' 같은 아주 낯선 단어로 번역되지만 '사건'으로 번역해도 좋을 'Ereignis'가 그런 예이다.

에 내쳐진 이들에게는 장벽이며, 울타리 안에 가둬진 자들에게는 감옥의 창살이다. 자기 집과 자기 나라가 없는 자, 자기 삶의 주권적 장소나 영토를 갖지 못한 자는 울타리를 자유와 평화로 경험할 수 없다. 그들에게 울타리는 온갖 형태의 자유 상실 또는 박탈의 증거이고, 그들이 난민, 인질, 포로, 또는 노예라는 것의 생생한 증거이다. 그런 이들에게 자유와 평화는 울타리에 둘러싸임이 아니라 울타리 너머에 있고, 울타리를 뛰어넘기를 감행함으로써 성취된다.

이런 이들과 대조해보면, 고향과 들길의 사상가, 폭설이 쏟아지는 토트나우베르크의 오두막의 깊은 밤에 사유의 싹을 틔우는 사상가가 서 있는 곳이 어디인지 알 수 있다. 그는 집과 고향과 국토 '안쪽'에 서 있고, 자신이 보살펴온 곳에서 세상을 조망한다. 이 점을 이해하면 그가 대도시를 혐오하는 이유도 분명해진다. 근대 대도시는 오두막도, 고향도, 조국도 아닌 장소, 울타리 없이 외부로 열린 곳, 언제나 이방인들이 어슬렁거리는 곳, 아무도 가꾸고 돌보지 않고 직업적 청소부에 의해서만 겨우제 형태를 유지하는 곳, 인종적 혼효, 뿌리 없는 국제성, 겸손을 가장한 교만함, 공손한 무관심, 유행과 허망한 명성, 요컨대 고유한 것이 증발한 곳이기 때문이다. 그런 곳 한복판에서 어떻게 '새로운' 진정성의 도래를 꿈꾸고 그것을 당겨올 것인지 숙고하는 것이야말로 필요하고 또 요청되는 일이다. 하지만 그런 시도를 하기보다 자신이 생각하는 진정성이 숨쉬고 있는 오두막으로 도피하거나, 때로 대담해져서 오두막을 내려와 자신이 생각하기에 비본래적인 모든 것을 쓸어버리려는 철학은 불길하고 위험하다. 그러나 그보다 더 문제인 것은 그것이 부당하다는 것이다.

환대의 윤리

칸트는 『영원한 평화를 위하여』의 한 모퉁이에서 세계 시민이 누려야 할 권리로서 보편적 환대(Hospitalität)와 관련해 이렇게 말했다. "사람들은 지구 땅덩어리를 공동으로 소유함에 의해 그런 권리를 갖는다. 사람들은 지구 위에서 세세토록 점점이 흩어져 살 수 없는 까닭에 결국 서로의 존재를 인정해야만 한다. 본래는 어떤 사람도 지구상의 특정 지역에 대해 남보다 더 우선적인 권리를 갖고 있지 않다."[29] 집이든, 고향이든, 영토든, 그 모든 것에 대해 우리는 한때 이방인이었다. 우리가 그것에 터 잡고, 그것을 돌보고 가꾸고, '사방'을 모아들였으므로, 우리는 그것에 대해 배타적 권리를 주장할 수 있지만, 그것은 언제나 상대적 권리에 불과하다. 내가 주장하곤 하는 권리에는 나의 건립과 거주와 보살핌에서 연원한 것 이상의 몫이 들어 있다. 그 이상의 몫은 바로 그 장소가 나를 이미 환대했기 때문에 내가 거기에 거주할 수 있었다는 점이다. 레비나스가 정확히 지적하듯이, "집이 소유되는 것은, 집이 이미 그 소유자를 환대하기 때문이다."[30] 레비나스의 말에 대해 동료 철학자였던 자크 데리다(Jacques Derrida, 1930~2004)는 그것을 '환대의 엄격한 법'이라고 지칭하며 다음과 같이 해설한다.

받아들이는 주인hôte(host), 초대되거나 받아들여진 손님hôte(guest)을 맞아들이는 자, 스스로를 장소의 소유자로 생각하는 맞아들이는 주

---

29 임마누엘 칸트 『영원한 평화를 위하여』, 이한구 옮김, 서광사 1992, 37면.
30 에마뉘엘 레비나스, 앞의 책 231면.

인은 사실, 자신이 소유한 집에 받아들여진 손님/주인hôte입니다. 그는 그가 제공하는 환대를 자신이 소유한 집에서 받지요. 그는 그 환대를 자신이 소유한 집으로부터 받습니다. 그 집은 근본적으로는 그에게 속하지 않습니다. 주인host으로서의 주인은 손님guest인 것이죠. 거주는 그 자신에게로, 본질 없는 자신의 "본질"에게로 열립니다. "은신의 땅"으로서요. 맞아들이는 자는 먼저 자기 집에서 맞아들여집니다. 초대하는 자는 자신이 초대한 자에 의해 초대됩니다. 받아들이는 자는 받아들여지지요. 그는 자신이 소유한 집으로 여기는 것에서, 말하자면 자신이 소유한 땅에서 환대를 받습니다.[31]

모아들임(Versammlung) 혹은 거둬들임(recueillement)이라는 집의 존재론은 '맞아들임'(accueil)의 윤리학과 언제나 동반관계에 있다. 아니, 집의 존재론은 환대의 윤리학 위에 지어진다. 하이데거의 오두막은 이 환대를 '망각'하고 있으며, 그것을 잘 보여주는 예가 파울 첼란(Paul Celan, 1920~70)의 토트나우베르크 오두막 방문에서 있었던 일이다.[32]

파울 첼란은 1920년 루마니아의 체르노비츠에서 태어나 독일어로 시를 쓴 시인이다. 그의 부모는 2차대전 중에 죽음의 수용소에서 살해되었지만, 그 자신은 아주 우연한 행운으로 살아남았고, 1952년 출간한 『양귀비와 기억』으로 높은 명성을 얻었다. 독문학자 게르하르트 바우만(Gerhart Baumann)은 첼란을 초청하여 1967년 7월 24일 프라이부르크대학 대강

---

31 자크 데리다 『아듀 레비나스』, 문성원 옮김, 문학과지성사 2016, 85~86면.
32 이하의 논의는 다음 글들을 포괄적으로 참조하고 있다. 정명순 「"한마디 말을 소망하며": 파울 첼란과 마틴 하이덱거」, 『독일언어문학』 제17집(2002. 6), 255~71면; 자크 데리다 『용서하다』, 배지선 옮김, 이숲 2019; 뤼디거 자프란스키, 앞의 책 제24장. 파울 첼란의 작품 전반에 대한 해설로는 전영애 『어두운 시대와 고통의 언어: 파울 첼란의 시』, 문학과지성사 1986 참조.

당에서 첼란 시 낭송회를 개최했다. 이 낭송회는 첼란의 생애에서 가장 많은 청중이 모인 행사였다. 천명이 넘는 청중이 모였는데, 그 맨 앞줄에는 하이데거가 앉아 있었다. 1933년 프라이부르크대학 총장 취임 강연을 했던 대강당에 하이데거가 이제 죽음의 수용소에서 죽을 뻔했던 유대인 서정시인의 낭송회에 청중으로 앉아 있었다.

첼란과 하이데거는 서로의 작품에 대해 깊은 관심을 품고 있었다. 횔덜린과 릴케와 트라클의 비평가 하이데거가 언어에 관해 탁월한 감각과 성찰을 드러낸 첼란의 시에 관심을 기울인 것은 당연하기조차 한 일이다. 하이데거를 주제로 박사학위 논문을 쓰기도 했던 잉에보르크 바흐만(Ingeborg Bachmann)의 연인이었던 첼란 또한 하이데거의 철학에 대해 잘 알고 있었다. 가령 첼란의 「결 드러나도록 닦아냈다」 같은 시를 보자.

당신 언어의 빛-바람으로
자신의 체험인 양 여기는 것의
현란한 잡담(Gerede)-백개의
혀를 가진 내 위(僞)
시(詩), 아무것도 아닌 것

회오리쳐-
나가고
드러나는
길, 사람의
모습을 한 눈(雪),
고해자의 눈을 지나

환대하는
빙하의 방, 빙하의 식탁에 이르는 길

시간의 균열 깊이
벌집 얼음
곁에서
기다리고 있다. 숨결의 결정(結晶) 하나
뒤집을 수 없는 당신의
증언(Zeugnis)[33]

　찬연한 빛으로 도래하는 언어가 바람을 일으켜, 잡담 그리고 '위시(僞詩)'를 "회오리쳐" 쓸어내고, 숨결의 결정체인 증언에 이르기를 열망하는 첼란의 시는 어떤 의미에서 '하이데거적' 언어관과 공명하는 시라고 할 수 있다. 하지만 이 시는 하이데거가 1945년 이후 줄곧 이어온(그리고 끝내는 죽을 때까지 끌어간 나치와 자신의 철학 사이의 관계에 대한) 침묵을 깨고 증언에 나서기를 "벌집 얼음" 곁에서 간절히 기다리고 있는 시이기도 하다. 인간은 '증언'을 통해서 과거를 견결하게 디딜 수 있는 땅으로 만들고, '약속'을 통해서 미래를 견딜 만한 불확실성 안으로 끌어들인다. "당신 언어의 빛-바람"(Strahlenwind deiner Sprache), 다시 말해 빛살 같고 바람 같은 당신의 언어란 바로 그런 증언과 약속의 언어이다.

---

33 전영애는 이 시를 앞서 인용한 자신의 첼란 연구서에 번역해 넣은 뒤, 첼란 시선집을 내면서 다시 번역했다(『죽음의 푸가: 파울 첼란 시선』, 전영애 옮김, 민음사 2011, 178면). 여기에 인용된 형태는 두 판본을 필자가 적절히 절충했고, 전영애가 "다변(多辯)"으로 번역한 'Gerede'는 하이데거의 『존재와 시간』의 역서가 택한 단어와 일치시키기 위해 "잡담"으로 바꿨다.

하이데거의 언어철학을 하이데거에게 되돌려보내고 있는 이 시가 보여주듯이, 첼란은 하이데거에 대해 깊은 양가감정을 가졌던 듯하다(자프란스키의 표현대로 하자면, "그는 하이데거에게 매혹되었지만 동시에 이 때문에 스스로를 질책했다"). 프라이부르크 시 낭송회의 전후 맥락을 보면, 첼란은 하이데거와의 만남, 하이데거도 함께하는 단체사진 촬영, 시 낭송회 참석자들과 함께 토트나우베르크의 오두막으로 가자는 하이데거의 초대에 계속 주저했고 자꾸 의사를 번복했다. 그렇지만 그는 동석한 이들을 불편하게 하지 않으려는 듯 결국 토트나우베르크에 갔다. 그리고 하이데거의 오두막 방명록에 이런 말을 남겼다. "오두막 방명록에. 우물에 달린별 장식을 바라보며, 마음에 도래할 말을 기다리며. 1967년 7월 25일 파울첼란." 하이데거와 헤어지고 며칠 뒤 첼란은 마치 자신이 방명록에 남긴말을 부연 설명하기라도 하는 듯한 시「토트나우베르크」를 발표했다.[34]

아르니카, 눈밝음풀, 그
별 주사위 장식 달린
우물에서의 한모금

그
오두막에서

그 책
─누구의 이름을 맞이했을까?

---

34 원시와 자크 데리다의 『용서하다』(배지선 옮김)에 수록된 시와 『죽음의 푸가: 파울 첼란 시선』(전영애 옮김)에 수록된 시를 대조하고 참조하여 두 번역을 절충했다.

내 이름에 앞서?—

그 책에

적어 넣은,

오늘, 기다림의

한줄,

생각하는 이의

말

마음에

도래할

(…)

데리다는 '용서'의 의미를 밝히는 강연에서 이 시를 인용했다. 확실히 아르니카(Arnika)나 눈밝음꽃(Augentrost)에서 시작하는 이 시는 용서라는 주제와 관련해 인용할 만하다. 출혈과 눈병의 치료제로 사용되는 약초를 거명하며 시작하는 것은 첼란이 하이데거와 숲길을 거닐며 나눈 식물에 관한 대화 같은 시적 배경을 보여줄 뿐 아니라 이 시가 치유와 회복 그리고 용서를 향한 열망을 담고 있음도 시사하기 때문이다. 그러나 이 시는 나치 최대의 철학자와 유대인 서정시인의 만남이 시사하는 용서라는 주제 이외에 어떤 집에 초대됨과 그것에 내포된 환대 그리고 그것의 실패에 관한 이야기로도 읽을 수도 있다.

셋째 연을 보자. 이 연은 하이데거의 오두막을 방문한 이들은 의무적으로 방명록에 서명해야 했던 상황[35] 그리고 요청된 서명을 할 때 첼란이

---

35 데리다도 이렇게 말한다. "저도 그 오두막에서 하이데거 아들의 요청에 따라 몹시 우려하며 서명했음을 고백합니다. 저는 제가 다른 모든 사람에 이어 서명하고 있다는 사실을 모르

느낀 복잡한 심경을 드러낸다. 첼란은 한편으로는 자신이 서명했던 내용을 조금 더 상세하게 서술하고 있다. '생각하는 이(사상가, 즉 하이데거)의 마음에 도래할 한마디 말(Wort)'에 대한 희망이 그것이다. 이 말은 다시 한번 하이데거의 언어철학을 하이데거에게로 돌려보내고 있다. 하이데거는 언제나 사유한다는 것은 사유 대상을 자유롭게 풀어놓아주는 것이며, 우리가 말하기 전에 언제나 언어가 이미 우리에게 말을 걸어온다고 설파해왔다.[36] 그러므로 첼란은 하이데거를 향해 침묵을 깨라, 고백하라, 용서를 청하라고 하지 않는다. 그에게 한 단어(Wort)가 "도래"하기를 기다린다.

그러나 이 시에는 방명록에는 기록되지 않은 첼란의 마음속 말이 줄표(─) 사이에서 모습을 드러낸다. "그 책/─누구의 이름을 맞이했을까?/내 이름에 앞서?─"(die in das Buch/─wessen Namen nahms auf/vor dem meinen?─). 첼란은 우리말로 옮길 수 없는 두운법(Namen nahms auf)으로 이름(Namen)과 맞이함(aufnehmen) 사이에 깃든 불안을 드러낸다. 방명록은 맞이했음을 이름으로 기록한다. 방명록에 이름을 쓴다는 것은 맞이함, 맞아들임(zu begrüßen, accueil), 환대를 받아들인다는 것을 의미하는 동시에 원하든 원하지 않든 맞아들여진 이들의 공동체에 속하게 됨을 뜻한다. 그 공동체의 속성에 대해 첼란은 불안해한다. 이 환대가 '무조건적 환대'가 아니기 때문이다.[37] 방명록에 이름을 남길 만한 이들이 초

───────────────

고 서명했는데, 저는 무엇보다도 제 앞에 서명한 모든 이를 걱정할 수밖에 없습니다. 또한 그에 못지않게 제가 급하게 휘갈긴 것도 걱정했습니다. 저는 이렇게 걱정하면서 서명했습니다"(자크 데리다, 앞의 책 59면).

36 마르틴 하이데거 『언어로의 도상에서』, 신상희 옮김, 나남 2012 참조.

37 이하 환대에 대한 논의는 자크 데리다의 『환대에 대하여』(남수인 옮김, 동문선 2004)에 크게 빚지고 있다.

대되고, 그들은 자신을 맞아들인 오두막에 자신의 이름을 새긴다. 이것은 이미 토트나우·베르크의 오두막이 선별된 이들을 향해서만 열려 있으며, 그런 한에서 그것은 환대에 내재한 위험과 불안을 회피한 환대, 열린 듯하지만 사실상 닫혀 있는 환대, '초대(invitation)의 환대'일 뿐, '(우연한) 방문(visitation)에 대한 환대'가 아님을 뜻한다.[38] 첼란은 자신이 그런 폐쇄적인 환대 공동체의 일원이 될 수도 있음을 우려하는 동시에 왜 자신이 그런 공동체의 일원으로 '인정'된 것인지도 근심하는 듯이 보인다. 토트나우·베르크의 오두막, 가장 철학적인 집, 건축함과 거주함과 사유함이 포개져 있는 이 집이 모아들이고 거둬들였지만 맞아들임에 실패하고 있음을 첼란의 시는 증언한다. 맞아들임이 없는 집, 또는 폐쇄적인 원환을 그리는 맞아들임의 집이란 진정성의 요새, 이질성, 이타성, 타자, 이방인과의 만남에서 도망치고 있는 집일 뿐이다.

예수에게 말구유가 없었다면

집은 모아들이고 거둬들이는 곳이지만, 그 거둬들임의 근원적 토대는 맞아들임이다. 집에는 문지방이 있지만, 문지방을 넘는 손님이 없는 집, 외부를 향해 열려 있지 않은 집은 외부의 위험만을 가까스로 막아내고 있거나 어떤 위험을 내부에 유폐하고 있는 곳일 뿐이다. 그렇다 하더라

---

38 관련해서 첼란이 마음에 '도래할' 말을 강조한 이유도 좀더 잘 이해할 수 있다. 하이데거의 언어철학은 언어가 우리에게로 와서 말을 건넨다는 점을 강조한다. 그런데 도래는 방문이다. 하이데거의 관점에서 보면, 언어는 초대된 것이 아니다. 언어가 우리를 방문한다. 우리에게 온다. 그러므로 맞아들임과 환대가 더 본질적인 것임을 하이데거는 언어철학의 수준에서는 이미 승인하고 있다.

도 여전히 하이데거의 이야기는 타당한 면을 갖는다. 돌봄을 통해 수립된 집(과 영토)이 없다면, 맞아들일 곳이 없다. 환대하고 베풀 것이 없다. 환대는 손님을 맞아들일 집이 있고 그 집을 가꾸어왔고 그래서 그 집에 대해 주권적 권리를 뜻하는 '소유'의 측면과 방문한 이방인을 맞이하고 환영한다는 '소통'이라는 양면을 갖는다. 이 양면은 상호 전제하지만, 양자 사이에는 내적 긴장이 존재한다. 만일 소통의 측면에 치중하면 소유가 위협받을 수 있고, 소유의 측면을 강화하면 환대는 억압적인 관용에 그칠 것이다.

환대에 내재하는 이런 내적 긴장과 관련해서 우디 앨런(Woody Allen)이 감독하고 출연했던 뮤지컬풍의 코미디 영화「에브리원 세즈 아이 러브 유」(Everyone Says I Love You, 1996)의 한 에피소드를 보자. 영화의 주인공 중 한 사람이자 내레이터인 디제이(Djuna, 나타샤 리온 분)의 가족은 뉴욕 파크 애비뉴에 있는 펜트하우스(미국인 대부분이 꿈꾸는 최고의 집이다)에 산다. 이 가족은 늘 복잡하고 다양한 이야깃거리로 시끄럽다. 엄마 스테피(골디 혼 분)는 파리에 거주하는 친아빠인 조(우디 앨런 분)의 친구인 밥(앨런 알다 분)과 재혼했다. 디제이에게는 이복 오빠 스콧과 이복 자매 레인과 로라가 있다. 그리고 친언니 스카일러(드루 배리모어 분)에게는 홀든(에드워드 노턴 분)이라는 약혼자가 있다. 그리고 가벼운 치매 증세를 보이는 할아버지도 있다. 어머니 스테피는 '죄책감 많은 민주당원'(guilty democrat)에 사회운동가이자 뉴욕 필하모니 후원자이며, 의붓아버지 밥 또한 골수 민주당원이다. 그러나 오빠 스콧은 보수적 공화당원이다(그의 공화당 지지는 영화 후반부에서 일시적인 호르몬 이상 때문이었다는 식으로 코믹하게 처리된다).

영화는 계절을 따라 네개의 에피소드를 펼친다. 그중 우리의 관심을 끄는 것은 디제이의 어머니 스테피의 생일파티로 시작되는 가을 에피소드이다. 스테피의 생일파티에는 스카일러의 약혼자 홀든의 부모님도 초대되었다. 그런데 사회운동가인 스테피가 찰스 페리(팀 로스 분)라는 유명한 전과자를 초대했다. 그가 가석방으로 막 출소했지만, 가족도 없고 갈 집도 없다는 이유로 말이다. 페리는 수감 중에 면도칼로 교도관의 경동맥을 끊은 적이 있었다는 이야기를 서슴없이 하는 껄렁한 범죄자지만, 사회적 책임감이 강하고 범죄는 사회적 환경의 산물일 뿐이라고 '생각하는(생각만 하는)' 밥과 스테피는 그를 초대해 환대한다. 스테피의 집에 들어선 그는 금세 스테피의 큰딸 스카일러에게 매력을 느끼고 계속해서 치근덕댄다. 그에게 묘한 매력을 느낀 스카일러는 그와 키스를 하고 그에 대한 사랑을 싹틔운다. 급기야 페리에 대한 사랑을 확신한 스카일러는 홀든과의 약혼을 깨기로 마음먹는다. 그러자 바로 그런 일, 즉 스쳐 지나가는 손님인 줄 알았던 이가 그들의 삶에 결정적인 변화를 야기할 수도 있는 일이 벌어지자, 밥과 스테피는 평소 주장하고 피력해온 자유주의적 신조와는 전혀 다른 태도를 보인다.

스테피: 스카일러!

스카일러: 그는 (통신 수업으로)[39] 대학도 나왔어요.

밥: 아냐, 아냐, 스카일러, 내 말 좀 들어봐. 이건 정신건강의 문제야. 넌 도움이 필요해, 쇼크요법이나 약물치료가 필요해.

스카일러: 엄마는 이해하죠? 그는 정말 믿을 수 없을 정도로 야성적이에요.

---

39 괄호 안은 인용자의 보충.

밥: 그럼 동물원에 보내.

스테피: 여보! (말이 심하네요)

스카일러: 게다가 그는 어린아이 같아요.

밥: 새끼 동물들과 같이 가두자.

스테피: 그는 범죄자야!

스카일러: 엄마, 충격이네요. 엄마는 한달 전만 해도 그를 칭찬하기만 했어요.

스테피: 그래, 내가 말하려던 건 사회적 상징이지. 내 딸과 결혼한다는 건······.

(···)

밥: 아비로서 말하는데, 찰스 페리는 절대 만날 수 없다. 예정대로 홀든과 결혼해라. 가장으로서 명하노라! 선포하노라! 예정대로 결혼할지어다!

그러나 스카일러와 페리의 연애는 지속되지 않는다. 스카일러는 페리가 좋은 직장을 갖길 바라지만, 그는 스카일러를 범죄세계의 동반자로 삼고자 한다. 그래서 탈옥범 둘과 더불어 잡화점을 터는 데 스카일러를 데려간다. 경찰에 쫓기는 과정에서 스카일러는 페리와 헤어진다. 그리고 핼러윈을 맞아 빨간색 마법사 복장을 하고 찾아온 홀든과 화해한다. 영화는 그렇게 찰스 페리의 방문을 통해 민주당원의 위선을 유머러스하게 폭로하고 그것을 다시 코믹한 음악과 춤으로 덮어버린다. 또한 영화는 한발짝 더 나아가 자유주의적 관용의 한계 그리고 환대의 예기치 않은 귀결과 그에 대한 두려움의 양상을 드러낸다.

생활세계는 점점 더 다원화되지만 다원화된 생활세계 사이의 조우를 더 빈번하게 하는 지구화로 인해 관용은 전보다 더 우리 시대의 핵심 가치로 승격되고 있다. 동시에 관용 개념의 무능력 또한 분명해지고 있다(주간지 『샤를리 에브도』Charlie Hebdo의 만평과 그것에 분노한 무슬림들의 테러 그리고 그것에 이어 SNS에서 벌어진 '#JeSuisCharlie' 달기 운동은 그 생생한 증거이다).

근대적 관용 개념을 한마디로 정의하기는 어렵지만, 관용 담론들이 공유하는 개념적 핵심이 있다. 그것은 어떠한 믿음이나 행위(때로는 행위자 자체까지)를 못마땅하게 여겨서 그것을 금지하거나 억압하고 싶으며 그럴 능력도 있지만, 금지와 억압을 자제하는 것이다. 만일 어떤 믿음이나 행위를 싫어하지 않아서 내버려둔다면 그것은 관용이 아니라 무관심이고, 싫어해서 억압하거나 금지하고 싶지만 그럴 능력이 안되어 내버려둔다면 그것은 무력한 것이다. 관용 개념에 해당하기 위해서는 선호 수준에서 싫어함, 욕망 수준에서 금지하고 싶음, 능력/권력 수준에서 금지나 억압을 실행할 수 있음이 전제되어야 한다. 이런 조건 위에서 억압이나 금지의 권력을 행사하지 않겠다는 도덕적 자제가 관용을 수립한다. 이런 자제는 분명 높은 가치를 가진 것이지만, 언제든 철회할 수 있는 자의성 아래 놓여 있다. 그런 의미에서 관용은 "여전히 세심하게 따진 환대, 감독하에 있는 환대, 인색한 환대, 자신의 주권에 집착하는 환대에 불과"[40]하다.

스테피와 밥의 찰스 페리에 대한 태도가 바로 이런 관용, 타자를 자신의 감독 아래 두는 환대이다. 물론 스테피가 페리를 집에 초대한 것에는 칭찬할 만한 점이 있다. 그런 행위에는 수형생활을 통해 죗값을 치른 이

---

40 자크 데리다 「자가-면역, 실재적이고 상징적인 자살」, 지오반나 보라도리 편저 『테러 시대의 철학: 하버마스, 데리다와의 대화』, 손철성 외 옮김, 문학과지성사 2004, 233면.

는 동등한 시민으로 대우받아야 한다는 도덕적 입장 그리고 더 나아가 뉴욕 맨해튼의 펜트하우스에서 누리는 풍요로운 삶이 사회경제적 착취의 긴 연쇄 안에 놓여 있다는 '희미한' 도덕적 통찰이 엿보이기 때문이다. 그러나 스카일러와 페리의 연애는 스테피가 페리를 초대한 일이 타자성을 향해 열린 환대가 아니라, "죄책감을 가진" 민주당원 스테피의 죄책감 덜기 내지 그것을 위한 상징적 제스처에 불과함을 폭로한다.

다른 한편 스카일러와 페리의 연애는 스테피의 제한된 방식의 환대조차 주인(host)의 삶을 송두리째 흔들 위험한 잠재력을 가지고 있음도 말해준다. 신중하게 선별된 조건적 환대에조차 약간의 적대가 잠복하고 있는 셈이다(데리다는 이런 환대hospitality에 내재한 적대hostility, 또는 환대의 타락 가능성을 '환적歡敵'hostipitality이라는 신조어로 개념화한다).

스테피의 가족을 비난하기는 어렵다. 이미 지적했듯이, 무조건적 환대는 하이데거적인 보살핌을 통해 이룩된 것을 고갈시키거나 파괴할 수 있기 때문이다. 데리다조차 인정하듯이, "확실히 무조건적 환대로 삶을 영위한다는 건 실천적으로 불가능하다. 여하튼 정의상, 우리가 무조건적 환대를 조직할 수는 없다. (⋯) 어떤 국가도 순수 환대를 제 법률에다 기입할 순 없을 것이다."[41] 그럼에도 불구하고 우리는 하이데거의 오두막이든 스테피의 펜트하우스든, 그런 집들을 근원적으로는 환대의 실패 사례로 꼽을 수밖에 없다. "순수하고 무조건적인 환대를, 환대 그 자체를, 최소한 사유해보지도 않는다면, 우리는 환대 일반의 개념을 갖지 못할 것이며 (⋯) 조건적 환대의 규준조차 정할 수 없을 것"[42]이기 때문이다.

---

41 같은 글 235면. 데리다의 말은 보라도리와의 대화에서 한 발언이라서 존댓말로 번역되었지만, 여기서는 평대로 고쳐 옮겼다.
42 같은 곳.

우리에게 이런 규제적 이상으로서의 무조건적 환대라는 이상이 없다면 혹은 그것이 우리의 사고와 행동에 대해 힘을 발휘하지 못한다면, 그것은 우리가 무엇인가를 망각하고 있기 때문이다. 우리가 잊은 것은 하이데거가 말했던바, 거주한다는 것은 소중히 보살피는 것이고, "사방을 그것의 본질 안에서 수호함을 의미한다는 것"이 아니다. 그보다 더 먼저 있었던 사태, 우리 모두 세계에 집 없이 왔다는 것, 본래는 모두가 이방인이었다는 것, 어떤 가족, 어떤 집, 어떤 나라가 최소한의 환대를 베풀어주지 않았다면 생존조차 어려웠을 것임을 망각했기 때문일 것이다. 예수조차 베들레헴의 움푹하게 파인 아늑한 말구유가 환대해주지 않았다면, 그리스도가 될 수 없었을 것이다.

거주를 해체한 르코르뷔지에

집은 확실히 하이데거가 말하는 거주와 레비나스-데리다가 말하는 환대 사이에 놓여 있다. 집이란 대지 위에 하늘을 받들고 세워져 있으며, 선조와 전통이 말을 걸어오는 곳이며, 그럼으로써 죽을 자들의 삶을 열어주고 인도하는 '사물'이며, 동시에 예기치 않은 방문을 향해 열려 있고, 방문한 손님을 그날 그 집에 깃든 신으로 환대하는 곳이다.

그러나 거주와 환대의 역설적 결합으로서 집은 두 방향으로 해체되고 있다. 한편으로 건립함과 거주함과 사유함 사이의 연계의 해체 그리고 거주와 보살핌의 연결의 약화가 일어나고 있고, 다른 한편으로는 환대 자체가 자본주의적 논리 안에 포섭되는 방식으로 나타난다. 환대 문제에 대해 깊이 천착한 데리다조차 충분히 주의를 기울이지 못한 현상, 즉 환대 자체가 '환대산업'(hospitality industry) 속으로 흡수되는 일이 벌어지고 있는 것이다.[43]

해체의 두 흐름 가운데 전자, 즉 기술문명에 의한 집의 포섭이라는 현상부터 살펴보자. 관련해서 우리의 흥미를 끄는 인물은 집을 "거주하기 위한 기계"(machine-à-habiter)로 정의했던 르코르뷔지에(Le Corbusier, 1887~1965)이다. 20세기 건축과 도시 설계의 방향을 설정하고 궤도를 규정한 건축가 가운데 한 사람인 르코르뷔지에가 하이데거의 철학서를 읽었을 가능성은 없지만, 흥미롭게도 그의 『건축을 향하여』(*Vers une architecture*, 1923)는 하이데거에 맞서고 있다. 1923년에 하이데거는 토트나우베르크에 오두막을 지었으며, 그 오두막에서 『존재와 시간』을 집필함으로써 건축함과 거주함과 사유함의 일치를 입증했다면, 르코르뷔지에는 역시 1923년 『건축을 향하여』 출간을 통해 20세기 건축의 새로운 방향을 규정하기 위해 고투했다. 사회적 수준에서는 물론 르코르뷔지에가 하이데거를 압도했다. 1950년대에 쓰인 하이데거의 「건축함 거주함 사유함」은 이미 어느 정도는 '르코르뷔지에적'으로 바뀐 세상에 대한 비판이라고 할 수 있다. 이미 꽤 길게 논의한 하이데거 글의 모두(冒頭)에서 이미 르코르뷔지에적 세계의 분위기는 감지된다.

우리는 건축함을 통해 비로소 거주함에 이르는 것처럼 보인다. 전자, 즉 건축함은 후자, 즉 거주함을 목표로 삼는다. 그럼에도 불구하고 모든 건축물이 거주물(주택·가옥)은 아니다. 다리, 비행장, 경기장, 발

---

43 hospitality industry는 '접대산업'으로도 번역된다. 환대와 접대 가운데 어떤 것이 더 나은 역어인지는 판단하기 어렵다. 하지만 오늘날 hospitality란 단어를 사용할 때 자크 데리다가 불어넣은 철학적 울림을 피하기는 어렵다. 그래서 여기서는 '환대'라는 역어를 사용할 것이다.

전소는 건축물이긴 하나 거주물은 아니다. 기차역, 고속도로, 둑, 시장 등도 건물이긴 하나 결코 거주물은 아니다. 그럼에도 불구하고 [앞에] 언급한 건축물들은 우리의 거주 영역 안에 서 있다. 이 영역은 이러한 건축물들을 넘어서 펼쳐나가며, 다시금 주거에 한정되어 있지도 않다. 트럭 운전사는 고속도로에서 늘 일하지만 거기에서 숙박하지는 않는다. 근로 여성은 방적공장에서 늘 일하지만 거기에서 거주하지는 않는다. 엔지니어 총책임자는 발전소에서 늘 일하지만 거기에서 거주하지는 않는다. [앞에] 언급한 건축물들은 사람들에게 일할 거처를 제공한다. 사람들은 그 건축물들 안에 거처하고 있으나 그럼에도 불구하고 거주함이 단지 우리가 그 안에 숙박하는 것만을 의미한다면 그 건축물들 안에 거주하는 것은 아니다. 오늘날 주택이 부족함에도 불구하고 다음과 같은 사실은 족히 안심할 만하며 반가운 일이다. 즉 거주물들은 편안한 숙박을 보장해주고 있고, 심지어 요즘엔 잘 설계되어 있을 수 있고, 관리하기에 편하며, 값도 만족할 만하고, 공기, 빛, 햇볕도 잘 들 수 있는 것이다. 그러나 거주물은 [그 안에서] 거주함이라는 하나의 사건이 [참답게] 일어나고 있다고 보증해줄 만한 정황을 이미 자신 안에 간직하고 있는가? (…) 거주함과 건축함은 목적과 수단의 관계 속에 서로 연관되어 있다. 그러나 우리가 단지 이 점만을 염두에 두고 있는 한, 우리는 거주함과 건축함을 두개의 분리된 활동성으로 간주하는 것인데, 물론 이때 우리는 올바른 것을 표상하는 셈이다. 하지만 동시에 본질적인 관련들을 목적-수단의 도식을 통해 왜곡하고 있다. 즉 건축함은 단지 거주함에 이르는 수단과 길에 불과하지 않다. 건축함은 그 자체가 이미 거주함이다.[44]

44 마르틴 하이데거 「건축함 거주함 사유함」 184면. 강조는 인용자. [ ] 안은 한국어 번역자의 보충.

필자가 강조 표시를 한 둘째 부분은 마치 르코르뷔지에가 지은 집, 또는 그의 발상법을 따라 전후 서독에 지어진 집을 가리키는 듯하다. "욕조, 태양, 온수, 냉수, 자유로운 난방, 음식의 보존, 위생, 비례를 활용한 아름다움 등을 갖춘 거주하기 위한 기계"[45]인 집 말이다. 그러나 "설계도 값도 만족할 만하다"며 하이데거가 반갑게 받아들이는 그런 집을 구성하기 위해서 르코르뷔지에는 하이데거가 건축물이긴 해도 거주하는 곳은 아니라고 했던 것들, "고속도로"나 "방적공장," 또는 "발전소" 같은 건축물로부터 영감을 길어올렸다. 20세기 초 모더니즘 미술이나 건축의 경향이 대체로 그렇듯이, 르코르뷔지에 또한 19세기 말 아르누보풍의 장식예술을 혐오하고 기능주의적인 건축을 추구했다. 다시 말해 건축물의 형태는 그 기능에 따라 구조화되어야 하며, 기능과 무관한 형태들은 불필요하고 지저분한 것이라고 여겼다. 그래서 그는 수행해야 할 기능을 단순하고 간결한 형태를 통해 성취한 기다란 원통 모양의 곡물 저장소(silo)가 예배를 수행하는 중앙홀을 제외하곤 기능적인 데가 없는 고딕 성당보다 더 뛰어난 건축 형태라고 주장했다.

연장선상에서 르코르뷔지에는 운송이나 교통을 위한 수단, 즉 자동차나 여객선 또는 비행기에 관심을 기울였다. 그의 『건축을 향하여』의 제4장 「보지 못하는 눈」은 건축적 혁신을 위해 세가지 교통수단, 즉 대형여객선, 비행기, 그리고 자동차에 대해 논의한다. 이런 교통수단이 건축과 무슨 관련이 있는지 의아할 것이다. 그러나 그가 보기에는 이렇다.

---

45 르코르뷔지에 『건축을 향하여』, 이관석 옮김, 동녘 2003, 114면.

7-2. 캐나다의 밀 사일로와 대형 곡물창고[46]

우리의 현대 생활, 우리의 모든 활동이 능동적이고 준비가 되어 있을 때 (…) 우리는 우리를 위한 도구를 창조하였다. 의상, 만년필, 샤프펜슬, 타자기, 전화기, 칭송할 만한 사무용 가구, 판유리와 '기술혁신' 트렁크, 질레트 면도기와 영국식 파이프, 중산모와 리무진, 대형여객선과 비행기가 그것이다.

우리 시대는 매일 그 자신의 양식을 정착시켜가고 있다. 그것은 우리의 눈앞에 있다.

보지 못하는 눈들이여.[47]

르코르뷔지에는 여기서도 사물 또는 도구와 인간의 새로운 조우 양식, 기능주의에 대해서 말하고 있다. 우리의 필요에 이미 부응하고 있는 사물에 대해 우리와 아무런 거리감을 느끼지 않는다. 오늘날 모든 기술의 핵심 과제는 인간과 사물 사이의 '접속면'(interface)을 인식 뒤편으로 물

---

46 같은 책 47면.
47 같은 책 114면.

러나게 하는 것이다. 즉, 사물과 우리를 솔기 자국 없이 꿰매어, 사물은 신체의 연장이 되고, 신체는 사물의 연장이 된 것이다. 물론 그런 사태를 하이데거는 다음과 같이 개탄한다.

오늘날 현전하고 있는 것은 모두 똑같이 가까우며 또한 똑같이 멀다. 무간격[거리 없음]이 지배하고 있다. 그렇지만 멂을 아무리 축소하고 제거한다 해도 가까움을 데려올 수는 없다. (…) 사물은 사물로-된다. 사물로-되면서 사물은 땅과 하늘, 신적인 것들과 죽을 자들을 머물게 한다. 머물게 하면서 사물은 그 넷을 그것들의 멂 안에서 서로에게 가까이 데려온다. 이러한 가까이 데려옴이 곧 가깝게 함이다. 가깝게 함은 가까움의 본질이다. 가까움은 먼 것을 가깝게 하는데 그것도 먼 것으로서 가깝게 한다. 가까움은 멂을 보존한다. 가까움은 멂을 보존하면서 그것을 가깝게 하는 가운데에서 본질적으로 존재하고 있다.[48]

늘 그렇듯이 하이데거의 글에는 비의(秘儀)적인 분위기가 넘실댄다. 하지만 르코르뷔지에가 예로 들고 있는 '샤프펜슬'을 연필과 비교해본다면, 하이데거가 말하고자 하는 바를 어느 정도 이해해볼 수 있다. 연필을 사용하려면 그것을 깎아야 한다. 내가 돈을 지급하고 샀고 그래서 나의 소유물이라 하더라도 적어도 나와는 한뼘쯤의 거리를 지닌 그것을 나에게 '데려와야' 한다. 어느 정도 글을 쓰고 나면 다시 연필을 깎아야 한다. 내 '가까이에서' 글쓰기의 토대를 제공하던 연필은 그렇게 어느덧 다시 '멀어지는' 것이다. 글쓰기를 중단하고 연필을 깎으면 나무 향이 난다.

---

48 마르틴 하이데거 「사물」, 『강연과 논문』 229면. [ ] 안은 한국어 번역자의 보충.

나무가 자라던 숲이 마음에 희미하게 그려진다. 연필심을 뾰족하게 칼로 갈아내면 사각사각 검은 가루가 떨어진다. 그것이 대지 깊숙한 곳에서 왔다는 것, 어떤 광부의 노고가 나와 흑연 심 사이에 놓여 있다는 것을 느끼게 한다. 종래 글이 되어 사라지는 연필은 우리의 글쓰기가 세계의 선물임을 알려준다.

그러나 샤프펜슬은 다르다. 가느다란 연필심 10여개쯤 집어넣으면 한참 동안 쓸 수 있다. 샤프펜슬은 다른 곳에서 데려올 필요 없이 이미 사용 대기 상태로 내 옆에 있어서 그냥 쓰면 된다. 글쓰기는 중단 없이 이어지고, 글쓰기가 무엇에 빚지고 있는지 떠오르지 않는다. 샤프펜슬은 오직 두가지 방식으로만 우리에게 현상한다. 작동하거나 고장났거나…… 그리고 작동하는 한에서 '멂'이 없고, 고장난 한에서 '가까움'이 없다. 그것이 바로 우리가 오늘날 우리 주변의 사물들을 그토록 쉽게 버릴 수 있는 이유이다.

르코르뷔지에는 하이데거와 달리 이렇게 구성된 새로운 사물 세계를 적극적으로 환영했다. 그리고 그런 사물의 논리가 주택의 영역으로 확장되지 못하고 지체되는 것에 분노했다. 그가 보기에 '건축함'이 배워야 할 새로운 사물의 논리를 가장 잘 구현하고 있는 것은 대형여객선, 비행기, 자동차이다. 이들은 기능에 근거한 소재와 형상의 선택 그리고 요소의 조합과 통합성 면에서 경탄할 만한 것들이다. "대형여객선이 수송을 위한 기계라는 사실을 잠시 잊고 그것을 새로운 시각으로 바라보면, 우리는 조용하면서도 생명력이 넘치고 강한 대담성과 단련, 조화와 아름다움의 중요한 발현과 대면하고 있음을 느끼게 될 것이다."[49]

---

49 르코르뷔지에, 앞의 책 117면.

PAESTUM, 600-550 B.C.

THE PARTHENON, 447-434 B.C.

When once a standard is established, competition comes at once and violently into play. It is a fight; in order to win you must do better than your rival *in every minute point*, in

the run of the whole thing and in all the details. Thus we get the study of minute points pushed to its limits. Progress. A standard is necessary for order in human effort.

HUMBER, 1907

DELAGE, "GRAND-SPORT," 1911

7-3. 르코르뷔지에의 『건축을 향하여』 중 파르테논 신전과 자동차 사진을 함께 실은 면50

르코르뷔지에는 『건축을 향하여』 중 자동차를 다루는 부분에서 파르테논 신전 사진과 자동차 사진을 나란히 배치한다. 자동차를 그 자신이 완벽한 형태로 찬미한 파르테논 신전과 동일한 수준에 올린 셈이다. 그는 자동차가 주택의 미래라고 본다. "주택은 자동차가 도구가 되어가는 것처럼 하나의 도구가 될 것이다. 주택은 더이상 깊은 기초에 의해 땅에 무겁게 뿌리내린, 그 위에 가족과 종족의 제단이 너무나 오랫동안 집약되었던 대상으로서 '단단하게' 지어진, 시대에 뒤떨어진 존재가 되지 않을 것"51이라고 주장했다.

『건축을 향하여』에서 다뤘을 뿐 아니라, 『비행기』(1935)를 별도로 저술

---

50 국역본(동녘 2003)에서는 146~47면.
51 같은 책 233면.

했던 것에서 보듯이,[52] 르코르뷔지에가 가장 관심을 가진 것은 비행기였다. 그에게 비행기는 세가지 점에서 영감을 주었던 것 같다. 우선 기능의 명료함이다. 이 점은 그가 여러 사물과 관련해 반복해서 강조했던 것이지만, 그가 보기에 비행기에서는 기능의 논리가 잔인할 정도로 명료하게 관철된다. 그 이유는 비행기가 전쟁과 더불어 발전한 기계이기 때문이다. "전쟁은 결코 만족하지 못하고 언제나 더 나은 것을 요구하는 탐욕스러운 고객이었다. 실패했을 때는 가차 없이 죽음이 뒤따랐다. 따라서 우리는 비행기가 발명을, 지성과 과감함을, 즉 상상력과 차가운 이성을 동원하였다는 것을 확신할 수 있다. 그것은 파르테논을 건설한 정신과 동일한 것이다."[53]

다음으로 비행기는 '조감'(bird's-eye view)을 제공해준다. 르코르뷔지에는 유럽의 오래된 도시들을 경멸했다. "도시는 인간에게 무자비하다. 도시는 낡았고, 썩었고, 무섭고, 병들었다. 도시를 끝장내야 한다." 비행기는 조감 능력을 통해 도시의 그러함을 폭로하고 "기소(起訴)한다."[54] 동시에 바로 그 조감 능력을 통해 낡은 도시를 새롭게 재구성할 합리적 계획을 가능하게 해준다.

끝으로 르코르뷔지에는 비행기에서 '스마트한'(그가 요즘 사람이라면 틀림없이 이 단어를 썼을 것이다) 집의 모형을 보았다. 그는 쌍엽기에 매혹되었는데, 그가 구상했고, 오늘날 우리가 살아가는 건축물의 기본 형태

---

52 Le Corbusier, *Aircraft* (French and English Edition), Parenthèses 2017. 1930년대 비행기 회사들의 브로슈어에 들어 있는 사진들을 몽타주하며, 그 사이사이에 건축과 비행에 대한 단상을 이어가고 있는 이 책은 1930년대 기술과 예술에 대한 의식을 잘 보여주는 흥미로운 저술이다.

53 르코르뷔지에, 앞의 책 123면.

54 Le Corbusier, *Aircraft*, section 10.

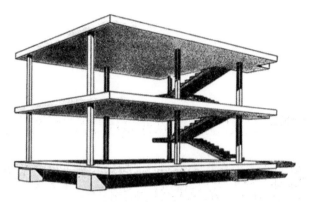

7-4. 도미노 시스템의 기본 형태

가 된 그의 도미노(Domino) 시스템[55]은 적어도 형태적으로는 쌍엽기 구조에서 왔다고 할 수 있다.

관련해서 도미노 시스템에 대해 잠시 살펴보자. 앞 장(제6장)에서 공항 건축에 대해 논의하며, 공항이 철골과 유리를 결합한 19세기 수정궁의 후예라는 점을 지적한 바 있다. 그런데 이런 형태의 건축물은 일상생활을 위한 주택이나 사무실 등에 활용하기는 적합하지 않다. 주택 영역에서 유리-철골 구조물에 대응하는 구조물로 개발된 것이 철근 콘크리트를 사용하는 라멘(Rahmen) 구조, 즉 수평 부재인 보(beam, girder)를 기둥과 강접합한 구조이다. 이런 식의 구조물은 건축을 자동차 생산처럼 표준화된 부품의 결합작업으로 전환할 수 있게 해준다. 다시 말해 주택의 대량생산, '주택 포디즘'을 가능하게 해준다.

젊은 시절 사회주의자였던 르코르뷔지에는 라멘 구조가 저렴한 노동자 주택의 대량 공급에 도움이 된다고 생각했으며, 그것을 좀더 간결하

---

55 Domus(집을 뜻하는 라틴어)+Innovaton(혁신)의 합성어이다.

7-5. 빌라 사보아의 전경

고 급진적으로 재구성해서 도미노 시스템을 만들었다. 즉, 상부 하중을 지탱해주는 내력벽뿐만 아니라 보와 상판 단부 같은 '불필요한' 군더더기를 모두 없애고 여섯개의 기둥과 수평 바닥으로 구성된 텅 빈 사각형 공간을 창출한 것이다.

이런 도미노 시스템에 그가 젊은 시절 영향을 받은 추상주의적 아방가르드 미학의 옷을 입힌 것이 1920년대 그가 지은 일련의 백색 빌라들이며, 그중 대표적인 작품이 빌라 사보아(Villa Savoye)이다. 빌라 사보아를 보면 『건축을 향하여』에서 르코르뷔지에가 '강박적으로' 여러번 사진을 게재했던 비행기인 '파르망 골리앗'(Farman Goliath)[56]이 구조적 동형성을 갖고 있음을 직관적으로 알 수 있다. 빌라 사보아는 쌍엽기를 모방한 집인 셈이다.

---

56 프랑스의 파르망(Farman)사가 1919년부터 1925년경까지 제작한 F.60, F.68, F.140 등의 여객용 비행기이며, 전시에는 폭격기로 쓰였다.

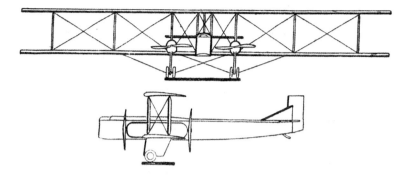

7-6. 르코르뷔지에가 『건축을 향하여』에서 인용한 파르망 슈퍼 골리앗 F.140의 설계 도면. 빌라 사보아와 구조적 동형성을 확인할 수 있다.[57]

르 코르뷔지에가 비행기를 모델로 집을 지었다는 것은, 그에게는 거주와 이동 사이에 어떤 명료한 경계도 없다는 것을 뜻한다. 그에게 대형여객선은 이동하는 공동주택이고, 비행기는 비와 바람을 뚫고 한 지점에서 다른 지점으로 곧장 이동하는 주택이다. 이런 시각에서 보면, 르코르뷔지에가 주장했던 다음과 같은 '근대 건축의 5가지 원칙'(The Five Points of Architecture)의 의미도 좀더 명료하게 이해할 수 있다.

(1) 필로티

건축물을 기둥으로 공중에 띄우는 '필로티'(pilotis) 구조는 비행기에서 발상법을 얻었다고 할 수 있다. 동시에 그런 식의 주택을 짓는다는 것은 건축물 아래 공간을 자동차와 같은 교통수단의 막힘없는 흐름에 넘겨주는 것이기도 하다. 또는 르코르뷔지에에게 대지는 활주로 같아야 한다.

---

57 르코르뷔지에, 앞의 책 133면 참조.

대지를 이미 절반쯤은 박차고 서 있는 듯한 빌라 사보아의 창들은 세상으로부터 날아오르는 비행기의 창처럼 보인다. 다시 한번 르코르뷔지에에게 집은 거주하기 위한 기계인 동시에 '이동하기 위한 기계' 혹은 이동의 결절점이 곧 거주인 장소라고 말할 수도 있겠다.

(2) 옥상정원

'옥상정원'은 실은 공중정원이기도 하다. 필로티 구조의 집은 대지 위에 세워지지 않는다. 대지와 집 사이의 관계는 전도된다. 통상적인 집이 다락방을 통해 하늘에 접하고 지하실을 통해 대지의 어둡고 축축한 세계에 뿌리를 내린다면, 르코르뷔지에가 구상한 집은 대지와 절연되고 그 사이로 바람이 지나가며, 화초와 관목은 옥상에 배치된다.

(3) 자유로운 평면

기둥으로만 지지된 도미노 시스템은 벽이 없는 '자유로운 평면'을 열어준다. 가변적인 칸막이가 벽을 대신하고 모퉁이가 방을 대신한다. 거주자는 텅 빈 공간을 자유롭고 손쉽게 재구조화할 수 있는 셈인데, 누가 그런 텅 빈 공간을 원하겠는가? 집과 자신 사이에 영속적인 관계를 수립할 필요가 없는 이들이다.

(4) 수평 창

빌라 사보아가 잘 보여주듯이 벽이 건물을 지탱하지 않으니 '수평창'을 한참 길게 낼 수 있고 덕분에 채광이 개선된다.

(5) 자유로운 파사드(Le Façade Livre)

기둥이 바닥과 천장 안쪽으로 들어가고 벽의 형태와 크기가 구조적 강제로부터 자유로워지기 때문에 '파사드'(건축물 입면)는 건축가의 자유로운 디자인에 맡겨진다. 어떤 의미에서 르코르뷔지에의 수평창과 자유로운 파사드라는 발상은 훗날 건축될 미스 반데어로에(Mies van der

7-7. 미스 반데어로에의 판스워스 하우스(Farnsworth House, 1945~51)

Rohe)의 어항처럼 투명한 집(벽 자체를 수평창으로 대신한 집)을 예비
했다고 할 수도 있다.

이런 르코르뷔지에의 건축적 지향은 다음과 같이 귀결된다.

르코르뷔지에는 사회주의자였기 때문에 극단적으로 단순화한 도미
노 시스템의 건축적 특징을 처음부터 자본 축적에 두지는 않았을 것이
다. 문제는 이것이 기계론의 산물이라서 기계론적 특징을 내포한다는
것인데 이 기계론이 바로 현대 자본주의와 동의어다. 따라서 한번의
논리 단계만 거치면 이 모델은 곧바로 현대 자본주의의 부동산 개발과
동의어가 된다. 실제로 르코르뷔지에 이후 현대 건축에서 벌어진 상황
이 이런 내용을 잘 보여준다. 삭막한 회색 콘크리트 도시를 이루는 건
축 재료의 90퍼센트 이상이 콘크리트이고, 삭막한 콘크리트 육면체 모

델의 90퍼센트 이상이 도미노 시스템과 르코르뷔지에의 백색 빌라다. 이렇게 보면 르 코르뷔지에는 아직 단순 기계나 창고 같은 토목 구조물에 머물던 19세기 신건축운동을 제대로 된 건축 양식으로 전환한 다음 이것을 다시 자본 축적을 위해 사용할 수 있는 모델로 개발한 것이다.[58]

물론 말년의 르코르뷔지에는 '선언자'나 '기획자'보다 '예술가' 기질을 더 많이 내비쳤다. 르코르뷔지에가 1950년대에 설계한 인도의 계획도시 '찬디가르'(Chandigarh)는 "소소한 세부와 경치, 예상치 못한 경치, 복잡한 공간 사이의 불규칙한 움직임에 관심을 쏟음으로써 그곳을 살기 위한 기계가 아니라 하나의 장소로 만들었다. 롱샹 성당(Chapelle Notre-Dame du Haut de Ronchamp) 같은 다른 후기작들도 그 형태에 대한 기능주의적인 쉬운 설명이 불가능한, 매우 매력적인 건축물이다."[59]

그러나 그가 20세기 사람들의 일상적 삶에 남긴 유산은 경험보다 독트린을 더 앞세웠던 그의 젊은 시절에서 비롯한 삭막하게 대량생산된 회백색 콘크리트 건축물이며, 우리 사회도 거기서 예외는 아니다. 예컨대 우리의 아파트 건축에 모델을 제공한 것은 르코르뷔지에의 '위니테 다비타시옹'(Unité d'Habitation, 1940년대 유럽 여기저기에 지어진 고층 아파트)이다.

뼈아픈 점은 우리의 아파트가 어떤 의미에서 르코르뷔지에가 구상한 것보다 더 열등한 형태, 또는 그것의 개악된 판본이라는 점이다. 르코르뷔지에는 내력벽을 제거함으로써 사용자에게 빈 공간의 자유를 넘겨주려고 했다. 물론 그것에는 댓가가 있다. 벽을 통해 공간을 구조화하는 미

58 임석재『기계가 된 몸과 현대 건축의 탄생』, 인물과사상사 2012, 416~17면.
59 리처드 세넷『짓기와 거주하기: 도시를 위한 윤리』, 김병화 옮김, 김영사 2020, 116면. 괄호 안은 인용자의 보충.

7-8. 프랑스 마르세유 소재의 위니테 다비타시옹

학과 상징의 상실이 그것이다. 그런데 우리의 아파트는 르코르뷔지에가 제거하고자 한 내력벽을 자본 축적의 관점에서 다시 채택했다. 대량생산된 주택에 동일한 패턴으로 반복되는 내력벽은 철근 콘크리트 기둥보다 더 비용을 절감할 수 있다. 집의 층고(層高)도 기둥일 때보다 더 낮출 수 있어서 그 점에서도 비용을 줄이는 데 도움이 되었다. 건설회사는 이윤을 위해 르코르뷔지에가 추방한 내력벽을 뒷문으로 다시 들여왔고, 그 결과 우리는 낮고 답답한 실내, 아무런 미학도 상징적 가치도 갖지 않은 채 그저 우리의 생활양식을 감옥처럼 옥죄는 벽으로 인한 부자유스러운 평면, 그리고 그 내력벽을 타고 쿵쿵거리며 울려오는 층간소음에 시달리게 되었다.

그래도 창 너머로 삐죽이 강이 내다보이는 내 아파트 거실창 앞에 서면, 나는 쌍엽기를 타고 비행하고 있는 듯한 느낌에 사로잡힌다(날개 길이가 26미터나 되는 파르망 골리앗 F60에 비하면 내 아파트는 아주 작은 쌍엽기이다!). 늘 지상에서 이륙한 채 어딘가로 이동하고 있는 기분이다. 여기엔 대지로부터 뿌리 뽑힌 자의 애수(哀愁)가 없다. 오히려 지형의 굴곡진 제약에서 벗어난 자의 가벼운 의기양양함이 있다. 이런 개인적 몽상이 아니더라도 모두가 '역세권'을 따지는 세상에서 집은 역과 연결된 곳, 거주가 아니라 이동의 결절점으로 여겨지고 있으며, 그런 의미에서 우리는 어느 정도 '르코르뷔지에적' 세계에서 사는 셈이다.

이렇게 이동과 거주가 혼용되는 세계에서 집은 장기숙박 호텔 또는 에어비앤비와 이미 어느 정도는 닮은 곳이 되었다. 우리는 다들 몇년에 한 번씩 이사/이동을 한다. 그럴 때마다 '사물'을 내다버리고, 그러면서 삶 또한 덜어낸다. 편지와 사진이나 액자와 필기구와 책과 음반, 어렵게 사들인 커피잔과 그릇들, 어항과 화분 그리고 낡고 친밀한 가구, 또는 어린 시절을 담고 있는 낡았거나 너무 작아진 장난감과 자질구레한 물품들이 말끔히 걸레질된 집에 큐레이팅되어 있는 곳에서나 삶은 거주라는 경험을 내준다. 그러나 우리는 여행/관광을 떠나기 전날 캐리어에 짐을 꾸리듯이, 그렇게 이삿짐을 싸며 산다(이조차 이삿짐센터 직원이 대행한다). 집과 경험으로서의 거주는 이미 상당히 깊숙하게 해체된 셈이다.

환대를 해체한 환대산업

거주로서의 집이 해체되어가면, 환대로서의 집 또한 해체된다. 여기에는 상호 강화의 측면이 있다. 거주가 해체되면, 그만큼 환대 능력을 상실

372

한다. 환대를 잃은 집은 오스카 와일드의 동화 「이기적인 거인」의 정원처럼 내내 겨울이 이어지고 봄이 찾아오지 않는다. 데리다가 천착하는 거주와 환대 또는 조건적 환대와 무조건적 환대 사이의 이율배반에 대한 논의는 이런 문제와 관련된다. 그의 성찰이 지향하는 바는 더욱더 이동성이 높아진 세계, 인류가 전지구적으로 이동하는 세계에서 함께 살아갈 국제법적 조건 그리고 그런 국제법을 향도할 규제적 이상으로서의 환대에 관한 것이다. 하지만 이동성의 증대는 그런 국제법적 문제뿐만 아니라 사회적 기능 분화 그리고 환대의 산업화 문제도 제기한다.

모든 집이 이따금 찾아오는 손님을 환대하는 가설적 상태를 그려보자. 그런 상태에서 집들은 각자의 환대 역량 또는 그때그때 상황의 차이에 따라 손님을 기꺼이 환대할 수도 있고, 피하거나 거부할 수도 있다. 만일 환대 역량에 구조적 차이가 있다면, 어떤 집은 점점 더 많은 손님을 맞아들이는 데 반해, 어떤 집은 손님을 맞을 엄두도 내지 못할 것이다. 또한 데리다가 '환적'(hostipitality)이라는 개념으로 포착하고자 했듯이, 모든 환대에는 적대가 잠재되어 있다.[60] 이 적대가 발현될 때 그것을 제어할 능력에도 격차가 있을 수 있다.[61] 이런 차이가 기능 분화로 이어질 수 있다. 즉, 어떤 집이 환대를 위해 전문화되고, 그렇게 전문화된 집 덕분에 다른 집들은 환대 부담에서 벗어나는 것이다. 이런 기능 분화는 손님 편

---

60 환대에 유럽어 가운데 라틴어에서만 이런 양가적인 의미가 깃들게 된 경위에 대한 어원학적 설명으로는 에밀 벵베니스트 『인도·유럽사회의 제도·문화 어휘 연구 1』, 김현권 옮김, 아르케 1999, 제7장 환대 참조. 어원학적인 해명은 이뤄지지 않았지만, 우리말 '손님' 또는 '손'도 그런 양가적인 의미를 품고 있다. 그래서 손님은 천연두 같은 질병을 지칭하는 말로도 쓰였다.
61 주인은 무례한 손님을 순치할 치안 능력을 갖출 수도 있고, 그렇지 못할 수도 있다. 주인의 충분한/지나친 치안 능력은 손님을 인질로 전환할 폭력적 힘이 될 수도 있다.

에서도 필요하다. 낯선 곳에서 평안한 임시 거처를 제공할, 즉 자신을 진정으로 환대할 집이 어딘지 알아내는 일은 손님에게 까다로운 과제이다. 낯선 곳에 도착한 손님은 아마도 환대를 이미 또는 미리 고지하는 집이 있기를 바랄 것이다.

기능 분화는 환대가 조건적인 것이 될수록 그리고 조건이 명료해질수록 더 강화된다. 이 점은 환대가 도덕적 의무의 영역에 머물렀던 상태와 비교해보면 쉽게 이해할 수 있다. 환대는 먹을 것과 입을 것 그리고 잠자리, 더 나아가 활동의 공간과 자원을 '주는 것'인 한에서 선물을 둘러싼 논리가 작동한다. 즉, 선물 일반에 작동하는 삼중의 의무인 줄 의무, 받을 의무, 갚을 의무가 환대에서도 작동한다.[62]

하지만 선물에 내재한 삼중의 의무는 관찰자에게는 보일 수 있어도 수행 주체에게는 무의식적으로 작동해야 하며, 그런 한에서만 선물은 존립한다. 만일 선물을 주는 이가, 상대가 받을 수밖에 없다고 생각하며 선물을 한다거나, 선물 받은 이가 다른 선물로 갚을 것임을 예상하고 선물을 한다면, 그것은 더는 선물이라 할 수 없다.[63] 마찬가지로 낯선 이 또는 손님에게 환대를 베푸는 이가 환대받은 이의 감사와 보답을 예상하고 환대한다면, 그것은 타락한 환대라 할 것이고, 만일 예상된 감사와 보답에 맞추어 환대를 제공한다면, 그것은 더는 환대 범주에 속한다고 할 수도 없을 것이다.

그러나 감사와 보답에 대한 예상이 명확해지고, 그 예상에 맞추어 환대

---

62 마르셀 모스 『증여론』, 이상률 옮김, 한길사 2002 참조.

63 이런 점 때문에 데리다는 선물에 고유한 불가능성의 차원이 있다고 말한다. 데리다가 주장하듯이, 선물은 선물로 현현해서는 안되고, 그것을 받은 이가 그것을 선물로 인지해서도 안된다. Jacque Derrida, "The Time of the King," *Given Time: I. Counterfeit Money*, tr. by Peggy Kamuf, University of Chicago Press 1992, 12~15면 참조.

를 제공할 뿐 아니라, 한걸음 더 나아가 주인이 손님에게 환대의 댓가로 미리 매겨진 '요금'(rate)을 제시하고, 손님은 그 요금을 '지불'하는 단계까지 나아가면, 환대는 서비스가 되고 기능적으로 분화된 직업으로 발전한다. 이런 과정이 진행되면 낯선 곳에서 편의를 구하는 데 어려움이 없어지기 때문에, 손님 편에서도 그것은 환영할 만한 면이 있다. 그래서 일단 분화가 일어나면 이 또한 자기강화의 과정을 밟는다. 환대의 직업적 분화가 더 많은 교류와 이동을 야기하고(더 많은 손님을 발생시키고), 이동이 정규적이고 규모가 커지는 만큼 환대는 직업적 안정성을 갖게 된다.

이런 과정은 주인과 손님 모두에게 '해방적인' 것으로 체험될 수 있다. 왜냐하면 환대를 사회적 삶의 근원적 토대에 붙들어 매었던 도덕적 의무로부터 손님과 주인 모두를 풀어주기 때문이다. 이제 모두가 서로에게 환대를 받고 그래서 타자를 환대해야 하는 의무에서 누구도 벗어날 수 없는 선물경제의 세계는 뒤로 물러난다. 그리고 환대가 매번 (이미 도래한 시장경제의 관점에서 보면) '지저분한' 도덕적 채무를 남기지 않고 깔끔하게 정산되는 세계가 부상한다.

논리적으로 서술된 이런 과정은 산업화 이전 시기 영국 여관(inn)에 관한 연구에서 역사적으로도 확인된다. 물론 역사적 과정은 그리 평탄하지 않다. 하지만 어떤 분기점을 넘어선 이후에 가속적 변화가 일어났는데, 결정적 요인은 산업화와 자본주의 발전 속에서 일어난 (마차와 기차, 그리고 뒤이은 자동차 같은) 교통수단의 발전과 도시로의 인구집중이었다. 너무 많은 이들이 도래하면 환대 부담도 가속적으로 커진다. 게다가 성장하는 도시는 불가피하게 손님이 그 수와 규모 면에서 주인을 압도하는 곳이다. 거기서는 주인도 손님처럼 낯선 이 가운데 하나일 뿐이다. 낯선 이들 사이를 낯선 이들이 걸어가는 도시에서 누가 누구를 환대하겠는가? 인구집중과 이동인구 증가는 환대의 전문화 없이 감당하기 어려운 변화다.

여관의 발전은 당연하다시피 한 일인데, 관련해서 한가지 언급해둘 점은 여관이 손님에게 침실과 음식과 술을 제공하는, 즉 공동체의 환대 부담을 전문적으로 떠맡은 (또는 그것에서 수익의 원천을 발견한) 간선도로상의 어떤 집에서 시작하지만, 어디서나 금세 외부 세계와의 접점 역할까지 담당했다는 점이다. 여관에 딸린 혹은 여관 1층에 마련된 식당 또는 선술집은 '커뮤니티센터' 같은 공공의 역할을 했고 이방인과 지역주민이 만나서 세상 돌아가는 소식을 교환하는 장소가 되었으며, 이런 외부 세계와의 접점 기능은 오늘날에도 여전히 유지되고 있다.

환대산업의 다음 단계는 점점 늘어난 여행자들의 계층 차이와 구별의식(distinction)을 반영하며 사회적 엘리트 집단을 위한 상급 여관(principal inn)과 저렴한 시골 여관(country inn)으로 나뉘는 과정이다. 일단 상급 여관이 발전하면, 여관 문화의 발전은 이런 유의 여관이 주도한다. 여관의 수익률을 높일 수 있는 주된 원천은 차별화된 환대/서비스에 아낌없이 요금을 지급할 수 있는 상류층이기 때문이다. 그래서 상급 여관의 발전 또한 자기강화의 과정을 밟는다. 여관은 처음에는 상류층에게 제집에 있을 때와 다름없는 편의를 제공하려고 하지만, 곧 제집에 있을 때보다 더 화려하고 호사스러운 경험을 제공하게 된다. 환대/서비스가 '호사'(luxury)로 나아가는 것이다.

이런 변화는 그것을 표현해줄 새로운 이름에 대한 욕구로 이어진다. 엘리트 여관은 영국과 미국에서 대략 1790년경부터 '호텔'로 명칭이 전환된다. 상급 여관 경영자들에게 여관(inn이나 tavern)보다는 프랑스어 '오텔'(hôtel)이 그런 인상을 준다고 여겨졌기 때문이다. 확실히 오텔은

7-9. 미국 보스턴의 트레몬트 호텔

물리적인 의미에서 대형 건물을 뜻하는 동시에 '호스텔'과 더불어 라틴어 hospitium(환대)에서 유래한 뉘앙스를 유지하고 있어서 적합한 단어이기는 했다. 이렇게 해서 호텔이 고급 여관을 지칭하는 말로 자리 잡자 여관은 그보다 못한 낮은 급의 숙박시설을 지칭하는 말로 자리잡았다.[64]

19세기 들어, 인구 수백만 규모의 메트로폴리스가 형성되자, 호텔은 그런 도시의 환대/서비스 능력, 다시 말해 외부를 향한 도시의 개방성과 도시 성장의 야망을 상징하는 시설, 심지어 기념비로까지 발전한다(이런 경향의 최종적 형태 가운데 하나가 두바이의 부르즈 할리파이다). 이런 발전의 이정표로 꼽히는 것이 1829년 미국 보스턴에 세워진 '트레몬트 호텔'(Tremont Hotel)이다. 이 호텔은 170개의 객실, 200석 규모의 식당을 구비한, 당시로서는 미국에서 가장 크고 호화로운 호텔이었다. 트레몬트 이전에는 숙박시설 대부분이 객실 하나에 여러개의 침대를 넣고 여러명

---

64 Daniel Maudlin, "Inns And Elite Mobility in Late Georgian Britain," *Past & Present*, Vol. 247 Iss. 1 (May 2020), 37~76면.

을 투숙시켜서 채산성을 맞추었지만, 트레몬트는 과감하게 1인용 객실과 2인용 객실을 마련하여 손님의 프라이버시를 보장했고, 각 객실에 최초로 욕탕과 세면대를 제공했으며, 손님에게 물 주전자, 신문, 비누 같은 소품들도 꼼꼼하게 제공했다. 또한 손님을 위한 수하물 보관실과 업무용 사무실 등도 제공했다. 지배인 제도를 도입해 고객을 정중히 대접하고, 미국 호텔에서는 처음으로 프랑스 요리도 제공했다. 트레몬트는 호텔에서 '퍼스트 클래스' 서비스 개념을 확립했고, 이를 위해 객실 전화 역할을 수행할 호출 벨(announciator) 시스템, 증기난방, 엘리베이터, 욕실을 위한 실내 배관, 가스램프 조명을 설치하는 등 기술 혁신을 이룩했다.

이런 혁신은 일단 작동하기 시작하면 가속화되는 경향이 있다. 호사에는 한이 없기 때문이며, 손님의 기대 수준은 호텔이 제공할 수 있는 호사 수준이 높아질수록 함께 올라가고, 손님의 까다로운 욕구를 호텔이 충족시켜주는 그만큼 손님은 더욱 까탈스러워지기 때문이다. 당연히 새로 지어진 호텔만이 그때까지 발전된 기술을 수용해 더 높은 호사 기준을 충족해줄 수 있다.[65] 혁신을 주도한 보스턴의 트레몬트 호텔이 1895년에 문

---

65 이런 호사의 자기강화 과정에는 의사(疑似) '변증법적' 발전이 나타나는 듯하다. 처음에 호텔은 사람들에게 제집에 있는 것이나 다름없는 환대/서비스를 제공하고자 한다. 그러나 곧 이런 환대/서비스는 집에서는 누릴 수 없는 쾌적함, 편리함 그리고 허영심을 충족시켜주는 데까지 나아간다. 일단 호텔이 이런 정도의 호사를 제공한다면, 사람들은 어떤 곳에 여행/관광 갔을 때 머무를 곳으로서 호텔을 이용하는 데서 더 나아가 호텔 자체를 체험하기 위해서 여행/관광을 가게 된다. 바닷가 휴양지에 세워진 호텔을 예로 들어보자. 처음에 사람들은 수영을 즐기기 위해 좋은 백사장이 있는 곳으로 가고, 그 인근의 호텔을 이용할 것이다. 그러나 곧 호텔은 이들을 위해 더 나은 환대/서비스를 제공하기 위해 노력할 것이다. 그런 예로 '프라이비트 비치'를 갖춘 호텔을 들 수 있다. 이제 한적한 바닷가를 즐기기 위해서는 바닷가가 아니라 바닷가를 '가진' 호텔로 가면 된다. 그러나 호텔은 거기서 한걸음 더 나아간다. 아예 호텔 옥상에 '인피니티 풀'을 만들어 바닷가에 나가는 것보다 더 시원한 시각적 체험을 제공할 것이다. 만일 이런 경험, 인피니티 풀을 즐기고 풀 가두리의 파라솔 아래서 고공을 불어가는 시원한 바람을 느끼며, 그 옆에서 호텔 요리사가 구워낸 바비큐와 생맥

을 닫은 사실이 보여주듯이, 호텔 건물의 유효 수명은 여느 건물과 비교도 할 수 없을 정도로 짧아졌다.[66]

　미국에서 자본주의가 급속히 발전한 도금시대(Gilded Age)를 경유하며 경쟁적으로 호사의 수준을 높였던 환대산업은 1930년대에 이르기까지 호텔 건축과 각종 기술 및 경영 기법에서 혁신을 이룩했을 뿐 아니라 환대/서비스 표준도 확립했다. 오늘날 우리는 세계 어디를 가든 '일정 등급 이상의' 호텔에서라면 예측 가능한 환대의 분위기와 서비스 표준과 절차를 만나게 된다. 거의 유사한 형태의 로비, 커피숍, 식당, 바, 컨벤션센터, 세탁소 같은 부대시설, 등급화된 호텔방, 세팅된 침구류, 세팅된 화장실 비품, 옷장을 비롯한 가구, 작은 금고, 조명 등의 배치를 경험하게 되는데, 이런 표준화가 이루어진 것은 이 시대에 이르러서이다.

　그러나 1930년대 세계적인 대공황이 닥치자 호텔산업도 크게 후퇴했다. 특히 상류층만을 지향하며 과시적으로 호사를 경쟁했던 상급 호텔들이 큰 타격을 입었다. 공황과 제2차 세계대전이라는 침체기를 거친 뒤 전후 장기호황 국면이 도래하자 호텔산업은 다시 빠르게 성장했다. 하지만 성장 패턴은 전과 달랐다. 전후 장기호황 속에서 노동자들과 화이트칼라의 실질임금이 상승했으므로, 도금시대 때처럼 고급화에 치중하기

주를 즐기는 체험이 먼 거리를 걸어나가 모래와 소금기를 묻히며 바닷가에서 파도를 느끼는 것보다 낫게 느껴지면, 이제 최종적 형태로 사람들은 바닷가로 관광/여행을 가는 피곤한 일을 제치고, 바다 대신 도심의 스카이라인과 야경에 이어진 루프탑 인피니티 풀을 갖춘 호텔에 가서 '호캉스'를 즐기게 된다(예컨대 싱가포르의 마리나베이샌즈 호텔Marina Bay Sands Singapore). 휴양지에 위치했던 호텔이 휴양지를 아예 내부화해서 '휴양지인 호텔'이 되는 것이다. 같은 발상은 다양하게 확장될 수 있다. 왜 뮤지엄에 가기 위해 인근 호텔에 묵어야 하는가? 아예 뮤지엄을 내부화한 호텔이 되지 않겠는가(예컨대 미국 오클라호마의 '21세기 뮤지엄 호텔'21c Museum Hotel Oklahoma City)?
66 Molly W. Berger, *Hotel Dreams: Luxury, Technology, and Urban Ambition in America, 1829–1929*, Johns Hopkins University Press 2011 참조.

보다 노동자와 화이트칼라의 여가를 겨냥한 휴양지 호텔업이 번성하게 된다. 또한 호텔산업은 미국 전역에 깔린 주간(州間) 고속도로(interstate highway)로 인해 더욱 활발해진 자동차 여행에 대응하고자 모텔(motel. 자동차를 뜻하는 motor와 hotel의 합성어이다)을 발전시켰다. 자가용은 이동성을 높여 손님들의 호텔 체재 일수를 줄이게 되므로 고급스럽고 다양한 환대/서비스를 제공하는 호텔보다 고속도로에 인접한 저렴한 모텔이 적합성을 가졌기 때문이다. 그뿐 아니라 호텔업의 수익률 제고를 위해서 유명 호텔은 개별 호텔 경영에서 벗어나 체인화하고 프랜차이즈화하기 시작했다. 오늘날에 전지구적으로 팽창하고 있는 호텔의 브랜드화와 체인화는 이 시기에 시작되었으며, 그것을 주도한 대표적인 호텔이 셰러턴(Sheraton), 힐턴(Hilton), 홀리데이 인(Holiday Inn) 등이다.[67]

환대 없는 거주의 초상들

호텔을 통한 환대의 기능 분화와 사회적 이동성 사이의 상호 강화 과정은 근대적 삶의 일반적 양상이 되었다. 에드워드 호퍼(Edward Hopper)의 「호텔방」(1931)은 그런 시대를 간결하고 응집력 있게 표현한다. 마드리드의 티센 보르네미사 미술관(Museo Thyssen Bornemisza)에 걸린 숱한 걸작들 사이에서도 이 그림은 우리의 정서를 착잡하게 끌어내리며 오래 바라보게 한다(나 역시 그 앞을 떠나기 어려워 한참 동안 바라봤다).

속옷 차림의 한 여성이 익명의 호텔방 침대 가장자리에 앉아 있다. 그

---

67 셰러턴과 힐턴이 기존 호텔들을 매입하여 체인화했다면, 홀리데이 인은 프랜차이즈 방식으로 세를 불렸다.

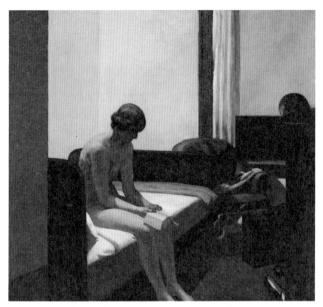

7-10. 에드워드 호퍼 「호텔방」, 1931, 티센 보르네미사 미술관, 스페인 마드리드

녀는 방금 도착한 듯하다. 입었던 옷은 벗어서 녹색 안락의자에 걸쳐놓
았다. 모자는 앞의 서랍장 위에 던져놓았고, 트렁크는 들여놓았을 뿐 아
직 열지 않았다. 그녀는 자신을 온종일 힘들게 했을 하이힐을 벗어 던진
채 맨발로 앉아 있다. 슈미즈 차림에 맨발인 채로 좀 처진 자세로 앉아 있
는 그녀의 모습에는 피로감과 안도감이 묻어난다. 그녀 뒤쪽 위에서 내
리는 조명과 약간 고개를 숙인 자세 탓에 표정이 잘 드러나 있지 않다. 그
녀가 골똘히 들여다보고 있는 누르스름한 종이는 열차시간표라고 알려
져 있다.[68] 혼자인 그녀의 모습에서는 외로움이, 호텔에 도착하자마자 다

---

[68] 게일 레빈 『에드워드 호퍼』, 최일성 옮김, 을유문화사 2012, 393면. 이 책은 그림의 모델과
그려진 장소에 대해서도 알려준다. "조(호퍼의 아내, 조지핀 니비슨)는 워싱턴스퀘어에 있

음 일정을 위해 열차시간표를 들여다보는 모습에서는 마음의 분주함이 느껴진다. 화가는 의도적으로 그녀의 맨발을 모두 그리지 않았다. 아니, 화면이 그녀의 맨발을 절단하고 있다고 하는 게 더 정확할 텐데, 그래서 인지 그녀의 맨발에서는 '집에 들어왔음'과 그것이 주는 평안함의 분위기가 풍기지 않는다.

그녀가 든 호텔이 상급이 아니라는 건 '미니멀' 인테리어를 통해 드러난다. 그녀 앞에 놓인 서랍장은 너무 가까워서 약간 답답하다. 더불어 왼쪽 벽 모서리와 서랍장은 그녀를 보는 관람자의 시점을 좁힌다. 그래서 관람자는 어쩔 수 없이 관음증적 '위치'에 서게 되고, 우리는 그녀의 심리 상태에 '구조적으로' 관심을 갖게 된다. 그러나 얼굴이 그늘져 있어 표정을 잘 알 수 없다. 화면의 구도는 우리의 시선을 그녀의 얼굴로 향하게 하지만, 정작 그녀의 얼굴은 그녀의 상태에 대해 알려주지 않는다. 이런 어긋남 때문에 우리는 그녀에게서 시선을 거두지 못한다.

그녀의 모습에 우리가 착잡해지는 또다른 이유는 전체 공간이 그녀를 죄는 듯이 보이기 때문이다. 그 이유는 밝은 조명으로 인해 윤곽이 날카롭고 건조한 가구들이 여성에게 너무 근접해 있기 때문이기도 하고, 공간에 깊이감을 줄 소실점이 침대 가장자리 선을 따라 녹색 안락의자를 거쳐 커튼 아래 조금 드러난 바깥 창으로 향해 있는데, 어둠으로 인해 바깥으로 아무것도 보이지 않기 때문이기도 하다. '닫음'이 만들어내는 내부는 아늑함을 자아낼 수 있지만, '닫힘'이 만들어내는 내부는 답답함과

던 뒤편 스튜디오에서 「호텔방」의 모델을 하던 때를 회상했다. '나는 분홍빛 슈미즈 바람으로 벽난로에서 멀리 떨어져 (아주 추운 방에서) 앉아 포즈를 취했다. E(에드워드 호퍼)가 침대 커버와 내 머리 위에 빛이 있어야 한다고 해서 나는 꾹 참아야 했다'"(같은 곳, 두번째 괄호 안은 원문 그대로).

불안감, 외로움과 우울감 같은 여러 부정적 감정을 빚는다. 호퍼는 이 그림을 통해 호텔방이 닫음과 닫힘의 모호한 경계선에 놓여 있음을 잘 드러낸다. 실내조명 덕에 색조가 선명한 겨자색 커튼은 아늑함을 주지만, 커튼 아래 외부로 향한 창밖의 칠흑 같은 어두움으로 인해 호텔방은 외부와 차단된 공간으로 느껴진다. 열린 듯이 닫힌 공간, 닫았지만 닫힌 것이기도 한 공간이다.

호퍼의 그림 전반이 말해주는 바는, 근대 사회는 낯선 곳을 찾아온 이에게 딱딱한 구두를 벗고 속옷 차림으로 느슨하게 풀어질 수 있는 공간을 편리하게 허용하지만, 그것이 제공하는 환대는 인간의 환대가 아니라 '사물과 절차의 환대'라는 것이다. 그런 곳에 흐르는 정조는 심리적 깊이나 철학적 울림이 없는 그저 혼자 있음으로서의 고독이며, 이것이 환대의 기능적 분화가 일으키는 효과이다. 입구의 벨보이, 프런트의 직원, 청소부, 세탁부, 요리사와 웨이터, 그리고 경영자와 (보일러, 엘리베이터, 전기, 에어컨디셔너 등등의) 기술자가 빈틈없이 나에게 환대/서비스를 제공하지만 내가 조우하는 것, 나를 직접 환대하는 것은 사물들뿐이다.

지불 능력이 있다면, 특실(suite room)에서 한껏 게으르고 느긋하게 룸서비스로 아침식사를 할 수도 있고, 와인 잔을 기울이며 거품욕을 할 수도 있다. 지불 능력이 충분치 않으면 비즈니스호텔에서 침대로부터 한뼘 거리밖에 안 되는 테이블에 앉아 노트북으로 이메일을 체크하고 유튜브를 뒤적이거나 호퍼의 그녀처럼 열차시간표를 들여다보다 머리를 누이고 잠을 청해야 할 것이다. 어느 경우든 침구는 깨끗할 것이다.[69] 물론 사

---

69 지불 능력이 많이 모자라거나 일정이 어그러져 빈방이 있기만 하다면 어디든 묵어야 할 상황에 처해 '일정 수준 이하'의 호텔에 숙박할 수도 있다. 그래서 담배 냄새가 밴 누렇고 퀴퀴한 벽지, 그 벽에 걸린 싸구려 프린트 그림, 삐걱거리는 의자와 침대 프레임, 갈지 않은

물의 표준적인 환대가 이따금 잘 작동하지 않을 수 있다. 낡은 냉방기는 시끄러운 소리를 낼 수 있다. 역설적이게도 사물의 환대는 이런 식으로 고장이 난 경우에만 우리를 그 사물 뒤의 사람들과 접할 수 있게 해준다. 하지만 그럴 때도 나는 그저 '항의'하기 위해서 그들을 만나고, 그는 나의 항의를 '이슈'라는 중립적 언어로 바꾼 다음, 미리 정해진 '절차'에 따라 처리할 것이다.

자동차 여행을 즐겼던 호퍼는 주유소를 그리고 호텔도 그렸다. 그리고 자신이 숙박했던 호텔에서 환대산업의 발전이 불러온 고독의 정조를 예민하게 포착했다. 그는 사회학자들이 『군중 속의 고독』(데이비드 리스먼, 1950)을 떠들어대기 20년 전에 이미 시대의 징후를 하나의 회화로 요약해 냄으로써 사회학자들을 부끄럽게 했다. 그는 여러편의 호텔방 그림을 그렸을 뿐 아니라 사무실, 창문 너머의 방 풍경, 적막한 길거리, 늦은 밤의 술집, 기차 대합실과 객실, 지하철, 언덕 위의 덩그런 주택 등을 즐겨 그렸는데, 밝고 명료한 색감이 자아내는 그의 사실주의적 풍경화들은 독특한 외로움과 익명성의 분위기를 전달한다(마르크 오제가 그의 그림을 유심히 볼 기회가 있었다면, 아마 그는 호퍼를 '비장소의 화가'라 불렀을 것이다).

자동차 여행뿐 아니라 영화를 좋아했고 그래서 영화의 시각문법에서 영향을 받은 호퍼의 회화는 역으로 영화감독들에게도 많은 영향을 주었다. 그에게 영향을 받은 영화감독으로 테런스 맬릭(Terrence F. Malick)이나 빔 벤더스(Ernst Wilhelm Wenders)를 들 수 있다.[70] 하지만 내 보기

시트, 그리고 자고 일어난 다음 벌레에 물려 부어오른 다리를 발견하는 일을 겪을 수도 있다. 호텔산업은 환대 표준을 형성하지만, 당연하게도 표준 미달의 호텔이나 모텔 또는 게스트하우스 또한 아주 많다.

70 맬릭의 「천국의 나날들」(1978)이나 벤더스의 「파리, 텍사스」(1984)의 풍광에서 호퍼를 떠올리지 않기는 어렵다.

에 훨씬 더 흥미로운 경우는 그가 앨프리드 히치콕(Sir Alfred Hitchcock)에게 미친 영향이다. 이 영향 관계는 우리가 지금 다루고 있는 주제, 즉 호텔과도 깊은 연관이 있다.[71]

사실 많은 영화에 호텔이 등장한다. 호텔이 거의 주인공으로 등장하는 영화도 있다. 가령 스탠리 큐브릭(Stanley Kubrick) 감독의 「샤이닝」(1980)이 그렇다. 이 공포영화의 주인공은 호텔(의 유령들)에 빙의된 중년의 작가 지망생 잭 토런스(잭 니컬슨 분)라기보다 폭설에 유폐된 오버룩 호텔(Overlook Hotel) 자체라고 해도 과언이 아니다.[72] 귀신 들린 집(haunted house) 이야기는 공포소설이나 영화에서 아주 흔한 모티프이지만, 귀신 들린 호텔, 더 나아가 그 자체가 귀신/유령인 호텔은 다소 낯설다. 그러나 생각해보면, 호텔이야말로 유령이 출몰하거나 유령화되기 적당한 곳이지 않은가?

---

71 『뉴욕포스트』 1960년 6월 13일에 게재된 원문 기사는 확인하지 못했으나, 영화평론가 아처 윈스턴과의 인터뷰에서 히치콕은 호퍼의 회화가 「사이코」에 등장하는 집의 구상에 영향을 주었다고 말했다고 한다(게일 레빈, 앞의 책 999~1000면 참조). 그러나 뒤에서 논의하겠지만, 이런 히치콕 자신의 직접적 진술이 아니더라도 유사성과 영향 관계를 알아채는 것은 별로 어려운 일은 아니다. 우리는 「사이코」뿐 아니라 「이창(裏窓)」의 여러 장면과 호퍼의 「밤의 창문」(1932)이나 「뉴욕의 방」(1932) 사이의 유사성을 쉽게 간취할 수 있다.

72 물론 주인공 잭 토런스도 중요하다. 영화의 원작을 쓴 스티븐 킹의 여러 작품이 그렇듯이, 여기서도 주인공은 작품 쓰기의 곤경 속에 있는 작가(이 경우 작가 지망생)이다. 「샤이닝」은 가난과 알코올 중독 그리고 (관객인 우리는 잘 알 수 없는) 과거 삶에 대한 후회와 내면적 증오에 사로잡힌 잭 토런스가 작가가 됨으로써 그런 굴레에서 탈출하려고 시도하는 것을 다룬 이야기이다. 그러나 글은 제대로 쓰이지 않는다. 그는 호텔 로비에 마련한 작업실에서 타자기로 내내 "일만 하고 놀지 않으면 잭은 바보가 될 거야"(All work and no play makes Jack a dull boy)라는 문장을 수백번 수천번씩 치며 하루를 보낸다. 실패한 가장(家長)인 잭이 광기 속으로 함몰되는 최종적 계기는 글쓰기의 실패이다. 작가적 불안을 다룬 이 이야기는 스티븐 킹의 자기풍자이기도 할 텐데, 내 보기엔 호텔에서 '살며' 글을 썼던 어니스트 헤밍웨이나 무라카미 하루키 같은 유명 작가에 대한 패러디로도 보인다(왜 그들은 호텔에 빙의되지 않았을까?).

호텔은 그 이전 손님의 모든 흔적을 지우는 곳이다. 호텔은 마치 찻잔이 깨지는 장면을 촬영하여 거꾸로 돌릴 때처럼 언제나 똑같은 상태로 되돌아간다. 침구는 다시 반듯하게 각 잡힌 모양으로 세팅되고, 화장실은 희미한 락스 냄새를 풍기며 머리카락 한올 없이 원래의 형태로 복귀한다. 그렇게 깔끔하게 정돈된 호텔방에 들어서면, 그곳이 설령 살인이 벌어졌던 곳이라고 해도 그 사실만 모른다면 우리는 편안하게 잠들 것이다. 다시 말해 호텔의 밝고 정돈된 외관은 거기서 벌어진 숱한 사건들의 억압과 은폐를 통해 유지되고, 호텔의 역사와 흔적은 오직 실체 없는 유령적인 것으로만 남는다.

그런 곳에 소설을 쓰려고 온 잭은 외견상 모든 사건과 흔적을 말소하고 있지만 희미하게 남은 호텔의 어두운 역사에 빙의된다. 생각해보면 소설이란 사라진 흔적들을 재구성하고 억압된 역사를 복원하는 작업이기도 하지 않은가? 그러니 그가 호텔에 빙의되는 것은 주관성 상실의 면을 제외하면 소설 쓰기와 내면적으로 닮은 데가 있다. 빙의, 그러니까 '~으로 되기' 없이 어떻게 소설이 다양한 인물들과 사건의 내면과 특수한 시각에서 조명된 사건을 그려낼 수 있겠는가? 그러므로 잭의 빙의, 그러니까 도끼를 들고 아들을 쫓는 광기란 텍스트를 통해 억압된 것을 승화된 형태로 귀환시키려는 소설 작업이 붕괴하고 억압된 호텔의 역사가 현실로 귀환해온 것이라 할 수 있다. 잭의 광기가 말해주는 것은 호텔의 표준적 '친숙함'(das Heimliche), 또는 호텔적 '현실'이란 프로이트적인 의미에서 '섬뜩함'(das Unheimliche)을 무의식으로 밀어내는 억압을 통해서 가까스로 유지되고 있다는 것이다.

그러나 이런 「샤이닝」보다 더 명료하게 호텔에 내장된 섬뜩함, 아니 그런 섬뜩함의 근원인 집과 호텔 또는 거주와 환대의 분열과 그것의 귀결을 더 구조적이고 명료하고 끔찍하게 다룬 영화는 앨프리드 히치콕의 「사이코」(1960)이다. '지나치게' 잘 알려진 영화이지만, 줄거리를 요약하면 이렇다.

회사원인 매리언(재닛 리 분)은 애인 샘(존 게빈 분)과 결혼하길 원하지만, 샘은 빚을 갚을 때까지만 기다려달라고 한다. 그런 중에 자신이 다니고 있는 회사 사장이 은행에 입금하라고 4만 달러를 맡기자 그 돈을 가지고 도망친다. 폭우 속에 운전하던 그녀는 도로변의 베이츠 모텔에 숙박하게 된다. 하지만 그녀는 호텔방에서 샤워 중에 누군가에 의해 칼에 찔려 죽는다. 그런 뒤 곧장 모텔 주인 노먼 베이츠(앤서니 퍼킨스 분)가 나타나 살인 현장을 치우고 매리언의 시신과 그녀가 타고 온 차를 늪에 빠뜨려버린다. 매리언이 실종되자 언니 라일라(베라 마일스 분)와 매리언의 애인 샘은 그녀를 찾기 위해 사립 탐정 아보게스트(마틴 발삼 분)를 고용한다. 그는 매리언의 흔적을 추적해 베이츠 모텔에 이르지만, 매리언을 죽인 이에게 살해되고 만다. 결국 라일라와 샘이 직접 수색에 나서게 되고, 두 사람 또한 베이츠 모텔에 이르게 된다. 모텔에서 동생의 흔적을 발견한 라일라는 샘이 노먼 베이츠와 대화를 나누며 그를 붙잡고 있는 동안 모텔 뒤 언덕에 있는 주인집으로 들어가고, 거기서 이미 죽어 해골이 된 노먼 베이츠의 어머니를 보게 된다. 그때 어머니 옷차림을 한 노먼 베이츠가 그녀를 죽이려 뛰어들지만, 샘이 그를 막아낸다. 노먼 베이츠는 광폭한 초자아였던 어머니로 인해 다중인격 장애를 겪고 있었고, 어머니 인격 상태일 때 살인을 저질러왔던 것이다. 노먼 베이츠는 정신병원에 가둬지고, 매리언의 시신이 들어 있는 자동차가 늪에서 건져지면서 영화는 끝난다.

이 유명한 영화에서 우리의 흥미를 끄는 것은 거기에 등장하는 노먼 베이츠의 집과 호텔의 배치 양상이다. 언덕 위에는 지하실과 다락방을

7-11. 베이츠 모텔과 노먼 베이츠의 집[73]

갖춘 집, 땅에 뿌리 내리고 하늘을 향해 솟은 꽤 큰 저택이 있다. 그리고 도로변에는 모텔이 있다. 손님이 숙박할 방 바로 앞에 손님이 타고 온 차를 바짝 갖다 댈 수 있게 해서 편의성을 높인 이런 종류의 모텔은 1950년대부터 유행하기 시작했고, 지금도 미국의 인터스테이트 하이웨이 교차로에서 흔히 볼 수 있다. 「사이코」에서 제자리를 지키는 정주의 모습을 한 수직적 집과 차도와 평행하며 수평적인 모습을 한 모텔이 서로 냉담하게 직교하고 있다. 그리고 이 냉담한 직교는 19세기적인 낡은 미국적 가치와 20세기의 유동적 근대 사이의 충돌을 상징하는 듯이 보인다. 그런데 이런 배치는 호퍼가 그린 외로운 집들(「하스켈의 집」)과 역시 호퍼가 그린 「호텔방」을 담은 호텔(「웨스턴 모텔」)을 한 공간 안에 모아들였다고 해도 과언이 아니다.

---

73 「사이코」에는 이와 유사한 숏이 많지만, 정확히 이런 시점 숏은 존재하지 않는다. 이 사진은 영화 장면을 찍은 사진일 뿐이다. 그러나 이 사진이 모텔과 집 사이의 구조적 관계를 잘 드러내주기 때문에 가져왔다.

7-12. 에드워드 호퍼 「하스켈의 집」, 1924

　더불어 「사이코」는 어떤 의미에서 호퍼의 집 그림과 호텔 그림에 깃든 무의식을 드러내준다고 할 수도 있다. 호퍼의 세계에서 빅토리아풍의 집들은 외부로부터 떨어져나와 우뚝 서서 누군가의 접근을 배제하는 듯이 서 있다.[74] 금욕주의적 분위기, 과시적인 태도, 그리고 배타성이 뒤섞인 모습이다. 이에 비해 호텔은 맞아들여진 자가 맞아들여졌다는 느낌을 받지 못하는 익명적이고 표준적인 서비스 공간으로 나타난다. 호퍼에게서처럼 「사이코」에서도 집은 환대 없는 거주를, 모텔은 거주 없는 환대를

---

[74] 게일 레빈은 호퍼의 집 그림과 관련해 호퍼를 '집 화가'라고 불렀던 미술평론가 기 펜 뒤부아(Guy Pène du Bois)의 다음과 같은 말을 인용한다. "그는 황막한 주위 환경만큼이나 여전히 참담하고 불길한 빅토리아 시대의 표본들을 그린다. 미국의 풍경은 의심할 나위 없이 추하다"(게일 레빈, 앞의 책 388면에서 재인용).

7-13. 에드워드 호퍼 「웨스턴 모텔」, 1957, 예일대 아트 갤러리, 미국 뉴헤이븐

드러낸다. 하지만 「사이코」는 거기서 한걸음 더 나아가 그런 거주와 환대의 분열이 어떤 극단적 지점에까지 이를 수 있는지 보여준다. 「사이코」에서 환대 없는 거주는 정신병적인 공간이 되고,[75] 거주가 추방된 환대는 집 옆에 혹처럼 튀어나와 모텔이 된다. 어머니가 만들어놓은 폐쇄적 공간으로부터 몇 걸음밖에 빠져나오지 못한 노먼 베이츠는 호텔 지배인으로

---

[75] 이것은 일반적인 의미에서도 개연성 높은 귀결이다. 모든 커뮤니케이션은 후속 커뮤니케이션의 연속으로 이어진다. 그리고 앞선 커뮤니케이션은 후속 커뮤니케이션을 조건화한다. 커뮤니케이션의 계속이란 점점 더 많은 조건화를 통해 모든 단어, 제스처, 눈빛이 특수한 의미를 획득해가는 과정이라고 할 수 있다. 이런 과정은 물론 의미의 정교화와 깊이를 형성하는 과정일 수 있다. 하지만 커뮤니케이션에 새로운 화자, 메시지, 발언이 '방문'하지 않는다면, 그리고 그런 방문을 '환대'하지 않는다면, 커뮤니케이션은 점점 더 폐쇄적인 자기조직화로 나아갈 수 있다. 자녀에 대해 압도적인 권력을 갖는 부모와의 폐쇄적인 커뮤니케이션 지속은 외부 세계와 동떨어진 사유 구조를 가진 자녀를 만들어낼 수 있으며, 그런 커뮤니케이션의 한 귀결은 정신병일 수 있다. 정신병을 커뮤니케이션 과정의 문제로 파악하는 대표적인 사례는 그레고리 베이트슨 『마음의 생태학』, 박대식 옮김, 책세상 2006, 제3부 참조.

7-14. 영화 「사이코」(1960) 포스터

서만(즉 호텔이라는 제도화되고 형식화된 환대의 형태로만) 외부 세계를 맞아들일 수 있다(이런 양상은 「사이코」에 한정된 것이 아니다. 오늘날 호텔은 외부 세계를 맞아들이는 보편적 형태이다). 하지만 노먼이 매리언에게 형식적 모텔 서비스를 넘는 환대의 모습을 보이자, 환대를 거부하는 (노먼에 빙의된) 집/어머니가 매리언을 습격했다고 할 수 있다.

집 같은 호텔, 호텔 같은 집

「사이코」 같은 광기는 아니더라도 환대산업의 내면에 어떤 불편한 심리 과정이 있다는 것은 분명하다. 호텔방에 누워서 천장을 바라볼 때, 어제 이 자리에서 누가 누워서 잤을까, 그는 누구이고 여기서 이 시간에 무엇을 했을까, 하는 생각이 골똘히 밀려왔다면, 숙면하긴 이미 글렀다고 봐야 할 것이다. 호텔에서의 숙면은 그런 모든 과정을 사유의 무대 뒷면으로 밀어내고 망각함으로써 가능하다.

하지만 성공적인 망각이 이뤄졌다고 해도, 호텔이 제공하는 환대/서비스는 기껏해야 맥도널드 햄버거와 다르지 않다(물론 맥도널드 햄버거이기에 망각이 쉬운 면도 있다). '그랜드호텔'이라면 더 호사로울 수 있겠다. 유기농 토마토와 양파를 넣고, 육질 좋은 쇠고기를 바로 갈아서 만든 패티를 넣은 햄버거를 내올지 모르겠다. 곁들인 감자튀김도 데운 것이 아니라 바로 튀긴 것일 수도 있다. 그래도 그것은 기껏해야 맥도널드풍 햄버거이다. 낯선 도시에서 허기진 우리가 맥도널드 햄버거를 찾는 이유는, 내가 기대한 것을 기대한 가격으로 먹을 수 있기 때문이다. 마찬가지로 호텔의 '좋은' 점도 우리에게 예측 가능성을 제공하는 데 있다. 낯선 것에 '도취되기' 위해 여행/관광을 떠났을 때도 우리에게는 친숙하고 안락한 공간이 필요하다. 적어도 잠들 때는 이국 취향이 뒤로 물러서게 마련이다. 우리에게 필요한 것은 익숙한 형태의 침대와 가구, 깨끗한 침대 시트와 샤워실, 그리고 요즘 같으면 나를 가족이나 친구와 신속히 다시 연결해줄 속도 빠른 와이파이를 갖춘 방이다. 호텔은 그런 기대를 충족해준다. 하지만 그뿐이다. 호텔이 제공하는 사물의 환대 속에서 우리는 환대라는 말의 오래된 여운이 사라졌음을 안다.

그렇게 거주와 환대가 분리된 세계에서 우리는 한편으로 분리를 당연시하고 우리의 욕구 또한 그런 상황에 맞추게 된다. 환대가 댓가에 상응하는 수준과 형태로 제공되기를 바란다. 그러나 다른 한편으로 우리는 거주와 환대가 융합된 '근원적' 상태, 내가 방문한 곳의 사람들이 나를 맞아주고, 그 맞아들임 속에서 내가 몰랐던 어떤 삶들, 거주의 양상 그리고 거주하며 보살펴온 것들이 따뜻하게 베풀어지는 상태를 경험하고 싶어 한다. 이 상반된 욕구를 동시에 충족하기 어렵지만, 우리가 정말 바라는 것은 그것이 '동시에' 충족되는 것이다.

환대산업도 사람들의 이런 욕구를 알고 있다. 그래서 환대산업에서는 국제적인 표준화에 기초한 그랜드호텔로의 발전 경향뿐 아니라 국지적인 맥락을 담고 있으며 사물의 환대로 환원되지 않는 호텔을 제공하려는 경향도 함께 발전한다. 경우마다 다르겠지만, 그런 환대/서비스에 주력하는 유형으로 일본의 '료칸,' 크로아티아 시골의 '아파르트멘트,' 세비야 산타크루스 구역의 '전통 저택' 호텔, 미국의 '랜치,' 모로코의 '리야드,' 우리나라의 '한옥마을' 같은 것을 들 수 있다.[76]

이런 움직임이 발생하는 이유는 두가지이다. 호텔은 한편으로는 손님들에게 표준적인 환대/서비스를 제공하지만, 동시에 그런 환대/서비스 표준을 감당하기 위해서는 호텔을 에워싼 지역 자체가 어느 정도 변화하지 않으면 안 된다. 호텔은 지역사회 내에서 환대를 위해 특화된 공간이 되고, 그럼으로써 지역사회의 집들은 환대 부담에서 벗어나지만 여전히 이 분화는 완전하지 않다. 호텔을 운영하는 이들은 지역사회로부터 충원되어야 하고, 호텔보다는 덜해도 손님들에게 영향을 받고 그들에게 환대/서비스를 제공하는 상업적 지대, 예컨대 식당이나 상점들이 형성되기 때문이다. 누구라도 알고 있듯이, 집에 손님이 방문하면 집을 치워야 하고, 몸가짐을 단정히 하며, 그가 식사를 하고 갈 요량이면 좋은 식기와 찻잔을 꺼내야 한다. 그가 자고 가겠다고 하기라도 한다면(맙소사!), 손님방이 있을 만큼 넉넉지 않은 살림이라면, 주인 가족과 손님이 모두 캠프

---

76 이런 지역문화 지향적인 호텔도 5성급 호텔에서 저렴한 민박 수준의 호텔까지 매우 스펙트럼이 넓다.

장에 온 듯이 밤을 보내야 한다. 같은 일이 호텔에 찾아온 손님들로 인해서도 어느 정도는 발생한다. 표준적인 환대/서비를 기대하고 요구하는 (눈앞에서 신용카드를 흔들어대는) 손님들은 지역사회의 문화적이고 물질적인 역량을 시험대에 올린다. 당연히 이런 일이 반복되고 확장되면, 지역사회는 호텔의 환대/서비스 표준 대신 지역의 환대/서비스 표준을 손님에게 제시한다("여기서는 이렇게 하는 겁니다. 당신도 여기의 이러함을 경험하려고 온 것 아닌가요?"). 그래야 지역사회의 물질적 자원이 고갈되지 않으며, 호텔산업의 국제적 환대/서비스 표준에 휩쓸려 지역사회 고유의 문화적 자원이 파괴되지 않기 때문이다.

다른 한편으로 손님 편에서도 호텔의 표준적인 환대/서비스에 집착하는 것이 관광/여행의 본질에 어긋난다는 것, 관광/여행을 비장소의 순환에 가둘 수 있다는 것, 관광/여행의 최종 형태를 공항 로비를 경유하여 '호캉스'에 이르는 것으로 만들 수 있음을 안다. 그들 또한 사물 너머의 환대, (침대 시트만 깨끗하다면) 낯선 곳에서 낯설게 잠들고 낯선 꿈을 꾸는 것을 원할 수 있기 때문이다.

이렇게 양편에서 제기되는 요구를 충족하기 위해, 호텔은 환대/서비스 표준의 어떤 선을 지키면서 다양한 형태로 발전하는데, 그런 과정의 핵심은 이미 지적했듯이 '집 같은 호텔'을 만들어내는 것이다. 하지만 이런 '집과 호텔의 융합'이 지금까지 진행되는 집과 호텔의 분화가 역전되는 일종의 '탈분화'(de-differentiation)로 여겨서는 안 된다. 그것을 탈분화의 양상을 띤 또 하나의 분화라고 할 수 있다.

이런 '탈분화적 분화'는 반대 방향에서 진행될 수 있다. 집을 호텔화하려는 경향이 그것이다. 다시 말해 '집 같은 호텔' 대신 '호텔 같은 집' 또는 '호텔이기도 한 집'을 지향하는 것이다. 내 집을 숙박업소로 내놓는 것이다. 여기엔 큰 장점이 있다. 집은 지역성을 지향하는 호텔이 제공할 수 있는 것과는 비교할 수 없을 정도의 문화적 다양성과 이채로움을 제공할 수 있기 때문이다. 그러나 그렇게 되기엔 이런저런 장애가 있다.

우선 집의 장점인 다양성 자체가 다른 측면에서 보면 장애이다. 집이 호텔과 같아지는 것이 간단한 일은 아니다. 누구도 매일 침대 시트를 빨지 않는다. 난방이나 냉방도 편의성 있게 잘 갖추긴 쉽지 않다. 다양한 손님의 개별 취향에 대응할 수 있는 가재도구를 갖추는 것(아마 요즘 시대라면 화질 좋은 대형 TV도 포함될 것이다)도 쉬운 일이 아니며, 때로 그것은 '투자'를 필요로 하는 일이 된다. 그러나 투자보다 어떤 집이 환대/서비스가 만들어내고자 하는 본질적 분위기를 형성하는 일 자체가 쉽지 않다. 산뜻함, 아늑함, 포근함, 오붓함, 때로는 고즈넉함마저 자아내기 위해서 주인은 얼마나 세심하게 집을 돌보고 가꾸어야 하겠는가?

그렇지만 이런 장애는 그간의 근대적 주택 구조의 확산으로 이미 어느 정도 극복되었다. 상업적인 이유에서 '호텔 같은 집'을 만들려고 하기 전에 이미 집들은 어느 정도는 호텔과 유사해졌다. 앞서 지적했듯이, 우리 시대의 주택은 이미 상당한 정도 '르코르뷔지에적'이다. 집들은 이미 표준화된 제품으로 전환되었다. 물론 19세기나 그 이전에 지어진 고택들도 호텔화될 수 있고, 그렇게 된다면 더 멋질 것이다. 하지만 20세기에 지어진 공동주택(우리의 경우 '아파트'나 '연립주택' 등)을 떠올려보라. 세계 어디를 가든 거의 비슷한 창, 문, 주방, 침실과 거실, 상수도와 가스(또는 전기) 오븐, 세탁기, 전자레인지, 기본 냉난방 설비를 갖춘 콘크리트 건물에 우리 모두 익숙하다. 집 자체의 표준화로 인해 많은 집들이 호텔만큼은 아니어도 우리의 기대를 쉽게 충족할 수 있게 되었다.

다음 장애는 집을 낯선 손님에게 내어준다는 것 자체이다. 손님이 호텔에 준하는 요금을 지불하기로 약속하고, 그 돈이 가계에 적지 않은 도움이 된다고 해도, 나의 가족사진이 놓여 있고 여행 중에 산 소중한 카펫 혹은 할부로 어렵게 구매한 가죽 소파가 놓인 거실, 아끼는 찻잔과 접시가 있는 주방을 낯선 이의 손에 넘기는 것, 그리고 화폐경제 안에 밀어 넣는 것은 불편한 감정을 수반하기 마련이다.

그러나 지난 몇십년간 진행된 사회변동은 이런 꺼림칙함을 제거해온 과정이다. 한편으로 우리는 사물과의 내밀한 관계를 상실해왔다. 우리 옆에 있는 사물들은 돌아가신 아버님이 쓰시던 면도칼처럼 고유성을 가진 것이라기보다 '질레트' 같은 대량생산된 소모품인 경우가 일반적이다. 사실 질 좋고 내구성 있는 제품은 자본주의적 생산 확대를 저해하는 '나쁜' 제품이다. 이런 난맥을 해결하기 위한 기법이 바로 '계획적 진부화'(planned obsolescence)이다.[77] 많은 제품이 무상 수리 기간이 끝나자마자 귀신같이 고장난다. 그리고 수리에 드는 비용이 새로 사는 것과 별반 차이가 없다. 하지만 이런 식의 기법은 자칫하면 소비자의 신뢰를 잃을 위험이 있다. 그래서 기업들은 제품이 여전히 사용 가능할 때도 소비자들 편에서 싫증을 내고 신제품으로 바꾸게 하려고 디자인 변경, 스펙 강화, 광고 등 온갖 노력을 기울인다. 우리는 사물과 내밀한 관계를 발전시키기보다 새롭고 멋진 디자인의 신제품에 이끌리도록 훈련되는 셈이다. 여느 공산품과 다를 바 없어진 집이나 이케아식 가구는 다른 이들이 건드릴 수 없는 소중한 사물이 더는 아닌 셈이다.

이런 사물에 대한 태도가 낯선 이에게 집을 내주는 데서 느끼는 부정적 감정을 희석한다면, 지난 몇십년간 진행된 '금융화'(financialization)

---

77 세르주 라투슈 『낭비 사회를 넘어서: 계획적 진부화라는 광기에 관한 보고서』, 정기헌 옮김, 민음사 2014 참조.

는 낯선 이에게 집을 내줄 적극적 동기를 형성한다. 1971년 미국이 브레튼우즈체제를 깨뜨리고 달러의 금태환을 부정한 이래로 전지구적 금융 팽창이 거듭되었다. 이런 금융 팽창은 2008년 금융위기 그리고 코로나19 사태 이후의 자산 버블현상에서 보듯이 날이 갈수록 가속화되고 있다.

그런데 이런 과정은 단지 증권시장에 한정된 현상이 아니라 일상생활에까지 깊숙이 파고든다. 금융화가 진행되어 근로소득보다 금융소득이 더 중요한 사회가 도래하면, 모든 문제가(심지어 매우 인격적인 문제조차) 금융 포트폴리오의 관점에서 파악된다. 자주 사용되는 '가성비'라는 말은 이런 일상생활의 금융화를 잘 보여주는 말이다.[78] 이 과정은 집에 대한 우리의 생각도 바꾼다. 집은 이제 나의 정체성과 특별한 관계를 맺고 있고 나를 감싸고 품어주는 장소로 여겨지기보다 단순한 '자산'으로 간주되며, 자산인 한에서 우리는 거주를 투자와 비용의 관점에서 파악하게 된다.

우리 주변의 예를 들어보자. 2022년 현재 서울의 아파트 평균 가격은 약 10억원이다. 서울의 아파트에 산다는 것은 금, 주식, 채권, 비트코인, 구리 또는 임대용 상가에 투자할 자금 10억원을 주거비용으로 지출하고 있음을 뜻한다. 평균 투자 수익률을 5퍼센트로 가정할 때, 한해 주거비용은 5,000만원에 이른다. 재산세와 관리비까지 포함하면, 한달에 500만원 가량 주거에 지출하는 셈이다. 물론 내가 서울에서 그런 종류의 주택에 살기로 마음먹었고, 지불 능력이 있는 한 아무 문제도 없다. 하지만 어떤

---

78 요즘은 '가심비'라는 말도 널리 쓰인다. 이 말은 일상생활의 금융화가 더 진척되었음을 상징한다. 가성비는 어떤 사물이 지출된 비용에 상응하는지 검토하는 객관주의적 자세라면, 가심비는 심리적 만족 자체를 지출된 비용에 견주어 평가한다는 점에서 우리의 주관성 자체를 계산 가능한 영역으로 옮겨오기 때문이다.

이유로든 그런 집을 일정 기간 이상 비워둔다거나 빈방을 남겨두고 있다면, 그것은 그 자체로 손실이다. 이 손실을 메우는 한 방법은 집이나 방을 '단기 임대'하는 것이다. 비록 뉴욕이나 파리 같은 α급은 아니어도 β급 글로벌 도시는 되는 서울에는 비즈니스 목적은 물론이고 관광/여행을 위해 방문하는 이들이 충분히 많으며, 그들 중에는 비용과 체험 양면에서 현지인의 집에 숙박하기를 원하는 이들 또한 충분히 많다. 그런 이들에게 잠시 비우게 된 집이나 빈방을 임대하는 것은 매우 합리적인 행위인 셈이다.

더구나 그런 행위는 문화적으로도 지원된다. 자원을 낭비적으로 소모하는 자본주의 체제에 대한 사회적 대안 가운데 하나는 '공유경제'이다. 환경위기와 기후변화를 생각하면, 사회적 이동성 자체를 줄여야 하겠지만, 일정 수준의 사회적 이동성이 불가피한 한에서 그것에 대응하기 위해 호텔을 더 짓기보다 이미 있는 집을 활용하는 것은 선량한 가치를 지닌 일이 된다. "왜 차를 더 사야 하는가? 저렇게 많은 차들이 주차장에 종일 세워져 있는데……"라는, 우버를 문화적으로 지지하는 탄식은 집의 경우에도 똑같이 해당된다.

그러므로 집을 호텔화할 수 있기 위한 조건이 충분히 갖추어졌다 하겠다. 한때는 조개와 조개껍질을 연결하는 단단한 근육인 패주(貝柱) 같은 것이 집과 사람 사이에도 있었지만, 이제는 그런 내밀한 관계가 끊어졌다. 자산으로서의 집은 금융화의 대상이 되었다. 그런데 뜻밖에도 우리의 금융적 태도는 문화적 가치(공유)의 지원마저 받게 되었다. 이제 필요한 것은 원하는 이들에게 기꺼이 제집을 호텔로 내어주려는 이들을 연결해줄 시장을 열어줄 매개체이다. 그저 작은 부싯돌 같은 것 말이다.

에어비앤비의 부상

아마도 집을 호텔로 내어주는 공유경제가 합리성을 보이는 전형적인 사례는 어떤 사회적 이벤트 때문에 갑자기 해당 지역 숙박 수요가 치솟지만, 이벤트가 종료되면 그런 수요가 급속히 사라질 때일 것이다. 올림픽이나 박람회가 전형적인 사례이다. 물론 그런 이벤트의 효과로 해당 지역의 명성이 높아져서 숙박 수요 자체가 이전보다 상당히 많아질 수도 있다. 하지만 그런 결과가 예상된다고 해도, 이벤트 시점에서 수요에 부응할 만큼 호텔을 건설한다면 어리석은 일일 것이다. 호텔 대신 지역민들의 집을 적절히 활용하는 것이 사회적 낭비를 줄이면서 이벤트를 원활하게 치르는 합리적 방안이다.

물론 이런 방안은 누구나 조금만 생각하면 구상할 수 있고, 실제로 이미 많은 이들이 경험한 일이다. 대학 구내 게시판에는 대규모 학회나 행사로 인해 숙박 수요가 많아지면 집이나 방 공유를 제안하는 광고가 붙었고, 방학이 가까워지면 해외연수를 가는 학생들이 자기 대신 임대료를 내고 당분간 자신의 하숙방을 이용할 사람을 찾는 광고도 늘 붙었다. 인터넷이 상용되면서부터는 이런저런 중고 거래 사이트에서 자신의 집이나 방을 '전대'(轉貸, sublet)하거나 집이나 방을 교환해서 사용하려는 시도들이 있었다. 그렇지만 그런 것을 위한 보편적 매개 방식을 고안하고 이를 대규모 사업으로 만드는 일이 간단진 않다. 그런 일을 해낸 이가 바로 에어비앤비의 창업자 브라이언 체스키(Brian J. Chesky)이다.

로드아일랜드 디자인스쿨(Rhode Island School of Design)에서 산업디자인을 전공한 브라이언 체스키는 미국 서부의 한 회사에서 산업디자이

너로 일했다. 그는 2007년 샌프란시스코로 이주해서 대학동창이자 에어비앤비의 공동 창업자가 되는 친구 조지프 게비아(Joseph Gebbia Jr.)와 아파트를 함께 빌려 지냈는데, 그해에 샌프란시스코에서 산업박람회가 열렸다. 몰려든 인파로 모든 호텔의 객실이 예약되었지만 여전히 숙박이 필요한 이들이 많았다. 아파트 임대료를 내기도 힘들었던 브라이언 체스키와 조 게비아는 아파트 일부를 숙박을 원하는 이들에게 요금을 받고 내주기로 했다. 이를 위해 에어매트리스(바람을 불어넣어 사용하는 간이 매트리스) 3개를 구했고, 자신들의 집을 "에어베드 앤드 브렉퍼스트"(air bed and breakfast, 이것을 간략하게 표기한 것이 Airbnb이다)로 선전했다(그들이 에어매트리스에 1박하는 요금으로 제시한 액수는 80달러였다고 한다). 브라이언 체스키는 이 작은 사업의 성공이 거대한 사업의 가능성을 암시한다고 생각했고, 2008년에는 이 아이디어를 기술적으로 구현할 엔지니어이자 세번째 공동 창업자가 될 네이선 블러차직(Nathan Blecharczyk)을 사업에 끌어들였다.

이미 인터넷 시스템이 구축된 상태에서 창업지원 회사인 'Y 컴비네이터'(Y Combinator)에서 2만 달러의 창업자금을 지원받은 에어비앤비는 그 자금을 투자자들과 접촉하고 회사를 홍보하는 데 사용했다. 2009년부터는 '세쿼이아 캐피털'(Sequoia Capital)을 비롯한 여러 투자 회사에서 풍부한 자금을 투자받았고, 이를 기반으로 빠른 속도로 성장을 거듭했다. 2010년에는 아이폰 앱을 론칭했고, 덕분에 고객의 예약 작업이 아주 간단해졌다. 창업 3년 만인 2011년에 누적 예약 건수 100만을 기록했고, 이듬해인 2012년에는 그 열배인 1,000만을 기록했다. 2021년 현재 에어비앤비에는 10만개가 넘는 도시에서 400만명이 넘는 호스트가 가입하고 있으며, 누적 이용객 수는 8억명을 넘어섰다. 2016년 리우올림픽에서는 10만 명이 넘는 게스트의 숙박을 알선했고, 2019년에는 국제올림픽위원회(IOC)와 2028년까지 지속되는 파트너십 계약을 체결했다. 코로나19로 인한 관광/여행 인구의 격감으로 인해 현재 에어비앤비는 심각한 적자 상태에 있다. 그럼에도 불구하고 2020년 현재 에어비앤비의 총자산은 10억 달러를 상회한다.

이런 전지구적 규모의 피어투피어(Peer-to-Peer, P2P) 숙박 중계 플랫폼 기업의 형성 과정은 애플이나 구글의 성공서사와 그리 다르지 않다. 혁신적인 사업가, 이미 숙성된 인터넷 기반 기술, 거의 모든 면에서 세계 최대 시장인 미국이라는 사업기반, 미국의 뛰어난 창업지원 시스템 등이 작용했다. 하지만 그 모든 것에도 불구하고, 이미 언급한 일들, 집과 사물의 대량생산, 집과 우리의 내밀한 관계의 해체, 거주와 환대의 기능 분화, 환대산업에 의해서 형성된 환대/서비스 표준, 일상생활의 금융화 같은 20세기 후반에 급속도로 진행된 사회변화가 없었다면 에어비앤비가 그토록 전지구적인 '호응'을 받지 못했을 것이며, 그토록 짧은 기간에 수백만 채의 집과 방을 호텔화하는 과정에 불을 당기지 못했을 것이다.

그런데 에어비앤비 같은 거대 플랫폼 기업의 등장은 이미 깊숙이 진행된 사회변화를 특정한 방식으로 끌어모으는 작업에 그치지 않는다. 그런 기업의 '성공적인' 발전은 추가적인 사회변화를 일으킨다. 앞서 우리는 거주로부터 환대의 기능적 분화가 어떻게 발생했는지 살폈다. 간선도로 옆에 있는 어떤 집이 손님을 환대하고, 그 환대에 대한 보상이 생계를 감당할 정도로 커지고 손님 수가 예측 가능해질 때, 여관이 생겨났다. 그런데 에어비앤비는 인터넷이라는 간선도로를 통해 거주와 환대의 분화를 새롭게 추진할 수 있는 새로운 '기회'와 '경로'를 제공했다. 일정 기간 비게 된 내 집이나 방을 낯선 이에게 짧은 시간 내어주는 공유경제는 손님에 대한 전망이 예측 가능해지면 아예 자신의 집을 상시적인 호텔로 운영하는 시장경제적 활동으로 전환된다. 그 결과 일시적 호스트이고자 했던 이들이 점차 영속적인 호스트로 변모한다. 그렇게 되는 그만큼 그들은 안정적인 수익을 위해 집을 점점 더 호텔과 유사한 수준의 환대/서비스 장비를 갖춘 곳으로 만들어야 하는 동시에 손님들이 토착적이고 이국적인 매력을 느낄 수 있게 가꾸어야 한다. 그리고 숙박 계약이 에어비앤비 앱으로 이루어지므로 자신의 집을 매력적인 곳으로 만드는 것 못지않게 매력적으로 보이게 '재현하는' 것이 매우 중요하다. '인스타그래머블'(instagramable)이라는 신조어가 시대의 분위기를 표상하는 단어이지 않은가? 기껏해야 6인치 화면의 스마트폰 앱에 어떤 사진을 어떻게 올리고 거기에 어떤 캡션을 다는지가 손님의 선택을 좌우한다. 그리고 이 모든 것은 투자 행위를 유발한다.

그렇다고 해서 이전의 호텔 발전 과정에서 나타난 표준화와 등급화가 일어나는 것은 아니다. 에어비앤비 숙박업소도 일정한 서비스 표준을 향해 가지만, 동시에 개별화도 발생한다. 또한 등급화는 (관광협회 같은) 공식 기구가 조사하고 공인하는 방식으로 이루어지지 않고, 게스트들의 평가와 후기에 바탕해 이루어진다. 집은 호텔화되지만, 여전히 '집'으로서의 정체성을 유지한다. 침구류가 호텔 표준에 가까워진다고 해도, 에어비앤비를 통해 숙박 계약을 한 집을 찾아 꼬불꼬불 골목길의 계단을 꽤 큼직한 트렁크를 밀고 당기며 올라가는 것은 차를 몰고 호텔 로비에 서서 주차요원에게 키를 넘긴 뒤 짐을 날라주는 벨보이의 안내를 받으며 로비로 들어서는 것과는 분명 다른 체험이다. 편의성, 호사스러움, 체계성, 안락함, 예측 가능성, 주차시설과 부대시설 등 모든 면에서 에어비앤비 숙박은 일정 등급 이상의 호텔보다 열등하다. 그러나 호텔보다 열등

| 태국 치앙마이 | 쿠바 아바나 | 크로아티아 두브로브니크 |

7-15. 에어비앤비에서 임의로 검색한 몇개의 숙소(검색일 2021년 8월 15일)

하다는 바로 그 점 때문에 에어비앤비는 선택할 만한 것으로 변한다. 열등한 요소들이야말로 체험을 구성하고 영속적인 기억의 토대가 되기 때문이다.

게다가 에어비앤비 숙박이 호텔보다 열등하기만 한 것도 아니다. 상대적 저렴함과 특히 장기숙박에 대한 과감한 할인,[79] 주택 형태의 다양성(18~19세기에 지어진 고옥에서 통나무집이나 현대적인 콘도미니엄까지)과 입지의 다채로움(도심 한복판의 주택에서부터 외딴 숲속 오두막

---

79 이른바 '레지던스 숙박'이라 불리는 장기숙박이 저렴한 것은 당연한 일이기도 하다. 왜냐하면 호텔은 장기숙박이라도 방 청소와 세팅을 계속하지만, 에어비앤비의 경우는 그렇지 않다. 한달쯤 장기숙박을 한다면, 방 청소는 물론이고 침대 시트 빨래도 스스로 해야 한다. 사실 에어비앤비 숙박업소에서 가장 중요한 비용 가운데 하나는 손님이 바뀔 때마다 지출해야 하는 청소비용이므로 장기숙박 할인율이 높아지는 것이다.

까지), 호스트와의 인간적 교류와 그가 제공할 수 있는 현지 정보[80] 면에서 에어비앤비 숙박은 호텔보다 (때로는 매우) 뛰어나다. 그러므로 에어비앤비 숙박업소는 기존의 호텔에 비해 우월한 면과 열등한 면을 모두 갖고 있지만, 양면 모두가 선호의 이유가 될 수 있는 셈이다.

아마도 경영학자라면, 에어비앤비와 에어비앤비 연계 숙박업소를 '파괴적 혁신'(disruptive innovation)의 사례로 꼽을 것이다.[81] 5성급을 넘어서 7성급마저 지어온 호텔의 역사는 '하이엔드'(high-end)를 향한 경쟁의 역사였다. 하지만 에어비앤비는 '로엔드'(low-end) 시장을 개척했다.[82] 그리고 파괴적 혁신을 이룩한 기업이 대체로 그렇듯이, 시간이 지

---

80 개인적인 경험을 예로 들면, 리스본에 갔을 때 나와 아내는 '파두'(Fado) 공연을 보고 싶었다. 그러나 마침 11월 1일, 그러니까 리스본 대지진(1755)이 일어난 날이라 '모든 성인의 날'로 기념되어, 공연을 할 만한 곳들은 휴무가 많았다. 관광안내 책자가 전혀 도움이 되지 않아 여기까지 와서 파두 공연도 못 보고 가는가 싶었는데, 우리 숙소의 호스트였던 '매슈'가 바이후-알투 지역에 있는 작지만 공연 수준이 훌륭한 술집을 소개해주었다. 덕분에 우리는 멋진 공연을 즐겼고, 포르투갈 젊은이들이 노는 동네를 밤늦도록 맥주를 마시며 즐겁게 배회했다.

81 클레이튼 M. 크리스텐슨 『혁신기업의 딜레마: 미래를 준비하는 기업들의 파괴적 혁신 전략』, 이진원 옮김, 세종서적 2009 참조.

82 그러나 엄밀한 의미에서 에어비앤비는 알리바바나 아마존처럼 최저가 제품을 중심으로 로엔드를 구축했고 그것을 기반으로 상위 시장을 공략했다고 하기는 어렵다. 오히려 에어비앤비 숙박업소와 호텔의 차이는 와인 시장과 위스키 시장의 차이와 유사하다. 위스키의 품질은 잘 표준화되어 있다. 그래서 숙성연한과 품질 그리고 가격 사이에는 정비례 관계가 있다. 그러나 와인은 이런 식의 정비례 관계가 전혀 없다. 와이너리는 너무 많고, 같은 와이너리의 제품도 빈티지에 따라 맛과 가격이 천양지차이다. 그리고 와인에 대한 평가는 계속해서 변동하므로, 저렴한 와인이 품평과 피드백을 거치며 값이 치솟기도 한다. 마찬가지로 에어비앤비 숙박업소는 요금과 거의 무관한 경험을 제공할 수 있다. 요금과 집 또는 방의 소재지나 넓이 그리고 내부 가재도구의 상태 사이에는 어느 정도 비례 관계가 없는 것은 아니다. 그럼에도 불구하고 호스트의 교양과 품위는 요금과 무관하며, 그로부터 경험하는 환대/서비스의 질적 차이는 막대하다. 어느 시골의 작은 와이너리에서 보석 같은 와인을 저렴한 가격에 사는 일이 가끔은 있는 것처럼 말이다. 예컨대, 나는 크로아티아 플리트비체 인근의 한 에어비앤비 숙박업소의 나이 든 여주인 '애나'의 진심 어린 환대를 잊을 수 없다.

나면 기존의 상위 시장을 위협한다. 실제로 에어비앤비 숙박업소는 점점 더 호텔산업에 위협이 되어가고 있다. 에어비앤비에 수백만의 호스트가 가입해 있다는 것은 호텔 시장에 엄청난 양의 호텔 시설이 신규 공급되었다는 것을 의미한다. 다 그런 것은 아니지만, 새로 진입한 시설들의 가장 큰 장점은 저렴함이다. 기존 호텔들 입장에서 보면, 신규 기업이 저가 공세를 벌이며 진입해온 상황이다. 처음엔 어떤 사회적 이벤트(전당대회, 학술대회 같은 행사에서 올림픽 같은 메가 이벤트)로 인한 과잉 숙박 수요를 해소해주던 '고마운' 친구가 어느새 위협적인 경쟁자로 등장한 셈이다.

호텔산업 편에서 보면 에어비앤비 숙박업소와의 경쟁은 매우 불공정한 것이기도 하다. 공유경제라는 이름 아래 에어비앤비 숙박업은 납세 의무를 피하거나, 전대 같은 불법적인 관행을 저지르는 경우가 많으며, 보안이나 범죄 통제도 매우 취약하다. 위생이나 소방, 업계 자율 표준과 관련된 엄격한 규제를 받고, 보안 비용도 충분히 지출하며, 세금 또한 꼬박꼬박 내야 하는 기존 호텔 업계의 입장에서는, 에어비앤비 숙박업 시장은 절반쯤은 암시장이고 그 영역의 숙박업자는 불공정 경쟁자로 보일 수밖에 없다. 호텔산업이 시 정부에 하소연을 늘어놓고 압력을 가하는 것은 당연한 일이다("저들도 세금을 내게 하세요, 아니면 우리 세금을 깎아주세요"). 그래서 전세계 도시의 지방정부들은 에어비앤비 숙박업에 대한 법적 규율을 도모하고 있다. 하지만 규제는 여전히 충분치 않다.

다른 한편 에어비앤비 숙박이 어떤 곳에서 빠른 속도로 늘어날지 생각해보면, 그것의 확장이 환대산업 내부의 경쟁 강화 문제만은 아님을 알 수 있다. 이미 지적했듯이, 그런 숙박이 가장 빠르게 늘어나는 곳은 관광/여행 선호도가 높고 관광매력물이 많은 글로벌 도시 중심부들이다. 예컨대 파리, 뉴욕, 로마, 베네치아, 런던, 베를린, 피렌체, 바르셀로나, 샌프란시스코, 암스테르담, 빈 같은 도시들에서 수많은 집들이 호텔화되는 현상이 발생하는 것이다. 그런 현상은 관광객/여행자에게는 좀더 저렴하고 다채로운 숙박시설의 증대를 의미하지만, 도심의 저렴한 주택들이 현지인보다 관광객/여행자에게 이양되고, 현지 주택 가격과 임대료를 상승시키는 요인이 된다. 현지 거주자들 가운데 일부는 왜 도시의 관광수입은 늘어만 가는데 왜 자신의 삶이 점점 더 팍팍해지는지 잘 이해되지 않는다. 꽤 멋지게 차려입고는 구글 지도를 들여다보며 어딘가를 찾아 헤매고, 스마트폰으로 셀피를 찍어대며, 길거리 음식점에서 낄낄거리며 좀 방자하게 떠들어대는 이들이 어느새 자신의 삶을 지그시 압박하게 되는 메커니즘이 말이다.

구명보트를 타고 힘겹게 흘러들어오는 난민 같은 방문자는 시민들에게 환대의 도덕적 의무를 상기시키지만, 그와 동시에 '제 땅'에 거주하며 보살펴온 물질적이고 문화적인 자원이 고갈될 수도 있겠다는 우려를 불러일으킨다. 일단 근심이 스며들면, 마음의 인색함("왜 여기로 오는 거지, 다른 곳으로 가면 좋을 텐데")은 혐오라는 형태로 외부에 투사된다("그들은 더러워, 그들은 가난해, 그들은 위험해"). 그러나 신용카드로 무장한 관광객/여행자는 다르다. 현지인들은 그들의 환심을 사야 하고, 그들이 어지른 또는 부지불식간에 훼손한 집과 동네를 치우고 복구해야 한다. 그들 덕에 누군가는 좀더 부유해질 순 있지만, 그것은 그렇게 쉽게 주어지지는 않는다. 집을 수리하고 벽지를 갈고 고속 와이파이를 설치해야하며, 때로는 집을 사들이고 단장하느라 대출받은 돈의 이자 상환 때문에 스마트폰의 예약 알림을 초조하게 기다릴 수도 있다. 게다가 게스트의 좋은 피드백도 받아야 한다. 서툰 영어로 게스트와 열심히 이야기를 나누는 것이 즐거운 수다일 때도 있지만 애타는 일이 되기도 한다(그는 나를 어떻게 볼까? 이런 귀찮은 부탁까지 들어주어야 하나?). 또다른 누군가는 호텔 청소부로 살다가 손님이 줄어들어 해고된 뒤 에어비앤비 숙박업소를 떠돌며 청소를 하며 살 수도 있다. 가난한 이들은 변두리의 더 저렴한 집으로 이사해야 하고, 그래서 출퇴근 시간이 늘어날 것이다. 그렇지만 삶의 불편, 거주하고 보살펴온 것이 고갈되는 경험, 마음의 인색함은 난민을 상대할 때처럼 외부로 투사될 수 없다. 기껏해야 그것은 자기혐오로 귀결될 뿐이다.

아마도 에어비앤비의 등장과 부상이 야기한 복잡한 사회경제적 변화를 제대로 다루자면, 호스트와 게스트들이 이 거대 플랫폼 기업과 상호작용하는 양상 또한 다뤄야 할 것이다. 아마 그 지점에서 발생하는 법률적 분쟁의 리스트만 해도 끝없이 길어질 것이다.[83]

하지만 우리의 관심은 그런 사회경제적 변화 못지않은, 아니 그보다 더 중요한 변화, 집에 대한 우리 마음의 변화이다. 에어비앤비는 우리 모두에게 호스트로 가입하고 자신의 집을 포스팅하라고 말한다. "당신의 집을 낯선 이에게 내주세요." 그러나 이 환대의 언어는 사실은 다음과 같은 장사치의 언어이기도 하다. "한순간도 집을 놀리지 마세요. 당신의 집은 당신에게 언제나 이미 비용이었고, 낯선 이에게 내주는 순간, 당신의 집은 수익의 원천이 됩니다." 에어비앤비는 호혜성의 언어로 말한다. "당신의 집을 낯선 이에게 내준 당신은 또다른 낯선 이의 집을 사용할 자격

---

83 호스트와 게스트에게 에어비앤비가 저지른 '행각'은 모차르트의 오페라 《돈 조반니》에서 돈 조반니의 하인 레포렐로가 부른 「카탈로그의 노래」를 떠올리게 할 정도이다. 에어비앤비의 행각의 카탈로그도 난봉꾼 돈 조반니가 여성들에게 저지른 행각의 카탈로그만큼 길고 다채로울 것이다.

이 있습니다." 그러나 이런 말 또한 자본주의적 왜상(歪像, anamorphosis)을 품고 있다. "상품을 화폐로 전환하세요. 상품세계에서는 화폐의 자리를 차지하는 것이 최선입니다."

여전히 장소를 열망하며

하이데거가 올바르게 지적했듯이, 집은 보살피고 돌보고 일구는 곳이다. 우리는 집을 사용한다. 하지만 그때의 사용이란 언제나 돌봄이며 만들어 세우는 과정이지, 상품을 화폐로 전환하려는 노력을 지칭하는 것은 아니다. 그리고 레비나스가 말했듯이, 돌봄과 보살핌으로 이룩한 것을 우리는 방문해온 낯선 이와 나누어야 한다. 손님은 집이 썩어들어가지 않게 해주는 신선한 공기와 같다.

그러나 집을 중심으로 구성된 소유와 환대, 보살핌과 맞아들임의 세계는 이제 의사 변증법적 과정을 겪으며 내파하고 있다. 처음엔 소유와 환대가 융합된 세계로부터 환대가 기능적으로 분리되었다. 환대 없는 집과 환대를 전문으로 하는 호텔의 형성이 그것이다. 이 분리 덕에 우리는 도덕적 부담에서 벗어나서 깔끔하고 예측 가능한 환대를 얻지만, 그 환대는 냉랭해진 사물의 환대, 호퍼가 「호텔방」으로 그려낸 환대였다. 에어비앤비는 이 분리를 지양한다. 그러나 이 지양은 가짜 지양이다. 에어비앤비를 통해서 우리가 만나는 것은 더 나은 환대를 베풀 수 있는 집이 아니라, 집과 호텔의 경계 상실, 모든 집의 호텔화이다. 그렇다고 해서 그런 세상이 악몽은 아니다. 보살핌과 보살펴 집을 일구는 우리의 '고유한' 모습은 집이 기술적인 의미에서 그리고 경제적인 의미에서 호텔화된 세상에서도 사라지지 않는다.

내 경우도 그렇다. 마드리드 말라사냐의 구석진 '집'의 좁은 침대에 아내와 나는 노곤한 몸을 뉘었다. 호스트의 인색함이 여기저기 배어 있는 남루한 방이었고, 낮은 천장을 누워서 바라보니 20대에 내가 지냈던 신림동 자취방이 떠오르기도 했다. 밤이 깊어지자 바깥 길거리 술집에선 누군가 「그대의 찬 손」(Che gelida manina)을 불렀다. 아내는 '미미'처럼 수줍게 잠들었고, 203호지만 사실은 3층인 우리의 방은 《라보엠》의 다락방처럼도 느껴졌다. '장소에 대한 열망'이 나를 여기로 이끌었다. 거기에 이르기 위해 걸었고, 공항을 경유했고, 비행기를 탔고, 마침내 에어비앤비 숙소에 이르렀다. 장소에 이르기 위해 근대성이 건립한 '비장소'를 거의 모두 경유해온 셈이다. 그러나 그 마지막은 호텔이 아니라 또다른 비장소인 에어비앤비 숙소였다. 여기는 고의적으로 불완전한 비장소이고, 그래서 내가 조립해야 할 정도의 품은 들여야 할 이케아 가구처럼, 조금은 내 스스로 돌보고 보살펴야 하는 그런 곳이다. 불을 끄고 잠을 청했다. 이 도시는 내일 아침 비로소 내가 멀리서 그려왔던 '장소'를 열어 보여줄 것이다.

이미지 출처

19면   Sailko (commons.wikimedia.org)

50면   Cygnis insignis (commons.wikimedia.org)

58면   일러스트: 신나라

62면   일러스트: 신나라

91면   alamy/SACK

93면   alamy

153면   Easchiff (commons.wikimedia.org)

156면   Crisco (commons.wikimedia.org)

157면   Wuselig (commons.wikimedia.org)

158면   Boo-Boo Baroo (commons.wikimedia.org)

159면   Hotel-Restaurant Schwanen

163면   Gutenberg.org

175면   alamy

188면   김종엽/SACK

189면   김종엽/SACK

200면   Mefusbren69 (commons.wikimedia.org)

217면   alamy

218면   [5-2] Bert Seghers (commons.wikimedia.org)

218면   [5-3] Sootysuerickie (commons.wikimedia.org)

221면   Saotome kenji (commons.wikimedia.org)

223면   Louis Hagne (commons.wikimedia.org)

228면   Mbzt (commons.wikimedia.org)

232면   Sasha Stone (commons.wikimedia.org)

250면   Studio Incendo (commons.wikimedia.org)

279면   김종엽

281면   MarmadukePercy (commons.wikimedia.org)

285면   Magnus Manske (commons.wikimedia.org)

289면   Wmpearl (commons.wikimedia.org)

291면   독일연방기록보관소 (bundesarchiv.de)

304면   [6-8] SDASM Archives (flickr.com)

304면   [6-9] 독일연방기록보관소 (bundesarchiv.de)

311면   스미소니언협회

312면   Darwln (commons.wikimedia.org)

315면   Alinea (commons.wikimedia.org)

316면   Accademia Italiana, London/bridgeman images

338면   Muesse (commons.wikimedia.org)

366면   alamy

367면   Les Ailes newspaper (commons.wikimedia.org)

369면   Carol M. Highsmith (commons.wikimedia.org)

371면   lantomferry (commons.wikimedia.org)

377면   Daderot (commons.wikimedia.org)

381면   SACK

389면   National Gallery of Art

390면   SACK

403면   김종엽

인명 찾아보기